Schäuffelen

Die letzten großen Segelschiffe

Otmar Schäuffelen

Die letzten großen Segelschiffe

Delius Klasing Verlag

Inhalt

Die Deutsche Bibliothek − CIP-Einheitsaufnahme

Die letzten großen Segelschiffe / Otmar Schäuffelen. −
Sonderausg. − Bielefeld: Delius Klasing, 1994
ISBN 3-7688-0860-2
NE: Schäuffelen, Otmar

ISBN 3-7688-0860-2

© by Verlag Delius, Klasing & Co., Bielefeld
Printed in Germany 1994
Titelbild: Franco Pace, Triest/Italien
Schutzumschlaggestaltung: Ekkehard Schonart
Konzeption und Gestaltung: Siegfried Berning
Druck: Kunst- und Werbedruck, Bad Oeynhausen

Die im Buch beschriebenen Schiffe

Vorwort zur siebten Auflage

Wie dieses Buch entstand

Als vor fast dreißig Jahren die Idee kam, für dieses Buch zu arbeiten, war noch längst nicht abzusehen, welche Renaissance die Großsegelschiffahrt in den inzwischen vergangenen Jahren erleben würde. Die Rentabilität von Frachtseglern spielte damals keine Rolle mehr, weil Motorschiffe seit langem den Frachtverkehr bestimmten. Die Segelschulschiffe der Marinen waren zum Teil altgediente Fahrzeuge. Neubauten auf diesem Gebiet waren eher die Ausnahme. Diese Umstände haben Autor und Verlag veranlaßt, dem Buch den etwas wehmütigen Titel zu geben. Die Großseglerflotte der Welt ist inzwischen bedeutend gewachsen. Die Absicht, diese vielbeachteten Schiffe wenigstens literarisch zu einem großen Stelldichein zu vereinigen, ist die gleiche geblieben, und damit auch bei der vorliegenden siebten Auflage der Titel.

Bei den Neu- und Umbauten der letzten Jahre handelt es sich nur teilweise um reine Schulschiffe. Der Verwendungszweck der übrigen Schiffe ist sehr vielfältig. Wir finden Abenteuerschulschiffe, Kreuzfahrtsegler, Charterschiffe, große Privatsegler, Forschungsschiffe und Segelschiffe, die in der Sozialpädagogik verwendet werden. Die politischen Veränderungen der letzten Jahre haben es möglich gemacht, daß Segler jedweder Flagge in allen Häfen der Welt selbstverständliche Besucher geworden sind. Wer hätte je daran geglaubt, daß es möglich sein wird, sich als zahlender Gast auf einem sowjetischen Segelschulschiff einzuschiffen?

Die Angaben in diesem Buch sind authentisch. Das bedeutet, daß aus allen Teilen der Welt die Informationen erbeten werden mußten. Die Hilfsbereitschaft war großenteils ohne Beispiel. Dafür möchte ich mich an dieser Stelle ganz herzlich bedanken. Besonderen Dank verdienen Mr. Erik Christian Abranson vom Mariners International Club Ltd., London, Herr Hans-Joachim Gersdorf und Herr Reinhard Nerlich, beide Hamburg. Sie haben, oft in ganz spontaner Weise, viel dazu beigetragen, daß die neue Auflage in erheblich erweiterter Form vorgelegt werden kann.

»Die beiden Viermastbarken PAMIR und PASSAT sind zu ihrer ersten Nachkriegsreise nach Südamerika ausgelaufen.« Das war eine kleine Notiz, die 1952 in einer Tageszeitung erschien. Sie weckte Interesse. Kurze Fahrtberichte der Segler tauchten gelegentlich wieder auf und wurden gesammelt. Der tragische Verlust der PAMIR am 21. September 1957 brachte eine Fülle von Bildberichten in allen Zeitungen und Illustrierten. Die Texte zeugten oft von einer erschreckenden Unkenntnis der Probleme. Ohne genau zu informieren, wurde häufig nur mit großem Pathos auf die Gefährlichkeit und Nutzlosigkeit der Segelschiffahrt verwiesen.

Was hatte sich damals wirklich zugetragen? Welches waren und sind die Voraussetzungen für eine zeitgemäße Ausbildung auf Segelschulschiffen? Wie viele große Segler gibt es denn überhaupt noch, und wem gehören sie? Diese Nachforschungen machten allmählich aus einem »nur Interessierten« einen »Ship-Lover«, wie es die Engländer so treffend ausdrücken.

Zuerst entstand eine kleine Liste mit einer Handvoll Segelschiffe, die aber kaum mehr als die üblichen Angaben enthielt.

Zur Auswertung standen einige Fachbücher zur Verfügung. Aber je größer die Bücherzahl wurde, desto mehr häuften sich Unstimmigkeiten und Widersprüche. Ganz besonders betraf das die Abmessungen und die Frage, ob das betreffende Schiff noch vorhanden war und wem es gehörte. Nur der jeweilige Besitzer des Seglers konnte hier wirklich aushelfen. Der erste Brief mit einem vorbereiteten Fragebogen ging an die berühmte Fregatte CONSTITUTION in Boston. Es vergingen kaum zehn Tage, bis die Antwort kam. Sie enthielt mehr Bildmaterial und Informationen als erbeten worden waren. Solches wiederholte sich fast regelmäßig. Das machte Mut; um so mehr, als im Laufe der Zeit direkte Kontakte in allen Teilen der Welt entstanden. Oft waren für die Anschrift nur Schiffsname und Heimathafen oder Liegeplatz bekannt. Durch Querverbindungen gingen Details von Schiffen ein, die andernorts gerade dem

Namen nach bekannt waren. Eines Tages kam eine Rückantwort aus Südamerika mit der Gegenfrage, wann und wo das fertige »Buch« einmal zu bekommen sei. Diese neue Idee (an ein Buch hatte bisher niemand gedacht) brachte den Stein ins Rollen. Das vorhandene Material bot sich dazu an. Für wenige Schiffe waren noch kleine Ergänzungen nötig, deren Beschaffung jetzt keine Schwierigkeiten mehr bot. Mit Fortgang der weiteren Arbeit halfen Länder, die für solche Zwecke noch nie technische Angaben in dieser Ausführlichkeit zur Verfügung gestellt hatten. So entstand im Laufe einiger Jahre eine darstellende Zusammenfassung der letzten großen Segelschiffe, die anfangs nur für private Zwecke angelegt worden war, und zwar so, daß die Schiffe unmittelbar miteinander verglichen werden konnten. Der Verlag hat nun in dankenswerter Weise diese Grundkonzeption übernommen und ein Buch daraus gemacht, das sicher manche offenen Fragen beantwortet.

Dr. Otmar Schäuffelen

Die großen Segelschiffe

Der Besuch eines Großseglers in einem Hafen irgendeines Gastlandes ist heute ein Ereignis ersten Ranges. Presse und Fernsehen berichten ausführlich darüber, und selbst Zeitungen tief im Binnenland bringen Berichte über das Schiff und seine Besatzung. Das allgemeine Interesse geht so weit, daß Tageszeitungen auch dann über einen Segler schreiben, wenn das Schiff nicht dem eigenen Land angehört und der Besuch in einem anderen Kontinent stattfindet. Viele der großen Schulschiffe sind sehr bekannt, und ihr Weg durch die Weltmeere wird aufmerksam verfolgt. Beim Aufenthalt eines Großseglers in einem Gasthafen besteht für die Bevölkerung meist die Möglichkeit, das Schiff zu besichtigen. Wie begeistert diese freundliche Geste immer wieder aufgenommen wird, zeigt ein Beispiel. Als im Sommer 1963 das neugebaute argentinische Segel-Schulschiff LIBERTAD Europa besuchte, kamen während des fünfzehn Tage dauernden Aufenthaltes in Hamburg 30 000 Besucher an Bord. Die Literatur, vor allem die englischsprachige, weist eine Fülle von Spezialwerken über die großen Segelschiffe auf. Dabei stehen nicht die Bücher im Vordergrund, die erzählend von der ruhmvollen Epoche der Rahschiffe berichten, sondern es sind vor allem wissenschaftliche Arbeiten über die Geschichte dieser Schiffe, über die Konstruktion, die Takelarten und die verschiedenen Besegelungs-Formen, daneben aber auch Analysen der oft sehr langen Reisen. Woher kommt das starke Interesse für diese Schiffe, das man auch in Personenkreisen findet, die nie oder nur sehr selten mit eigenen Augen einen Großsegler überhaupt, geschweige denn »in Aktion«, also unter Segeln, sehen können? Das Segel ist eines der ältesten Werkzeuge des Menschen. In seiner mehr als 6000jährigen Geschichte hat sich das

Segelschiff in so gleichmäßiger und folgerichtiger Weise entwickelt, wie wir es bei kaum einem anderen technischen Hilfsmittel des Menschen kennen. Viele mobile Apparate haben eine sehr lange Geschichte, wie etwa der Wagen. Aber die treibenden Kräfte, die das Gerät in Bewegung hielten, wurden ständig verändert. Das mußte zu sprunghaften Entwicklungen führen. Für einen Segler ist die fortbewegende Kraft, der Wind, immer die gleiche geblieben. Die Konstrukteure und die Werften nutzten zwar technische Neuerungen und besseres Material, aber immer nur unter dem Aspekt, bei den gleichen Bedingungen des Natur-Antriebs ein noch besseres, noch schnelleres Schiff zu Wasser zu bringen. Daß hierbei das Wort »schnell« für »elegant« und damit auch für »schön« stehen kann, beweisen die Segler selbst. Es gibt wenige Beispiele, bei denen ein Werkzeug des Menschen von solchen Dimensionen, das zudem so stark von Fragen der Wirtschaftlichkeit abhängig war, einen derartigen ästhetischen Reiz und eine solche Schönheit gewann, wie es bei den großen Segelschiffen der Fall ist. Das mag einer der Hauptgründe sein, warum man sich der Faszination dieser Schiffe nicht entziehen kann und warum sie einst und erst recht heute so sehr im Blickpunkt der Öffentlichkeit stehen. Die Großsegler erreichten ihre Blütezeit in den achtziger und neunziger Jahren des vergangenen Jahrhunderts. Damals schon war die Epoche ihrer schönsten Vertreter, der eigentlichen Klipper, vorüber. Mit der raschen Entwicklung der Dampfmaschine und des Motors kam das Ende der Rahsegler. Ein Dampfer imponierte zwar durch die Kraft seiner Maschinen, der optische Reiz eines eleganten Schiffes aber war verschwunden. Die Verbesserung des Eigenantriebes war zunächst mehr als die Form des Rumpfes und seiner Aufbauten, die man anfangs glaubte vernachlässigen zu können. Erst die Schiffsbauten der jüngeren Zeit zeigen, daß auch der Rumpf eines Motorschiffes schön und harmonisch sein kann. Diese starken Schiffe

sind in ihrer Leistungsfähigkeit ebenfalls von der Beeinflussung durch Wind und Wasser abhängig. Wenn das beim Entwurf und bei der Konstruktion beachtet wird, können eigentlich nur ästhetische Formen entstehen.
Es ist gerade ein halbes Jahrhundert her, da lagen in den Häfen der Welt Segelschiffe in so großer Zahl, daß von einem »Mastenwald« gesprochen wurde. Es waren ausschließlich Handels- und Passagierschiffe. Kombinierte Schul- und Frachtsegler fuhren schon wenig später, aber reine Schulsegler, wie wir sie heute haben, kannte man noch nicht.
Was den Seeverkehr und den Hafenbetrieb angeht, so hat sich von damals bis heute im Prinzip nicht allzuviel verändert. Die Frachter kommen und gehen, wenn auch in hastiger Eile, denn Zeit kostet viel Geld. Aber die Ware, die sie bringen, ist in den meisten Fällen die gleiche wie einst. Zum Löschen und Beladen eines Schiffes stehen heute moderne, schnell arbeitende Einrichtungen bereit, durch deren Arbeitsweise der Hafenaufenthalt eines Frachters auf ein Mindestmaß eingeschränkt werden kann. Auch die Menschen, die jetzt die Schiffe bearbeiten, haben sich in ihrem Grundwesen natürlich nicht gewandelt. Den entscheidenden Umbruch hat das Werkzeug des Matrosen, sein Schiff, gebracht. Auch wenn wir heute noch eine stattliche Reihe von Rahschiffen in aller Welt bewundern können — einen echten großen Frachtsegler, der seine Mannschaft unerbittlich erzog und prägte, gibt es nicht mehr.
Das Verschwinden der Großsegler und des Menschentyps, der auf ihnen das Brot verdiente, hat zumindest bei der Handelsflotte zur Bildung einer ganz

neuen Berufsgruppe geführt. Es besteht jetzt ein Arbeitsverhältnis, das in mancher Beziehung einem Beruf an Land gleicht. Im Vordergrund steht die gesundheitliche und soziale Sicherheit, die mit Recht gefordert wird und die einem Fahrensmann das Leben an Bord einigermaßen anziehend macht. Das soll aber keineswegs heißen, daß Segelschiffe ganz allgemein die Gesundheit der Seeleute gefährdet hätten. Ganz im Gegenteil! Viele Erkältungs- und Infektionskrankheiten kannte man an Bord eines Seglers auf hoher See überhaupt nicht. Aber schon die Nahrungsmittel-Konservierung war damals, ohne Kühlanlagen, ein sehr schwieriges Problem. Gleichzeitig mit der Entwicklung von Dampfmaschine und Motoren wurde auch das private Leben durch die fortschreitende Technisierung immer angenehmer und einfacher. Allein die Tatsache, daß durch die sicheren und pünktlichen Transportmittel Zeitpläne im Lebenslauf des Einzelnen aufgestellt und eingehalten werden konnten, brachte entscheidende Veränderungen. Das Nachrichtensystem erlaubt heute, stets und nach überallhin kurzfristig Verbindungen herzustellen. Verständlich genug, daß sich ganz besonders die Schiffahrt sofort der technischen Neuerungen bediente. Das Berufsrisiko sank dadurch für den Seemann ganz erheblich. Er kennt den Fahrplan des Schiffes, weiß, wann er wieder zu Hause ist, hat Anspruch auf Urlaub und es lohnt sich für ihn, auch an Land eine Existenz aufzubauen. Sein Arbeitsplatz gleicht einem schwimmenden Maschinenraum mit entsprechender Werkstatt. Das nasse Logis der Segelschiffe mit all seinen Unbequemlichkeiten ist verschwunden.
An dessen Stelle sind bequeme, helle Kabinen und Kojen getreten. Die modernen Navigationsinstrumente garantieren einen verhältnismäßig sicheren Verlauf der Reise. Ohne diese Einrichtungen und viele andere Bequemlichkeiten würde heute kein Matrose mehr auf einem Schiff anheuern. Das Bild des Seemannes hat sich

dadurch aber entscheidend verändert. Seine Bindung zum Schiff ist nur mehr gering, weil die lebensnotwendige gegenseitige Abhängigkeit zwischen Mensch und Schiff, wie wir sie von den großen Segelschiffen her kennen, fast ganz verschwunden ist. Maschinen und zuverlässige Automaten helfen dem Menschen auf dem Schiff.
Wenn ein Seemann auf einem großen Frachtsegler anmusterte, wußte er genau, daß er sich einer Ordnung zu unterwerfen hatte, wie sie in Berufen an Land kein Beispiel fand — auch nicht beim Militär, wenigstens in Friedenszeiten nicht. Die Dienstzeit war beendet, wenn das Schiff sein Ziel erreicht hatte, und das konnte oft länger als ein halbes Jahr dauern. Auch die strengsten Dienstvorschriften und die härteste Ausbildung dienten letzten Endes der Sicherheit des Schiffes und seiner Besatzung. Ordnung als Selbstzweck hatte auf diesen Seglern nichts zu suchen. Nur wenn jeder seinen Platz kannte, wenn alles richtig aufgeklart war, konnte in jeder Situation, besonders aber nachts, ein Segelmanöver schnell und sicher durchgeführt werden.
Trotz der Belastungen und Entbehrungen gegenüber dem Leben an Land fanden gute Schiffe immer ihre Mannschaft. Gerade die schnellen, ehrgeizigen Segler hatten dabei keine Schwierigkeiten. An Bord eines ehemaligen Großseglers war die gesamte Arbeit für das Schiff Handarbeit. Beim Bedienen der Segel bedeutete das, daß die menschliche Kraft in der Lage sein mußte, riesige Segelflächen und tonnenschwere Rahen zu bewegen. Das wurde zwar durch Taljen und manchmal auch durch Dampfwinden erleichtert, konnte aber auch dann nicht von einem Einzelnen geschafft werden. Nur eine Gemeinschaft, in der jeder wußte, daß der Erfolg am Ende direkt von ihm abhing, in der

sich jeder auf den anderen verlassen konnte, war imstande, ein solches Schiff zum Leben zu erwecken.
Großsegler sind auf ihre Art Lebewesen. Nichts ist starr auf ihnen, alles zeigt Dynamik. Das ganze Schiff wirkt wie ein Körper, der anatomisch zerlegt werden kann. Bestechend daran ist, daß nichts verborgen bleibt. Alle Organe sind zu erkennen. Zentral steht das Skelett der Masten, Stengen und Rahen. Wie lineares Filigran wirkt das überaus vielfältige System der zahllosen Taue und Leinen, die einerseits Stützfunktionen haben, vor allem aber dazu dienen, die an Deck ansetzenden Kräfte auf Rahen und Segel zu übertragen. Überzeugend wird die Körperlichkeit eines Großseglers besonders dann, wenn die gewaltigen Segeltürme Vollzeug gesetzt haben.
So ein komplizierter Organismus kann sich nur dann sinnvoll fortbewegen, wenn er zentral gesteuert wird. Die Führung wird von der Mannschaft unterstützt, die alle Anforderungen und Befehle gewissenhaft zu befolgen und auszuführen hat. Ist das eine wie das andere nicht der Fall, gerät das Schiff wie die ganze Besatzung in schwere Gefahr. Durch die Wechselbeziehung zwischen Mensch und Schiff und durch die gegenseitige Abhängigkeit entstand auf Segelschiffen eine Gemeinschaft, wie wir sie anderswo nicht finden. Das Schiff diente dem Menschen, die Menschen dem Schiff, und sie liebten es. Sie waren stolz auf »ihren« Segler, wenn er nach schneller Fahrt in bestem Trimm an der Pier lag und die Zeitungen über die gute Reise berichteten. Jeder war an dem Erfolg beteiligt.
Die meisten Segelschiffe hatten nicht nur ihren Namen, der sie identifizierte, sondern sie trugen liebevoll gepflegte Galionsfiguren, die in irgendeiner Beziehung zum Schiffsnamen standen. Diese Figuren gaben dem Schiff ein eigentliches Gesicht. Das Außergewöhnliche ihrer Schiffe war den Fah-

rensleuten durchaus bewußt. Es ist bemerkenswert, daß ein reines Werkzeug des Menschen von seinen Benützern schon während der Verwendungszeit diese Anerkennung und Beachtung erfuhr. Meist geschieht dies von ganz anderer Seite und erst dann, wenn dieser Gegenstand schon geschichtliche Bedeutung hat. Auch die vielen Bilder und Modelle, die Kapitäne und Matrosen von ihren Seglern malten und bastelten, zeigen, wie sehr diese Menschen mit den Schiffen verbunden waren.

Noch bei den beiden letzten deutschen Handels-Schulschiffen PAMIR und PASSAT sollten sich die Jungen bei Bootsmanövern nicht nur mit den Rettungsmöglichkeiten vertraut machen. Die Kapitäne legten Wert darauf, daß die angehenden Offiziere auf offener See ihr Schiff in seiner ganzen Schönheit sehen konnten. Für die meisten war das sicher ein unvergeßliches Erlebnis. Es sollte ein Gefühl der Zugehörigkeit wecken und hat das auch bestimmt bei vielen Jungen getan.

Heute sind alle großen Frachtsegler von den Weltmeeren verschwunden. Dampfer und Motorschiffe haben sie in hartem Konkurrenzkampf verdrängt. Nach den jetzigen Richtlinien der Rentabilität von Seeschiffen war die Zahl der Besatzung im Verhältnis zum Bruttoraum bei der klassischen Art der Segelbedienung zu groß. Dabei war nicht die Segelfläche entscheidend, sondern die Zahl der Masten. Bei vielen Manövern müssen die Segel möglichst gleichzeitig bedient werden, damit das Schiff nicht zuviel Fahrt und Seeraum verliert oder in Gefahr kommt. Das bedeutet aber, daß für jeden Mast eine bestimmte Anzahl Seeleute gebraucht wird. Die größten Rahschiffe hatten fünf Masten, lagen aber alle unter 6000 BRT. Das ist für einen Motorfrachter nicht besonders viel. Für einen Rahsegler, wie das Fünfmast-Vollschiff PREUSSEN, waren aber 48 Mann Besatzung notwendig. Hätte man den Bruttoraum der Segler vergrößern wollen,

wären daraus Sechs- und Siebenmaster geworden. Solche Schiffe hat es zwar gegeben, sie waren aber aus technischen und wirtschaftlichen Gründen nicht mehr vertretbar.

Motorschiffe fahren heute nach Zeitplänen, die sie auch weitgehend einhalten können. Der kommerzielle Wettbewerb verlangt, daß die Ware möglichst schnell und pünktlich angelandet wird. Frachtsegler fuhren zwar auf manchen Routen mit einer erstaunlichen Gleichmäßigkeit. Für die einzelnen Reisen konnte das aber nicht im voraus zugesichert werden. Flauten oder Stürme hatten einen zu großen Einfluß auf das Segelschiff.

Unter gewissen Voraussetzungen könnten auch heute noch Großsegler mit Gewinn arbeiten. Aber das Geschäftsrisiko auf lange Sicht ist zu groß. Das herkömmliche Material von Segeln und Tauwerk behält nur dann seine Festigkeit und Elastizität, wenn es ständig in Gebrauch ist. Geht dann noch in einem Sturm ein Stell Segel verloren, so überschreitet der Schaden bei einem großen Schiff die Hunderttausend-Mark-Grenze erheblich. Im Gegensatz zum Motorschiff setzt der Segler seine empfindlichsten Teile immer den zerstörenden Einflüssen von Wind und Wetter aus. Nur wenige Schiffseigner könnten es sich leisten, ihr Schiff mit Perlon-Tauwerk und Chemiefaser-Segeln auszurüsten. Heute befahren ausschließlich Schul- und Luxus-Segler die Weltmeere. Einige der letzten Frachtsegler liegen in verschiedenen Häfen als Museumsschiffe fest vor Anker. Es ist zu wünschen, daß es gelänge, wenigstens diese Schiffe für die Zukunft zu erhalten. Sie müssen selbstverständlich einem Zweck dienen, um lebendig zu bleiben. Die großen Räume unter Deck bieten genügend Platz für die verschiedensten Einrichtungen.

Die letzten frachtfahrenden Schulsegler überhaupt waren die beiden deutschen Viermastbarken PAMIR und PASSAT. Bei ihnen wurde versucht, die erheblichen Unterhaltungskosten durch den Frachtgewinn einigermaßen auszugleichen. Die Segler konnten zum Schluß nur noch dadurch in Fahrt gehalten werden, daß 40 deutsche Reeder die Stiftung »Pamir und Passat« bildeten und damit zum Träger des ganzen Unternehmens wurden. Der tragische Verlust der PAMIR im September 1957 hatte dann auch die Fahrenszeit der PASSAT beendet.

Reine Segelschulschiffe gibt es bei der Handelsflotte erst seit Anfang dieses Jahrhunderts. Für die Ausbildung des Offiziers-Nachwuchses der deutschen Handelsmarine war der »Deutsche Schulschiff-Verein« wegweisend gewesen. Sein erstes Schiff, das Vollschiff GROSSHERZOGIN ELISABETH, lief 1901 vom Stapel. Es war als reines Schulschiff gebaut worden. Auch die nachfolgenden Segler des »Schulschiff-Vereins« fuhren keine Fracht.

Die Segel-Schulschiffe lebten und leben aus einer ganz anderen Situation als die Frachtsegler. Es spielt dabei keine Rolle, ob es sich um ein Schulschiff der Handels- oder der Kriegsflotte handelt. Sie sind wirtschaftlich unabhängig. Ihnen steht ein jährlicher Etat zur Verfügung, der ausreicht, um die laufenden Kosten zu decken, und der es vor allem möglich macht, die Schiffe ständig in optimaler Betriebssicherheit zu halten. Wie oft geriet ein Frachtsegler in schwere Gefahr, weil an falscher Stelle gespart worden war! Das gilt ganz besonders für die Stabilität. Sie ermöglicht es dem Schiff, sich bei Schräglagen verschiedenen Grades wieder aufzurichten. Bei Segelschiffen mit ihrer hohen und schweren Takelage ist dieses Problem viel schwieriger als bei Motorschiffen. Die langen Hebelarme der Masten wirken den stabilisierenden Kräften im Schiffsrumpf viel stärker entgegen als die niederen Aufbauten eines Motorschiffes. Früher wurde die Stabilität durch die Ladung und beim leeren Schiff durch Ballast garantiert, der vor dem

Beladen wieder herausgenommen wurde. Die heutigen Schulsegler sind immer »stabil«. Der notwendige Ballast besteht meist aus Eisenbeton und ist fest im Schiffskörper eingesetzt. Dabei bleibt in der eigentlichen Last noch genügend Platz für Unterrichts- und Wohnräume.

Mit dem finanziellen Rückhalt können bei Schulschiffen Einzelteile viel früher ausgetauscht werden, als dies tatsächlich nötig wäre. Die Gesundheit der Jungen steht über allem. So erklären sich auch die nur ganz selten vorkommenden Unfälle auf Großseglern. Neben der materiellen Sicherheit erlaubt auch die große Zahl der Besatzung, das Schiff immer im besten Trimm zu halten. Nicht überall findet die Segelschiffs-Ausbildung der angehenden See-Offiziere vorbehaltlose Zustimmung. Immer wieder sind Stimmen zu hören, die sich gegen diese Art der Erziehung wenden. Dabei soll von der angeblichen »Gefährlichkeit« dieser Ausbildung gar nicht die Rede sein. Das Hauptargument der Gegner ist, daß im Zeitalter moderner Motorschiffe die Fahrenszeit auf einem Schulsegler überholt und überflüssig sei. Als demonstratives Beispiel heißt es oft, ein Autofahrer benütze doch auch keine Pferdekutsche als Übungsgefährt. Dazu kommen Schlagworte wie »Romantik« und »Abenteuerlust«, um die Nutzlosigkeit sinnfällig zu machen. Der Dienst auf einem Großsegler ist alles andere als romantisch. Gerade wenn die Jungen mit großer Begeisterung bei der Sache sind, so zeigen sie, daß sie ihrem Beruf nüchtern, ehrlich und ohne falsches Pathos gegenüberstehen. Die Seemanns-Lehre duldet keine Mitläufer und Träumer. Jeder hat sich von Anfang an voll für seine Aufgabe einzusetzen. Das ist für das Wohl des Schiffes und der Kameraden unerläßlich. Daß in unserer technisierten und nüchternen Welt noch Platz für Seefahrzeuge ist, die in ihrer Einrichtung nicht nur höchst zweckmäßig, sondern auch schön sind, sollte man mit Freude vermerken.

Alle Argumente gegen die Verwendung von Segel-Schulschiffen beweisen, daß ihre Verfechter nicht wissen, um was es bei dieser Ausbildung überhaupt geht. Die Jungen sollen gar nicht lernen, ein Segelschiff zu bedienen oder zu führen. Obwohl die meisten von ihnen Offiziers-Anwärter sind, sollen sie an Bord des Schiffes nicht einmal lernen, Menschen zu führen. Das Grundziel ist zunächst, die jungen Leute daran zu gewöhnen, sich in eine große Gemeinschaft, die auf sehr engem Raum zusammenlebt, einzuordnen. Bei dieser Lebens- und Arbeitsweise sind Rücksichtnahme, Kameradschaft und Hilfsbereitschaft so dringend nötig, daß sie in kurzer Zeit jedem zur Selbstverständlichkeit werden.

Daß die Arbeit hoch droben in den Masten und auf den Rahen Mut, Entschlossenheit und Besonnenheit erfordert, versteht sich von selbst. Allein durch das Zusammenleben auf dem Schiff und durch den täglichen Segeldienst ergeben sich so viele Möglichkeiten, den Charakter zu bilden und zu entwickeln, wie es eigentlich nur auf einem Großsegler möglich ist. Neben den Arbeiten in der Takelage spielt sich auch der übrige Dienst auf einem Segel-Schulschiff fast ausschließlich an Deck ab. Es kann sich dabei selbstverständlich ein viel engeres Verhältnis zu Wetter und See entwickeln, als dies auf einem Motorschiff möglich wäre. Die genaue Kenntnis der Natur-Elemente ist auch heute noch unerläßlich für die sichere Handhabung eines Schiffes, gleich welcher Größe. In neuester Zeit haben sich schwere Schiffskatastrophen ereignet – nicht obwohl den Schiffen modernste Navigationshilfen zur Verfügung standen, sondern weil man sich auf sie verlassen hatte.

Neben der erzieherischen Aufgabe haben die großen Segel-Schulschiffe noch eine weitere Verwendung. Fast alle diese Schiffe sollen bei Auslandsbesuchen ihre Nation vertreten. Sie tun dies in bemerkenswerter und nachhaltiger Weise, und sicher ist es besser, dafür ein vielbewundertes Segelschiff zu verwenden als ein waffenstarrendes Kriegsschiff.

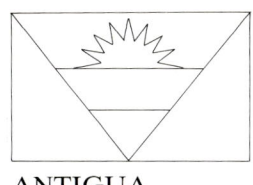

ANTIGUA

Anny

ex Ringö
ex Kurt Both
ex Hanna
ex Anny

Art: 3-Mast-Gaffelschoner, Eisen

Nation: Antigua

Eigner:
Simba Yachting Company Ltd.,
St. John's, Antigua

Heimathafen: St. John's

Baujahr: 1914

Werft: C. Lühring,
Hammelwarden – Unterweser

Vermessung: 242 ts Deplacement
124 BRT; 43 NRT

Abmessungen:
Länge über alles	38,00 m
Länge Rumpf	32,27 m
Länge zwischen den Loten	28,40 m
Breite	6,95 m
Raumtiefe	2,95 m
Tiefgang	2,35 m

Segelfläche: 520 qm

Besegelung: 12 Segel, einschl. Breitfock

Masten:
Höhe Großmast über Deck 24 m

Antrieb: 6 Zyl. Deutz-Diesel, 280 PS

Besatzung: 5 Mann Stammbesatzung
10 Gäste

Verwendung: Yacht

Das abenteuerliche Leben der Anny von Hamburg hätte fast bei einer Abwrackfirma geendet, wenn sie nicht rechtzeitig von ihren jetzigen Eignern entdeckt worden wäre.
Anny wurde als Frachtsegler im Auftrag von Kapitän Diedrich Hasseldiek aus Nordenham gebaut. Insgesamt verließen acht Schoner mit den gleichen eleganten Linien die Werft. Die erste Reise führte nach Petersburg. Dort wurde das Schiff nach Ausbruch des Ersten Weltkrieges sofort beschlagnahmt. Erst nach Kriegsende kehrte der Rumpf nach Deutschland zurück. 1925 wurde das Schiff bei der Werft Ernst Harms in Harburg wieder aufgebaut. Es erhielt dabei u. a. eine verkleinerte Takelage, seinen ersten Motor und den neuen Namen Hanna. Der damalige Eigner Kapitän Walter Richter aus Hamburg verkaufte 1936 sein Schiff an Kapitän Max Both aus

Glückstadt. Von nun an hieß es Kurt Both. Bis zum Ausbruch des Krieges transportierte der Motorschoner Zement für den Festungsbau nach Helgoland. Später ging es in die Trampfahrt nach Skandinavien. 1940 erfolgte der Umbau in einen Anderthalbmaster. 1950 wurde Kurt Both in Hamburg-Wilhelmsburg um 8 m verlängert. Nachdem 1952 auch das Bugspriet entfernt worden war, verwandelte sich der ehemalige Schoner in ein reines Motorschiff. 1957 kaufte die schwedische Reederei Oscar Abrahamson aus Edshullshall das Schiff und gab ihm den Namen Ringö. Schließlich erwarb es Paul Grönquist aus Borga, Finnland. 1980 fanden Angehörige der Germania Schiffahrt GmbH aus Hamburg das Schiff teilausgebrannt in Karlskrona, Schweden. Da sich kein Käufer mehr finden ließ, sollte es abgewrackt werden. Auf eigenem Kiel kam der Rumpf nach

Hamburg. Als Anny wurde das Schiff für die nächsten Jahre im Hamburger Schiffsregister geführt.
Eine Grundüberholung war notwendig geworden. Dabei wurde auch die Verlängerung zurückgenommen. Nach Originalplänen erhielt Anny wieder ihr altes Rigg. Großen Wert legte man auf die Inneneinrichtungen. Im Laderaum entstanden neben einem Repräsentationsraum 5 Doppelkabinen mit jeweils eigenem WC/Duschbad. Die Achterkajüte für den Kapitän sowie das Logis für die Crew unter der Back wurden sorgfältig im Stil der Zeit erneuert. Zur sicheren Navigation sind Radar, Satelliten-Navigationsgerät, Echolot, Sprechfunk, Wetterkartenschreiber u. a. vorhanden. Im November 1982 waren die Restaurationsarbeiten dieses prächtigen Schiffes beendet. Seit 1987 fährt Anny unter der Flagge Antiguas in der Karibik, wird aber nach wie vor von der Germania Schiffahrt bereedert.

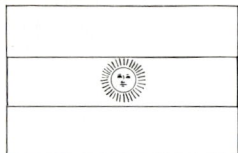

ARGENTINIEN

Libertad

Art: Vollschiff, Stahl

Nation: Argentinien

Eigner:
Kriegsflotte, Argentinische
Kriegsmarine

Heimathafen: Buenos Aires

Baujahr:
1953/56; Kiellegung 11. Dezember
1953, Stapellauf 30. Mai 1956

Indienststellung: 28. Mai 1960

Werft:
A.F.N.E. Astilleros Navales
(Argentinische Staatswerft), Rio
Santiago

Vermessung: $\frac{3765}{2740}$ ts Deplacement

Abmessungen:

Länge über alles	103,00 m
Länge Rumpf	91,75 m
Länge zwischen den Loten	80,00 m
Breite	13,80 m
Seitenhöhe	11,00 m
Tiefgang (voll ausgerüstet)	6,65 m

Segelfläche: 2643 qm

Besegelung:
27 Segel; 5 Vorsegel, Doppel-Marssegel, einfache Bramsegel, Royals

Masten:
Alle Masten mit einer Stenge;
Höhe Fockmast 48,66 m, Großmast
49,80 m, Kreuzmast 43,17 m

Antrieb:
Zwei Sulzer-Dieselmotoren, je
1200 PS; Antrieb einer Welle über
eine Vulcan-Hydraulik-Kupplung;
Geschwindigkeit mit Maschine
13,5 kn

Besatzung:
Insgesamt 351 Mann;
24 Offiziere, 49 Kadetten, 39 »aspi-
rantes« der Marine-Maschinenbau-
Schule; 239 Unteroffiziere und
Mannschaften

Verwendung: Schulschiff unter Segeln

Die genaue Bezeichnung dieses bemer-
kenswerten Schulschiff-Neubaus lautet
»Fragata A.R.A. LIBERTAD« (A.R.A.
= Armada Republica Argentina). Im
Sommer 1963 legte der Segler zu seiner
sechs Monate dauernden Jungfernreise
in Buenos Aires ab. Die Hauptstationen
dieser Reise waren San Juan, Bermudas,
Lissabon, Le Havre, Hamburg, London,
Cadiz, Dakar. Bei seinem 15tägigen
Aufenthalt in Hamburg kamen etwa
30000 Besucher an Bord.
Die LIBERTAD wurde den heutigen
Erfordernissen einer Schulschiffs-Aus-
bildung angepaßt. Sie hat ein Glattdeck
und zwischen Fock- und Großmast
eine Motorschiffbrücke mit Nocken.
Zwischen Großmast und Kreuzmast
steht der Schornstein. Neben den
Hauptmotoren fährt das Schiff zwei
Generatoren von 500 kVA, 380 V und
einen Hilfsgenerator von 85 kVA,
380 V. Die Radareinrichtung hat eine
Reichweite von 48 sm. Das Echolot arbeitet mit Registrier- und Lichtstreifen.
Die Funkstation besitzt zwei Sender
(Hoch-Niederfrequenz und Nieder-
frequenz), einen Notempfänger, einen
Hochfrequenz-Empfänger, drei Scha-
luppen-Empfänger, 5 Notempfänger
für Schaluppen, 3 R.A.I.- und 2 Ham-
mer-Lund-Empfänger.
An Beibooten befinden sich an Bord:
Zwei Schaluppen aus Holz mit einer
Doppelkabine aus Metall (ausgerüstet
mit einem 4-Zyl.-Thorycroft-Motor zu
40 PS; jede faßt 15 Mann). Eine Lan-
dungs-Schaluppe aus Holz mit einem
4-Zyl.-Thorycroft-Motor zu 40 PS (sie
kann 30 Mann aufnehmen), ein Boot
mit Segeln und Riemen und ein Boot
mit Segeln. Außerdem natürlich mehrere automatische Rettungsflöße.
Da die Segel nicht sehr tief geschnitten
sind, kann sie der Wind nicht stark aus-
buchten; deshalb und weil die drei
Masten auf dem langen Rumpf weit
auseinanderstehen, sind Tausendbeine
an den Stagen, die das Schamfilen
verhindern sollen, nicht nötig. Anfangs
war das argentinische Marinewappen
am Heck der einzige Schmuck des
Schiffes. Später wurde auch eine
Galionsfigur angebracht. Sie stellt eine
weibliche Figur dar.

15

Presidente Sarmiento

Art: Vollschiff (Fregatte), Stahl

Nation: Argentinien

Eigner:
Kriegsflotte, Marine-Museumsschiff; (Buque-Museo Fragata A.R.A. »Presidente Sarmiento«); A.R.A. = Armada Republica Argentina

Liegehafen: Buenos Aires

Baujahr:
1897; Stapellauf 31. August 1897
Indienststellung 20. Juli 1898

Werft:
Camell Laird, Birkenhead
(bei Liverpool, England)

Vermessung: 2750 ts Deplacement

Abmessungen:

Länge über alles	85,05 m
Länge Rumpf	76,50 m
Länge zwischen den Loten	72,60 m
Breite	13,32 m
Seitenhöhe	7,32 m

Segelfläche: 3358 qm (mit Leesegeln)

Besegelung:
23 Segel, dazu 12 Leesegel; 4 Vorsegel; typisches Marine-Rigg: einfache Marssegel (sehr tief), einfache Bramsegel, Royals Fock- und Großmast: an Stelle der Stengestagsegel Gaffelsegel (Spencer) ohne Baum

Masten, Spieren:
Höhe Großmast über Deck: 49,80 m; Bugspriet mit Klüverbaum und Außenklüverbaum

Antrieb:
Dampfmaschine, 4 Kessel, 2800 PS, Geschwindigkeit mit Maschine 15 kn

Besatzung:
Unter Segeln bis zu 400 Mann

Bewaffnung:
2 7,6-cm-Geschütze (Nordenfeldt),
2 5,7-cm-Geschütze (Nordenfeldt),
4 4,7-cm-Geschütze (Hotchkiss),
4 12,0-cm-Geschütze (Armstrong),
3 Torpedorohre

Verwendung: Museumsschiff

Staatliche Segelschulschiffe bilden nicht nur den Marinenachwuchs aus, sondern ihnen fällt auch in einem ganz besonderen Maße die Aufgabe zu, den Staat im Ausland zu vertreten. Dieses »showing the flag« macht sie zu Botschaftern einer Nation. Nur wenige Schulschiffe dieser Art haben dies so gründlich und lange getan wie die argentinische PRESIDENTE SARMIENTO während ihrer dreiundsechzigjährigen aktiven Dienstzeit. Lief sie einen fremden Hafen an, dann waren Kaiser, Könige und Präsidenten Gäste an Bord. Sie war bei den Krönungsfeierlichkeiten für Eduard VII., Georg V. von England und Alfons XIII. von Spanien, ebenso bei den Amtseinführungen der Präsidenten Taft von Amerika, Alessandri von Chile und Alvaro de Obregon von Mexiko.
Im Jahre 1894 machte der argentinische Kapitän zur See, D. Martin Rivadavia, der Regierung und dem Präsidenten den Vorschlag, für die Ausbildung des argentinischen Marineoffiziers-Nachwuchses ein Segelschulschiff nach modernen Gesichtspunkten bauen zu lassen. Von 1884 bis 1891 wurde für denselben Zweck schon einmal ein Segelschiff verwendet, es war die in Triest gebaute Korvette LA ARGENTINA. Allerdings hatte dieses Schiff während der Zeit nur fünf Reisen gemacht. Nach einer Entscheidung des Präsidenten Luis Sáenz Peña setzte sich 1895 eine Kommission aus Marine-Offizieren zusammen, die den Neubau eines Segelschulschiffes vorbereitete. Eine englische Werft wurde mit dem Bau beauftragt. Das Schiff bekam den Namen des Präsidenten D. Domingo Faustino Sarmiento (13. Februar 1811−12. September 1888, Präsident von 1868−1874). Dieser Präsident hatte sich ganz besonders für den Nachwuchs der argentinischen Marine eingesetzt und war auch der Gründer der Marine-Akademie. Nach seinem Tode sollte das größte Schiff der Flotte, der Kreuzer LOS ANDES, seinen Namen bekommen. Er fiel aber dann doch dem Schulschiff-Neubau zu.
PRESIDENTE SARMIENTO entspricht dem Typ der großen Dampf-Korvetten des 19. Jahrhunderts. Die Heckgalerie, die nur von den Offiziers-Wohnräumen aus zugänglich ist, unterstreicht diese Typisierung. Ebenso kennzeichnend sind die barocken Bug- und Heckornamente. Für die Unterbringung der großen Besatzung wurde die Poop bis weit zur Schiffsmitte vorgezogen. Auch die Back ist verlängert und reicht bis hinter den Fockmast. Der Rumpf besteht zwar aus Stahl, ist aber mit einer Teakholz-Schicht ummantelt, die im Unterwasserteil noch mit einer Kupferhaut (Wurmhaut) überzogen ist. Eines der Torpedorohre öffnet sich im Vorsteven, knapp über der Wasserlinie. Am 20. Juli 1898 wurde zum ersten Mal an Bord die argentinische Flagge gesetzt. Leutnant zur See D. Enrique Thorne hatte das Kommando bei der Überfahrt nach Argentinien. Am 10. September 1898 lief PRESIDENTE SARMIENTO in Buenos Aires ein.
Die erste große Reise dauerte vom 12. Januar 1899 bis zum 30. September 1900. Sie führte über 49 500 Seemeilen rund um die Erde. Das Kommando führte damals Fregattenkapitän D. Onofre Betbeder. Bis Dezember 1938 machte das Schiff 37 große Reisen mit einer Gesamtlänge von 576 770 Seemeilen. Während dieser Zeit wurden an Bord mehr als 1500 Kadetten für den Offiziers-Dienst vorbereitet. Jeweils die Kadetten des letzten Jahrganges der Marine-Akademie kamen auf den Segler. 1938 war für PRESIDENTE SARMIENTO der erste Abschnitt des Schuldienstes abgeschlossen. Von da an wurden außer zwei großen Reisen nur noch kleinere Ausbildungsreisen unternommen. Neben den Kadetten waren jetzt auch Matrosen-Anwärter an Bord. Am 26. Januar 1961 wurde das Schiff aus dem aktiven Schuldienst entlassen. Insgesamt hat es 1 100 000 Seemeilen zurückgelegt. Seine Nachfolger sind heute das Vollschiff A.R.A. LIBERTAD und der Kreuzer LA ARGENTINA. Jetzt liegt PRESIDENTE SARMIENTO als Staats- und Kulturdenkmal im Hafen von Buenos Aires. Sie wurde für das argentinische Volk nicht ohne Grund zur »reliquia histórica«.

Uruguay

Alma Doepel

Im Hafen von Buenos Aires liegt bei der Boca-Brücke die eiserne Bark URUGUAY. Die ehemalige Korvette wurde 1873 bei Laird in Birkenhead/England gebaut. (Eisenrumpf mit Holzbeplankung, 513 ts Deplacement, Länge 46,4 m, Breite 7,6 m, Tiefgang 3 m, Schiffsmaschine mit 475 PS.) Bekannt wurde die URUGUAY durch die Rettung der schwedischen Nordenskjöld-Expedition (Otto Nordenskjöld) im Jahre 1903. Diese Expedition war 1901 mit dem für diesen Zweck umgebauten Walfänger ANTARCTIC ex-CAP NOR aufgebrochen, um die geologischen Verhältnisse im Südwesten der Süd-Shetlandinseln zu untersuchen. Die ANTARCTIC ging am 12. Februar 1902 im Staueis verloren. Nach einer spektakulären Überwinterung in getrennten Lagern brachte die zur Hilfe eilende URUGUAY alle Expeditionsteilnehmer zu den Falklandinseln zurück.

Die URUGUAY diente bis 1930 als Vermessungsschiff. Nach ihrer Ausmusterung verwendete sie die argentinische Marine noch als Depotschiff. Seit etwa 1982 liegt die Bark als Museumsschiff ohne Maschine in Buenos Aires. Sie wird von der argentinischen Marine betreut. Eine Sonderausstellung im Schiff erinnert an die Rettungstat im südlichen Eismeer.

Art: 3-Mast-Toppsegelschoner, Holz
Nation: Australien
Eigner: Sail & Adventure Ltd., Victoria
Heimathafen: Hobart oder Melbourne
Baujahr:
 1903, Stapellauf 10. Oktober 1903
Werft: Bellingen, N.S.W.
Vermessung: 150,69 BRT
Abmessungen:

Länge über alles	45,20 m
Länge Rumpf	35,90 m
Länge zwischen den Loten	31,60 m
Breite	8,00 m
Raumtiefe	2,30 m
Seitenhöhe	2,50 m
Tiefgang	2,20 m

Segelfläche: 557 qm
Besegelung: 10 Segel; keine Breitfock
Masten:
 Höhe Großmast über Deck: 31 m
Antrieb:
 LC3 Gardner Diesel, 247 PS
Besatzung: 11 Mann, 40 Kadetten
Verwendung: Schulschiff unter Segeln

ALMA DOEPEL, die ihren Namen nach der Tochter des Erbauers Frederick Doepel erhalten hat, ist das letzte australische Segelschiff, das Rahsegel fährt. Durch ein vorn und achtern angebrachtes Mittelschwert konnte das verhältnismäßig flachgehende Schiff auch durch die Untiefen der Küstengewässer kreuzen. Als Frachtsegler hat sie mit Rekordreisen oft von sich reden gemacht.

1917 wurde der Schoner an die Marmeladenfabrik Henry Jones Ltd. verkauft. Zwischen Hobart, Tasmanien und dem australischen Kontinent machte er als Teil der »Moskito-Flotte« weiterhin seine schnellen Reisen. 1937 wurde das Schiff abgetakelt und ab 1947 als Motorschiff von der amerikanischen für die australische Armee in Neu-Guinea als »AK 82« in Dienst gestellt. Nach dem Krieg erfolgte eine Neutakelung als Pfahlmastschoner. Wieder war es die Strecke zwischen Tasmanien und Melbourne, die von der ALMA DOEPEL als Frachter befahren wurde. In den sechziger Jahren transportierte sie Kalkstein zwischen Southport und Electrona, Tasmanien. Dort lag sie auch 1976 ohne Beschäftigung, als sie die Sail & Adventure Ltd. erwarb, um sie für ihre Zwecke zu restaurieren. Der Umbau war umfassend, selbst ein neuer Kiel wurde eingezogen.

Heute steht sie der Jugend Australiens (Jungen und Mädchen) als Ausbildungsschiff mit allen Vorteilen, die ein Schulsegler bieten kann, zur Verfügung, ohne daß dabei die Ausbildung für den seemännischen Nachwuchs im Vordergrund stünde. Das große Segelschiff als hervorragende Erziehungshilfe ist gefordert.

Falie   Jessica

ex HOLLANDS FROUW

Art: 2-Mast-Gaffelschoner, Stahl
Nation: Australien
Eigner: FALIE Project Ltd.
Heimathafen: Port Adelaide
Baujahr: 1919
Werft:
  Richter uit den bog Aarot,
  Maassluis, Niederlande
Vermessung:
  244 ts Deplacement
  227 BRT
  115 NRT
Abmessungen:
  Länge über alles   45,70 m
  Länge Rumpf   36,50 m
  Breite   6,70 m
  Tiefgang   3,10 m
Segelfläche: 595 qm
Besegelung: 7 Segel
Masten:
  Höhe Großmast über Deck 30,10 m
Antrieb:
  National-5-Zyl.-Turbodiesel, 250 PS
Besatzung:
  9 Mann Stammbesatzung
  20 Gäste
Verwendung: Charterschiff

Bis 1923 befuhr der ehemalige Frachtsegler europäische Gewässer. Die neue Heimat wurde dann Australien mit Heimathafen Port Adelaide. Getreide, Holz und Kunstdünger waren meist die Ladungen, die das Schiff neunundfünfzig Jahre lang an den Küsten Australiens transportierte. Während des Zweiten Weltkrieges beanspruchte die Royal Australian Navy das Schiff. FALIE lag als Wachschiff am Eingang zum Hafen von Sydney. Zeitweilig diente sie als Vorratsschiff in den Gewässern Neuguineas. Nach dem Krieg lieferte das Schiff fünfzehn Jahre lang Sprengstoff an alle Staaten des Kontinents. Erst 1982 trat es als Handelsfahrer aus dem Dienst. Die Regierung kaufte anschließend das altgediente Schiff. Zwei Jahre dauerte die Restaurierung, die durch private Zuwendungen großzügig unterstützt wurde. 1986 war FALIE Flaggschiff bei den Veranstaltungen zur 150-Jahrfeier Australiens. Neben der Verwendung als Charterschiff ist der Segler auch Schaustück bei vielen Hafenbesuchen.

ex Xxxx
ex JESSICA

Art: 3-Mast-Toppsegelschoner, Stahl
Nation: Australien
Eigner: Mr. Alan Bond, Australien
Heimathafen: Sydney
Baujahr: 1983
Werft:
  Astilleros de Mallorca S.A., Palma
Vermessung: 378 ts Deplacement
Abmessungen:
  Länge über alles   61,50 m
  Länge Rumpf   52,70 m
  Länge in der Wasserlinie   41,90 m
  Breite   8,60 m
  Tiefgang   4,00 m
Segelfläche: 1390 qm
Antrieb:
  General Motors 12 V71-Turbo-Diesel
  550 bhp
Besatzung: 13 Mann Stammbesatzung
Verwendung: Privatyacht

Der Argentinier Sr. Carlos Perdoma war Auftraggeber für den Bau der auffallend rassig gestalteten Yacht JESSICA, die den Namen seiner Frau bekam. Das traditionell gehaltene Rigg verrät nicht, daß moderne Deckseinrichtungen, wie zum Beispiel elektrisch betriebene Winschen, die Segelmanöver erleichtern. Auch die Inneneinrichtungen des Schiffes entsprechen höchsten Ansprüchen. Die Segeleigenschaften haben sich als überragend erwiesen. 1988 ging der Schoner in das Eigentum des Australiers Alan Bond über. Der etwas nüchterne Name Xxxx zeigte lediglich an, daß das Schiff für die Produkte einer australischen Brauerei dieses Namens warb. Seit 1989 heißt der Schoner wieder wie zu Anfang.

James Craig

ex CLAN MCLEOD

Art: Bark, Eisen
Nation: Australien
Eigner: Sydney Maritime Museum
Liegeplatz: Sydney
Baujahr: 1874
Werft:
  Bertram Haswell & Co.,
  Sunderland, Australien
Vermessung: 646 Registertonnen
Abmessungen:
  Länge   54,70 m
  Breite   9,70 m
  Seitenhöhe   5,30 m
Verwendung:
  Museumsschiff nach Neutakelung

Als Frachtsegler wurde die Bark als erstes Schiff der bekannten »Clan«-Segler gebaut, die damals Thomas Dunlop für sich fertigen ließ. Viele Jahre fuhr sie auf den Welthandelsstraßen und machte dabei gute Reisen. 1887 kam sie zur Fa. Russel & Co. nach Glasgow. Später ging die Bark nach Neuseeland, deren neue Eigner sie in JAMES CRAIG umtauften. 1912 wurde sie zur Hulk, aus Mangel an Schiffsraum aber zu Beginn des Ersten Weltkrieges wieder aufgeriggt. In den zwanziger Jahren war sie wiederum ohne Beschäftigung. Als Kohlenhulk kam sie nach Hobart, Tasmanien, wo sie nach einiger Zeit auf Grund ging. Mehr als dreißig Jahre lag sie dort, als man sie hob und notdürftig abdichtete. 1981 kam JAMES CRAIG im

Schlepp nach Sydney. Jetzt liegt das Schiff in einem Schwimmdock im Darling Hafen von Sydney. Es wird grundüberholt, restauriert und neu getakelt.

Golden Plover

ex PLOVER 1910 war die jetzige Brigantine als Dampfschlepper, der auch Fracht fahren konnte, gebaut worden. Mehrere Jahre lag sie auf Grund im Maribyrnong River in Melbourne. Nach ihrer Hebung begann eine deutsche Familie mit den Umbauarbeiten und der Takelung. GOLDEN PLOVER, wie sie von da an hieß, machte eine Reise nach Europa und war danach im Chartergeschäft in Queensland beschäftigt. 1982 war sie zum Verkauf ausgeschrieben.

Lady Nelson

Art: Brigg, Holz

Nation: Tasmanien (Australien)

Eigner:
Tasmanian Sail Training Association

Heimathafen: Hobart

Baujahr: 1985–87

Werft:
Ray Kemp, Woodbridge, Tasmanien
Konstruktion:
Robert Sexton, Brom Knoop

Vermessung: 60 ts Deplacement

Abmessungen:
Länge über alles	25,76 m
Länge Rumpf	16,00 m
Breite	5,34 m
Tiefgang	2,74 m

Besegelung: 9 Segel

Masten: Höhe Großmast über
Wasserlinie 17,45 m

Antrieb: Dieselmotor

Besatzung: 3 Mann Stammbesatzung
Für 12–14 Trainees
Übernachtungsmöglichkeiten
25–30 Trainees bei Tagestouren

Verwendung: Schulschiff unter Segeln
(Abenteuerschulschiff)

Die heutige LADY NELSON ist der genaue Nachbau eines Schiffes gleichen Namens, das 1798 in Deptford, England gebaut worden war. Die kleinen Abmessungen brachten der Brigg bald den Spitznamen H.M.S. TINDERBOX (Zunderbüchse) ein. Ihr geringer Tiefgang, der durch ein Mittelschwert ausgeglichen werden konnte, machte den Einsatz in flachen Küstengewässern und Flüssen möglich. 1799 kaufte die Admiralität das Schiff. Es machte bei der Erforschung und Erstbesiedlung von Australien, Tasmanien und Neuseeland Geschichte. Die Brigg wurde zum wichtigsten Schiff in der frühen Geschichte Australiens. Zwischen 1800 und 1825 war LADY NELSON an zahlreichen Unternehmen beteiligt, wobei sie nicht nur Forschungsschiff war, sondern auch Siedler und Transportgüter an Bord hatte. Ganz besonders ist sie mit der Geschichte Tasmaniens verbunden. 1803 und 1804 segelte sie von Australien aus zur großen Insel, wobei auch Flüsse befahren und erkundet wurden. Damals entstanden die ersten Siedlungen auf Tasmanien, wie Hobart und Port Dalrymple. Ihr Ende fand sie 1825 bei der Insel Baba bei Neukaledonien. Die Besatzung wurde wegen ihres herausfordernden Verhaltens von den Eingeborenen ermordet. Das Schiff strandete und verbrannte.

Die jetzige LADY NELSON soll die Erinnerung an die Geschichte wachhalten, gleichzeitig aber der Jugend Tasmaniens die Gelegenheit bieten, auf einem kleinen Großsegler das faszinierende Erlebnis der Segelschiffahrt zu erfahren.

Leeuwin

Art: Barkentine, Stahl

Nation: Australien

Eigner:
The Leeuwin Sail Training
Foundation Ltd., Fremantle

Heimathafen: Fremantle

Baujahr: 1986
Stapellauf 2. August 1986

Werft:
Australian Shipbuilding
Industries Pty. Ltd.,
South Coogee, W.A.

Vermessung: 236 BRT

Abmessungen:

Länge über alles	55,00 m
Länge Rumpf	40,00 m
Länge in der Wasserlinie	33,40 m
Breite	9,00 m
Tiefgang	3,40 m

Segelfläche: 810 qm

Besegelung: 14 Segel

Masten: Höhe Großmast 33 m

Antrieb: 2 × Detroit NA6,671
6-Zylinder Diesel

Besatzung: 5 Mann Stammbesatzung,
8 Freiwillige, 40 Trainees

Verwendung: Schulschiff unter Segeln

LEEUWIN fährt für die Sail Training Association of Western Australia. Das Schiff wurde kieloben gebaut. Beim Stapellauf erfolgte die Drehung des Rumpfes. LEEUWIN steht allen Bewohnern Westaustraliens zur Verfügung. Voraussetzungen sind Gesundheit und das Mindestalter von sechzehn Jahren.

One and All   Perseverance

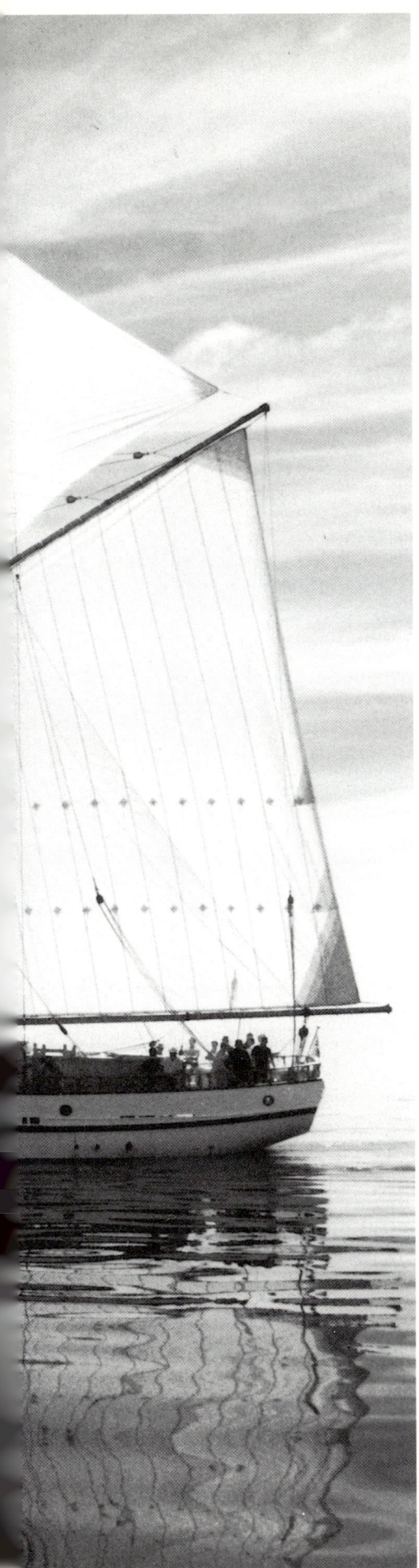

Art: 2-Mast-Toppsegelschoner, Holz

Nation: Australien

Eigner:
Sailing Ship Trust of
South Australia

Heimathafen: Port Adelaide

Baujahr:
Stapellauf 1.12.1985
Indienststellung 5.4.1987

Werft:
W. G. Porter & Son,
Port Adelaide

Vermessung:
206 BRT
36 NRT

Abmessungen:
Länge über alles 42,60 m
Länge Rumpf 29,80 m
Länge in der Wasserlinie 26,50 m
Breite 8,20 m
Tiefgang, Mittelschwert oben 2,60 m
Mittelschwert unten 3,90 m

Segelfläche: 451 qm

Besegelung: 12 Segel

Masten:
Höhe Großmast über
Deck 27 m

Antrieb: Volvo-6-Zyl.-Diesel, 400 PS

Besatzung:
10 Mann Stammbesatzung
29 Trainees

Verwendung: Schulschiff unter Segeln

Im nördlich von Sydney gelegenen Old Sydney Town Folk Museum liegen zwei Nachbauten aus der Frühzeit der australischen Kolonisation. Es sind dies die HMS LADY NELSON, ein Vermessungsschiff der damaligen Marine, und die Brigg PERSEVERANCE, die 1807 als erstes größeres australisches Schiff für Robert Campbell gebaut worden war. Diese beiden Nachbauten wurden aus den Rümpfen von Munitionsschuten (23,1 m) gebaut.

Es sind vor allem Schulen, die das Schiff als Ausbildungs- und Erziehungshilfe chartern. ONE AND ALL war gerade rechtzeitig zur 150-Jahrfeier der südaustralischen Erstbesiedelung fertig geworden. Ein typisches Merkmal des Seglers ist das fast dreizehn Meter lange Bugspriet.

Polly Woodside

ex RONA
ex POLLY WOODSIDE

Art: Bark, Eisen

Nation: Australien

Eigner: Melbourne Maritime Museum

Liegeplatz: Graving Dock, Yarra-River, Melbourne

Baujahr: 1885

Werft:
Workman, Clark & Co. Ltd., Belfast

Vermessung: 694 BRT; 610 NRT

Abmessungen:
Länge über alles	70,00 m
Länge Rumpf	61,10 m
Länge zwischen den Loten	58,40 m
Breite	9,10 m
Seitenhöhe	5,20 m
Raumtiefe	4,90 m

Besegelung:
20 Segel; wahrscheinlich Doppel-Marssegel, einfache Bramsegel, Royals

Masten:
Höhe Großmast über Deck: 33,50 m

Antrieb: Kein Hilfsmotor

Besatzung:
11 bis 15 Mann (mit Decksjungen)

Verwendung: Museumsschiff

Viele große Segelschiffe hätten ohne großen Aufwand unverändert als Museumsschiffe erhalten bleiben können. Wirtschaftliche Erwägungen brachten aber fast allen Frachtenseglern das Ende. In letzter Minute versuchen jetzt Schiffsfreunde, das Wenige noch zu retten – auch wenn es sich, wie bei der POLLY WOODSIDE, nur um eine mastenlose Hulk handelt.

Australien, das in der Großsegel-Schiffahrt eine so bedeutende Rolle gespielt hat, besitzt als letzten großen Segler eben diese POLLY WOODSIDE. So war es nicht verwunderlich, daß der Plan, das Schiff zu restaurieren, in weiten Kreisen auf große Begeisterung stieß.

Die Bark wurde für den Reeder W. J. Woodside (The Barque Polly Woodside Co. Ltd.), Glasgow, gebaut. Man sagt ihr nach, sie sei das schönste Fahrzeug gewesen, das jemals in Belfast vom Stapel lief. Viele Jahre fuhr sie für ihren Eigner im allgemeinen Frachthandel. Nach einer Grundberührung vor Neuseeland im Jahre 1903 wurde sie von der Firma A. H. Turnbull & Co. aus Littleton, Neuseeland, gekauft und in RONA umgetauft. (Ihren neuen Namen bekam sie nach Miss Rona Munro, deren Vater Marine-Superintendent der »Canterbury Steamship Company«, Neuseeland, gewesen war.) Sie fuhr jetzt als Frachtsegler zwischen Neuseeland, den pazifischen Inseln und Australien. Auf einer Reise nach den USA während des Ersten Weltkriegs verlor sie bei einer Kollision im Hafen von San Francisco Galionsfigur und Bugspriet. Nach dem Krieg erwarb die Reederei

G. H. Scales aus Wellington die Bark. 1921 strandete sie am Barratt's Riff vor der Hafeneinfahrt von Wellington. Seit diesem Unfall führt das Schiff keine Masten mehr.

Als Hulk ging RONA 1923 in den Besitz der Adelaide Steamship Company über, die sie bis 1925 in Sydney und anschließend bis 1953 in Melbourne als Kohlenleichter verwendete. Ihre letzten Eigner, die sie weiterhin als Kohlenschiff benützten, waren Messrs. Howard Smith, Melbourne. Im Dezember 1967 schenkte die Firmenleitung das Schiff dem National Trust of Australia (Victoria). Inzwischen hatte sich ein Komitee gebildet, das in mehreren Unterabteilungen die Restauration vorbereitete, die schließlich 1974 begann, als POLLY WOODSIDE ins Trockendock kam und die ersten neuen Decksplatten verlegt wurden. Heute sind auch die Takelarbeiten weit fortgeschritten. Seit Ostern 1977 ist das Schiff für Besucher geöffnet. Die Bark kann ihren jetzigen Liegeplatz nicht mehr verlassen, weil im Unterstrom des Yarra eine Brücke gebaut worden ist.

Young Endeavour

Art: Brigantine, Stahl

Nation: Australien

Eigner: Royal Australien Navy

Heimathafen: Sydney

Baujahr: 1987
Stapellauf 2. Juni 1987

Werft:
Brooke Yachts International,
Lowestoft, England
Konstruktion: Colin Mudie

Vermessung: 239 ts Deplacement
175 BRT
51 NRT

Abmessungen:
Länge über alles	44,00 m
Länge Rumpf	35,00 m
Länge in der Wasserlinie	28,30 m
Breite	7,80 m
Seitenhöhe	5,60 m
Tiefgang	4,00 m

Segelfläche: 511 qm

Besegelung: 10 Segel

Masten: Höhe Großmast über Deck 32 m

Antrieb: 2 × Perkins-Diesel V8 M200 Ti
2 × 165 PS

Besatzung: 10 Mann Stammbesatzung
30 Trainees

Verwendung: Schulschiff unter Segeln

Das Schiff ist ein Geschenk Englands an Australien zur Feier der 200-jährigen Erstbesiedelung des Landes. Die Reise nach Australien im Sommer 1987 führte über Rio de Janeiro, Tristan da Cunha und die Antarktis. YOUNG ENDEAVOUR ist ein Schwesterschiff zur malaysischen TUNAS SAMUDERA, die vom gleichen Konstrukteur und bei der gleichen Werft gebaut wurde.

Mercator

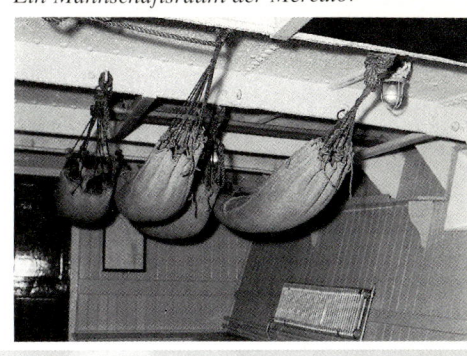
Ein Mannschaftsraum der Mercator

Art: Barkentine, Stahl

Nation: Belgien

Eigner: Handelsflotte, »Association Maritime Belge«

Liegeplatz: Ostende – »Mercator-Dock«

Baujahr: 1932; Übergabe 7. April 1932

Werft:
Ramage & Ferguson, Ltd., Leith; Konstruktion: G. L. Watson & Co, Glasgow

Vermessung: 770 BRT; 159 NRT

Abmessungen:
Länge über alles	78,50 m
Länge Rumpf	68,00 m
Länge zwischen den Loten	57,90 m
Breite	10,60 m
Raumtiefe	5,10 m

Segelfläche: 1260 qm

Besegelung:
15 Segel; 4 Vorsegel; Fockmast: Doppel-Marssegel, einfaches Bramsegel; Groß-, Besanmast: Gaffelsegel, Gaffel-Toppsegel

Masten:
Höhe Großmast über Kiel: 39,00 m; Fockmast: Mars- und Bramstenge; Groß-, Besanmast: 1 Stenge

Antrieb: Dieselmotor, 500 PS

Besatzung:
Ehemals in Fahrt etwa 100 Mann, davon rund 45 Jungen

Verwendung: Museumsschiff, wieder in Fahrt

Bevor MERCATOR gebaut wurde, besaß die ehemals private, aber vom Staat subventionierte »Association Maritime Belge, S.A.« als Schulschiff die Viermastbark L'AVENIR, dazu noch das stationäre Ausbildungsschiff COMTE DE SMET NAEYER, ex LINLITHGOWSHIRE. Trotzdem ließ die belgische Regierung die staatseigene MERCATOR bauen. Die Gesellschaft verlor dadurch ihre Zuwendungen und damit weitgehend ihre Existenzgrundlage. Beide Segler mußten verkauft werden. L'AVENIR kam zur Flotte Gustaf Eriksons nach Mariehamn. MERCATOR war ursprünglich als Toppsegelschoner getakelt: Fockmast mit einer Stenge, Focksegel, Schonersegel, einfaches Marssegel, einfaches Bramsegel. Die Überfahrt nach Ostende bei ihrer Fertigstellung verlief nicht sehr

glücklich. Durch Grundberührung entstanden Schäden an der Takelage und Wassereinbruch ins Vorschiff. Das Schiff wurde bei einer Werft in der Normandie als Barkentine neu getakelt. Vor dem Zweiten Weltkrieg machte MERCATOR sieben Jahre lang ausgedehnte Fahrten in alle Teile der Erde. Bei einer großen Reise, die von 1934 bis 1935 dauerte, brachte sie für belgische und französische Museen mehrere der berühmten Monolith-Skulpturen von der Osterinsel mit. 1936 fuhr die Barkentine den Amazonas bis Manaos hinauf, das sind mehr als 1200 Flußkilometer von der Mündung entfernt. Von Februar 1940 an befand sie sich auf einer Reise nach Westindien und Südamerika. Bei der Heimfahrt wurde das Schiff wegen des Krieges vor der westafrikanischen Küste zurückgehalten. Die Jungen kehrten mit anderen Schiffen heim. Man verwendete die Barkentine eine Zeitlang für hydrographische Arbeiten. In Boma, im ehemaligen Belgisch Kongo, wurde sie am 11. Januar 1943 der britischen Marine übergeben. Sie segelte als britisches Schiff nach Freetown (Sierra Leone), wo sie als U-Boot-Depotschiff eingesetzt war. Die Rückgabe an Belgien erfolgte 1948.

Am 20. Januar 1951 lief MERCATOR nach großangelegter Überholung und Modernisierung zu ihrer ersten Nachkriegsreise aus. An den Kosten für die Arbeiten beteiligte sich auch die Royal Navy als Anerkennung für den während des Krieges geleisteten Dienst. Das Schiff wurde wieder von der »Association Maritime Belge« übernommen und betreut, die aber jetzt staatlich war. S.T.A.-Regattenteilnahme: 1956, 1958 und 1960. Seit 1961 war MERCATOR aufgelegt. Nach Überholungsarbeiten kam sie 1963 als Museumsschiff nach Ostende. Das alte »Zweite Handelsdock« wurde ihr zu Ehren in »Mercator-Dock« umbenannt. 1993 machte sie unter Segeln erstmals wieder eine Kurzreise von Ostende nach Antwerpen.

BULGARIEN

Kaliakra

Seit Gründung der bulgarischen Marine im Jahre 1879, nach dem Unabhängigkeitskrieg gegen die Türken, waren fünf Segelschulschiffe im Dienst: die eiserne Brigantine ASSEN (1891–1904), die hölzerne Yawl STRELA (1906–1941), der stählerne Gaffelschoner ASSEN II (1927–1956), der hölzerne Schoner VESLETS (1949–1972) und der hölzerne 3-Mast-Gaffelschoner N. I. VAPTSAROV (1951–1959). Die beiden letzteren existieren noch heute und sollen wieder in Dienst gestellt werden.

Art: Barkentine, Stahl	Abmessungen:	
Nation: Bulgarien	Länge über alles	48,50 m
Eigner: Navigation Maritime Bulgare	Länge Rumpf	43,20 m
Heimathafen: Varna	Breite	8,20 m
Baujahr:	Tiefgang	3,30 m
1984; Stapellauf 28. Februar 1984	Segelfläche: 1000 qm	
Werft:	Antrieb: 1 × 310 bhp-Diesel	
Stocznia Gdańska (Danziger Werft), Gdańsk	Besatzung: 45 Mann	
Vermessung:	Verwendung: Schulschiff unter Segeln	
386 ts Deplacement 299 BRT		

Patriot
ex N. I. VAPTSAROV, ex GORIANIN

Der 3-Mast-Schoner wurde 1943 in Tsarevo (jetzt Michurin) gebaut und fuhr anfangs als Handelssegler. 1951 erfolgte der Umbau in ein Schulschiff. 1959 wurde das Schiff abgetakelt und tat weiterhin als Schulschiff Dienst. 1981 übergab man die PATRIOT, wie sie von jetzt an hieß, der bulgarischen Jugendorganisation. Nach ihrer Neutakelung soll sie wieder als Segelschulschiff fahren.

Veslets
ex VOLA, ex MILKA

Der Schoner wurde 1942 im griechischen Kavalla für den bulgarischen Reeder Todo Szeliabov als Handelsfahrer gebaut. 1949 kaufte ihn die bulgarische Marine und baute ihn zum Segelschulschiff für die Marineschule in Varna um. 1959 wurde VESLETS ziviles Schulschiff, bis sie 1972 aus Kostengründen aufgelegt werden mußte. Seit 1977 ist sie stationäres Clubschiff. An ihrer Restaurierung wird gearbeitet.

Vorbild und Schwesterschiff der KALIAKRA ist die polnische POGORIA. Typisch für diese neu konstruierten Segler ist das Plattheck.

33

Albatross

Ausbildung. Die Offiziersanwärter wurden nach 6monatigen Kursen von den konzerneigenen Frachtern übernommen. Nach mehreren Reisen im Mittelmeer fuhr ALBATROSS auch häufig in der Holzfahrt in nordeuropäischen Gewässern. Im Jahre 1966 verkaufte der Konzern den Schoner an die Suasam SA in Amstelveen, Holland.
Das Schiff wurde damals in Holland unter dem Namen DOROTHEA zum »Geophysical and Ocean Research

ex MIRANDA
ex DOROTHEA
ex DONNA
ex ALBATROSS

Art: Vorgesehen:
4-Mast-Bramsegelschoner

Nation: Bundesrepublik Deutschland

Eigner: Paul Iser, Stuttgart

Heimathafen: Z. Z. Lübeck

Baujahr:
1942; Stapellauf 18. Juni 1942,
Übergabe 7. Dezember 1942

Werft: Lindholmen Werft, Göteborg

Vermessung:
2215 ts Deplacement;
1049,30 BRT; 556,41 NRT

Abmessungen:
Länge über alles	79,00 m
Länge Rumpf	71,70 m
Länge zwischen den Loten	63,00 m
Breite	11,40 m
Raumtiefe	5,00 m
Tiefgang	ca. 4,50 m

Segelfläche: Vorgesehen ca. 1500 qm

Besegelung: 17 Segel

Masten:
Alle Masten gleich hoch, ohne Stengen; Höhe etwa 37 m über der Wasserlinie

Antrieb:
Klöckner-Humboldt-Deutz-Dieselmotor, 1200 ind. PS; Geschwindigkeit mit Motor 11 kn

Besatzung:
Als schwedisches Schulschiff 20 Mann Stammbesatzung, 20 Kadetten

Verwendung: Charterreisen

Ein frachtfahrendes Segel-Schulschiff, das erst 1942 für ein privates Unternehmen gebaut worden war, mußte in seiner Form und seinem Ausbau einem neuzeitlichen Frachter entsprechen. Die Wirtschaftlichkeit eines solchen Schiffes steht grundsätzlich im Vordergrund. Ein Rahschiff mit seiner notwendigen großen Besatzung wäre dieser Forderung nicht gewachsen. So ist es nicht verwunderlich, wenn ALBATROSS ein Schoner geworden ist. Der 3-Insel-Typ (Back-, Hoch- und Poopdeck) wurde beibehalten. Die Brücke mit dem Ruderhaus befindet sich auf dem Achterschiff. Da das Schiff auch in nördlichen Gewässern fahren sollte, ist der Rumpf gegen Eiseinwirkung verstärkt worden.

Die Masten wirken im Verhältnis zur Schiffsgröße sehr leicht, weil keine Salinge und Querspreizen gefahren werden. An Rettungs- und Dienstbooten besitzt das Schiff: zwei Rettungsboote in Davits, ein Arbeitsboot, zwei Segel-Dingis für die Kadetten und zwei automatische Rettungsflöße. Ursprünglich zierte den Bug eine große Albatros-Figur. Sie wurde 1949 bei der Kollision mit einem Fischdampfer zerstört und seither nicht wieder ersetzt. An beiden Bugseiten ist heute lediglich eine stilisierte Albatros-Figur angebracht.

Bis September 1943 lag ALBATROSS wegen des Krieges als stationäres Schulschiff des Konzerns in Göteborg. Am 16. September 1943 machte sie ihre erste kleine Reise nach Karlshamn und war am 13. Oktober 1943 wieder in Göteborg, wo sie bis 1945 erneut festlag.

Anschließend an eine kurze Reise nach England segelte der Schoner am 18. Dezember 1945 nach Rio de Janeiro, Buenos Aires und Kapstadt. Bevor das Schiff heimkehrte, machte es noch drei Reisen zwischen Südafrika und Südamerika. 1947 wurde ALBATROSS von der Göteborger Akademie der Wissenschaften gechartert. Sie fuhr vom 4. Juli 1947 bis zum 3. Oktober 1948 für Tiefsee-Forschungen rund um die Welt. Danach wurde der normale Schuldienst fortgesetzt. Navigation und Maschinentechnik sind die Hauptdisziplinen der

Vessel« umgebaut. Unter der Flagge
von Panama fuhr es anschließend in
europäischen Gewässern. Im April 1970
verkaufte Kapitän Bootsma sein Schiff
an The Board of Trade in London.
Als MIRANDA sollte es Trawler-
Mutterschiff der Fischereiflotte in
arktischen Gewässern werden.
1982 kaufte der Stuttgarter Paul Iser
den Schoner, den er unter seinem alten
Namen ALBATROSS zu einem modernen
Chartersegler auftakeln lassen möchte.

Alexander von Humboldt

ex CONFIDENTIA
ex KIEL
ex RESERVE HOLTENAU
ex RESERVE SONDERBURG

Art: Bark, Stahl

Nation: Bundesrepublik Deutschland

Eigner: Deutsche Stiftung Sail Training, Bremerhaven

Heimathafen: Bremerhaven

Baujahr: Stapellauf 10. September 1906

Werft: Werft AG „Weser", Bremen
Bau-Nummer 155

Vermessung: 829 ts Deplacement
396 BRZ/GT

Abmessungen:
Länge über alles	62,50 m
Länge Rumpf	54,00 m
Länge zwischen den Loten	46,60 m
Breite	8,00 m
Seitenhöhe bis Manöverdeck	7,70 m
Tiefgang, beladen	4,80 m

Segelfläche: 1035 qm

Besegelung:
25 Segel; 5 Vorsegel;
Großmast: Großsegel, Doppel-
Marssegel, Einfaches Bramsegel,
Royalsegel, Skysegel;
Besanmast: Unterbesan, Oberbesan,
Besantoppsegel.

Masten: Höhe Großmast über
Wasserlinie 32,0 m

Antrieb:
8-Zylinder-4-Takt MAN, 375 kw

Besatzung: 15 Mann Stammbesatzung
45 Trainees

Verwendung:
Schulschiff unter Segeln
„Windjammer für die Jugend"

Stationäre Feuerschiffe müssen noch mehr der See trotzen können als ihre fahrenden Schwestern. Das bedeutet, daß sie eine Rumpfform bekommen, die sich bewährter Segelschiffstradition anschließt. Die scharfen Unterwasserformen und der elegante, schneidend wirkende Klippersteven machen dies sehr deutlich. Diese Rumpfform war ausschlaggebend, daß das ehemalige Feuerschiff KIEL nach seiner Ausmusterung im Jahre 1986 zum Rahsegler umgebaut werden sollte. Das Feuerschiff war während seiner langen Dienstzeit als „Reserveschiff" auf vielen Stationen in der Nord- und Ostsee. Seine letzte Position war bis zum 21. Mai 1986 die Station Deutsche Bucht. Am 30. September 1986 konnte die SAIL TRAINING ASSOCIATION GERMANY das Schiff übernehmen. Während einer kurzen Fahrt von Wilhelmshaven nach seinem neuen Heimathafen Bremerhaven trug es den Namen CONFIDENTIA. Nach den Plänen des bekannten polnischen Segelschiffkonstrukteurs Zygmunt Choren begann der Umbau zur Bark im Motorenwerk GmbH in Bremerhaven. Zwischen der Poop und dem Mittschiffsaufbau wurde ein durchgehendes Manöverdeck eingezogen. Neben der Umgestaltung der Innenräume für eine zahlreiche Besatzung erhielt das Schiff eine moderne Einrichtung an ruder-, funk- und navigationstechnischen Anlagen. Besonders hervorzuheben ist die Abwasserkläranlage. 100 Tonnen einbetonierter Eisenballast geben dem Schiff die nötige Stabilität. Die Abgasleitungen der Dieselmotoren werden durch den Besanmast geführt. Ein Bugstrahlruder unterstützt die Arbeit des Ruderblattes. Das Grün des Rumpfes und der Chemiefasersegel erinnert an die traditionelle Farbe der Rickmers-Reederei Bremerhavens.

Albatros

ex ESTHER LOHSE
ex DOGMAR LARSEN
ex IRITHY

Art: 3-Mast-Toppsegelschoner, Holz

Nation: Bundesrepublik Deutschland

Eigner: CLIPPER – Deutsches Jugendwerk zur See e. V.

Heimathafen: Bremerhaven

Baujahr: 1942

Werft:
K. A. Tommerup, Hobro, Dänemark

Vermessung: 109 BRT; 58 NRT

Abmessungen:
Länge über alles	35,70 m
Länge zwischen den Loten	24,90 m
Breite	6,90 m
Tiefgang	3,40 m

Segelfläche: 292 qm

Besegelung:
7 Segel; Fockmast: keine
Breitfock, Marssegel

Masten:
Höhe Großmast über Deck: 24,50 m

Antrieb: Alpha-Diesel, 120 PS

Besatzung:
5 Mann, daneben Platz für 22 Gäste

Verwendung: Vereinsschiff

Bevor das »Deutsche Jugendwerk zur
See« die ESTHER LOHSE übernahm, den
Namen hat sie nach der Frau des damaligen Eigners bekommen, beförderte
sie von den frühen fünziger Jahren bis
1973 Fracht nach Island. Es folgte ein
Umbau für Charter- und Filmzwecke.
Neben anderen Filmen war der rassige
Schoner auch in der »Onedin-Linie« zu
sehen.
Ein Auszug aus der CLIPPER-Satzung
erklärt die Aufgaben des heutigen
Eigners: »Der Zweck des Vereins ist,
allen an der Segelschiffahrt interessierten Jugendlichen Gelegenheit zu geben,
auf geeigneten Segelschiffen unter
fachkundiger und pädagogischer
Leitung traditionelle Seemannschaft
kennenzulernen.« Dazu eingeladen sind
alle Jugendlichen zwischen 16 und 25
Jahren.

Amphitrite

Art: 3-Mast-Gaffelschoner, Holz (Teak)

Nation: Bundesrepublik Deutschland

Eigner: CLIPPER − Deutsches Jugendwerk zur See e. V.

Heimathafen: Bremen
Sommer: Travemünde

Baujahr: 1887

Werft:
Camper & Nicholson, Gosport,
Großbritannien

Vermessung:
110,84 BRT; 61,60 NRT

Abmessungen:
Länge über alles	42,30 m
Länge in der Wasserlinie	29 m
Breite	5,70 m
Tiefgang	3,70 m

Segelfläche: 534 qm

Besegelung:
10 Segel, 4 Vorsegel
2 Gaffelsegel, 1 Breitfock,
1 Spitzbesan, 2 Toppsegel

Masten:
Höhe Großmast über Deck: 28 m
Alle Masten mit einer Stenge

Antrieb: 2 Mercedes-Dieselmotoren,
je 180 PS, 2 Schrauben

Besatzung: 29 Kojen

Verwendung:
Jugendreisen in der Ostsee

Nach AMPHITRITE, der Gemahlin Poseidons, hat der Schoner seinen Namen bekommen. Da sich das Schiff fast immer in Privathand befand und die Tagebücher nicht mehr vorhanden sind, ist von der Geschichte nur wenig bekannt. »AMPHITRITE« gehörte nacheinander den Briten Colonel Mac Greggor, Graf von Harwood, Graf von Arran, dem Schweden Hans Ostermann, 1969 dem Franzosen Francois Spoerry (Segelschule), 1970 der Horst-Film GmbH, Berlin, seit 1971 der Amphitrite-Schifffahrts-KG, Berlin und seit 1974 CLIPPER Deutsches Jugendwerk zur See.

Der Segler wurde 1971/72 auf der französischen Marinewerft Toulon und in Travemünde generalüberholt. Die Inneneinrichtung zeugt vom erlesenen Geschmack der Vorbesitzer. Den Gast empfängt Mahagoni-Atmosphäre. Erstaunlich der Kontrast zur perfekten technischen Ausrüstung unserer Zeit. Das Schiff fährt: Radar, Echolot, Funkanlage, hydraulische Ruderanlage, Telefon, Sichtfunk-Peilgerät, Wetterkartenschreiber. Dazu kommen Klimaanlage, vollgekachelte Duschanlagen, elektrisch betriebene WC-Anlagen, Decksduschen und eine vollautomatische

Küche. Die Seenotausrüstung umfaßt mehr Einheiten, als das Schiff eigentlich bräuchte. Es sind modernste Rettungsgeräte an Bord. Bekannt wurde das Schiff durch die Fernsehserie »Graf Luckner« und »Das Geheimnis der Mary Celeste«. CLIPPER bietet Jungen und Mädchen die Gelegenheit, auf seinen Segelschiffen die Bordgemeinschaft mit allen Erfahrungsmöglichkeiten kennenzulernen. Ein weiteres Hauptziel der Fahrten ist auch die Förderung der Völkerverständigung.

Aquarius

ex TE QUEST
ex BLACK DOUGLAS

Art: 3-Mast-Stagsegelschoner, Stahl

Nation: Bundesrepublik Deutschland

Eigner: unbekannt
(will nicht genannt werden)

Heimathafen: unbekannt

Baujahr: 1930

Werft:
Bath Iron Works, Bath, Maine

Vermessung:
500 ts Deplacement,
371 BRT, 232 NRT

Abmessungen:

Länge über alles	62,50 m
Länge Rumpf	48,00 m
Länge zwischen den Loten	39,50 m
Breite	9,70 m
Tiefgang	3,60 m

Segelfläche: 1059 qm

Besegelung:
8 Segel; 3 Vorsegel; Fockmast:
Trysegel; Großmast: Trysegel,
Stagsegel; Besanmast: Stagsegel,
Hochsegel

Masten:
Höhe Großmast über Deck: 39,20 m;
alle Masten einteilig

Antrieb:
2 Volvo Penta TAMD 120B
2 × 360 PS

Besatzung: 22 Mädchen, 33 Jungen
(als TE QUEST)

Verwendung:
Privatyacht

Als Privatyacht wurde TE QUEST für Mr. Robert Roebling gebaut. Er segelte mit ihr sogar rund Kap Hoorn. Das erste Wort TE bedeutet soviel wie ein besonders hervorgehobenes, lobendes Prädikat. Später ging das Schiff in Staatseigentum über. Es diente dem Fischerei Department und während des Krieges der Marine. Die Bullaugen wurden geschlossen und das gesamte Rigg weggenommen. An Deck standen große Geschütze. Aus der Yacht war ein Kriegsschiff geworden.

Von 1972 bis 1982 gehörte das Schiff der FLINT SCHOOL in Sarasota, Florida. An Bord wurden Zöglinge der Schule ausgebildet und unterrichtet. 1982 ging der Segler in deutsche Hände über. Bei der Werft Abeking & Rasmussen wurde er in eine Luxusyacht umgebaut.

Astarte

Art: Gaffelkutter, Holz

Nation: Bundesrepublik Deutschland

Eigner: Schiffergilde Bremerhaven e. V.

Heimathafen: Bremerhaven
(Alter Hafen)

Baujahr: 1903

Werft:
August Albers, Finkenwerder

Vermessung: 36,84 BRT; 11,52 NRT

Abmessungen:
Länge über alles	36,84 m
Länge Rumpf	28,80 m
Länge zwischen den Loten	17,51 m
Breite	6,05 m
Raumtiefe	2,20 m
Tiefgang	2,08 m

Segelfläche: 234 qm

Besegelung: 7 Segel

Masten:
Höhe Großmast über Deck 19,5 m

Antrieb: DAF-Diesel, 150 PS

Besatzung: 4 Mann Stammbesatzung
Gäste: Tagesfahrten 20, Törns 12

Obwohl die ASTARTE nicht zu den wirklich großen Segelschiffen zu rechnen ist, soll sie vorgestellt werden als original getakelter Hochseekutter. Diese Fahrzeuge fischten zu Beginn des Jahrhunderts in großer Zahl in der Nordsee. Ihre Seetüchtigkeit und die Härte ihrer Fahrensleute waren berühmt. Schon 1912 erhielt ASTARTE, sie hat ihren Namen nach der phönizischen Mondgöttin erhalten, einen Hilfsmotor von 12 PS. Noch bis 1952 fischte ihr damaliger Eigner Külper in der Nordsee. Der Kutter wurde dann an das Senckenberg-Institut nach Wilhelmshaven verkauft. Als Fischereiforschungsschiff tat er weiterhin Dienst. 1978 kaufte die Schiffergilde Bremerhaven e. V. das Schiff als letztes seiner Art. In den folgenden Jahren erfolgte der Umbau in den ursprünglichen Zustand. Die technische Ausrüstung der ASTARTE entspricht dem heutigen Stand. Sie verfügt über moderne Seenotrettungsmittel. Für die Navigation stehen Radar, UKW,

Echolot zur Verfügung. Das Schiff segelt vor allem mit Jugendlichen in der Deutschen Bucht, auf Weser und Elbe. Besonders gepflegt werden Verbindungen zur Sail Training Association, die zu einer wertvollen Einrichtung der Völkerverständigung geworden ist. Auf deutscher Seite hat dabei die Stadt Bremerhaven mit ihren traditionellen Schiffen der Schiffergilde einen wesentlichen Anteil bekommen.

Atalanta

ex Lotsenschoner Nr. 1 CUXHAVEN

Art: 2-Mast-Gaffelschoner, Holz

Nation: Bundesrepublik Deutschland

Eigner:
»ALFERRA«, Allgemeine Verwal-
tungsgesellschaft MBH & Co,
Hamburg

Heimathafen: Hamburg

Baujahr: 1900

Werft: Junge, Wewelsfleth

Vermessung: 86,11 BRT; 49,93 NRT

Abmessungen:
Länge über alles	36,10 m
Länge Rumpf	24,63 m
Breite	6,18 m
Tiefe im Raum	3,16 m
Tiefgang	3,20 m

Segelfläche: 479 qm (am Wind 333 qm)

Besegelung: 7 Segel
3 Vorsegel. Gaffelsegel,
Gaffeltoppsegel

Masten:
Höhe Großmast über Deck: 21 m

Antrieb:
Deutz Diesel (F8M: 716) 200 PS

Besatzung:
5 Mann Stammbesatzung, 12 Gäste

Verwendung: Gästefahrt

Der Hamburger Senat besaß um die
Jahrhundertwende sechs Lotsenschoner, wie sie uns durch die ATALANTA
überliefert sind. Die zukünftigen
Elblotsen mußten als Lotsenknechte
auf diesen Schiffen Dienst tun und unter
härtesten Bedingungen die eigentlichen
Lotsen mit Ruderbooten auf die ein-
und auslaufenden Handels- und Passagierschiffe übersetzen.
Nach 28jährigem Einsatz als Lotsenschoner wurde die damalige CUXHAVEN
an einen Berliner Industriellen verkauft.
1929 erfolgte bei der Schlichting Werft
in Travemünde der Umbau in eine
Hochseeyacht. Seit dieser Zeit führt
das Schiff den Namen ATALANTA. Nach
Konkurs des Berliner Eigners ging die

Yacht 1931 in den Besitz des Hauses
Rosenthal über. Mitte der 30ger Jahre
wurde sie an den Hochseesportverband
Glücksburg verkauft. Seit 1950 ist die
ATALANTA im Besitz der »Alferra«,
deren Muttergesellschaft das Bankhaus
M. M. Warburg-Brinckmann,
Wirtz & Co. in Hamburg ist.

Carmelan

ex ENE
ex KRISTIAN

Art: Gaffelketsch (Skagen-Galeasse), Holz

Nation: Bundesrepublik Deutschland

Eigner: Hagen und Ute Weihe, Alt-Duvenstedt

Heimathafen: Flensburg (im Winter Rendsburg)

Baujahr: 1927

Werft:
Hjørne & Jacobsen, Frederikshavn

Vermessung: 34 BRT

Abmessungen:
Länge über alles	25,50 m
Länge Rumpf	18,80 m
Länge in der Wasserlinie	16,80 m
Breite	4,80 m
Raumtiefe	1,90 m
Tiefgang	2,30 m

Segelfläche: 254 qm

Besegelung: 8 Segel

Masten:
Höhe Großmast über Deck: ca. 24 m

Antrieb: Volvo Penta Diesel, 106 PS

Besatzung: 2 Mann
10–12 Jugendliche

Verwendung: Sozialtherapeutisches Segeln

Der ehemalige Fischkutter wurde 1979 für den jetzigen Verwendungszweck umgebaut, getakelt und eingerichtet. Neben privater Nutzung wird das Schiff in der sozialpädagogischen Tätigkeit der Eigner genutzt. Das Fahrtgebiet war bisher Norwegen, Schweden und die dänischen Gewässer.

Carola

BUNDESREPUBLIK
DEUTSCHLAND

---

ex FORTUNA
ex FAUNA
ex ANNEMARIE GRENIUS

Art: Galeasse – Gaffel-Ketsch, Holz

Nation: Bundesrepublik Deutschland

Eigner: Hans-Edwin Reith, Hamburg

Heimathafen: Travemünde

Baujahr: 1900

Werft: Nykøping

Vermessung: 53 BRT
ca. 120 ts Deplacement

Abmessungen:

Länge über alles	25,00 m
Länge zwischen den Loten	18,20 m
Breite	5,00 m
Raumtiefe	1,80 m
Tiefgang	2,40 m

Segelfläche: 290 qm
(einschließlich Stag und Breitfock)

Antrieb: Volvo Penta, 150 PS

Besatzung: 12 Mann

Verwendung: Ausbildung von Jugendlichen auf freiwilliger Basis

---

Art: Vollschiff, Stahl

Nation: Bundesrepublik Deutschland

Eigner:
Handelsflotte, Deutscher Schulschiff-
Verein, »Seemannsschule Bremen«

Liegeplatz:
Bremen, Kleine Weser,
Stephaniebrücke

Baujahr: 1927; Stapellauf Juni 1927

Werft: J. C. Tecklenborg, Bremerhaven

Vermessung: 1257 BRT; 770 NRT

Abmessungen:

Länge über alles	86,20 m
Länge Rumpf	73,50 m
Länge zwischen den Loten	65,20 m
Breite	11,96 m
Raumtiefe	6,30 m
Tiefgang	5,00 m

Segelfläche: 1900 qm

Besegelung:
25 Segel; 3 Vorsegel,
Doppel-Marssegel,
Doppel-Bramsegel, Royals

Masten: Nur Bramstenge

Höhe Fockmast	50,00 m
Höhe Großmast	52,00 m
Höhe Kreuzmast	48,00 m

Antrieb: Kein Hilfsmotor

Besatzung:
Als Schulschiff in Fahrt 6 Offiziere,
1 Arzt, 1 Zahlmeister, 12 Unteroffiziere, etwa 120 Jungen

Verwendung: Stationäres Schulschiff

Nach dem 1. Weltkrieg mußte der 1900 gegründete Deutsche Schulschiff-Verein seinen Schulsegler PRINZESS EITEL FRIEDRICH an Frankreich abgeben. Der Ersatz für dieses Schiff wurde dann 1927 der Neubau SCHULSCHIFF DEUTSCHLAND. Aus Traditionsgründen waren alle Schulschiffe des Vereins in Oldenburg registriert. Der ehemalige Großherzog von Oldenburg hatte sich des Vereins besonders angenommen und war einer seiner großen Förderer und Gönner. S.S. DEUTSCHLAND ist als reines Schulschiff ohne Fracht entworfen worden. Kennzeichnend für die große Besatzungszahl mit dem entsprechenden Anteil an Ausbildern für die Jungen ist die lange Poop. Die Back ist mit dem Deckshaus verbunden. Ursprünglich war der Rumpf weiß gemalt. Das Schiff hat zwei durchlaufende Decks und sechs wasserdichte Schotts. An Festballast wurden 560 t gefahren.

Die erste große Reise dauerte von September 1927 bis Februar 1928 und führte nach Südamerika. Bis 1939 gingen die Sommerreisen regelmäßig in die Ostsee, die Winterreisen nach Nord-, Mittel- und Südamerika sowie nach Südafrika. Kurz vor Ausbruch des 2. Weltkrieges kehrte das Schiff zurück. Im Winter 1939/40 lag es in Elsfleth. Die Ausbildung ging trotz des Krieges weiter. Im April 1940 wurde der Segler in die Ostsee verlegt und lag im folgenden Winter in Stettin. Auch im Sommer 1941 waren bei kleineren Fahrten in der Ostsee Lehrgänge an Bord. Während des Winters 1941/42 lag das Schiff in Lübeck. In Kiel erhielt es 1942 magnetischen Eigenschutz gegen Minen. Es folgte ein weiterer Winter in Lübeck. 1943 segelte S.S. DEUTSCHLAND wieder in der Ostsee. Die letzte Sommerreise führte 1944 in das Gebiet um Bornholm. Im Winter 1944/45 lag sie wieder in Lübeck. Noch vor Ende des Krieges wurde sie Lazarettschiff. Dadurch blieb der Segler bei der Besetzung verschont. Die Verwundeten verließen das Schiff bereits im Juni 1945. Von da an lag es bis August 1946 ohne Verwendung in Lübeck. Anschließend kam S.S. DEUTSCHLAND im Schlepp nach Cuxhaven. Bis zum 1. Januar 1948 diente sie als Wohnschiff für den

deutschen Minensuchverband. Danach erhielt der Deutsche Schulschiff-Verein sein Schiff zurück. Im Sommer 1948 kam es nach Bremen und lag dort von März 1949 an als Jugendherberge im Europa-Hafen. Am 1. April 1952 wurde sie als Schiffsjungenschule stationäres Ausbildungsschiff des Vereins. Seit 1956 gehört sie zur Seemannsschule Bremen (Berufsschule). An Bord befinden sich 114 Ausbildungsplätze. Für die Ausbildung sorgen drei Offiziere (Kapitänspatent A 6), zwei Ausbildungsbootsleute und ein Kapitän als Schulleiter. Die Stammbesatzung der GORCH FOCK II und der indonesischen Barkentine DEWARUTJI wurden auf dem Vollschiff ausgebildet.

Duenna

ex SID, WILL AND HARRY

Art: Brigantine, Holz

Nation: Bundesrepublik Deutschland

Eigner:
Chronik der Seefahrt,
Verlag Egon Heinemann,
Norderstedt

Heimathafen: Laboe

Baujahr: 1903

Werft:
Aldous Bros., Brightlingsea (Essex)

Vermessung:
25 ts Deplacement; 18,53 BRT;
13,97 NRT

Abmessungen:
Länge zwischen den Loten	12,60 m
Länge über alles	18,80 m
Länge Rumpf	14,60 m
Breite	3,50 m
Raumtiefe	1,90 m
Tiefgang	1,70 m

Segelfläche:
150 qm (Gesamtsegelfläche), 116 qm
(Arbeitsbesegelung)

Besegelung:
9 Segel; 2 Vorsegel (Arbeits-
Besegelung); Fockmast: Focksegel,
Vor-Marssegel; Großmast: Großstagsegel, Großsegel (Gaffelsegel)

Masten:
Höhe Großmast über Deck: 13,40 m

Antrieb:
Perkins-P-4-Diesel-Motor, 48 PS

Besatzung: 2 bis 5 Mann

Verwendung:
Privatyacht des Eigners,
Charterreisen

Kaum würde man vermuten, daß die DUENNA einmal ein einmastiges Fischereifahrzeug war. Sie wurde als Austernfänger mit dem Namen SID, WILL AND HARRY (S.W.H.) gebaut. Sid, Will und Harry waren Brüder. Sie gehörten zur Familie Myall aus Tollesbury und waren gemeinsam Eigner des Fahrzeugs. Schiffe dieser Art hatten anmutige Linien, sie waren schnell, gut zu bearbeiten und außerordentlich seetüchtig. Jahrzehntelange Erfahrung wurde bei ihrer Konstruktion genutzt.
Anfang der zwanziger Jahre erhielt das Schiff seine erste Maschine. Diese

wurde im Laufe der Zeit mehrmals durch stärkere Motoren ersetzt, was gleichzeitig eine Kürzung der Segelfläche möglich machte. 1960 wurde SID, WILL AND HARRY verkauft. Der neue Eigner hielt mehr vom Windantrieb. Er ließ das Schiff in eine Ketsch umtakeln und baute dafür wieder einen kleineren Motor ein. Der neue Name war DUENNA. Das Wort stammt vom spanischen »Dueña«. Es bedeutet soviel wie Gesellschafterin oder Kindermädchen. Der Eigner hatte diesen Namen deshalb gewählt, weil seine Familie meist mit an Bord war und weil dann für sie das Schiff wie eine »Dueña« war.
Im Frühjahr 1964 kaufte Mr. Johns das Fahrzeug. Der Name blieb dabei unverändert. Bei der Werft Frost & Drake Ltd. in Tollesbury (Essex) wurde DUENNA zwischen 1964 und 1967 vollständig umgebaut und als Brigantine neu getakelt. Äußerlich gab vor allem

der Klipper-Bug anstelle des senkrechten Vorstevens dem Schiff ein sehr vorteilhaftes Gesicht.
Die Takelung hat sich bewährt. Trotz der Rahsegel kann die Brigantine bis fünf Strich an den Wind gebracht werden. Bei Windstärke 6 wurden als Höchstgeschwindigkeit 9 Knoten gemessen. Zur Vereinfachung der Segelbedienung wird nur das Marssegel zur Rah aufgeholt, während das große Focksegel vorhangartig an die Rahmitte geholt und am Untermast festgemacht wird.
DUENNA diente ihrem Eigner nicht nur als Yacht, sondern gleichzeitig der ganzen Familie als Wohnschiff.
1971 kaufte der deutsche Verleger Egon Heinemann das Schiff. Es dient in Laboe als Ausstellungsschiff für die Verlagserzeugnisse. Daneben wird es für Charterreisen in Nord- und Ostsee verwendet.

Ellida

Art: 2-Mast-Gaffelschoner, Eiche

Nation: Bundesrepublik Deutschland

Eigner: Kapitän Harry Freidank, Berlin

Heimathafen: Hadersleben, Dänemark

Baujahr: 1896

Werft:
Carl Holzerland, Barth/Pommern

Vermessung:
68,1 BRT
35,3 NRT
115 ts Deplacement

Abmessungen:
Länge über alles	32,00 m
Länge Rumpf	21,00 m
Breite	6,00 m
Raumtiefe	1,90 m
Tiefgang	2,70 m

Segelfläche:
300 qm (am Wind)
(380 qm mit Breitfock)

Besegelung: 9 Segel

Masten:
Höhe Großmast über Deck 23 m

Antrieb: Alpha-Diesel, 100 PS

Besatzung:
2−3 Mann Stammbesatzung
12 Gäste

Verwendung: Charterschiff

Als sogenanntes »Pommernschiff« holte die damals als Galeasse geriggte ELLIDA in ihren jungen Jahren Obst aus Spanisch-Marokko. Später wurde sie nach Dänemark verkauft, wo sie Getreide, Kohlen, Zement und Holz zu transportieren hatte. Sie nahm immer mehr den Charakter eines reinen Motorschiffes an. 1965 war sie unrentabel geworden und wurde aufgelegt. Ihr jetziger Eigner entdeckte sie in einer Hafenecke und machte daraus in 2jähriger Arbeit einen komfortablen Chartersegler, der häufig auch Sporttaucher an Bord hat. ELLIDA ist der einzige deutsche Ostsee-Frachtensegler aus jener Zeit, der heute noch in Fahrt ist. Auch ihre Werft besteht noch in Hadersleben.

Elbe 3

Everi

= Bürgermeister Abendroth

Art: Feuerschiff,
»Eiderlotsengaliote«, Stahl

Nation: Bundesrepublik Deutschland

Eigner: Deutsches Schiffahrtsmuseum
Bremerhaven

Liegeplatz: Bremerhaven
(Alter Hafen)

Baujahr: 1909

Werft: Eiderwerft AG. Tönning

Vermessung: 450 BRT

Abmessungen:

Länge über alles	44,00 m
Breite	7,00 m
Tiefgang	2,70 m

Besatzung: 16 Mann

Art: Historische Galeone (1680), Holz

Nation: Bundesrepublik Deutschland

Eigner:
Volker Köhne
Hans Georg Richter
Siegfried Tzschoppe

Heimathafen: Wilhelmshaven

Baujahr: 1978–1982 (Umbau)

Vermessung: 270 BRT

Abmessungen:

Länge über alles	45,00 m
Breite	7,00 m
Tiefgang	3,20 m

Segelfläche: 540 qm

Besegelung: 10 Segel

Masten:
Höhe Großmast über
Wasserlinie 30 m
Bugspriet mit Blinderah
Besanmast: Lateinersegel

Antrieb: Wichmann-Diesel, 300 PS

Besatzung:
14 Kabinen, Hauptsalon,
Eignerkajüte, Mannschaftskajüte und
kleiner Salon im Vorschiff

Verwendung: Privatschiff, Charterschiff

1978 entdeckten die jetzigen Eigner die EVERI als ausgemustertes englisches Minensuchboot im norwegischen Lofotenfjord. (Everi ist ein norwegischer Mädchenname.) Mit eigener Kraft fuhr das Schiff nach Wilhelmshaven. Nach einjähriger Ausschrottungsarbeit begann 1979 der Ausbau zur historischen Galeone. Am 14. Juni 1982 lief EVERI zu ihrer Jungfernfahrt nach Kiel aus. Ziel der Eigner ist ein 10-Jahrestörn rund um den Globus. Das Schiff ist mit modernen nautischen Instrumenten und Rettungseinrichtungen ausgerüstet.

Das Schiff wurde für die Königliche Wasserbau-Inspektion in Tönning gebaut. Es lag damals als Stationsschiff in der Eidermündung. Das älteste Feuerschiff dieser Station war eine hölzerne, rundbauchige Galiot gewesen. Nach ihr wurden auch ihre Nachfolger als »Eidergaliot« bezeichnet. Dieser Name entspricht natürlich nicht dem Schiffstyp der ELBE 3. Sie ist ein echtes Segelschiff mit Klipperbug und Rundheck. Im Gegensatz zu später gebauten Feuerschiffen besaß die ELBE 3 nie einen Hilfsmotor. Im Falle eines Kettenbruchs konnte sie sich mit Hilfe der Segel, die in erster Linie Sturmsegel waren, in Sicherheit bringen. Während des Zweiten Weltkrieges lag das Schiff als Positionsfahrzeug in der Ostsee. Von 1945–1966 war es als Stammfeuerschiff der Position Elbe 3 in der Elbmündung verankert. Seit 1967 liegt ELBE 3 als Museumsschiff in Bremerhaven.

Falado

Art: Brigantine, Holz

Nation: Bundesrepublik Deutschland

Eigner:
„Brigantine Falado von Rhodos" e.V.
Paderborn, Schloß Neuhaus

Heimathafen: Schleswig – Heimathafen
Kiel – Liegeplatz (KYC)

Baujahr: 1968
Stapellauf November 1968

Werft: Mastro Petros Xalkidos, Rhodos,
Griechenland

Vermessung: 25,4 BRT
21,1 NRT

Abmessungen:

Länge über alles	22,00 m
Länge Rumpf	16,00 m
Breite	4,90 m
Tiefgang	2,60 m

Segelfläche: 200 qm

Besegelung: 12 Segel

Masten: Höhe Großmast über Deck 23 m

Antrieb: Deutz-Diesel 70 PS

Besatzung: insgesamt 14 Personen

Verwendung: Jugendsegelschiff

Die Falado wurde als Kutter gebaut und Anfang 1969 zur Brigantine umgeriggt. Von Anfang an bestand die Absicht, das Schiff als Jugendschiff zu fahren. Der Eigner, Dr. Herbert Hörhager, sammelte Jugendgruppen der bündischen Jugend, die nach seinem Tod 1972 das Schiff übernahmen und über den Verein „Brigantine Falado von Rhodos" finanzieren. Im September 1977 kollidierte Falado im Öresund mit einem dänischen Kümo. Sie wurde dabei schwer beschädigt und ging auf Grund. Es folgte eine kostenaufwendige Reparatur. Im Juni 1988 begann die erste Weltumsegelung der Brigantine, die drei Jahre dauern wird. Ein Delphin, der Sage nach, ein von Dionysos verzauberter Seeräuber, ziert den schnittigen Bug.

Friederike

Art: Brigg, Holz

Nation: Bundesrepublik Deutschland

Eigner:
    Stadt Papenburg
    (Heimatverein Papenburg)

Liegeplatz: Papenburg

Werft: Meyerwerft – Papenburg

Baujahr: 1986

Vermessung:
    75 Commerzlasten = 225 RT

Abmessungen:

Länge über alles	38,28 m
Länge Rumpf	29,74 m
Länge in der Wasserlinie	25,68 m
Breite über Rüsten	6,74 m
Raumtiefe	2,72 m
Tiefgang	2,23 m

Masten:
    Höhe Großmast über Deck 23,78 m

Verwendung:
    Museumsschiff, Tagungsschiff

1865 wurde bei der Werft H. W. Meyer in Papenburg die Brigg BERGE gebaut. Sie ist 1871 mit einer Ladung Holz auf der Fahrt von Quebec nach Falmouth verschollen. Nach den noch vorhandenen Plänen wurde die FRIEDERIKE in verkleinertem Maßstab gebaut. Das Schiff soll an die lange Schiffahrtstradition der Stadt Papenburg erinnern.

Grönland

Art: Nordische Yacht, Holz
Nation: Bundesrepublik Deutschland
Eigner:
  Stiftung Deutsches Schiffahrts-
  museum – Bremerhaven
Heimathafen: Bremerhaven
Baujahr: 1867/68
Werft:
  Tolleff Tolleffsen und Helge
  Johannsen in Skonevig, Norwegen
Vermessung:
  85 ts Deplacement
  48,05 BRT, 29,53 NRT

Abmessungen:
Länge über alles	29,30 m
Länge Rumpf	19,70 m
Länge zwischen den Loten	18,10 m
Breite	6,06 m
Raumtiefe	2,30 m
Tiefgang	2,20 m

Segelfläche: 283 qm
Besegelung: 7 Segel (zwei Rahsegel)
Masten: Höhe Mast über Deck 19,84 m
Antrieb: Deutz-Diesel, 6 Zyl., 120 PS
Besatzung: 12 Mann
Verwendung: Segelndes Museumsschiff

Obwohl die GRÖNLAND nicht zu den »großen« Segelschiffen gehört, soll sie erwähnt werden. Sie hat Geschichte gemacht. 1868 war sie das Schiff der ersten deutschen Nordpolarexpedition des Gothaer Geographen Dr. Peter-mann und seines Expeditionsleiters Kapitän K. Koldewey.

Gorch Fock II

Art: Bark, Stahl

Nation: Bundesrepublik Deutschland

Eigner: Deutsche Bundesmarine

Heimathafen: Kiel

Baujahr:
1958; Stapellauf 23. August 1958,
Indienststellung 17. Dezember 1958

Werft: Blohm & Voss, Hamburg

Vermessung: 1760 ts Deplacement

Abmessungen:

Länge über alles	89,30 m
Länge Rumpf	81,20 m
Länge zwischen den Loten	70,20 m
Breite	12,00 m
Seitenhöhe	7,30 m
Tiefgang	5,00 m

Segelfläche: 2037 qm

Besegelung:
23 Segel; 4 Vorsegel, Doppel-
Marssegel, einfache Bramsegel,
Royals; Besanmast: Unterbesan,
Oberbesan, Besan-Toppsegel

Masten:
Höhe Fock- und Großmast über
KWL: 45,30 m; Höhe Besanmast
über KWL: 40 m

Antrieb:
MAN-Dieselmotor, 800 PS;
Geschwindigkeit mit Maschine
ca. 10 kn

Besatzung:
269 Mann;
Kommandant, 9 Offiziere, Arzt,
Meteorologe, 36 Unteroffiziere,
21 Mannschaften, 200 Offiziers- und
Unteroffiziers-Anwärter

Verwendung: Schulschiff unter Segeln

Die Erkenntnisse und Erfahrungen, die
beim Bau und bei den Fahrten der drei
Segelschulschiffe der ehemaligen Kriegsmarine, GORCH FOCK, HORST WESSEL
und ALBERT LEO SCHLAGETER gewonnen
worden waren, wurden auch beim Bau
der neuen GORCH FOCK berücksichtigt.
Alle Schiffe wurden praktisch nach
denselben Rissen gebaut. Lediglich in
den Abmessungen unterschieden sie

sich etwas. Größtmögliche Sicherheit
war erste Forderung bei der Konstruk-
tion. Durch entsprechende Stauung von
Fest-Ballast wurde eine überragende
Stabilität erreicht. Zusammen mit der
damals für Rumänien gebauten MIRCEA
sind heute noch alle vier Schiffe des
gleichen Typs in Fahrt, dazu als fünfter
Segler die GORCH FOCK II.
Den Namen bekam die Bark nach dem
See-Schriftsteller Hans Kinau, der unter
dem Namen »Gorch Fock« schrieb. Er
ist 1916 am Skagerrak gefallen. Das
Deckshaus der GORCH FOCK ist mit der
Back verbunden. Steuerbords wird ein
Patentanker gefahren, an Backbord
ein Stockanker. Das Ankerlichten kann
sowohl mit Maschinenkraft als auch
durch Gangspill-Arbeit erfolgen. Damit
die Anwärter möglichst oft am Ruder
stehen können, wird das Hauptruder
mit drei großen Rädern bedient. Es steht
auf der Poop vor dem Kartenhaus.
Insgesamt fährt die Bark vier Beiboote
– zwei in Davits auf der Poop, zwei
auf dem Deckshaus gelascht –, davon
ist eines eine Motorbarkasse. Dazu
kommen mehrere automatische
Rettungsinseln. Jährlich werden drei
Ausbildungsreisen gemacht. Die
kleineren führen meist zu Häfen der
Nordseeküste, die großen in den Atlantik (Kanaren, Bermudas, Antillen,
New York usw.). Während der Wintermonate liegt das Schiff in Kiel
aufgelegt.
Während einer halbjährigen Werftliege-
zeit in Kiel wurde die GORCH FOCK 1985
grundlegend modernisiert.
Besonders hervorzuheben ist dabei
der Einbau einer Kläranlage, einer
Müllpresse und eines leistungsstarken
Frischwassererzeugers. Weitere
Verbesserungen betrafen die Wasch-
und Toiletteneinrichtungen.
Das Backschafterwesen wurde ersetzt
durch eine Cafeteria.
Seit 1989 befinden sich auch junge
Frauen (Sanitätsoffiziers-Anwärterin-
nen) unter den bislang ausschließlich
männlichen Lehrgangsteilnehmern.

Großherzogin Elisabeth

ex ARIADNE
ex SAN ANTONIO
ex BUDDI
ex SANTONI
ex SAN ANTONIO

Art: 3-Mast-Gaffelschoner, Stahl

Nation: Bundesrepublik Deutschland

Eigner: Elsflether Seemannsschule

Heimathafen: Elsfleth

Baujahr: 1909

Werft:
Jan Smit, Ablasserdam, Niederlande

Vermessung: 463 BRT; 267 NRT

Abmessungen:
Länge über alles	66,00 m
Länge zwischen den Loten	46,00 m
Breite	8,30 m
Seitenhöhe	4,00 m
Tiefe im Raum	2,80 m
Tiefgang	3,00 m

Segelfläche: 1000 qm

Besegelung: 12 Segel, 4 Vorsegel
Alle Masten, Gaffelsegel und Gaffel-
toppsegel

Masten:
Höhe Großmast über Deck: 30,50 m
Masten mit einer Stenge

Antrieb:
Caterpillar Dieselmotor, 400 PS

Besatzung: 62 Mann

Verwendung: Schulschiff unter Segeln

GROSSHERZOGIN ELISABETH wurde als
Dreimastschoner für holländische
Rechnung gebaut. Ihren jetzigen
Namen erhielt sie 1982 nach dem 1901
gebauten Vollschiff GROSSHERZOGIN
ELISABETH des ehemaligen Deutschen
Schulschiff-Vereins. Als erstes Segelschiff erhielt sie anstatt einer Dampfmaschine einen Dieselmotor. Als
Frachtsegler fuhr der Schoner dreißig
Jahre lang zwischen Nord- und West-
afrika. In den vierziger Jahren wurde
das Schiff abgeriggt und fuhr unter
schwedischer Flagge mit Namen BUDDI
in der Küstenfahrt.
1973 fand Kapitän H. Paschburg das
aufgelegte Schiff in einem kleinen
schwedischen Hafen. Mit Unterstützung
Hamburger Reeder und Kaufleute
wurde die ARIADNE, so hieß sie von da
an, nach Originalplänen umgebaut und
ihrem Aussehen als ehemaliger Segler
angepaßt. Sie erhielt ein vollständig
neues Rigg. Ihr Name erinnerte an die
kretische Königstochter, die Theseus
aus dem Labyrinth half. Das Schiffsinnere wurde als Privatschiff für
Passagierkreuzfahrten eingerichtet. Die
Galionsfigur befindet sich heute im
Museum von Skillinge in Schweden.
Während dieser Zeit führten die Segel-
törns zu den Inseln und Schären der Ostsee, ins Mittelmeer und in die Karibik.
Seit 1982 gehört der Schoner mit neuem
Namen der Seemannsschule in Elsfleth.

Johann Smidt

ex EENDRACHT

Art: 2-Mast-Toppsegelschoner, Stahl

Nation: Bundesrepublik Deutschland

Eigner:
CLIPPER −
Deutsches Jugendwerk zur See e.V.

Heimathafen: Bremen

Baujahr: 1974
Stapellauf 1. Juni 1974

Werft: Cammenga, Amsterdam

Vermessung: 174,84 BRT; 101 NRT

Abmessungen:
Länge über alles	35,94 m
Länge Rumpf	32,39 m
Länge zwischen den Loten	27,24 m
Breite	8,03 m
Seitenhöhe	4,94 m
Tiefgang	3,64 m

Segelfläche: 630 qm

Besegelung: 8 Segel (mit Breitfock)

Masten: Höhe Großmast
über Deck 34 m

Antrieb: G. M. Detroit Diesel, 400 PS

Besatzung: 11 Mann Stammbesatzung
26 Schüler

Verwendung: Schulschiff unter Segeln

Der Schoner gehörte bis zum Oktober 1989 der niederländischen Vereinigung Stichting Het Zeilende Zeeschip. EEN-DRACHT sollte vor allem jungen Holländern die Möglichkeit bieten, Seefahrt unter Segeln kennenzulernen. Bei vielen S.T.A-Regatten hat das Schiff seine guten Segeleigenschaften bewiesen. Während der SAIL '80 in Amsterdam war es Flaggschiff der Parade gewesen. 1989 erfolgte der Ankauf durch den jetzigen Eigner. EENDRACHT ist in Holland durch den 3-Mast-Gaffelschoner EENDRACHT II ersetzt worden. Wegen der jetzigen Verwendung sei auf den 3-Mast-Toppsegelschoner ALBATROS verwiesen. Das Schiff wurde nach dem Bremer Bürgermeister Johann Smidt benannt.

Jachara

Outlaw

Rainbow Warrior

Art: 2-Mast-Schoner, Holz
Nation: Bundesrepublik Deutschland
Eigner: Nordelbische Gesellschaft für Diakonie
Heimathafen: Eckernförde
Baujahr: 1943
Werft: Kalamata – Griechenland
Vermessung: 43,6 BRT; 26,1 NRT
Abmessungen:
Länge über alles	23,00 m
Länge Rumpf	17,10 m
Länge zwischen den Loten	16,00 m
Breite	6,25 m
Tiefgang	1,80 m

Segelfläche: 110 qm
Besegelung: 5 Segel
Antrieb:
Mohag-Dieselmotor, 150 PS
Besatzung: 3 Mann Stammbesatzung, 10 Jugendliche
Verwendung: Pädagogisches Schulschiff

Art: Brigantine, Holz
Nation: Bundesrepublik Deutschland
Eigner: Verein Jugendschiff Corsar e.V. Beverstedt
Heimathafen: Cuxhaven
Baujahr: 1946
Werft: in Palma di Mallorca
Vermessung: 171,29 BRT
Abmessungen:
Länge über alles	41,30 m
Länge in der Wasserlinie	29,00 m

Segelfläche: 800 qm
Antrieb:
6 Zylinder Deutz-Diesel, 200 PS
Besatzung: 8 Mann Stammbesatzung, 16 Jugendliche
Verwendung: Sozialpädagogisches Erziehungsprogramm

---

ex GRAMPIAN FAME
Art: 3-Mast-Gaffelschoner, Stahl
Nation: Bundesrepublik Deutschland
Eigner: GREENPEACE e.V., Hamburg
Heimathafen: Hamburg
Baujahr: 1957 Umbau 1988/89
Werft: Umbau: Jöhnk-Werft, Hamburg
Vermessung: 555 BRT
Abmessungen:
Länge Rumpf	55,50 m
Länge zwischen den Loten	48,90 m
Breite	8,50 m
Tiefgang	3,60 m

Segelfläche: 650 qm
Besegelung: 4 Segel
Masten: Höhe Großmast über Deck 32 m
Antrieb:
2 × KHD MWM-Dieselmotoren
2 × 500 PS
Besatzung: 9–13 Mann Stammbesatzung max. 16 Gäste
Verwendung:
Aufgaben von GREENPEACE e.V.

Auch als kleineres Segelschiff soll die JACHARA erwähnt werden, weil sie als Segler ein pädagogisches Hilfsmittel bei der Erziehung körperlich und geistig behinderter sowie verhaltensgestörter Jugendlicher ist. Das Diakonische Werk Schleswig Holstein verwendet sie für Jugendliche aus den eigenen Einrichtungen. Der Name JACHARA bedeutet »Viel Glück«.

Nach ihrer Zeit als Handelsfahrer im Mittelmeer wurde OUTLAW 1978 für ihren jetzigen Verwendungszweck ausgebaut und eingerichtet. »Die sozialtherapeutischen Reisen dauern jeweils fünf bis sechs Monate. Im Jahr werden etwa zwei Fahrten durchgeführt. Im Sommer Nord- und Ostsee, Norwegensee und Britische Inseln; im Winter der gesamte Mittelmeerraum, Kanarische Inseln und Rotes Meer. Die OUTLAW ist eine Alternative zur geschlossenen Unterbringung verhaltensauffällig gewordener Jugendlicher. Im Bereich einer handlungsorientierten, aktiven Pädagogik bietet sie diesen Jugendlichen Erlebnis- und Bewährungsmöglichkeiten an, die weit über den Rahmen traditioneller Heimerziehung hinausweisen.« (Aus der Informationsschrift des Vereins.)

Aus dem ehemals schottischen Fischtrawler GRAMPIAN FAME wurde die RAINBOW WARRIOR, als Nachfolgerin, des am 10. Juli 1985 im Einsatz zerstörten GREENPEACE-Schiffes gleichen Namens. Das Schiff besitzt eine computergesteuerte Segel- und Motorenanlage. Sonnenkollektoren sorgen für das warme Wasser. Eine Kläranlage säubert das Abwasser. Typisch für daß Äußere des Schiffes sind das fehlende Bugspriet und die horizontal gefahrenen Gaffeln. Am Besanmast wird ein Bermudasegel gefahren.

Passat

Art: Viermastbark, Stahl

Nation: Bundesrepublik Deutschland

Eigner: Stadt Lübeck

Liegeplatz: Travemünde, Am Priwall

Baujahr:
1911; Kiellegung 2. März 1911,
Stapellauf 20. September 1911,
seefertig 25. November 1911

Werft:
Blohm & Voss, Hamburg
(Helgen I der Alten Werft zur
Norderelbe)

Vermessung:
3180,61 BRT; als Segler ohne Motor
2870 NRT, 4750 t Tragfähigkeit;
als Schulschiff mit Motor 2593 NRT,
4223 t Tragfähigkeit

Abmessungen:
Länge über alles	115,00 m
Länge Rumpf	106,40 m
Länge zwischen den Loten	96,01 m
Breite	14,40 m
Raumtiefe	8,08 m
Tiefgang (Salpeterladung)	6,70 m

Segelfläche: 4100 qm

Besegelung:
34 Segel; 4 (5) Vorsegel, Doppel-
Marssegel, Doppel-Bramsegel,
Royals Besanmast: Unterbesan,
Oberbesan, Besan-Toppsegel

Masten:
Höhe Großmast über Deck: 52 m,
Vor-, Groß-, Kreuzmast mit einer
Stenge: Besanmast einteilig

Antrieb:
6 Zylinder Krupp-Dieselmotor,
900 PS (seit Umbau 1951);
Geschwindigkeit mit Maschine 6,5 kn;
als Höchstgeschwindigkeit unter
Segeln wurden 16,4 kn geloggt

Besatzung:
Nach Umbau 1951: insgesamt 80 bis
90 Mann, davon etwa 50 bis 55 Jungmänner und Decksjungen

Verwendung: Museums- und Wohnschiff

PASSAT wurde für den Reeder F. Laeisz, Hamburg, als Baunummer 206 bei Blohm & Voss (zusammen mit dem Schwesterschiff PEKING, Baunummer 205) gebaut. Der Preis betrug 680 000 Mark. Im Januar 1912 lief PASSAT zur ersten Reise nach Chile aus. Bis zum ersten Weltkrieg machte sie weitere fünf Reisen in der Salpeterfahrt. Bei Kriegsbeginn lag sie mit anderen Seglern in Iquique. Die Heimreise mit 4700 t Salpeter an Bord konnte erst am 27. Mai 1921 angetreten werden – Marseille for order. Das Schiff mußte an Frankreich abgeliefert werden. Die Franzosen hatten aber damals gar keine Verwendung für die große Viermastbark. Deshalb kaufte Laeisz im Dezember 1921 sein Schiff für 13 000 Pfund zurück. Die deutsche Mannschaft ging am 3. Januar 1922 an Bord. Nach ihrer Instandsetzung in Hamburg wurde PASSAT erneut in der Salpeterfahrt verwendet. 1927 folgte die Einrichtung als frachtfahrendes Schulschiff.
Bei einer Kollision mit dem französischen Dampfer DAPHNE im August 1928 im Kanal sank der Dampfer nach wenigen Minuten. Eine weitere Kollision im Kanal mit dem britischen Dampfer BRITISH GOVERNOR im Juni 1929 verursachte erheblichen Schaden an der PASSAT.
Bei beiden Kollisionen mußte sie für die Reparaturen Rotterdam anlaufen. 1932 wurde sie für 6500 Pfund an den finnischen Reeder Gustaf Erikson aus Mariehamn verkauft. Unter finnischer Flagge fuhr das Schiff bis zum Zweiten Weltkrieg in der Australienfahrt. Während des Krieges lag es zunächst aufgelegt in Mariehamn. Am 6. Juli 1944 wurde PASSAT im Schlepp nach Stockholm gebracht und dort bis 1946 als Getreidespeicher verwendet. Die erste Reise nach dem Krieg führte nach Südafrika und Australien. Die Ladung bei der Heimreise bestand aus 56 000 Sack Weizen, der für England bestimmt war. PASSAT und PAMIR lagen dann einige Zeit in Penarth bei Cardiff ohne Beschäftigung. Im Januar 1951 wurde bekannt, daß beide Schiffe an belgische Abwrackfirmen verkauft werden sollten.

Salutkanone auf dem Kartenhaus

Kapitän Helmut Grubbe setzte sich zusammen mit dem Reeder Heinz Schliewen für den Rückkauf beider Segler ein. Dies gelang gerade noch rechtzeitig. Der neue Eigner war Schliewen, der Heimathafen Lübeck. Am 20. Juni 1951 traf PASSAT in Travemünde ein. Es folgte eine gründliche Überholung und Modernisierung bei den Kieler Howaldt-Werken. Die Kosten dafür betrugen 2,7 Millionen Mark. (Hilfsmotor, wasserdichte Schotts, zwei Deckshäuser, Laufbrücken, Braß- und Fallwinden aufs Hochdeck u.a.) Die Klassifizierung durch den Germanischen Lloyd ergab + 100 A 4, also das beste Ergebnis. Am 12. Februar 1952 segelte PASSAT mit Zement nach Brasilien und Argentinien. Ende Juni kehrte sie mit Getreide zurück. Die zweite Reise begann bereits im Juli 1952. Sie führte ebenfalls nach Südamerika. Von Februar 1953 bis Juni 1955 lag das Schiff in Travemünde aufgelegt. Schliewen hatte seine Zahlungen einstellen müssen. Die Schleswig-Holsteinische Landesbank setzte Kapitän Grubbe als Treuhänder für PAMIR und PASSAT ein.
In der zweiten Hälfte des Jahres 1954 bildeten etwa 40 deutsche Reeder die Stiftung »PAMIR und PASSAT«. Beide Schiffe führten nun die Kontorflagge der Firma Zerssen & Co des Korrespondentreeders Konsul Thomas Entz in Rendsburg. PASSAT macht bis 1957 noch fünf Reisen nach Südamerika unter dem Kommando von Kapitän Grubbe. Bei der letzten Reise ging die Schüttladung (Gerste) über. Es ent-

Rickmer Rickmers

stand dadurch eine gefährliche Krängung. Die mit Weizen gefüllten Ballast-Tieftanks mußten geflutet werden. In Lissabon wurde das Schiff vollständig geleert, um diese Tanks räumen zu können. Am 8. Dezember 1957 kehrte der Segler mit voller Ladung nach Hamburg zurück.

Die letzte große Reise dauerte vom 18. Juli 1957 bis 8. Dezember 1957. Nach zweijähriger Liegezeit in Hamburg verkaufte die Stiftung PASSAT an die Stadt Lübeck. Am 5. Januar 1960 wurde sie durch den Nord-Ostsee-Kanal nach Travemünde geschleppt. Am Priwall diente sie der »Landesausbildungsstätte für seemännischen Nachwuchs« als Wohn- und Ausbildungsschiff. 1965 wurde PASSAT bei den Lübecker Flender-Werken gedockt. Im gleichen Jahr hat die Schule das Schiff der Stadt Lübeck zurückgegeben. PASSAT steht jetzt verschiedenen Segler- und Sportlehrgängen zur Verfügung.

Der Backbord-Anker
und das Gangspill auf der Back

ex SANTO ANDRÉ
ex SAGRES I
ex FLORES
ex MAX
ex RICKMER RICKMERS

Art: Bark, Stahl

Nation: Bundesrepublik Deutschland

Eigner: Verein »Windjammer für Hamburg e. V.«

Liegehafen: Hamburg

Baujahr: 1896

Werft: Bremerhaven

Vermessung:
3067 ts Deplacement; 1980 BRT

Abmessungen:
Länge über alles	97,00 m
Länge Rumpf	86,00 m
Länge zwischen den Loten	79,00 m
Breite	12,20 m
Raumtiefe	7,70 m
Tiefgang	6,00 m

Segelfläche: 3500 qm

Besegelung:
24 Segel; 4 Vorsegel; Doppel-Marssegel, Doppel-Bramsegel, Royals
Besanmast: Besansegel, Besan-Toppsegel

Masten:
Fock- und Großmast mit Mars- und Bramstenge; Besanmast mit einer Stenge

Antrieb:
2 Krupp-Diesel-Motoren, je 350 PS; Geschwindigkeit mit Maschine ca. 10 kn

Besatzung:
Als Schulschiff: 12 Offiziere, 22 Unteroffiziere, 140 Mannschaften, bis zu 200 Kadetten

Verwendung: Museumsschiff

Die Reederei Rickmers ließ 1896 die RICKMER RICKMERS als Vollschiff bauen. Sie wurde hauptsächlich als Handelsfahrer in der Ostasienfahrt beschäftigt. Bei der Ausreise hatte das Schiff meist Kohle geladen, bei der Heimreise Reis und den damals sehr begehrten Bambus. Schließlich fuhr es auch noch in der Salpeterfahrt. Nachdem 1905 bei einem Sturm schwere Schäden an der Takelage entstanden waren, mußte der Segler aus wirtschaftlichen Gründen als Bark getakelt werden. Am Rumpf ist bemer-

kenswert, daß die Oberkante des sehr hohen Schanzkleides fast auf gleicher Höhe mit dem Back- und Poopdeck verläuft. Das Schiff erhält dadurch einen geschmeidigen Sprung und ein sehr elegantes Aussehen.

1912 verkaufte Rickmers die Bark mit dem neuen Namen MAX an die Reederei C. Krabbenhoft in Hamburg. Sie fuhr ab da ausschließlich in der Salpeterfahrt. Als 1916 Portugal gegen Deutschland in den Krieg eintrat, befand sie sich mit einer Ladung Salpeter auf der Heimreise im portugiesischen Hafen Horta auf den Azoren. MAX wurde portugiesische Prise. Unter dem Namen FLORES fuhr der Segler dann bis Kriegsende Kriegsmaterial über den Atlantik. 1924 erfolgte der Umbau zum Schulschiff SAGRES der portugiesischen Kriegsmarine. Die Galionsfigur, die Rickmers darstellte, wurde durch den Infanten Heinrich den Seefahrer ersetzt. Alle Rahsegel sowie das Besansegel erhielten ein großes rotes Kreuz mit weißem Feld. Die hohe Zahl der Stammbesatzung erklärt sich dadurch, daß auf dem Schiff in allen nautischen und militärischen Disziplinen unterrichtet wurde. Die Befehle wurden teilweise über Lautsprecher erteilt. Alle modernen Navigationsinstrumente standen der Ausbildung zur Verfügung. 1931 wurden zwei Hilfs-Diesel-Motoren eingebaut. S.T.A.-Regattenteilnahme: 1956 und 1958. 1962 wurde SAGRES I durch SAGRES II ex GUANABARA ex ALBERT LEO SCHLAGETER ersetzt. Sie lag viele Jahre als Versorgungs- und Depotschiff im Hafen von Alfeite (Portugal). Durch Vermittlung des Marineattachés der Deutschen Botschaft in Lissabon gelang es 1983 dem Verein »Windjammer für Hamburg«, im Tausch gegen einen kleineren Segler, die teilweise abgetakelte Bark zu erwerben. Gerade noch rechtzeitig zum 794. Hafengeburtstag kam die ehemalige RICKMER RICKMERS im Schlepp nach Hamburg. Nach mehrjähriger, sehr sorgfältiger Restaurierung liegt das Schiff jetzt als Hafenwahrzeichen in Hamburg. RICKMER RICKMERS ist Museums- und Restaurantschiff geworden.

Seute Deern

ex PIETER ALBRECHT KOERTS
ex SEUTE DEERN
ex BANDI (Viermastschoner)
ex ELISABETH BANDI
(Viermastschoner)

Art: Bark, Holz

Nation: Bundesrepublik Deutschland

Eigner: Deutsches Schiffahrtsmuseum
Bremerhaven

Liegehafen: Bremerhaven,
»Alter Hafen«

Baujahr: 1919

Werft:
Gulfport Shipbuilding Company,
Gulfport (Mississippi)

Vermessung Schoner:
767 BRT; 648 NRT

Abmessungen:
Länge zwischen den Loten   54,40 m
Breite   11,03 m
Raumtiefe   4,57 m

Vermessung Bark: 1025 ts Deplacement; 815 BRT; 690 NRT

Abmessungen:
Länge über alles   75,50 m
Länge zwischen den Loten   55,08 m
Breite   11,08 m
Raumtiefe   4,57 m

Segelfläche: Als Bark 1486 qm

Besegelung:
23 Segel; 4 Vorsegel, Doppel-
Marssegel, einfache Bramsegel,
Royals; Besanmast: Unterbesan,
Oberbesan, Besan-Toppsegel

Masten, Spieren:
Bugspriet, Klüverbaum, Besanbaum
aus Holz, alles andere Stahl;
Fock- und Großmast mit Bramstenge

Antrieb: Kein Hilfsmotor

Besatzung: Als Schulschiff etwa 30 Mann

Verwendung: Museumsschiff,
Gaststättenschiff

Das Schiff wurde 1919 für die »Marine Coal Company«, New Orleans, als Viermastschoner ELISABETH BANDI gebaut. Es war meist in der Holzfahrt beschäftigt. Schon bei der ersten Reise hatte der Schoner starken Wassereinbruch durch Bohrwurmfraß. Das Schiff besaß keine Außenhaut aus Kupferplatten (»Wurmhaut«). Es gab noch weitere Schwierigkeiten auf dieser ersten Reise. Der Kapitän verschwand spurlos auf See und die Mannschaft desertierte.

Nach der Rückkehr kam der Schoner zur Reparatur in Philadelphia ins Dock. Trotzdem zeigten sich bei weiteren Reisen immer wieder Wassereinbrüche. 1925 waren die Reparaturkosten zu hoch geworden. Das Schiff wurde an die Firma Walter E. Reid in Bath (Maine) verkauft. 1931 kaufte der finnische Reeder W. Uskanen aus Sotkoma den Schoner, änderte den Namen in BANDI und beschäftigte ihn fast ausschließlich in der Holzfahrt von Finnland nach England. Das kalte Wasser der Ostsee hatte die Bohrwürmer bald vertrieben. 1935/36 wurde BANDI an die finnische Reederei Yrjänen & Kumpp in Raumo verkauft. Sie blieb weiterhin in der Holzfahrt.

Im November 1938 erwarb sie der Hamburger Reeder J. T. Essberger. Bei Blohm & Voss in Hamburg erfolgte der Umbau in eine Bark. Am 15. Mai 1939 waren die Arbeiten beendet. Unter ihrem neuen Namen SEUTE DEERN wurde sie frachtfahrendes Schulschiff der Reederei J. T. Essberger. Der Umbau brachte wesentliche Veränderungen mit sich: weißes Pfortenband, eine Mädchengestalt als Galionsfigur, 70 t festen Ballast; Unterwanten und Pardunen wurden auf das Schanzkleid geführt, mit Püttingseisen außenbords. Die Back und das Deckshaus sind miteinander verbunden. Patentanker in Klüsen. Der Rumpf wurde unterhalb der Wasserlinie mit Platten umkleidet. Schon bald nach dem Umbau vergrößerte man den Segelplan durch Verbreiterung aller vier Marssegel sowie der beiden Bramsegel. Nach kurzem Aufenthalt in der Ostsee fuhr SEUTE DEERN ihre erste Ladung unter deut-

scher Flagge nach Finnland. Während der Heimreise mit Holz kam der Kriegsausbruch. Die Bark suchte einen dänischen Hafen auf und blieb dort bis zum Ende des Krieges mit Polen. In den ersten Kriegsjahren wurden noch kleinere Handelsfahrten (Salz, Holz) in der Ostsee unternommen. Im Winter war das Schiff in Lübeck oder Stolpmünde aufgelegt. Das Risiko solcher Fahrten wurde aber immer größer, so daß man sich entschloß, nur noch in der Greifswalder Bucht zu kreuzen.

Reeder Essberger bildete während der Reisen den Nachwuchs für seine eigene Flotte aus. Zur Besatzung gehörten jeweils 10 bis 12 Leichtmatrosen und 10 bis 12 Jungen. Ende September 1944 wurde SEUTE DEERN nach Lübeck verlegt. Dort befand sie sich auch bei Kriegsende. Die Stengen und Rahen waren damals abgenommen worden. Nach der Besatzung wurde sie vorübergehend englisches Wachlokal. 1946 ging sie im Schlepp nach Travemünde, wo sie bei der Schlichting-Werft neu getakelt wurde. Von 1947−1954 war sie dann in Hamburg als Hotel- und Restaurantschiff an der Fähre VII festgemacht. Anfang 1954 wurde das Schiff an den aus Holland stammenden Amerikaner A. J. Koerts verkauft. Dieser schenkte SEUTE DEERN, jetzt unter dem neuen Namen PIETER ALBRECHT KOERTS, seiner Vaterstadt Delfzijl als Jugendherberge. Am 19. April 1954 verließ sie im Schlepp Hamburg. Im Dezember 1964 kaufte die Emdener Gastronomin E. Hardisty die Bark, um sie wieder in ein Gaststättenschiff umbauen zu lassen. Am 3. Dezember wurde die Bark von Delfzijl nach Emden geschleppt. Die Pläne zerschlugen sich jedoch. Inzwischen hatte der Helgoländer Hotelbesitzer H. Richartz das Schiff gekauft, um es für den gleichen Zweck in Bremerhaven einzurichten. Bei der Schröder-Werft in Emden wurde der Segler gründlich überholt und für seinen neuen Verwendungszweck vorbereitet. Von 1966 an lag die Bark unter ihrem alten Namen SEUTE DEERN dann als Gaststättenschiff in Bremerhaven. Seit 1972 gehört sie nun dem Deutschen Schiffahrtsmuseum.

Seute Deern II

ex NOONA DAN
ex HAVET

Art: Ketsch, Holz

Nation: Bundesrepublik Deutschland

Eigner: CLIPPER − Deutsches
Jugendwerk zur See e. V.

Heimathafen: Travemünde

Baujahr: 1936

Werft:
J. Ring-Andersen, Svendborg

Vermessung:
425 ts Deplacement; 105,36 BRT;
25,72 NRT

Abmessungen:
Länge über alles	36,20 m
Länge Rumpf	29,90 m
Länge zwischen den Loten	26,25 m
Breite	7,15 m
Seitenhöhe	2,90 m
Raumtiefe	2,20 m
Tiefgang	3,05 m

Segelfläche: 275 qm

Besegelung:
7 Segel, 3 Vorsegel; Groß-, Besanmast: Gaffelsegel, Gaffel-Toppsegel

Masten:
Beide Masten mit einer Stenge;
Höhe Großmast über der Wasser-
linie 26,25 m

Antrieb:
Burmeister & Wain-Dieselmotor
(1961), 165 PS

Besatzung:
8 Mann Stammbesatzung, 24 Schüler,
2 Lehrer

Verwendung: Schulschiff unter Segeln

Die dänische Werft baute die jetzige
SEUTE DEERN als Galeas HAVET. Nach
dem Kriege wurde sie von der Reederei
Lauritzen, Kopenhagen, gekauft. Sie
bekam dabei den Namen NOONA DAN.
1961 brachte das Schiff eine dänische
Expedition zu den Salomon-Inseln und
an die australische Küste. Kurz nach
seiner Rückkehr kaufte es der Deutsche
Schulschiff-Verein zusammen mit der
»Stiftung für Ausbildungsschiffe«. Es
folgten umfangreiche Umbauarbeiten
für Ausbildungszwecke. In Erinnerung
an das ehemalige Schulschiff SEUTE
DEERN der Reederei T. Essberger erhielt
die Ketsch den gleichen Namen.
Die offizielle Indienststellung erfolgte
am 22. Juli 1964. Das Schiff unternahm
damals während der warmen Jahreszeit
wöchentliche Reisen von Travemünde
aus in die westliche Ostsee. Dabei wurde
den Schülern der Seefahrtsschulen
Bremen, Bremerhaven, Elsfleth,
Hamburg, Leer und Lübeck die Möglichkeit gegeben, die theoretisch erwor-

benen Kenntnisse durch praktische
Seemannschaft zu vervollständigen.
Auch die Schüler des SCHULSCHIFF
DEUTSCHLAND nahmen an Reisen teil.
Für die Ausbildung standen Funktele-
fon, Funkpeiler, Echolot, Decca und
Radar zur Verfügung.
Seit 1973 gehört SEUTE DEERN dem
Unternehmen CLIPPER − Deutsches
Jugendwerk zur See e. V. Auch jetzt
führen die Reisen mit jungen Leuten in
die Ostsee, wobei Auslandsbesuche mit
auf dem Programm stehen.

Thor
Heyerdahl

ex MINNOW, ex TINKA

Art: Dreimast-Toppsegelschoner,
Eisen-genietet

Nation: Bundesrepublik Deutschland

Eigner: „Thor Heyerdahl e.V.", Kiel

Heimathafen: Kiel

Baujahr: 1930

Werft: In Westbrock, Holland

Vermessung: 211,21 BRT

Abmessungen:

Länge über alles	49,83 m
Breite	6,52 m
Tiefgang	2,25 m

Segelfläche: Ca. 630 qm

Besegelung: 12 Segel, Flieger, Außenklüver,
Innenklüver, Stagfock, 3 Gaffelsegel,
2 Gaffeltopp-, Großstengestag-, Mars-,
Bramsegel

Masten: Holz. Höhe Großmast über Deck
26,50 m

Antrieb: 215 PS Deutz, 6 Zyl., Bauj. 1951
Daneben drei weitere Hilfsdiesel für den
Bordbetrieb

Besatzung:
Ca. 8 Mann, 36 Plätze für Mitsegler

Verwendung: Charterschiff

Undine

ex NORDSTRAND 1
ex GERD-UTE
ex ANNELIES
ex PALMYRA
ex FRANZISKA

Art: 2-Mast-Gaffelschoner, Stahl

Nation: Bundesrepublik Deutschland

Eigner: Joachim Kaiser, Wewelsfleth

Heimathafen: Hamburg

Baujahr: 1931

Werft: Gebr. Niestern, Delfzijl, NL

Vermessung: 130 ts Deplacement (leer)
96 BRZ (Raumzahl)
38 NRZ

Abmessungen:

Länge über alles	37,70 m
Länge Rumpf	28,80 m
Länge zwischen den Loten	25,00 m
Breite	5,80 m
Raumtiefe	2,40 m
Tiefgang (leer)	2,10 m

Segelfläche: 420 qm

Besegelung: 9 Segel

Masten: Höhe Großmast über Deck 25 m

Antrieb: „Deutsche Werke" Typ 4 M 36
Baujahr 1937
120 PS

Besatzung: 4 Mann Stammbesatzung
(einschl. 2 Pädagogen)
8 Jugendliche

Verwendung:
Frachttragendes Segelschulschiff
Soziale Gruppenarbeit

Anfangs als Anderthalbmaster, nach Verlängerung des Rumpfes im Jahre 1949 als Motorschiff, fuhr UNDINE bis 1980 als Frachter. Die Vielzahl der ex-Namen zeigt an, wie oft das Schiff den Eigner gewechselt hat. Seit 1980 wurde in Glückstadt durch den jetzigen Eigner die Restaurierung und Neutakelung zum Schoner durchgeführt. Seit 1984 wird der Segler als frachttragendes Segelschulschiff für die Arbeit mit randständigen Jugendlichen eingesetzt. Träger ist der Hamburger Verein „Sozialarbeit und Segeln e.V.". Neben anderen Gütern wurde auch Meersalz aus Frankreich und Portugal für die Nahrungsmittelindustrie transportiert. Die Jugendlichen bleiben für ein halbes Jahr an Bord, um sich auf eine geregelte Berufsausbildung vorzubereiten, die durchaus mit einem Seefahrtsberuf zu tun haben kann.

Valdivia

ex VANADIS

Art: 2-Mast-Gaffelschoner, Holz

Nation: Bundesrepublik Deutschland

Eigner: Uwe Kutzner, Hamburg

Heimathafen: Hamburg (Museumshafen Oevelgönne, Altona)

Baujahr: 1868

Werft: Södra Varvet, Stockholm

Vermessung: 50 ts Deplacement 27,21 BRT

Abmessungen:
Länge über alles	29,00 m
Länge Rumpf	20,00 m
Breite	5,10 m
Tiefgang	2,80 m

Segelfläche: 283 qm

Besegelung: 7 Segel

Masten: Höhe Großmast über Wasserlinie 21,00 m

Antrieb: Daimler Benz Typ OM 352

Besatzung: 8 Einzelkojen, 1 Doppelkoje

Verwendung: Charterschiff

Schoner mit der rassigen Form, wie VALDIVIA sie hat, wurden besonders für den Fischfang in den Gewässern um Neufundland gebaut. Sie waren unter dem Namen „Neufundlandschoner" bekannt geworden. Daher ist es etwas besonderes, daß dieses Schiff mit dem damaligen Namen VANADIS als Privatyacht für einen schwedischen Fabrikanten in Auftrag gegeben worden war. Der Eigner stiftete später sein Schiff der schwedischen Marine. Eine Expedition wurde durchgeführt und dabei 1898–99 auch die Welt umsegelt. Danach soll VANADIS als Kurier-, Lotsenschoner und als Schmuggeljäger gefahren sein. Um 1914 war sie Yacht der schwedischen Marine. Nach Umbau gehörte das Schiff 1925 dem Königlich Schwedischen Yachtclub. Im Winter 1939/40 kam der Schoner wieder in private Hände und verdiente als Charterschiff sein Geld.

Nach dem Krieg wurde das Schiff in die Bundesrepublik verkauft und in Hamburg registriert. Es bekam den Namen VALDIVIA. Seit 1975 gehört es dem jetzigen Eigner. Nach gründlicher Reparatur, Umbau und Modernisierung steht VALDIVIA seit 1982 für Charterzwecke zur Verfügung. Die Reisen führen vorwiegend in die Gewässer der Ostsee.

Vidar

White Rose of Sharon

Art: 3-Mast-Gaffelschoner, Holz

Nation: Bundesrepublik Deutschland

Eigner: Wilhelm Ehlers, Büsum

Heimathafen: Büsum

Baujahr: 1877

Werft: Johann Selsvik,
    Hardangerfjord, Norwegen

Abmessungen:
Länge über alles	40,00 m
Breite	7,00 m
Tiefgang	3,00 m

Segelfläche: 560 qm

Besegelung: 13 Segel

Masten: Masthöhe 27,5 m
    (alle Masten gleich hoch)

Antrieb:
    MB 846 Mercedes-Diesel, 320 PS

Besatzung: 6−8 Mann Stammbesatzung
    30 Kojen

Verwendung: Clubschiff

VIDAR wurde als Schaluppe (einmastiges Frachtschiff) gebaut. 1898 erhielt sie eine Galeas-Takelung. Sie transportierte in europäischen Gewässern Fisch, Holz und Stückgut. 1919 wurde der erste Motor eingebaut. Seit 1922 gehörte sie Alfred Synnevag aus Florvag. Im zweiten Weltkrieg transportierte das Schiff Sand für den Bau deutscher U-Boot-Bunker. 1949 wurde VIDAR völlig umgebaut und auf die heutige Größe verlängert. 1978 verkaufte Alfred Synnevag sein Schiff an Wilhelm Ehlers in Büsum. Bis 1982 dauerte der Umbau zum Clubschiff. VIDAR erhielt dabei auch ihre jetzige Takelage.

Vidar ▼

ex JACQUES CARTIER
ex LA MARSOUIN

Art: Brigantine

Nation: Bundesrepublik Deutschland

Heimathafen: Kanarische Inseln

Baujahr: 1942

Werft: Auf einer deutschen Werft gebaut

Vermessung: 80 NRT

Verwendung:
    Charterschiff, Restaurantschiff

Die Brigantine wurde 1942 als Patrouillenschiff gebaut. Erst nach dem Krieg erfolgte die Takelung zum Segler. Bis 1985 fuhr sie unter britischer Flagge. Sie gehörte damals Mr. John Cluett aus Guernsey. 1986 kauften die jetzigen, deutschen Eigner das Schiff. Ein typisches Merkmal des Rumpfes ist das gemalte Pfortenband. Der Einsatzbereich ist vorwiegend das Mittelmeer.

White Shark

ex AUSSENJADE (Feuerschiff)
Art: 3-Mast-Gaffelschoner, Stahl
Nation: Bundesrepublik Deutschland
Eigner: Willi Bolsmann, Hamburg
Heimathafen: Hamburg (Rostock)
Baujahr: 1902
Werft: J. L. Meyer, Papenburg
Vermessung: 370 BRT, 149 NRT
Abmessungen:
Länge über alles	57,20 m
Länge Rumpf	47,20 m
Breite	8,20 m
Tiefgang	3,40 m

Segelfläche: 650 qm
Besegelung: 7 Segel
Antrieb: MWM-Diesel, 6 Zylinder,
    500 PS
Besatzung: 18 Mann Stammbesatzung,
    ca. 35 Passagiere
Verwendung: Charterschiff

Der jetzige Schoner war als Feuerschiff gebaut worden. Bis 1945 bezeichnete das Schiff die Position »Außenjade« vor Wilhelmshaven. Nach dem Zweiten Weltkrieg wurde es in eine neue Position, nordwestlich von Helgoland ver-

Zuversicht

ex Leo

Art: 2-Mast-Gaffelschoner, Holz

Nation: Bundesrepublik Deutschland

Eigner: Christliches Jugenddorfwerk
Deutschland e. V., Göppingen

Heimathafen: Eckernförde

Baujahr: 1904

Werft: Kirsgard & Nielson,
Troense, Dänemark

Vermessung: 58 BRT

Abmessungen:
Länge über alles	30,00 m
Länge Rumpf	22,00 m
Breite	5,60 m
Tiefgang	2,10 m

Segelfläche: 274 qm

Besegelung: 7 Segel

Masten:
Höhe Großmast über Deck 21 m

Antrieb: Volvo-Penta-Diesel, 270 PS

Besatzung: 4 Mann Stammbesatzung
12 Mann Gastbesatzung

Verwendung: Jugendsegelschoner

ZUVERSICHT ist nach allen Bedingungen
und gesetzlichen Vorschriften der See-
Berufsgenossenschaft ausgerüstet
worden. Das Schiff hat nicht die Aufgabe, Erholungsfahrten durchzuführen.
Es ergänzt die Arbeit des Jugenddorfes
Eckernförde. Dort vollziehen sich alle
Vorbereitungs- und Ergänzungsmaß-
nahmen. Zu den Programmpunkten
des Jugenddorfwerkes gehören: Inten-
sivkurse zur Persönlichkeitsbildung und
zur Arbeitsmotivierung — Sozial-
pädagogische und therapeutische
Programme — Aus- und Weiterbildung
von Mitarbeitern.

legt. 1978 erfolgte schließlich die Ausmusterung. 1988 erwarb der jetzige Eigner
das Schiff, ließ es um 13 Meter verlän-
gern und erstmals bemasten. Die große
Ankerklüse im Steven, in der heute zwei
kleinere Patentanker gefahren werden,
haben dem Schiff den Namen WHITE
SHARK (Hai) gegeben. Die starke Auf-
kimmung des Bugs verstärkt zudem
die Ähnlichkeit mit diesem Meeresbe-
wohner.

CAYMAN-INSELN

Sea Cloud

ex ANTARNA
ex PATRIA
ex ANGELITA
ex SEA CLOUD
ex HUSSAR II

Art: Viermastbark, Stahl

Nation: Cayman-Inseln

Eigner:
Tall-Ship Windjammer Sailing
Club Ltd., Georgetown

Heimathafen: Georgetown,
Cayman-Inseln

Baujahr: 1931

Werft:
Friedrich Krupp, Germaniawerft,
Kiel

Vermessung: 3530 ts Deplacement;
2323 BRT; 1147 NRT

Abmessungen:
Länge über alles	107,50 m
Länge über Rumpf	96,10 m
Länge zwischen den Loten	77,20 m
Breite	14,94 m
Seitenhöhe	8,53 m
Raumtiefe	7,50 m
Tiefgang	5,00 m

Segelfläche: 3160 qm

Besegelung:
31 Segel; 4 Vorsegel; Fock-, Kreuzmast: Doppel-Marssegel, einfaches
Bramsegel, Royals; Großmast:
Doppel-Marssegel, einfaches Bramsegel, Royal, Skysegel;
Besanmast: Besansegel, Oberbesan

Masten:
Höhe Großmast über Deck: 58,40 m

Antrieb:
Vier 8-Zyl.-Enterprise-Diesel-
motoren, zusammen 6000 PS

Besatzung:
Ca. 30 Mann,
maximal 80 Passagiere

Verwendung: Charteryacht

Dieses außergewöhnliche Schiff ist nicht nur die vor dem Krieg zuletzt gebaute Viermastbark, sondern auch deshalb einmalig, weil es von Anfang an als reine Yacht geplant und entsprechend konstruiert worden war. Aus diesem Grund gleicht PATRIA außer in der Besegelung kaum einem frachtfahrenden Viermaster oder einem großen Schulschiff. Aber auch hier gibt es eine Besonderheit, fährt sie doch am Großmast über dem Royal noch ein Skysegel. Alles an diesem Schiff ist auf Eleganz und Geschwindigkeit ausgerichtet, vom scharf geschnittenen Bug bis zum weit ausladenden Heck. Unverkennbar auch die starke Verjüngung der Segeltürme nach oben. Ein großer Adler ziert den Bug. Unter der Bauaufsicht ihres ersten Kommandanten, Capt. C.W. Lawson, wurde PATRIA als HUSSAR II für Edward F. Hutton, New York, gebaut. Aller erdenkliche Luxus ließ das Schiffsinnere eher einem Hotel erster Klasse als einem seegehenden Fahrzeug gleichen. Die Baukosten lagen um eine Million Dollar. Etwas plumpe Aufbauten mit einem kurzen, dicken Schornstein entsprechen allerdings nicht der Eleganz des übrigen Schiffes.

Einige Jahre vor dem Zweiten Weltkrieg ging der Segler unter dem neuen Namen SEA CLOUD in den Besitz des damaligen amerikanischen Botschafters in Rußland, Joseph E. Davies, über. SEA CLOUD lag während der Amtszeit des Botschafters als schwimmender Palast im Hafen von Leningrad.

Als Davies Botschafter in Belgien wurde, folgte ihm sein Schiff nach Antwerpen. Bis 1942 lag der Segler dann teilweise abgetakelt in Jacksonville. In diesem Jahr überließ Mr. Davies sein Schiff auf unbestimmte Zeit für jährlich einen Dollar der US-Coast Guard. Mit stark reduzierter Segelfläche fuhr es anschließend als Patrouillenschiff. Bei Kriegsende wäre fast das ganze Stell Segel dem dänischen Vollschiff DANMARK übergeben worden, das damals ebenfalls bei der Coast Guard Dienst tat. Es wurde verhindert, weil Mr. Davies gerade noch rechtzeitig sein Schiff zurückholte. Trotzdem verschlang die Instandsetzung für die

Weiterverwendung als Yacht fast wieder eine Million Dollar.

Der nächste Eigner der SEA CLOUD wurde General Rafael Trujillo, Präsident der Dominikanischen Republik. Das Schiff blieb auch unter Trujillo jr. reiner Familienbesitz, ohne Staatsyacht zu sein. Nach der Tochter des Präsidenten bekam die Viermastbark den neuen Namen ANGELITA.

1963 wurde das Schiff für zwei Millionen Dollar zum Verkauf angeboten. Die Firma Corporation Sea Cruise Inc. in Panama, ein Anwaltsbüro, ließ ANGELITA als PATRIA in das panamaische Schiffsregister eintragen. Der neue Eigner wurde der Amerikaner Mr. John Blue aus Florida.

Von Ende 1967 bis Mitte 1968 lag der Viermaster für Grundüberholungs-Arbeiten bei einer neapolitanischen Werft, um anschließend wieder unter Segel zu gehen.

1969 ging PATRIA in den Besitz der Antarna Inc. über. Unter dem neuen Namen ANTARNA stand sie für Charterreisen rund um den Globus zur Verfügung. 1978 fand Kapitän Paschburg das Schiff in Colon in einem schlecht gepflegten Zustand. Er überführte SEA CLOUD, wie sie jetzt wieder hieß, nach Europa und ließ sie bei der Werft Scheel & Jöhnk in Hamburg von Grund auf überholen. Seither fährt sie als größte Segelyacht unserer Zeit in der Charterfahrt.

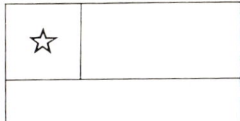

CHILE

Huascar   La Sirena

Brigg-getakeltes Dampfschiff. Baujahr 1865. Sie wurde als Kriegsschiff gebaut und machte von sich reden, als sie 1877 unter der Flagge der peruanischen Rebellen die chilenische ESMERALDA besiegte. Nach diesem Schiff hat das jetzige chilenische Segelschulschiff ESMERALDA seinen Namen bekommen. Bei nachfolgenden Kämpfen wurde die HUASCAR von chilenischen Einheiten aufgebracht. Heute gehört sie zum chilenischen Marine-Museum in Talcahuano.

In Puerto Montt liegt das weitgehend abgetakelte Vollschiff LA SIRENA, ex ALLERTON. Das 2088 BRT große Schiff wurde 1884 von der Werft Oswald, Mordaunt Co. in Southampton für die Reederei R. W. Leyland & Co. gebaut. Es war eines der großen Frachtschiffe seiner Zeit.

▽ *La Sirena*

Esmeralda

ex JUAN D'AUSTRIA

Art: 4-Mast-Barkentine, Stahl

Nation: Chile

Eigner:
Kriegsflotte, Armada De Chile,
Buque Escuela »Esmeralda«

Heimathafen: Valparaiso

Baujahr:
1946 Kiellegung, 1952 Stapellauf
1954 Indienststellung

Werft:
Messrs. Echevarrieta y Larrinaga,
Cadiz

Vermessung:
3500 ts Deplacement; (ausgerüstet)

Abmessungen:

Länge über alles	113,00 m
Länge Rumpf	94,00 m
Länge zwischen den Loten	79,00 m
Breite	13,00 m
Raumtiefe	8,70 m
Tiefgang	6,00 m

Segelfläche: 2852 qm

Besegelung:
21 Segel; 6 Vorsegel; Fockmast:
Fock, Doppel-Marssegel, einfaches
Bramsegel, kein Schonersegel;
Großmast: Gaffelsegel, Gaffel-Topp-
segel, Stagsegel, Stengestagsegel,
Bramstagsegel; Kreuzmast, Besan-
mast: Gaffelsegel, Gaffel-Toppsegel,
Bramstagsegel

Masten:
Besan-Untermast dient zur Ableitung der Auspuffgase; Höhe Großmast über der Wasserlinie 48,50 m

Antrieb:
6-Zyl.-Fiat-Dieselmotor,
1500 PS; Geschwindigkeit mit
Maschine 12 kn

Bewaffnung:
Vier 5,7 cm Schnellfeuerkanonen

Besatzung:
332 Offiziere, Unteroffiziere,
Seefähnriche, Kadetten, Jungmänner
und Mannschaften

Verwendung: Schulschiff unter Segeln

Im Salpeterkrieg von 1879 gegen Boli-
vien und Peru führte das chilenische
Kriegsschiff ESMERALDA siegreiche
Gefechte mit der gegnerischen Flotte.
Nach diesem Schiff hat das jetzige chilenische Segelschulschiff seinen Namen
bekommen. Die Barkentine wurde 1946
als JUAN D'AUSTRIA für die spanische
Marine auf Kiel gelegt. Während des
Baues zerstörte Feuer einen großen Teil
des Schiffes. Deshalb konnte es erst
1952 vom Stapel gelassen werden. Die
chilenische Marine hat 1954 das Schiff
unter dem Namen ESMERALDA für die
Ausbildung ihres Offiziers-Nachwuchses übernommen. Die Barkentine fährt
wie ihre fast gleiche Schwester JUAN
SEBASTIAN DE ELCANO, die alte, originale
Schonertakelung, d. h. alle Gaffeln
werden vorgeheißt und niedergeholt.
Die Segel laufen mit Legeln am Mast.
Grundsätzliche Unterschiede zum
Schwesterschiff bestehen in der Takelart
des Fockmastes und in den Rumpfauf-
bauten. ESMERALDA fährt kein Schonersegel und muß deshalb als Barkentine
bezeichnet werden. Die Rahsegel
werden zu den Rahnocken aufgegeit
und nicht zur Rahmitte wie beim
Schwesterschiff. Die Poop reicht bis zum
Kreuzmast, die sehr lange Back bis fast
zum Großmast. Das etwa mittschiffs
gelegene Deckshaus trägt auf seinem
Dach eine kleine Navigationsbrücke.
ESMERALDA verfügt über modernste
Navigations-Instrumente. Neben den
Beibooten in Davits und Klampen sind
acht fertig ausgerüstete Schlauchboote
über dem Schanzkleid und über der
Reling an die Unterwanten gelascht.
Ein mächtiger, schön bemalter Kondor,
den chilenischen Wappenschild in den
Fängen, ziert den Bug.

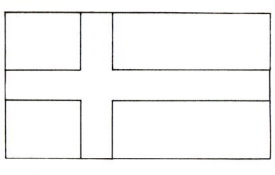

Danmark

Art: Vollschiff, Stahl

Nation: Dänemark

Eigner:
Handelsflotte (staatseigen);
Ministerium für Handel, Seefahrt
und Industrie, Kopenhagen

Heimathafen: Kopenhagen

Baujahr:
1933; Stapellauf 19. November 1932

Werft:
Nakskov Skibs, Nakskov,
(Lolland); Konstruktion:
Aage Larsen

Vermessung:
790 BRT; 216 NRT; 150 tdw

Abmessungen:
Länge über alles	77,00 m
Länge Rumpf	64,00 m
Länge zwischen den Loten	54,50 m
Breite	10,00 m
Raumtiefe	5,20 m
Tiefgang	4,20 m

Segelfläche: 1636 qm

Besegelung:
26 Segel; 4 Vorsegel, Doppel-Marssegel, einfache Bramsegel, Royals

Masten, Spieren:
Alle Masten: Mars- und Bramstenge;
Bugspriet mit Klüverbaum; Höhe
Großmast über Wasserlinie: 39,60 m;
Länge Großrah: 20,10 m

Antrieb:
Dieselmotor, 486 PS;
Geschwindigkeit mit Maschine $9^1/_2$ kn

Besatzung:
Neben Stamm-Mannschaft und
Ausbildern 80 Jungen

Verwendung: Schulschiff unter Segeln

Aaron

fehlen und die beiden Deckshäuser treten nur wenig in Erscheinung. Das Schiff fährt beiderseits Stockanker. Sechs Rettungsboote hängen in Davits, zwei davon besitzen einen Motor. Dazu kommen automatische Schlauchboote und Rettungsflöße. Die Stammbesatzung schläft in Kojen, die Jungen schlafen in Hängematten. Moderne Navigationsgeräte wie Radar, Decca und Echolot stehen der Ausbildung zur Verfügung. DANMARK wird von der Poop aus, vor dem Kartenhaus, mit einem Doppelrad gesteuert. Hinter dem Kartenhaus steht die Notruderanlage. Bis zum Zweiten Weltkrieg wurden regelmäßig Ausbildungsreisen unternommen. 1939 fuhr DANMARK zur Weltausstellung nach New York. Dort wurde sie vom Kriege überrascht. Die Schiffsleitung bekam Weisung, wegen des Risikos nicht zurückzukehren. Das Schiff lag einige Zeit in Jacksonville (Florida), bis es bei Eintritt Amerikas in den Krieg der amerikanischen Regierung zur Verfügung gestellt wurde. Als Schulschiff der U.S. Coast Guard in New London (Connecticut) tat DANMARK Dienst bis zum Ende des Krieges. Insgesamt wurden während dieser Zeit 5000 Kadetten ausgebildet. Die Verwendung der DANMARK als Schulschiff veranlaßte die U.S.C.G. nach dem Krieg, die EAGLE ex HORST WESSEL in ihren Dienst zu stellen. Heute erinnert eine Tafel an Bord der DANMARK mit dem Dank der U.S.C.G. an diese Zeit.

Am 13. November 1945 kehrte der dänische Segler nach Hause zurück. Schon im nächsten Jahr waren wieder dänische Jungen an Bord. Seither ist das Schiff regelmäßig in Fahrt.

Art: 2-Mast-Gaffelschoner, Holz
Nation: Dänemark
Eigner: Kristian Lund, Odense
Heimathafen: Svendborg
Baujahr: 1906
Werft: Bagges-Werft, Marstal
Vermessung: 62 BRT
Abmessungen:
Länge über alles	33,10 m
Länge Rumpf	21,20 m
Breite	5,60 m

Segelfläche: 420 qm (mit Breitfock)
Besegelung: 9 Segel
Besatzung: 11 Kojen
Verwendung: Privatschiff, Charterschiff

Das Schiff ist ein typischer Marstalschoner, wie sie in großer Zahl für den Frachtverkehr in der Ostsee gebaut wurden.

Nach dem Verkauf der VIKING und nach dem tragischen Verlust der KOBENHAVN im Dezember 1928 ließ die dänische Regierung das staatseigene Vollschiff DANMARK bauen. Es wurde ein Schulschiff für Offiziersanwärter der Handelsmarine. Zunächst konnten 120 Jungen aufgenommen werden. Nach der Modernisierung im Jahre 1959 wurde diese Zahl auf 80 zurückgesetzt. Ein Teil der Jungen, die im Alter von 15 bis 18 Jahren an Bord kommen, stammt von dem Vollschiff GEORG STAGE. DANMARK zeigt die Linien des klassischen Handelsseglers. Hohe Aufbauten

Elinor

ex ALTA
ex SÖRKYST
ex FUUR
ex AGNETE
ex ELINOR

Art: 3-Mast-Schoner

Nation: Dänemark

Eigner:
Sejlskibskommanditselskabet
ALTA, Palle Blinkenberg

Heimathafen: Kopenhagen

Baujahr: 1906

Werft: Otto Hansen, Stubbekøbing

Vermessung:
71,48 BRT, 38,37 NRT,
ca. 120 ts Deplacement

Abmessungen:
Länge über alles	36,00 m
Länge Rumpf	25,00 m
Länge zwischen den Loten	23,00 m
Breite	6,00 m
Raumtiefe	2,20 m
Seitenhöhe	2,50 m
Tiefgang	2,10 m

Segelfläche: 450 qm

Besegelung: 15 Segel

Masten:
Höhe Großmast über Deck 22,40 m

Antrieb: Deutz-Diesel, 8 Zyl., 155 PS

Besatzung:
4–6 Mann Stammbesatzung,
12 Gäste

Verwendung: Charterschiff

Als Handelsfahrer verdiente die junge
ELINOR ihr Geld im Neufundlandhandel.
Die meiste Zeit fuhr sie aber im skandinavischen Küstenhandel. Sie wurde
dabei mehr und mehr zum Motorschiff.
Die jetzigen Eigner kauften sie 1967
und ließen sie wieder in ihren Originalzustand auftakeln. ELINOR steht für
Charterreisen zur Verfügung, wobei
auch die Karibik besucht wird.

Fulton

Art: 3-Mast-Gaffelschoner, Holz

Nation: Dänemark

Eigner:
National Museet,
Skibshistorisk Laboratorium,
Roskilde

Heimathafen: Marstal

Baujahr:
1915;
Stapellauf 26. März 1915

Werft: Johansens Shipyard, Marstal

Vermessung: 98 BRT, 35 NRT

Abmessungen:
Länge über alles	34,70 m
Länge Rumpf	26,44 m
Länge zwischen den Loten	25,10 m
Breite	6,90 m
Raumtiefe	2,50 m
Tiefgang	2,50 m

Segelfläche: 483 qm

Besegelung: 13 Segel

Masten:
Höhe Großmast über Deck 23,20 m

Antrieb:
Scania Vabis-Diesel, 6 Zyl., 200 PS

Besatzung:
11 Mann Stammbesatzung
30 Jungen oder Mädchen

Verwendung:
Sozialpädagogisches Schulschiff unter
Segeln

Als Frachtschoner fuhr das Schiff
Zement und Getreide nach Neufundland. Später fand FULTON auch in der
schwedischen Küstenfahrt Verwendung, wobei auf die Segel weitgehend
verzichtet wurde. Seit Mai 1970 gehört
sie dem dänischen Nationalmuseum.
Es sind vor allem Jugendliche, die im
Rahmen einer sozialen Rückgliederung
auf dem Schiff zusammengeführt
werden, wobei Jungen und Mädchen
gleichen Anteil haben.

Fylla

ex POLAR FREEZER
ex FYN

Art: 3-Mast-Gaffelschoner, Holz

Nation: Dänemark

Eigner: Fyns Amtskommune, Svendborg

Heimathafen: Kerteminde, Fünen

Baujahr: 1922/23

Werft: Drejer, Nyborg

Vermessung: 122 BRT
88 NRT

Abmessungen:

Länge über alles	42,00 m
Länge Rumpf	28,30 m
Länge zwischen den Loten	24,00 m
Breite	7,50 m
Seitenhöhe	2,90 m
Tiefgang	2,50 m

Segelfläche: 480 qm

Besegelung: 11 Segel

Masten: Höhe Großmast über Deck 26 m

Antrieb: Scania-Diesel
234 PS

Besatzung: 3 Mann Stammbesatzung
33 Gäste, bzw. Schüler

Verwendung: Charterschiff.
Segelndes Schullandheim.

FYLLA ist als Frachtsegler FYN gebaut worden und war in Marstal registriert. 1932 kaufte sie Kapitän H. P. Rasmussen aus Svendborg. Bereits ein Jahr später erwarb sie die Firma Den Kongelige Grønlandske Handel. Mit neuem Namen POLAR FREEZER transportierte der Schoner in grönländischen Gewässern Schafe, Fisch und Rentiere. 1979 kaufte die Fyns Amtskommune das Schiff und ließ es für den jetzigen Verwendungszweck umbauen und einrichten. Es sind in erster Linie Schulklassen, die der Schoner an Bord hat. Gesegelt wird zwischen den dänischen Inseln.

Georg Stage

Art: Vollschiff, Stahl

Nation: Dänemark

Eigner:
Handelsflotte, Georg-Stage-Stiftung, Kopenhagen (»Georg Stage's Minde«)

Heimathafen: Kopenhagen

Baujahr:
1934/35; Indienststellung April 1935

Werft:
Frederikshavn's Vaerft & Flyde-dok A/S, Frederikshavn

Vermessung: 298 BRT, 185 NRT

Abmessungen:
Länge Rumpf	41,00 m
Länge zwischen den Loten	37,60 m
Breite	8,40 m
Tiefgang	3,80 m

Segelfläche: 860 qm

Besegelung:
20 Segel; 3 Vorsegel, Doppel-Mars-segel, einfache Bramsegel, Royals

Masten, Spieren:
Alle Masten: Mars- und Bramstenge: Untermasten, Unterrahen und Mars-rahen: Stahl; Stengen sowie alle übrigen Rahen und Spieren: Holz; Höhe Großmast über Wasserlinie: 30 m

Antrieb:
Dieselmotor, 122 PS; Geschwindigkeit mit Maschine ca. 5 kn

Besatzung:
Kapitän, 1., 2. und 3. Offizier, Zahl-meister, Maschinist, Funker, Steward, Arzt (nur für Atlantikreisen), 4 Unteroffiziere, 80 Jungen

Verwendung: Schulschiff unter Segeln

Im Jahre 1882 gründete der dänische Reeder Carl Frederik Stage die Stiftung »Georg Stage's Minde« und schenkte ihr das vollständig ausgerüstete Vollschiff GEORG STAGE. Den Namen erhielten Stiftung und Schiff nach dem einzigen verstorbenen Sohn des Ree-ders. 1935 wurde das Schiff durch den etwas größeren Neubau GEORG STAGE II ersetzt. (Die erste GEORG STAGE lebt heute noch unter dem Namen JOSEPH CONRAD.)
Besonderheiten der jetzigen GEORG STAGE: zwei durchlaufende Decks. Fünf Querschotts. Doppelboden. 145 t Fest-ballast (Eisen, Steine). Raum für 23 t Wasserballast. 4 Rettungsboote in Davits außenbords, 1 Motorboot, 1 Dingi. Stockanker steuerbords, Patentanker backbords. Anker-Gang-spill auf der Back. 0,1 kW-Sender mit 300 sm Reichweite, R-Telefon. Beleuchtung durch Öllampen. Heizung durch Öfen. Büste Georg Stages als Galionsfigur.
Fock- und Großsegel sowie Besan kön-nen gerefft werden. Die Jungen schlafen in Hängematten, die tagsüber, gerollt, in Schanzkleidnetzen verstaut werden. Im Februar jeden Jahres werden die Jungen für die kommende Ausbildungs-zeit vom Stiftungs-Direktorium ausge-sucht. Der größte Teil bezahlt für die Saison umgerechnet etwa 220 DM. (Der Jahresetat des gesamten Schiffes beträgt augenblicklich ungefähr 160 000 DM.) Ein Teil der Jungen wird unterstützt. Ihr Alter liegt bei 15 bis 18 Jahren. Um eine gewisse Gleichheit in der Behand-lung zu erreichen, werden die Jungen an Bord nur mit einer Nummer gerufen. Die Ausbildung beginnt jeweils im April.
Anfangs geht das Schiff jede Nacht vor Anker. Die Fahrten werden dann immer ausgedehnter. Traditionsgemäß besucht GEORG STAGE während des Sommers Häfen in Schweden, Norwegen und Schottland. Normalerweise kehrt sie bis Anfang September nach Kopenhagen zurück. Dort wird sie von den Jungen als Teil der Ausbildung selbst abge-takelt. Den Winter über bleibt das Schiff in der Königlich Dänischen Marinewerft in Kopenhagen aufgelegt. Hier wird es

im Frühjahr wieder aufgetakelt. Die Jungen wechseln noch im Herbst auf Motorschiffe über. Etwa 30 Jungen werden jährlich vom Staatsschulschiff DANMARK übernommen.

Halmø

ex MARIE AF SÄBY
ex HALMØ

Art: 2-Mast-Gaffelschoner, Holz

Nation: Dänemark

Eigner: Freddy und Bent Jörgensen

Heimathafen: Kopenhagen

Baujahr: 1900

Werft: Rasmus Möller,
Faaborg, Dänemark

Vermessung: 120 ts Deplacement
58 BRT
16 NRT

Abmessungen:
Länge über alles	32,00 m
Länge Rumpf	21,00 m
Breite	6,00 m

Segelfläche: 258/353 qm

Besegelung: 7/11 Segel

Masten: Höhe Großmast über
Wasserlinie 22,0 m

Antrieb: Alpha Diesel 343
90/110 PS

Besatzung: 3 Mann Stammbesatzung,
12 Kojenplätze, 28 Decksgäste

Verwendung: Charterschiff

HALMØ bekam ihren Namen nach einer kleinen Insel in der Nähe von Marstal. Bis 1930 fuhr sie als Frachtsegler in der Ostsee. 1927 bekam sie die erste Maschine und wurde als Galeasse getakelt. Von 1930 bis 1970 fuhr das Schiff unter dem Namen MARIE als Kümo in der Linienfahrt zwischen Säby und Kopenhagen.

1974 kaufte sie ihr jetziger Eigner. Nach elf Jahre dauernden Umbau- und Restaurierungsarbeiten wurde der Schoner 1986 seiner neuen Bestimmung übergeben. HALMØ hatte wieder das typische Aussehen eines Marstal-schoners erhalten.

Jylland

Art: Dampf-Fregatte (Vollschiff), Holz

Nation: Dänemark

Eigner:
Stadt Ebeltoft

Liegehafen: Ebeltoft (Jütland)

Baujahr:
1857; Kiellegung 11. Juni 1857;
Stapellauf 20. November 1860

Werft: Marinewerft Nyholm/Kopenhagen

Vermessung: 2450 ts Deplacement

Abmessungen:
Länge über alles	ca. 95,00 m
Länge zwischen den Loten	64,10 m
Breite	13,20 m
Tiefgang	6,00 m

Besegelung:
Ursprünglich 18 Segel (ohne Leesegel); 4 Vorsegel, einfache Marssegel, Doppel-Bramsegel (Royals), Gaffelsegel an allen Masten, Leesegel an Vor-, Mars- und Unterbramrahen; später fehlen zeitweise die Bramsegel und Leesegel

Masten, Spieren:
Höhe Großmast von Wasserlinie bis Flaggenkopf	54,00 m
Großrah mit gesetzten Leesegelspieren	ca. 42,50 m
Großrah	ca. 28,00 m
Groß-Marsrah	ca. 24,00 m
Groß-Bramsegel	ca. 14,00 m

Antrieb:
2-Zyl.-Dampfmaschine (liegend) von Baumgarten & Burmeister; 400 PS (nominell); 1300 PS (indiziert); Geschwindigkeit mit Maschine ca. 12 kn

Besatzung: 437 Mann

Bewaffnung:
44 Geschütze (glattläufig); Batteriedeck 30 30-Pfd., Oberdeck 14 30-Pfd.; Kaliber 16,2 cm. Nach Umbau 1863–64 auf dem Oberdeck 8 18-Pfd. und 4 12-Pfd. (gezogene Läufe), später auch einige gezogene Hinterlader

Verwendung: Museumsschiff

Isefjord

Drei Schlachtschiffe der dänischen Flotte trugen vor der Fregatte JYLLAND den gleichen Namen (1704, 1739, 1760). Die Fregatte wurde bei der berühmten Marinewerft auf der Insel Nyholm in Kopenhagen gebaut. Für den Bau mußten etwa 1600 120- bis 200jährige Eichen gefällt werden. Zum erstenmal im dänischen Schiffsbau wurde bei diesem Schiff für das stehende Gut Drahttauwerk verwendet. Die schöne Galionsfigur symbolisiert mit Hirtenstab, Netz, Ähren und Muscheln die Fruchtbarkeit Jütlands und seiner Küsten. Diesen Vorstellungen entsprechend wurde auch die reiche Heckzier ausgeführt.

Die erste Kommandoübernahme erfolgte am 15. Mai 1862. Anfangs war die Fregatte ein reines Kadettenschiff. Vor dem Ausbruch des Krieges mit Preußen und Österreich wurde das Schiff im Winter 1863–64 für den Kriegsfall ausgerüstet. Die Kriegserklärung folgte am 1. Februar 1864. Am 9. Mai 1864 bestritt JYLLAND mit dem dänischen Geschwader unter dem Geschwader-Kommandeur Admiral Suenson bei Helgoland ein erfolgreiches Gefecht gegen das preußisch-österreichische Geschwader (Dampf-Fregatte FÜRST FELIX SCHWARZENBERG unter Tegetthoff). Nach dem Kriege machte das Schiff häufig Reisen in europäische Gewässer. 1874 fuhr König Christian IX. mit der Fregatte nach Island. 1876 nach St. Petersburg. Die letzte große Reise führte 1886-87 nach Westindien. Damals befand sich Prinz Karl, der spätere König Haakon VII. von Norwegen, als freiwilliger Kadett an Bord.

Im Jahre 1892 wurde JYLLAND Übungs- und Kasernenschiff. Am 14. Mai 1908 wurde sie ausgemustert. Die Schlepper einer deutschen Abwrackfirma waren bereits nach Kopenhagen gekommen, als man sich entschloß, die Fregatte doch noch zu erhalten. Leider waren zu diesem Zeitpunkt schon alle Masten und Rahen verschwunden. Man behalf sich von da an mit der etwas zu schwachen Korvetten-Takelage der ausgemusterten DAGMAR. In den nächsten Jahren wurde JYLLAND als Ausstellungsschiff mit verschiedenen Ausstellungen an Bord von Hafenstadt zu Hafenstadt gebracht. Im August 1912 kaufte der Gutsbesitzer E. Schou das Schiff und brachte es nach Juelsminde. Dort wurde am 9. Mai 1914 der 50. Jahrestag des Gefechtes bei Helgoland gefeiert. Während des Ersten Weltkrieges fand die Fregatte noch für kurze Zeit als Kasernenschiff Verwendung. Bis zum Tode Schous blieb sie in Juelsminde. Danach, 1925, wurde sie nach Holmen geschleppt. 1926 kam es zur Gründung des »Komiteen til Fregatten Jylland's Bewarelse«. Anschließend begannen Restaurationsarbeiten, die dann allerdings später durch den Krieg unterbrochen wurden. 1935 war das Schiff nach Kopenhagen gebracht worden. Von 1944–45 wohnten deutsche Flüchtlinge an Bord, danach auch englisches Militär. Durch eine Leckage ging das Schiff im Dezember 1947 auf Grund. Nach dem Kriege wurden die Restaurationsarbeiten fortgesetzt. Seit 1957 beteiligt sich auch das Nationalmuseum daran. Mehrere Städte Jütlands bewarben sich um die JYLLAND. Die Stadt Ebeltoft bekam schließlich die Zusage. Ohne Masten wurde die Fregatte am 20. September 1960 dorthin geschleppt. Während der Besuchsmonate Mai bis August kommen jährlich etwa 60000 Besucher auf das Schiff. Die Restaurierungsarbeiten sind inzwischen weit fortgeschritten, die Takelarbeiten fast abgeschlossen.

In Kopenhagen lädt die ISEFJORD täglich zweimal zu einer mehrstündigen Fahrt in dänische Gewässer ein. Der hölzerne 2-Mast-Gaffelschoner wurde 1874 als SKAGEN in Frederikshavn gebaut. Als Frachter brachte das Schiff Fische von Nordjütland nach Kopenhagen und transportierte Stückgut nach Jütland zurück. Im Sommer gingen die Segelfahrten auch nach Norwegen, Schweden und Island. 1937 lief MINNA, wie das Schiff seit 1920 hieß, auf eine Sandbank und sank. Der Taucher Valdemar Jensen aus Lynaes hob den Schoner und gab ihm den Namen ISEFJORD. Während des letzten Krieges half ISEFJORD der Widerstandsbewegung und transportierte Munition von Schweden nach Dänemark. Viele Juden konnten sich mit ihr über den Öresund nach Schweden in Sicherheit bringen. Seit 1971 gehört das Schiff Erik Gyldenkrone-Rysensteen aus Kopenhagen. Mit großem Aufwand ließ er den Schoner für seinen jetzigen Verwendungszweck umbauen und einrichten. Seine Gäste können beim Navigieren, Steuern und Segelsetzen mithelfen.

Lilla Dan

Art: 2-Mast-Toppsegelschoner, Holz

Nation: Dänemark

Eigner:
Handelsflotte, »Kogtved Søfarts-skole« Kogtved bei Svendborg (Fünen)

Heimathafen: Kogtved

Baujahr:
1950; Kiellegung Mai 1950, Stapellauf 28. Oktober 1950

Werft:
J. Ring Andersen, Svendborg

Vermessung: 95 BRT; 12 NRT; 140 tdw

Abmessungen:
Länge über alles	32,50 m
Länge Rumpf	25,80 m
Länge in der Wasserlinie	23,90 m
Breite	6,30 m
Seitenhöhe	3,10 m
Raumtiefe	2,40 m
Tiefgang	ca. 2,50 m

Segelfläche: 280 qm

Besegelung:
10 Segel; 4 Vorsegel; Fockmast: Doppel-Marssegel, Schonersegel; Großmast: Gaffelsegel, Gaffel-Toppsegel, Stengestagsegel

Masten:
Höhe Großmast über der Wasser-linie 23 m; beide Masten mit Mars-stenge

Antrieb:
Alpha-2-Zyl.-Dieselmotor 90/100 PS; Geschwindigkeit mit Maschine 7,5 kn

Besatzung:
Kapitän, Steuermann, 16 Jungen

Verwendung: Schulschiff unter Segeln

An Bord der LILLA DAN erlernen die Schüler der Seefahrtsschule von Kogtvet praktische Seemannschaft. Ursprüng-lich war das Schiff für die Reederei J. Lauritzen, Kopenhagen, gebaut worden, als Ausbildungs-Segler für den eigenen Offiziersnachwuchs. 1967 über-nahm die Kogtved Seefahrtsschule das Schiff. Die Ausbildungsreisen führen in erster Linie in die Gewässer um Fünen. Im eigentlichen Lastraum befindet sich der Wohn- und Schlafraum der Jungen. Auf beiden Seiten sind je acht Kojen eingerichtet. Im Achterschiff liegen der Salon und der Kapitänswohnraum.

Hinter dem Großmast steht ein Decks-haus, in dem der Karten- und Naviga-tionsraum untergebracht sind. Daran schließt sich das erhöhte Quarterdeck an. Der mit Rundbug und Spiegelheck gebaute Rumpf wurde aus dänischer Eiche gebaut. Zwei Rettungsboote hängen in Davits auf dem Quarterdeck, ein Dingi hängt querschiffs über dem Heck. Die Gaffelsegel fahren mit Legeln am Mast, die Gaffeln selbst werden gefiert. 10 t Blei und 2 t Steine geben dem Schiff die nötige Stabilität. Die Jungen werden an Bord an allen modernen Navigations-Instrumenten ausgebildet.

Anfangs waren an jedem Bug als Wap-pen die Initialen der Reederei Lauritzen angebracht. Diese Wappen wurden nach der Übernahme durch die Seefahrts-schule abgenommen und befinden sich jetzt in der beachtlichen Sammlung von Galionsfiguren und Namensbrettern der Werft J. Ring Andersen in Svend-borg. Nur auf dem Untermarssegel der LILLA DAN ist das Lauritzen-Wappen heute noch aufgemalt.

Mercantic II

ex TALATA

Art: 3-Mast-Toppsegelschoner, Holz

Nation: Dänemark

Eigner: Per Henriksen,
Mercandia Rederierne, Kopenhagen

Heimathafen: Dragør

Baujahr: 1942

Werft: J. Ring-Andersen, Svendborg

Vermessung:
177 ts Deplacement, 96 BRT, 56 NRT

Abmessungen:
Länge über alles	37,80 m
Länge Rumpf	29,40 m
Länge zwischen den Loten	27,80 m
Breite	7,05 m
Raumtiefe	3,06 m
Seitenhöhe	3,54 m
Tiefgang	2,85 m

Segelfläche: 405 qm

Besegelung: 14 Segel

Masten:
Höhe Großmast über Deck 24 m

Antrieb: Calleson-Diesel, 135 PS

Besatzung: 5 Mann Stammbesatzung
24 Gäste

Verwendung: Privatschiff, Charterschiff,
Repräsentationsschiff, Ausstellungsschiff

Der ehemalige Handelssegler TALATA
wurde 1975 von dem dänischen
Reeder Per Henriksen übernommen
und zu einem außergewöhnlich gut
ausgerüsteten Schiff ausgebaut, das
Möglichkeiten für viele Verwendungs-
zwecke bietet. Neben der gemütlichen
Wohneinrichtung und den modernen
Navigationshilfen fehlt auch nicht eine
automatische Feuerlöschanlage für das
ganze Schiff.

Midsummer, Annchristine

Vorwiegend in heimatlichen Gewässern kreuzen die dänischen 2-Mast-Gaffelschoner MIDSUMMER, FREIA und ANNCHRISTINE. Diese wurde 1884 in Alborg gebaut und gilt als der schönste Marstal-Schoner. Nach ihrer endgültigen Ausmusterung soll sie dem Dänischen Nationalmuseum übergeben werden. Alle drei Schoner nehmen als Charterschiffe zahlende Gäste an Bord, die bei der Bearbeitung der Schiffe mithelfen können. Die Fahrten dauern zwischen sechs und zwanzig Tagen.

Greif
(Schulschiff der ehemaligen DDR)

ex WILHELM PIECK

Art: Brigantine, Stahl

Nation:
Bundesrepublik Deutschland

Eigner:
Hansestadt Greifswald,
Gemeinnützige GmbH

Heimathafen: Greifswald

Baujahr:
Kiellegung 27. Februar 1951
Stapellauf 26. Mai 1951
Indienststellung 2. August 1951

Werft: Warnow-Werft, Warnemünde

Vermessung: 290 ts Deplacement

Abmessungen:
Länge über alles	41,00 m
Länge Rumpf	35,00 m
Länge zwischen den Loten	32,00 m
Breite	7,40 m
Tiefgang	3,60 m

Segelfläche: 570 qm

Besegelung:
13 Segel; 4 Vorsegel; Fockmast:
Einfaches Marssegel, Einfaches
Bramsegel, Royal, Skyesegel; Groß-
mast: Gaffelsegel, Gaffel-Toppsegel,
Stagsegel, Stengestagsegel,
Bramstagsegel

Masten:
Beide Masten mit einer Stenge;
Höhe Großmast über der Wasserlinie
32 m

Antrieb:
Dieselmotor, 106 PS Typ 4NVD24;
Geschwindigkeit mit Maschine ca. 6 kn

Besatzung:
8 Mann Stammbesatzung,
bis zu 35 Mitsegler

Verwendung: Seefahrten mit Jugendlichen, Charterfahrten

Das Schiff ist die letzte echte Brigantine, die gebaut wurde, und eine der ganz wenigen, die heute noch fahren. Dieser schnelle und scharf gesegelte Schiffstyp war im 19. Jahrhundert bei der Küsten-Schmuggelei sehr beliebt. Selbstverständlich auf der anderen Seite auch das wichtigste Werkzeug des Küstenschutzes. Die Segelbesatzung konnte klein gehalten werden, und es blieben deshalb genügend Hände für die Geschützbedienung.

Seinen ex-Namen trug der Segler nach dem ersten Präsidenten der ehemaligen DDR. Das Deckshaus auf dem Hauptdeck umschließt in erster Linie die Kombüse, daneben noch kleinere Vorratsräume.

Vor dem Kartenhaus auf dem erhöhten Quarterdeck steht das Haupttruderrad mit dem Kompaß. Die Patent-Anker werden nur mit dem Gangspill auf die Back gehievt. Neben automatischen Rettungsflößen führt das Schiff zwei Dienstboote in Davits. Das Großstagsegel wird an einem Baum gefahren. Bei ihren Reisen befährt die Brigantine hauptsächlich die Ostsee.

Das ehemalige Schulschiff der »Gesellschaft für Sport und Technik« (DDR) wurde durch die Treuhand am 31. Januar 1991 an die Stadt Greifswald übergeben. Am 25. Februar 1991 gründete die Stadt den Verein »Museumshafen Greifswald e.V.«.

Guayas

Art: Bark, Stahl

Nation: Ecuador

Eigner: Armada del Ecuador

Heimathafen: Guayaquil

Baujahr:
Stapellauf 22. Oktober 1976
Indienststellung 23. Juli 1977

Werft: Astilleros y Talleres Celaya
»Astace«, Bilbao, Spanien

Vermessung: 1 300 ts Deplacement

Abmessungen:
Länge über alles	78,40 m
Länge Rumpf	62,40 m
Länge zwischen den Loten	56,10 m

Breite	10,16 m
Seitenhöhe	6,60 m
Raumtiefe	4,40 m
Tiefgang	4,40 m

Segelfläche: 1 410 qm

Besegelung: 23 Segel
Doppel-Marssegel, einfache Bramsegel, Royals

Masten:
Höhe Großmast über Deck 38 m

Antrieb:
General Motors-Diesel, 700 PS

Besatzung: 60 Mann Stammbesatzung
84 Kadetten

Verwendung: Schulschiff unter Segeln

Drei Gründe führten zur Namensge-
bung GUAYAS für das mit einem Kondor
als Galionsfigur geschmücktem Segelschulschiff der ecuadorianischen
Marine.
1. GUAYAS war ein Häuptlingsname.
Er gehörte zum Stamme der Huanca-
vilca, die in der Nähe der Hafenstadt
Guayaquil lebten. 2. GUAYAS ist der
größte Fluß von Ecuador. 3. GUAYAS
war das erste Dampfschiff, das bei der
Werft von Guayaquil im 19. Jahrhundert gebaut wurde. GUAYAS und die ko-
lumbianische GLORIA sind Schwester-
schiffe.

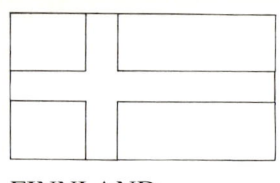

Pommern

ex MNEME

Art: Viermastbark, Stahl

Nation: Finnland

Eigner:
Stadt Mariehamn, Aaland-Inseln,
Aalands Sjöfartsmuseum

Liegehafen: Mariehamn

Baujahr: 1903

Werft:
J. Reid & Co Ltd., Glasgow
Whiteinch

Vermessung: 2376 BRT; 2144 NRT

Abmessungen:
Länge über alles   106,50 m
Länge Rumpf   96,00 m
Länge zwischen den Loten   87,50 m
Breite   13,20 m
Raumtiefe   7,50 m
Tiefgang   ca. 6,50 m

Besegelung:
27 Segel; 4 Vorsegel, Doppel-Mars-
segel, Doppel-Bramsegel, keine
Royals (Baldheader)
Besanmast: Besansegel, Besan-
Toppsegel

Masten, Spieren:
Alle rahgetakelten Masten sind
gleich hoch
Höhe Großmast über Deck 46,30 m
Länge Großrah   27,70 m
Länge Groß-Oberbramrah   17,70 m

Antrieb: Kein Hilfsmotor

Verwendung: Museumsschiff

Die Viermastbark wurde 1903 in Glasgow als MNEME (griechisch: Gedächtnis) für die Reederei B. Wencke, Söhne in Hamburg gebaut, aus Ersparnisgründen als »Baldheader«, ohne Royals; außerdem waren die Rahen untereinander austauschbar. Das Schiff bekam kein Hochdeck, es entstand so, zwischen Poop und Back, eine sehr ausgedehnte Decksfläche, wie das bei den Handelsseglern des 19. Jahrhunderts allgemein üblich war. Das große Deckshaus steht zwischen Fock- und Großmast. In ihm sind neben dem Mannschaftslogis auch die Küche und der Dampfkesselraum untergebracht. Ein kleineres Deckshaus steht zwischen Kreuzmast und Poop. Dieses ist mit dem Poopdeck durch eine kurze Laufbrücke verbunden. Der Segler wurde in der klassischen Manier von der Poop aus gesteuert, dabei war der Rudergänger durch kein Ruderhaus geschützt. Den Bug ziert eine volle Galionsfigur. Sie personifiziert die griechische Muse.
1906 kaufte die »Rhederei Actiengesellschaft von 1896« das Schiff. Im Jahre 1907 übernahm es die Reederei F. Laeisz, Hamburg. Jetzt als »P-Liner«, erhielt das Schiff den neuen Namen POMMERN. Bis zum 1. Weltkrieg für POMMERN in der Salpeterfahrt nach Südamerika. In Valparaiso erlebte sie den Ausbruch des Krieges. Erst 1921 kehrte sie zusammen mit anderen Seglern nach Europa zurück und wurde in Delfzijl entlöscht. Als Reparationsleistung mußte sie an Griechenland abgeliefert werden. Dort hatte man allerdings keine Verwendung für das Schiff.
1923 kaufte der Reeder Gustaf Erikson aus Mariehamn, Aaland-Inseln, die POMMERN. Sie fuhr von da an bis zum Zweiten Weltkrieg meist in der Getreidefahrt, nach Australien. Während des Krieges war sie anfangs in Mariehamn aufgelegt. Später wurde sie in Stockholm als Getreidespeicher verwendet. Nach Kriegsende kehrte sie nach Mariehamn zurück, ohne wieder in Fahrt gesetzt zu werden.
1952 schenkte die Reederei Gustaf Erikson das Schiff der Stadt Mariehamn. Seither gehört POMMERN zum »Aalands

Sjöfartsmuseum«. Sie liegt in unmittelbarer Nachbarschaft dieses Museums im Hafen von Mariehamn.

Sigyn

Art: Bark, Holz

Nation: Finnland

Eigner: »Sjöhistoriska Museet vid Abo Akademi«

Liegeplatz: Abo, Aura-Kai

Baujahr: 1887

Werft: »Gamla Varvet«, Göteborg

Vermessung: 359 BRT; 301 NRT; 550 ts Deadweight

Abmessungen:

Länge über alles	55,00 m
(Als Bark ursprünglich)	59,00 m
Länge Rumpf	47,50 m
Länge zwischen den Loten	42,50 m
Breite	9,30 m
Raumtiefe	3,80 m
Tiefgang (voll beladen) ca.	4,00 m

Segelfläche:
Als Bark ursprünglich ca. 800 qm

Besegelung:
Als Bark 20 Segel; als Barkentine: 16 Segel, 3 Vorsegel, Doppel-Marssegel, einfaches Bramsegel, Royal, Gaffelsegel, Gaffel-Toppsegel

Masten, Spieren:
Masten, Stengen und Spieren: Pitchpine; Fockmast: Mars- und Bramstenge; Groß- und Besanmast mit einer Stenge; Höhe Großmast über Deck: 30 m (als Bark 32 m); Bugspriet mit Klüverbaum

Antrieb: Kein Hilfsmotor

Besatzung:
Als Bark: 11 Mann; als Barkentine: 8 bis 9 Mann; dazu jeweils 2 bis 4 Jungen

Verwendung: Museumsschiff

Nur wenige Schiffe haben während ihres Lebens so häufig den Besitzer gewechselt wie die Sigyn. Sie wurde 1887 als hölzerne Bark für A. Landgrens Enka aus Göteborg gebaut. 1905 kaufte sie Anders Svensson aus Halmstad (Schweden), der sie 1918 an die Firma C.T. Jonasson & Salsakers Angsags AB in Raa (Schweden) weiterverkaufte. Seit 1921 gehörte sie Salsakers Angsags allein. Im Jahre 1925 kaufte Siegfried Ziegler aus Raa das Schiff, der es dann 1927 wieder an Arthur Lundqvist aus Wardö, Aaland, verkaufte. 1935 wurde Sigyn Eigentum von Fredrik Eriksson aus Wardö. Seit 1939 gehört sie dem Seehistorischen Museum der Abo-Akademie (Sjöhistoriska Museet vid Abo Akademi).

Seine erste Reise machte das Schiff nach China; es fuhr dann jahrelang als Frachtsegler auf allen Meeren. Während eines Sturmes riß sich Sigyn 1913 an der norwegischen Küste bei Kristiansand von der Ankerkette los und wurde beim Stranden schwer beschädigt. Sie konnte repariert werden, wurde aber als Barkentine neu getakelt. Im Ersten Weltkrieg machte sie mehrere Reisen über den Atlantik. Die letzte führte 1916 von Pensacola (Florida) nach Kopenhagen. Bis 1937 fuhr Sigyn hauptsächlich in der Ostsee. Im Herbst 1937 segelte sie zum letztenmal als Frachtsegler von Frederiksund (Dänemark) nach Wardö (Aaland). Danach wurde sie aufgelegt.

Die Abo-Akademie kaufte die Barkentine im Frühjahr 1939, um sie als Museumsschiff weiter zu erhalten. Noch einmal ging Sigyn unter Segel, als sie von August bis September 1954 für Filmaufnahmen Verwendung fand. Seither liegt sie wieder als Museumsschiff am Aura-Kai in Abo.

Suomen Joutsen

ex OLDENBURG
ex LAENNEC

Art: Vollschiff, Stahl

Nation: Finnland

Eigner:
Handelsflotte, Seemannsschule Turku

Liegeplatz: Turku, Aura-Kai

Baujahr:
1902; Stapellauf 16. Oktober 1902

Werft:
Chantiers de la Loire de Saint-Nazaire

Vermessung: 2900 ts Deplacement;
2260 BRT

Abmessungen:
Länge über alles	96,00 m
Länge Rumpf	88,70 m
Länge zwischen den Loten	80,00 m
Breite	12,29 m
Tiefgang	5,15 m

Segelfläche: 2250 qm

Besegelung:
27 Segel; 4 Vorsegel;
Fockmast, Großmast: Doppel-Marssegel, Doppel-Bramsegel, Royal;
Kreuzmast: Doppel-Marssegel, einfaches Bramsegel, Royal

Masten, Spieren:
Alle Masten mit Mars- und Bramstenge; Höhe Großmast über Wasserlinie: 52 m; am Kreuzmast keine Gaffel, dafür an der Saling kleine Flaggengaffel

Antrieb:
Zwei Skandia-Dieselmotoren, je 200 PS; Geschwindigkeit mit Maschine ca. 6 kn

Besatzung:
Als stationäres Schulschiff heute 150 Mann (mit Jungen)

Verwendung: Stationäres Schulschiff

Als LAENNEC war das Vollschiff für die Societé des Armateurs Nantais gebaut worden. Das Schiff fuhr damals neben anderen Frachten auch Salpeter. Schon bei ihrem ersten Eigner war LAENNEC in mehrere, zum Teil schwere Havarien verwickelt. Dies wiederholte sich während ihrer gesamten Fahrenszeit. Weil keine günstigen Frachten mehr zu bekommen waren, mußte das Schiff 1921 von der Gesellschaft in La Martinière bei Nantes aufgelegt werden. 1923 kaufte die Reederei H. H. Schmidt, Hamburg, den Segler, nannte ihn OLDENBURG und baute ihn zum frachtfahrenden Schulschiff um. OLDENBURG wurde damals hauptsächlich in der Salpeterfahrt beschäftigt. 1928 kaufte die Bremer Segelschiffsreederei »Seefahrt« das Schiff. Ohne Namensänderung fuhr der Segler weiterhin als frachtfahrendes Schulschiff. 1931 wurde OLDENBURG an die finnische Regierung verkauft. Sie bekam den neuen Namen SUOMEN JOUTSEN (»Schwan von Finnland«) und wurde zum Schulschiff der finnischen Marine umgebaut. Im Zwischendeck entstanden Wohnräume für 80 bis 90 Kadetten. Bullaugen wurden in die Seiten geschnitten. Das Schiff bekam durch die Umbauarbeiten einen wesentlich höheren Freibord. Die Hauptveränderung aber war der Einbau von zwei Hilfsmaschinen. Bis zum Zweiten Weltkrieg machte das Schiff regelmäßig Ausbildungsreisen. Während des Krieges diente der Segler, abgetakelt, als Kasernenschiff. Nach dem Kriege folgten noch einige Reisen. Heute dient SUOMEN JOUTSEN der finnischen Handelsmarine als stationäres Schulschiff.
Eine Besonderheit des Decksplanes stellte von Anfang an die Verbindung der langen Back mit dem vorderen Deckshaus dar. Die Poop wurde über das hinter dem Großmast gelegene Deckshaus mit dem vorderen Deckshaus und der Back durch eine Laufbrücke verbunden. Die Mannschaft wohnte damals im vorderen Deckshaus. In diesem war sogar, neben Kombüse und Donkey-Boiler, eine für die damalige Zeit ungewöhnliche Mannschaftsmesse eingerichtet.

Belem

ex GIORGIO CINI
ex FANTOME II
ex BELEM

Art: Bark, Stahl

Nation: Frankreich

Eigner: Fondation BELEM, Paris

Heimathafen: Nantes (Cherbourg)

Baujahr: 1896

Werft: A. Dubigeon, Nantes

Vermessung: 562 BRT;
611 ts Thames Measurement

Abmessungen:
Länge zwischen den Loten   51,00 m
Breite   8,70 m
Raumtiefe   4,60 m

Besegelung (als Barkentine):
13 Segel, 2 Vorsegel,
Fockmast: Focksegel, Doppel-Marssegel, einfaches Bramsegel, Royal
Großmast: Großsegel, Groß-Toppsegel, Groß-Stagsegel, Groß-Stengestagsegel, Groß-Bramsegel
Besanmast: Besansegel (kein Besan-
toppsegel – Auspuff)

Masten, Spieren:
Untermasten, Besanstenge, Bäume:
Stahl; Rahen, Vor-, Großstenge und
alle anderen Spieren: Holz;
Besanuntermast leitet Auspuffgase
ab; Groß-Gaffel wird gefiert

Antrieb: 2 Dieselmotoren zu je 300 PS

Verwendung: Schulschiff unter Segeln

Das Schiff wurde als Bark BELEM
(= Bethlehem) für die Reederei Denis
Crovan & Co gebaut. Die Hauptfracht
waren damals Kakaobohnen, die der
Segler für eine Pariser Schokoladen-
fabrik von Para (= Belem, Brasilien)
nach Nantes brachte. Später fuhr BELEM
unter der Flagge von H. Fleuriot & Co
(Societé des Armateurs Coloniaux).
1913 wurde das Schiff für 1 500 Pfund
an den Herzog von Westminster verkauft. Dieser ließ die Bark in eine
seegehende Yacht umbauen. Dabei
blieb der Name weiter bestehen. Als
wesentliche Veränderungen kamen
Hilfsmotor, elektrisches Licht und die
Vergrößerung des Deckshauses hinzu.
Die eiserne Poopreling wurde durch
eine etwas schwerfällige Teak-Balu-
strade ersetzt. Das weiße Pfortenband
blieb zwar erhalten, wurde aber jetzt
nach englischer Manier unterhalb der
Deckslinie gemalt. Für neue Decks und
Deckseinrichtungen war ausschließlich
Teakholz verwendet worden.
1921 wurde BELEM an Sir A. E. Guiness
verkauft. Unter dem neuen Namen
FANTOME II fuhr sie wiederum als Yacht.
Nach dem Tode des Eigners im Jahre
1950 kam sie zum Verkauf. 1951 wurde
sie von der italienischen Stiftung
»Giorgio Cini« in Venedig übernommen, deren Namen sie auch erhielt.
Es folgte die Umtakelung in eine Barkentine; allerdings wurden die Rahsegel
nicht gefahren. Für die Ausbildung
standen moderne Navigationsinstrumente zur Verfügung. Das Schiff fährt
eine Ankerwinsch auf der Back, Boote
in Davits und Patentanker. Ein zentral
gelegenes Deckshaus trägt als Aufsatz
das kleinere Kartenhaus. Das Dach des
Deckshauses wurde an beiden Seiten
bis zum Schanzkleid vorgezogen. Es
entstand dadurch eine Art Hochdeck.
Das Schiff wurde damals von hier aus
gesteuert. Auf der Poop steht das
Notruder.
Die Stiftung betreute in erster Linie
Waisen von Seeleuten und Fischern.
Dabei blieb es den Jungen freigestellt,
ob sie später einmal bei der Seefahrt
bleiben wollen. Die Schüler trugen
Uniformen ähnlich denen der itali-
nischen Marine. Während dieser Zeit

Bel Espoir II

hatte das Schiff seinen Liegeplatz unmittelbar vor den Schulgebäuden auf der Insel San Giorgio in Venedig.
Am 20. Januar 1979 übernahm die französische Organisation »Association pour la sauvegarde et la conservation des anciens navires francais« die Barkentine und gab ihr den alten Namen BELEM zurück. Nach einer Schleppfahrt von 34 Tagen traf sie am 17. September 1979 in Brest ein. Sie wurde wieder als Bark getakelt.
Für die Reise nach Paris mußte das Schiff vorübergehend wieder vollständig abgetakelt werden. Diese Verlegung erfolgte nicht problemlos, weil verschiedene Häfen der Bretagne nicht mit dem neuen Liegeplatz Paris einverstanden waren. BELEM ist der letzte echte französische Großsegler.
Inzwischen hat das Schiff Paris verlassen und fährt seit 1985 wieder unter Segeln. 1986 war BELEM bei der Opsail '86 in New York.

ex PRINCE LOUIS II
ex PEDER MOST
ex NETTE S.

Art: 3-Mast-Gaffelschoner, Holz

Nation: Frankreich

Eigner:
Les Amis De Jeudi Dimanche, Paris

Heimathafen:
L'Aber Wrac'h (nördlich von Brest), in Brest registriert

Baujahr: 1944

Werft:
J. Ring-Andersen, Svendborg-Dänemark

Vermessung: 189 BRT; 79,75 NRT

Abmessungen:
Länge über alles	35,50 m
Länge Rumpf	27,40 m
Breite	7,00 m
Raumtiefe	2,10 m
Tiefgang	2,60 m

Segelfläche: 465 qm (ohne Breitfock)

Besegelung:
9 Segel; 3 Vorsegel; Fockmast: Schonersegel, Gaffel-Toppsegel (Breitfock); Großmast: Gaffelsegel, Gaffel-Toppsegel; Besanmast: Gaffelsegel

Masten:
Alle Masten mit einer Stenge; Höhe Großmast über Deck 24,50 m

Antrieb: Dieselmotor, 170 PS

Besatzung:
Kapitän, Lehrer, Bootsmann, Maschinist, Koch, 24 Jungen

Verwendung: Schulschiff unter Segeln

Die dänische Reederei A. C. Sørensen gab 1944 die NETTE S., später PEDER MOST, in Auftrag. Das Schiff war für den Transport von Rindern vorgesehen und wurde entsprechend eingerichtet. Auf den Fahrten zwischen Kopenhagen und Hamburg beförderte es jeweils bis zu 200 Rinder.
Der Schoner hat den typisch skandinavischen Rundbug und ein Rundheck. Die Segel laufen mit Legeln am Mast.

Alle Gaffeln werden gefiert. Das bei Seglern dieser Art oft gesehene Beiboot über dem Heck außenbords steht bei diesem Schiff in Klampen querschiffs auf dem Achterdeck hinter dem Ruderhaus.
1955 kaufte der Outward Bound Trust, London, das Schiff als Ersatz für die ausgemusterte PRINCE LOUIS I. Der Outward Bound Trust besitzt mehrere Schulen in England. Die Jungen sollen nicht ausdrücklich zu angehenden Seeleuten erzogen werden. Das jeweilige Schulschiff dieser Organisation ist in erster Linie ein Mittel, Kameradschaft, Anpassungsfähigkeit, Mut usw. zu fördern.
Neben dem Innenausbau erhielt der Schoner damals ein neues Deck, weil die großen Luken geschlossen werden mußten. Am 30. Juni 1955 wurden in Glasgow, in Anwesenheit von H. R. H. Prinz Philip, feierlich die Flagge und der Name gewechselt.
PRINCE LOUIS II gehörte viele Jahre zur Outward Bound Moray Sea School in Burghead, Elgin (Schottland). 1967 wurde sie nach Dartmouth (Devon) verlegt. Das Schiff war für den Schulbetrieb zu klein geworden. Deshalb wurde es am 9. Mai 1968 an die französische Gesellschaft »Les Amis De Jeudi-Dimanche« verkauft. Der Schoner hat danach den Namen BEL ESPOIR bekommen.
Diese französische Jugendorganisation fördert Erholungsmöglichkeiten für Schulkinder. Der Name entstand dadurch, weil die französischen Kinder den halben Donnerstag und natürlich auch am Sonntag frei haben. Die BEL ESPOIR soll Kindern aus bescheideneren Verhältnissen die Möglichkeit bieten, in Gemeinschaft die offene See und fremde Länder kennenzulernen. Reisen sind vor allem nach Spanien und Schweden vorgesehen.

Duchesse Anne

ex GROSSHERZOGIN ELISABETH

Art:
Als Vollschiff gebaut, Stahl;

Nation: Frankreich

Eigner: Stadt Dünkirchen

Liegehafen: Dünkirchen

Baujahr: 1901; Stapellauf März 1901

Werft: J. C. Tecklenborg, Geestemünde

Vermessung: 1260 BRT; 721 NRT

Abmessungen:
Länge über alles	ca. 92,00 m
Länge Rumpf	ca. 80,00 m
Länge zwischen den Loten	69,00 m
Breite	11,90 m
Raumtiefe	6,30 m

Besegelung:
Ehemals 24 Segel; 3 Vorsegel,
Doppel-Marssegel, einfache Bram-
segel, Royals

Masten, Spieren:
Ehemals Höhe Groß- mast über Deck:	40,00 m
Länge Großrah	22,00 m
Länge Großroyalrah	11,50 m

Bugspriet mit Klüverbaum
(der heute abgenommen ist)

Antrieb: Kein Hilfsmotor

Besatzung:
Unter Segeln insgesamt 180 bis
200 Mann

Verwendung: Museumsschiff

Der im Jahre 1900 gegründete Deutsche Schulschiff-Verein besaß bis zum Ende des Ersten Weltkrieges drei Segelschulschiffe, die alle im Auftrag des Vereins gebaut worden waren. Diese Schiffe waren reine Schulsegler, fuhren also keine Fracht. Ihre Namen haben sie nach Angehörigen des Hauses Oldenburg bekommen, dessen Großherzog sich in großzügiger Weise der Ausbildung des seemännischen Nachwuchses auf Segelschulschiffen angenommen hatte. Das erste dieser Schiffe war die GROSSHERZOGIN ELISABETH (heute DUCHESSE ANNE), die 1901 vom Stapel lief. Ihr folgten 1909 die PRINZESS EITEL FRIEDRICH (heute DAR POMORZA) und 1914 die GROSSHERZOG FRIEDRICH AUGUST (heute STATSRAAD LEHMKUHL). GROSSHERZOGIN ELISABETH gehörte mit zu den ersten nicht frachtfahrenden Segelschulschiffen. Bewußt wurden jene

La Belle Poule und L'Etoile

Segler für eine sehr große Zahl von Jungen eingerichtet, um diese, neben anderen Notwendigkeiten, an das Zusammenleben auf engem Raum zu gewöhnen. Die deutschen Segelschulschiffe waren nach einem allen gemeinsamen Farbschema bemalt. Den weißen Rumpf begrenzten nach oben eine hell-ocker-farbene Poop und Back. Der Rumpf wirkte dadurch außerordentlich elegant, weil der gleichmäßige Sprung scheinbar durch nichts unterbrochen wurde. Bei der jetzigen GORCH FOCK wurde diese Farbgebung beibehalten. GROSSHERZOGIN ELISABETH diente als Schulschiff insgesamt 44 Jahre. Die kleineren Reisen führten im Sommer meist in Nord- und Ostsee, während die Ziele im Winter meist Südafrika, Südamerika und vor allem die westindischen Gewässer waren. Durch ein Feuer, das in der Segellast ausbrach, wurde das Schiff 1928 erheblich beschädigt. Ein weiterer Zwischenfall ereignete sich 1931, als der Segler mit dem lettischen Segelschiff EVERMORE kollidierte. Beide Schiffe erlitten Schäden über der Wasserlinie. Kurz vor dem Zweiten Weltkrieg wurde GROSSHERZOGIN ELISABETH ohne Namensänderung an die Deutsche Seemannsschule in Hamburg abgegeben. 1945 mußte sie als Reparationsleistung Frankreich überlassen werden. Anfangs schien es, als würde sie unter dem neuen Namen DUCHESSE ANNE weiter im Schuldienst bleiben. Später wurden Pläne laut, daß sie als stationäres Schulschiff in Lorient (Bretagne) verwendet werden soll. Doch auch dieses Vorhaben scheiterte. 1946 wurde das Schiff bis auf die Untermasten abgetakelt und blieb bis 1951 ohne rechte Nutzung. Ende des Jahres 1951 kam DUCHESSE ANNE im Schlepp nach Brest. Dort lag sie viele Jahre als Kasernenschiff der französischen Marine. Nach ihrer Ausmusterung wurde sie zum Atlantikhafen Lorient geschleppt, wo sie, ungepflegt, einer unsicheren Zukunft entgegensah. Die Stadt Dünkirchen hat sich für ihre Erhaltung eingesetzt. Dort wird sie wieder restauriert und neu getakelt, um zu einer Touristenattraktion im Hafen zu werden.

Art: 2-Mast-Toppsegelschoner, Holz
Nation: Frankreich
Eigner:
Kriegsflotte, Marine Nationale Ecole Navale, Lanveoc-Poulmic/Brest
Heimathafen: Brest
Baujahr: 1932, Stapellauf Januar 1932
Werft:
Chantiers Naval de Normandie, Fécamp
Vermessung: $\frac{227}{275}$ ts Deplacement
Abmessungen:

Länge über alles	37,50 m
Länge zwischen den Loten	25,30 m
Breite	7,20 m
Tiefgang	3,60 m

Segelfläche: 424 qm
Besegelung:
9 Segel; 3 Vorsegel (+ Außenklüver); Fockmast: Schonersegel, einfaches Marssegel, Großmast: Gaffelsegel, Toppsegel, Stengestagsegel
Masten:
Höhe Großmast über der Wasserlinie: 32,50 m; beide Masten mit Marsstenge
Antrieb:
Deutz-Dieselmotor, 100 PS; Geschwindigkeit mit Maschine 6 kn
Besatzung:
3 Offiziere, 5 Unteroffiziere, 12 Mannschaften, 30 Kadetten
Verwendung: Schulschiffe unter Segeln

LA BELLE POULE ist das vierte Schiff der französischen Marine, das diesen Namen trägt. Die Vorgänger waren Fregatten des 18. und 19. Jahrhunderts. Der exhumierte Leichnam Napoleons wurde am 15. Oktober 1840, zwanzig Jahre nach dem Tod des Kaisers, an Bord der Fregatte LA BELLE POULE nach Frankreich gebracht. Ein berühmtes Kaperschiff, das der Marine in Bordeaux gute Dienste leistete, gab den Namen.

Zusammen mit dem Schwesterschiff L'ETOILE wurde der Schoner speziell für die Seefahrtschule gebaut. Als Vorbild dienten die Schoner von

Rara Avis

Paimpol, die bei Island fischten. Das tiefe Marssegel wird mit Hilfe eines Rollreffs geborgen. Die Gaffeln werden gefiert. Dadurch können sämtliche Segel von Deck aus bedient werden. Beide Gaffelsegel sowie das Toppsegel laufen mit Legeln am Mast. Ein Deckshaus steht hinter dem Fockmast, ein zweites hinter dem Großmast. Das Mützenband der Jungen trägt die Aufschrift »Ecole des Mousses«. L'ETOILE ist seit 1622 das fünfzehnte Schiff der französischen Flotte, das diesen Namen trägt. Während des Zweiten Weltkrieges lagen beide Schiffe im Hafen von Portsmouth. Die regelmäßigen Ausbildungsreisen führen meist in europäische Gewässer.

Art: 3-Mast-Bermudaschoner, Stahl

Nation: Frankreich

Eigner: Les Amis de Jeudi-Dimanche, Paris

Heimathafen: Toulon

Baujahr: 1957

Werft: in Terneuzen, Holland, fertiggestellt bei Groves & Guttridge, Cowes, England

Vermessung: 147 ts Deplacement
198 BRT

Abmessungen:
Länge über alles	30,00 m
Länge Rumpf	26,00 m
Breite	7,00 m
Tiefgang	1,50−4,00 m
	(Mittelschwert)

Segelfläche: 500 qm

Antrieb: 2 × 220 General Motors Diesel

Besatzung: 8 Mann Stammbesatzung
30 Trainees oder Gäste

Verwendung: Schulschiff unter Segeln
Sozialtherapeutisches Segeln
Charterschiff

Auffallend am Rumpf der RARA AVIS ist der veränderbare Tiefgang. Das Schiff war als Privatyacht für Flachwasserzonen konstruiert worden. Drei axial angeordnete Mittelschwerter verhindern bei Fahrten in tieferen Gewässern das Abdriften. 1972 ging das Schiff in die Hände der jetzigen Eigner über. Bis dahin gehörte es dem Kaufhausbesitzer Hamon. Im Sommer befährt RARA AVIS die Küstengewässer Südfrankreichs, im Winter die Karibik.

Shenandoah

ex LASCA II
ex SHENANDOAH

Art: 3-Mast-Gaffelschoner, Eisen

Nation: Frankreich

Eigner: Baron Marcel Bich

Heimathafen: Cannes

Baujahr: 1902

Werft: Townsend & Downey,
   Shooters Island, USA
   Konstrukteur: T. E. Ferris

Vermessung: 280 BRT
   225 NRT

Abmessungen:
   Länge über alles   44,20 m
   Länge in der Wasserlinie 30,40 m
   Breite   8,10 m
   Tiefgang   4,10 m

Antrieb: 2 × 6-Zyl. Volvo-Penta
   TAMD 120 A Diesel
   2 × 350 PS

Besatzung: 10 Personen

Verwendung: Privatyacht

1974 erfolgte eine Grundüberholung des Schiffes. Dabei erhielt es modernste Navigationseinrichtungen. SHENANDOAH ist mit allen erdenklichen Bequemlichkeiten ausgerüstet.
Siebenmal hat sie in ihrem langen Leben den Eigner gewechselt.

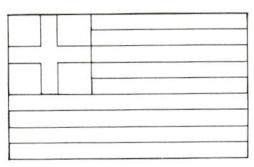
Carita

Art: 3-Mast-Stagsegelschoner, Stahl

Nation: Griechenland

Eigner: Messrs. A. Lusi Ltd. London

Heimathafen: Piräus

Baujahr: 1959; Stapellauf April 1959

Werft: Amsterdamsche Scheepswerf, G. De Vries Lentsch jr., Amsterdam

Vermessung: 485 ts Deplacement; 336,18 BRT; 154,42 NRT

Abmessungen:

Länge über alles	51,90 m
Länge zwischen den Loten	36,90 m
Breite	8,50 m
Seitenhöhe	6,00 m
Raumtiefe	4,60 m
Tiefgang	4,70 m

Segelfläche: 870 qm (Großsegel 230 qm)

Besegelung: 7 Segel; 2 (3) Vorsegel; Fockmast: Focksegel (Hochsegel); Großmast: Großstagsegel, Großsegel (Hochsegel); Besanmast: Besansegel (Hochsegel)

Masten, Spieren: Höhe Großmast über Wasserlinie 40,20 m; Vorstagsegel und Großstagsegel mit Baum; kein Bugspriet

Antrieb: Zwei Davey-Paxman-Dieselmotoren, je 597 PS

Besatzung: 14 Mann

Verwendung: Privatyacht

Eugenios Eugenides

ex FLYING CLIPPER
ex SUNBEAM II

Art:
3-Mast-Toppsegelschoner, Stahl

Nation: Griechenland

Eigner:
Handelsmarine, Nationale
Handelsmarine-Akademien

Heimathafen: Piräus

Baujahr: 1929; Stapellauf August 1929

Werft:
Messrs. W. Denny Brothers,
Dumbarton; Konstruktion: Messrs.
G. L. Watson & Co, Naval Archi-
tects, Glasgow

Vermessung: 1300 ts Deplacement;
634,34 BRT; 225,71 NRT

Abmessungen:

Länge über alles	59,40 m
Breite	9,10 m
Länge zwischen den Loten	49,60 m
Seitenhöhe	6,00 m
Tiefgang	5,30 m

Segelfläche: 1540 qm

Besegelung:
12 Segel; 3 Vorsegel; Fockmast:
Schonersegel, einfaches Marssegel,
einfaches Bramsegel; Großmast:
Großsegel, Groß-Toppsegel, Groß-
Stengestagsegel; Besanmast: Besan-
segel, Besan-Toppsegel, Besan-
Stengestagsegel

Masten, Spieren:
Höhe Großmast über Deck: 39,95 m,
alle Masten mit einer Stenge;
Untermasten, Bugspriet: Stahl;
Stengen, Rahen, Gaffeln: Holz

Antrieb:
Polar-Dieselmotor, Typ M34M,
400 PS

Besatzung:
22 Mann Stammbesatzung,
70 Kadetten

Verwendung: Schulschiff unter Segeln

Für Lord Brassey wurde 1874 die berühmte Yacht SUNBEAM gebaut. Seit 1922 gehörte sie Sir Walter Runciman, dem späteren Lord Runciman von Shoreston. Als der Kompositbau wegen Überalterung ausgemustert und ab- gewrackt werden mußte, ließ Lord Runciman 1929 für sich die stählerne SUNBEAM II bauen. Die Yacht war zunächst genau wie ihre Vorgängerin als reiner Dreimastschoner getakelt, doch schon während der Erprobungszeit bekam der Fockmast Mars- und Bram- rahe. Das Schiff blieb bis zum Zweiten Weltkrieg Privatyacht seines Eigners. Bei Beginn des Krieges übernahm die britische Admiralität den Schoner und verwendete ihn bis Kriegsende für verschiedene Zwecke. 1945 wurde SUNBEAM II an die Abraham-Rydberg- Stiftung in Stockholm verkauft, die ent- gegen ihren seitherigen Gepflogen- heiten das neue Schiff nicht nach dem Stiftungsgründer benannte, sondern ihm den alten Namen beließ. Nach ent- sprechendem Umbau für den neuen Verwendungszweck wurde die ehe- malige Yacht Schulschiff der Stiftung. Sie war Nachfolgerin der 1942 verkauf- ten Viermastbark ABRAHAM RYDBERG. Die Ausbildungsreisen führten haupt- sächlich in europäische Gewässer. Bei einer Langreise nach Westindien im Jahre 1949 hatte das Schiff erhebliche Sturmschäden in der Takelage. 1955 kaufte die Einar Hansen's Clipper- Linie in Malmö das Schulschiff für die Ausbildung ihres eigenen Nachwuchses. Der neue Name wurde FLYING CLIPPER. Nach Überholungsarbeiten in Karls- krona nahm sie 1956 am »Tall Ships Race« von Torbay nach Lissabon teil. Auch beim Rennen 1958 war sie wieder dabei. Seit 1960 fuhr das Schiff haupt- sächlich im Mittelmeer. Dort wurden auch 1961/62 die Aufnahmen für den Film »Flying Clipper« gedreht. Während der zehn Jahre unter der Flagge der Clipper-Linie wurden mehr als 200 Kadetten für die Decksoffiziers- Laufbahn, 60 Ingenieur-Anwärter und 27 Anwärter für die Küchen- und Verpflegungslaufbahn auf dem Segel- schiff ausgebildet. Am 4. Juni 1965 wurde das Schiff an

das griechische Handelsmarine- Ministerium verkauft. Unter dem neuen Namen EUGENIOS EUGENIDES segelte es am 12. Juni nach Piräus. Eugenios Eugenides war ein griechischer Reeder, der 1954 starb. Seine Nachfolger stifteten ihm zu Ehren eine Schenkung für den Fundus der griechischen Marineausbildung. Aus diesem Fundus stammten auch die Mittel für den Kauf des Schulschiffes. Die einzelnen Akademien der griechi- schen Handelsmarine sind über weite Teile des Landes verteilt. Von diesen Schulen kommen die Kadetten zur weiteren Ausbildung auf die EUGENIOS EUGENIDES. Der Lehrplan umfaßt Unterricht für Decksoffiziere, Marine- Ingenieure und Funkoffiziere. Obwohl das Schiff der Handelsmarine gehört, ist die Ausbildung streng militärisch ausgerichtet. Im Sommer unternimmt das Schiff eine dreimonatige Ausbildungsreise, während im Winter nur kurze Reisen gefahren werden.

Activ

ex SVENDBORG
ex MONA

Art: 3-Mast-Bramsegelschoner, Holz

Nation: Großbritannien

Eigner: Baltic Schooner Company Ltd., Guernsey

Heimathafen: London

Baujahr: 1951, Stapellauf Dezember 1951

Werft: J. Ring-Andersen, Svendborg (Dänemark); Umbau + Aufriggen 1980: Werft Michael Kiersgaard, Troense

Vermessung: 116,80 BRT; 74,99 NRT

Abmessungen:
Länge über alles	42,00 m
Länge Rumpf	27,30 m
Breite	7,08 m
Raumtiefe	2,35 m
Tiefgang	3,00 m

Segelfläche: 536 qm

Besegelung: 13 Segel; Fockmast: Fock, Marssegel, doppeltes Bramsegel

Masten: Höhe Großmast über Deck 27 m

Antrieb: Saab-Scania, Schweden, 230 PS, 6 Zylinder

Besatzung: Keine feste Zahl 8 – 18 Kojen

Verwendung: Private Nutzung, teilweise Film-Charter

Als letztes Schiff einer großen Serie gleichartiger Schoner wurde die ACTIV als MONA im Winter 1951/52 in Dänemark gebaut. Sie erhielt lediglich eine 1 1/2-mastige Takelung für Stützsegel, da sie von Anfang an für den Grönlandhandel mit einem Motor ausgerüstet worden war. Für die arktischen Gewässer war der Rumpf teilweise mit Eisenplatten beschlagen. Als MONA befuhr das Schiff 20 Jahre lang die Grönland-Route und beförderte Fracht zwischen grönländischen Hafenplätzen. Nach 6-jähriger Liegezeit erfolgte 1980 die Neutakelung als Bramsegelschoner, einem Rigg, das hervorragend zum Rumpf paßt. Diese »Baltic-Schoner« befuhren einst als Frachtsegler in großer Zahl die Ostsee.

Aquila Marina

ex ALS
ex ELSA

Art: 3-Mast-Toppsegelschoner, Eiche

Nation: Großbritannien

Eigner: Salztrust Ltd., Guernsey

Heimathafen: Plymouth

Baujahr: 1919–20

Werft: Nyborg, Dänemark

Vermessung: 180 ts Deplacement

Abmessungen:
Länge über alles	38,00 m
Länge in der Wasserlinie	30,00 m
Breite	7,60 m
Raumtiefe ca.	2,50 m
Tiefgang	2,80 m

Segelfläche: 560 qm

Besegelung: 12 Segel

Antrieb: Mercedes-Benz OM 402;
8 Zyl., 256 PS

Besatzung: 6 Mann
8–12 Passagiere

Verwendung: Charterschiff

Aus dem ehemaligen Frachter ist ein modern eingerichteter Chartersegler geworden, der häufig in der Karibik unterwegs ist. Alle vier Passagierkajüten haben fließendes Wasser. Je zwei Kajüten besitzen eine Dusche. Moderne Navigationsinstrumente sorgen für die notwendige Sicherheit. Rennfahrer Jochen Mass gehört mit zu den Eignern.
Am 8. August 1990 ist der Schoner vor der Insel Wangerooge auf eine Sandbank gelaufen und auf Grund gegangen. Das Schiff ging verloren.

Aschanti of Saba

ex MARIE PIERRE
ex AFANETI
ex ASCHANTI IV

Art: 2-Mast-Stagsegelschoner, Stahl

Nation: Großbritannien

Eigner: Aschanti High-Seas Ltd.

Heimathafen: London

Baujahr: 1954

Werft: Ernst Burmester, Bremen-Burg
Konstruktion: Henry Gruber

Vermessung: 135 ts Deplacement
177,79 BRT
140,94 NRT

Abmessungen:
Länge über alles	35,00 m
Länge Rumpf	31,40 m
Länge in der Wasserlinie	22,00 m
Breite	6,30 m
Tiefgang	4,20 m

Segelfläche: 550 qm

Besegelung: 8 Segel
Großsegel 194 qm

Masten: Höhe Großmast über
der Wasserlinie 34,60 m

Antrieb: MWM-Diesel, 320 PS

Besatzung: 7 Mann Stammbesatzung
8 Gäste

Verwendung: Charter (weltweit)

ASCHANTI OF SABA, mit ihren rassigen Linien, wurde als Regattaschoner gebaut und beteiligte sich zehn Jahre lang mit großem Erfolg bei internationalen Regatten. Von 1954 bis 1967 fungierte sie als Präsidentenyacht bei der Kieler Woche. Nach dem Tode Burmesters kam sie zweimal in französische Hände, wobei der Innenausbau gründlich verändert wurde. Seit 1984 gehört das Schiff den jetzigen, britischen Eignern. Vor dem Einsatz als Charterschiff erfolgte ein weiterer Innenumbau, der dem Schoner den Charakter einer Luxusyacht brachte. Jedes Jahr nimmt das Schiff an Segelveranstaltungen in Nordamerika teil, wie zum Beispiel am Great Schooner Race in Maine und in Gloucester, sowie an den Classic-Regatten in Newport und Antigua. Den Namen hat der Schoner nach dem Volk der Sudaniden im zentralen Süd-Ghana bekommen, das durch seine kostbaren Goldschmiedearbeiten berühmt wurde.

Astrid

ex WUTA

Art: Brigg, Eisen

Nation: Großbritannien

Eigner: Astrid Trust, Southampton

Heimathafen: Southampton

Baujahr: 1918
Indienststellung 1921

Werft: Greg van Leeuwin,
Scheveningen, Holland

Vermessung: 271 ts Deplacement
170 BRT
120 NRT

Abmessungen:

Länge über alles	42,00 m
Länge Rumpf	32,90 m
Länge zwischen den Loten	30,80 m
Breite	6,70 m
Raumtiefe	2,40 m
Seitenhöhe	3,30 m
Tiefgang	2,50 m

Segelfläche: 488 qm

Besegelung: 17 Segel
Doppel-Marssegel,
Doppel-Bramsegel

Masten: Höhe Großmast
über Deck 23,00 m

Antrieb: Scania-Diesel
280 PS

Besatzung: 9 Mann Stammbesatzung
25 Trainees oder Gäste

Verwendung: Schulschiff unter Segeln,
Charterschiff

Das Schiff wurde als Frachtlogger mit Schonertakelung gebaut. Ein typisches Merkmal der in Holland gebauten Fahrzeuge dieser Art ist der fast senkrechte Vordersteven. Der erste Name WUTA bedeutete „Wacht uw tiyd af" (= „Geduld, auf bessere Zeiten warten"). Siebzehn Jahre lang fuhr WUTA unter holländischer Flagge im Frachtgeschäft. 1937 kaufte sie der Schwede John Jeppson und gab ihr den Namen ASTRID. Die Hauptladungen waren Weizen, Gerste und Rapssamen für Skandinavien, während des Krieges auch Kohle und Holz zwischen Polen und Schweden. 1957 wurde das Schiff abgetakelt und fuhr weiter als Kümo. 1976 erfolgte der Verkauf in den Libanon. Nach erheblichem Brandschaden, den das Schiff im Juli 1977 im Kanal traf, sollte es abgewrackt werden. ASTRID kam im Schlepp nach Newhaven und lag dort einige Jahre, ohne daß sich jemand um sie gekümmert hätte. 1984 wurde vom neu gegründeten Astrid Trust begonnen, das Schiff zu restaurieren und als Brigg neu zu takeln. Der eiserne Rumpf war in einem ausgezeichneten Zustand geblieben. 80 Tonnen Ballast (Eisenbahnschienen) geben dem Segler die nötige Stabilität. Von Herbst bis Frühjahr jeden Jahres macht ASTRID für junge Leute Schulreisen in die USA. Während der übrigen Zeit kann sie als Charterschiff verwendet werden.

Carrick

ex City of Adelaide

Art:
Ehemals Klipper-Vollschiff
Kompositbau

Nation: Großbritannien

Eigner:
R.N.V.R.-Club (Royal Naval
Reserve)

Liegeplatz:
Glasgow, River Clyde,
Clyde Street

Baujahr: 1864

Werft: Pile of Sunderland, England

Vermessung: 791 BRT

Abmessungen:
Länge zwischen den Loten   53,70 m
Breite   10,10 m
Raumtiefe   5,70 m

Besegelung:
Ursprünglich: Doppel-Marssegel,
Doppel-Bramsegel, Royals

Masten: Mars- und Bramstengen

Antrieb: Kein Hilfsmotor

Verwendung: Club-Schiff

Aus der großen Ära der Klipper sind uns nur zwei Komposit-Klipper erhalten geblieben. In London liegt die Cutty Sark und in Glasgow die Carrick ex City of Adelaide. Obwohl der bekannte englische Großsegel-Kenner H. A. Underhill dem Rumpf der Carrick mehr Eleganz zuschreibt, können sich die beiden Schiffe heute nicht mehr messen. Cutty Sark zeigt die ganze Schönheit ihrer Takelage, während Carrick zur Hulk geworden ist. Kein Bugspriet vollendet mehr die rassige Linie ihres Bugs. Ein wenig schönes Deck, besser Dach, das außerdem Poop- und Backdeck überragt, verwischt vollends die Form. Der ehemals als Vollschiff getakelte Segler wurde für die Australien-Passagier-Linie Devitt & Moore gebaut. Vor fast hundert Jahren fuhren auf diesem Schiff vorwiegend Auswanderer nach Australien. In der Rekordzeit von 65 Tagen segelte sie einmal von London nach Adelaide. Als die Passagier-Fahrten nichts mehr einbrachten, weil Dampfschiffe bevorzugt wurden, verwendete die Reederei ihr Schiff in der Woll-Fahrt. Kurz vor dem Ersten Weltkrieg übernahm die britische Marine den Klipper. Aus der City of Adelaide wurde H. M. S. Carrick, benannt nach der südwestschottischen Landschaft gleichen Namens. Während des Krieges war sie wahrscheinlich Lazarett-Schiff. Danach wurde sie als Depot- und Schulschiff verwendet. Bis 1947 lag sie dann im äußeren Hafen von Greenock, anfangs als »Naval Gunnery School H.M.S. Carrick«, später als Hauptquartier-Schiff der »Greenock Sub-Division, R.N.V.R.«. 1946 suchte die Royal Naval Reserve (R.N.R.) eine geeignete Unterkunft für ihren Offiziers-Club. Ein Jahr später wurde Carrick für diesen Zweck ausgesucht und entsprechend eingerichtet. Seither liegt sie in Glasgow im Clyde.

Carrie

Creole

ex KENAVO
Art: 2-Mast-Gaffelschoner, Holz
Nation: Großbritannien
Eigner: Square Sail, Bristol
Heimathafen: Bristol
Baujahr: 1947
Werft: M. Cornec, Camaret, Frankreich
Abmessungen:

Länge über alles	27,30 m
Breite	6,00 m
Tiefgang	2,60 m

Segelfläche: 232 qm
Antrieb: Baudouin-Diesel 120 PS
Verwendung: Charterschiff, Filmschiff

Art: 3-Mast-Stagsegel-Schoner, Kompositbau
Nation: Großbritannien
Eigner: Modeschöpfer Gucci, Italien
Heimathafen: Hamilton, Bermuda
Baujahr: 1927; Stapellauf Oktober 1927
Werft:
Camper & Nicholsons Ltd., Southampton und Gosport; Konstruktion: Charles E. Nicholson
Vermessung:
697 ts Deplacement;
433,91 BRT; 272,06 NRT
Abmessungen:

Länge über alles	65,30 m
Länge Rumpf	57,80 m
Länge zwischen den Loten	50,80 m
Breite	9,40 m
Raumtiefe	5,00 m
Tiefgang	5,60 m

Segelfläche: 2040 qm (total)
Besegelung:
10 Segel (total); 3 Vorsegel (dazu Spinnaker); Fockmast: Treisegel; Großmast: Stagsegel, Treisegel; Besanmast: Besansegel (Hochsegel)
Masten:
Höhe Großmast über Deck: 39,50 m; alle Masten einteilig
Antrieb:
Zwei Dieselmotoren, zusammen 3000 PS
Besatzung:
25 Mann; Wohnräume für weitere zehn Personen als Privatyacht
Verwendung: Privatyacht

Die CREOLE gehört zu den schönsten und größten Hochsee-Yachten, die jemals gebaut worden sind. Die Werft legte sie für Alex Smith Cochrane auf Kiel. Sie gehörte aber nach ihrer Fertigstellung Major Maurice Pope und Sir Connop Guthrie.
Während des Zweiten Weltkrieges wurde der Schoner von der britischen Admiralität beschlagnahmt und kreuzte als Hilfsschiff in schottischen Gewässern. Nach dem Kriege wurde CREOLE außer Dienst gestellt und kehrte zu ihrer Werft zurück. Dort lag sie bis 1951, als sie der griechische Reeder Stavros Niarchos kaufte.
Für die Großsegler-Regatta 1956, von der Torbay nach Lissabon, lieh Niarchos sein Schiff einer britischen Mannschaft. CREOLE nahm auch unter britischer Flagge an dem Rennen teil.
Der Rumpf des Schoners besteht aus Stahl-Spanten und 10 cm starken Teak-Planken. Unterhalb der Wasserlinie ist der Schiffskörper mit einer Kupferhaut beschlagen.
1980 wurde das Schiff an die Seefahrtschule in Nyborg/Dänemark verkauft. Von dort aus erfolgten die Ausbildungsreisen.
1983 kaufte der italienische Modeschöpfer Gucci den Schoner. CREOLE liegt derzeit in La Spezia. Dort erfolgt eine Grundüberholung, die zwei Jahre dauern wird und zwei Millionen Pfund Sterling kosten soll.

Der Schoner ist ein ehemaliges Fischereifahrzeug, das zum Langustenfang an den atlantischen Küsten eingesetzt wurde.

Cariad

Art: 2-Mast-Gaffelketsch, Kompositbau

Nation: Großbritannien

Eigner: Registriert in British Virgin Islands

Baujahr: 1896

Werft: Summers & Payne, Southampton, England

Vermessung: 129 ts Thames Measurement

Abmessungen:

Länge über alles	35,80 m
Länge Rumpf	32,20 m
Länge in der Wasserlinie	24,60 m
Breite	5,60 m
Tiefgang	3,40 m

Segelfläche: 418 qm

Besegelung: 7 Segel

Antrieb: General Motors Diesel 320 PS

Verwendung: Charterschiff

CARIAD hat während ihres langen Lebens oftmals den Eigner gewechselt. Bis zu ihrer jetzigen Verwendung war sie immer als Rennyacht gesegelt worden. Dabei führte sie bis zu fünfhundert Quadratmeter Segel.

Cutty Sark

ex MARIA DI AMPARO
ex FERREIRA
(=EL PEQUINA CAMISOLA)
ex CUTTY SARK

Art: Vollschiff, Kompositbau

Nation: Großbritannien

Eigner:
Cutty Sark Preservation Society,
London

Liegeplatz:
Greenwich (Trockendock)

Baujahr:
1869; Stapellauf 23. November 1869

Werft: Scott & Linton-Dumbarton/Clyde
Fertiggebaut durch Denny Bros.

Vermessung:
2100 ts Deplacement
963 BRT, 921 NRT

Abmessungen:
Länge über alles	85,10 m
Länge Rumpf	70,50 m
Länge zwischen den Loten	64,70 m
Länge Kiel	61,80 m
Breite	10,90 m
Raumtiefe	6,40 m
Tiefgang (Schwergut)	6,00 m

Segelfläche: 2970 qm

Besegelung:
34 Segel; 4 Vorsegel, alle Masten:
Doppel-Marssegel, einfache Bramsegel, Royals; Großmast: Skysegel,
Fock-, Großmast: Leesegel

Masten, Spieren:
Bugspriet u. Klüverbaum	18,20 m
Fockmast:	
Von Deck bis Mastknopf	39,40 m
Fockrah	23,70 m
Fockroyalrah	11,50 m
Großmast:	
Von Deck bis Mastknopf	44,40 m
Großrah	23,70 m
Großroyalrah	11,50 m
Skyrah	10,30 m
Kreuzmast:	
Von Deck bis Mastknopf	33,10 m
Kreuzrah	20,20 m
Kreuzroyalrah	10,00 m
Besanbaum	15,80 m

Besatzung:
Maximal 28 Mann, meist
23–24 Mann. (Das Schiff wurde auch
von 19 Mann bearbeitet)

Verwendung: Museumsschiff

Damit die chinesischen Tee-Ernten immer rascher nach Europa, besonders nach England, gebracht werden konnten, forderten die Tee-Kaufleute noch schnellere Schiffe.

Das konnte damals mit Dampfschiffen nicht erreicht werden, sondern nur mit den scharf geschnittenen und eleganten Klippern, den »Rennpferden der Meere«. 1869 ließ der Reeder und Kapitän John Willis aus London den Klipper CUTTY SARK bauen, um die ein Jahr ältere THERMOPYLAE bei den »Tee-rennen« zu schlagen. Der Name CUTTY SARK ist schottischen Ursprungs und bedeutet »Kurzes Hemd«. Er bezieht sich auf ein Kleidungsstück der Hexe Nannie in dem Gedicht »Tom o'Shanter« von Burns. Bis 1877 fuhr das Vollschiff fast ausschließlich als Teeklipper in der China-Fahrt. Häufig erzielte es Rekordreisen. Dabei wurden oft Geschwindigkeiten bis zu 17 kn gemessen. Von 1877 an war CUTTY SARK besonders in der Woll-Fahrt von Australien beschäftigt. 1880 wurde die Segelfläche erheblich verkleinert, die Untermasten dabei um 3 m gekürzt. Die nächsten Jahre fuhr das Schiff als Tramp (Kohle, Kistenöl, Eisen, Stückgut etc.). Von 1885 bis 1895 holte der Segler unter dem Kommando von Kapitän Woodget wieder hauptsächlich Wolle aus Australien. 1895 wurde er an die Firma J. A. Ferreira in Lissabon verkauft. Der Name änderte sich in FERREIRA. Meist sprach man aber von EL PEQUINA CAMISOLA.

Über die Verwendung durch die Portugiesen ist wenig bekannt. 1916 entmastete ein Sturm das Schiff wegen falscher Kohle-Stauung. Der Klipper lief Kapstadt als Nothafen an und wurde dort als Barkentine neu getakelt. 1920 verkaufte die Firma Ferreira ihr Schiff an die »Cia de Navegacao de Portugal« in Lissabon. Die Reisen unter dieser Flagge brachten jedoch nichts ein. Vergeblich bot man das bekannte Schiff in England zum Kauf an. Als MARIA DI AMPARO ging es schließlich nach Gibraltar. 1922 kaufte Kapitän Wilfred Dowman aus Falmouth das Schiff. Mit großem Aufwand wurde CUTTY SARK, wie sie jetzt wieder hieß, restauriert und erneut als Vollschiff getakelt. Als stationäres Schulschiff lag sie bis zum Tode Dowmans im Jahre 1936 in Falmouth. Seine Frau schenkte 1938 das Schiff dem »Nautical Training College Worcester« in London.

Im Juni 1938 trat CUTTY SARK im

Schlepp die letzte Reise über offenes Wasser nach London an. Sie wurde in Greenhithe neben der WORCESTER festgemacht. Während des Krieges war sie bis auf die Untermasten abgetakelt. 1951 erfolgte eine gründliche Untersuchung im Trockendock von Millwall. Der Zustand des Schiffes erwies sich als einwandfrei. 1952 entwickelte das National Maritime Museum in Greenwich Pläne, das Schiff zu restaurieren und als bleibendes Denkmal an die große Zeit der Segelschiffahrt zu erhalten. 1953 war die Schulschiff-Zeit zu Ende. Die »Cutty Sark Preservation Society« wurde gegründet. Die nötigen Überholungsarbeiten wurden im East India Dock vorgenommen. Am 10. Juli 1954 wurde CUTTY SARK zu ihrem Trocken-Liegeplatz nach Greenwich geschleppt. Die Königin übergab am 25. Juni 1957 das Schiff der Öffentlichkeit.

Die Galionsfigur wurde früher schon nachgeschnitzt. Das genaue Aussehen des Originals ist nicht bekannt. Die Figur stellt die Hexe Nannie dar.

Im Stauraum ist jetzt ein Museum mit zahlreichen Galionsfiguren eingerichtet. Daneben dient der Raum auch für Unterrichtszwecke.

Discovery

Art: Bark, Holz

Nation: Großbritannien

Eigner: The Maritime Trust, London

Liegeplatz:
Dundee, Craig Harbour

Baujahr: 1901; Stapellauf 21. März 1901

Werft:
Dundee Shipbuilder's Company,
Steven's Yard, Dundee (Schottland);
Entwurf: W. C. Smith, Naval
Architect

Vermessung:
1620 ts Deplacement; 736 BRT

Abmessungen:
Länge zwischen den Loten   52,20 m
Breite   10,30 m
Tiefgang   4,80 m

Segelfläche: 1144 qm

Besegelung:
18 Segel; 3 Vorsegel, Doppel-
Marssegel, einfache Bramsegel,
Royals (der Segelplan war nicht
immer gleich)

Masten, Spieren:
Fock-, Großmast: Mars- und
Bramstenge; Besanmast: 1 Stenge;
Bugspriet mit Klüverbaum

Antrieb:
Dreifach-Expansions-Dampf-
maschine, 450 PS

Besatzung:
Bei der Scott-Expedition ohne
Wissenschaftler 38 Mann

Verwendung: Museumsschiff

Das besondere Interesse beim Internationalen Geographischen Kongreß, der 1899 in Berlin abgehalten wurde, galt der Erforschung der Antarktis. Die Teilnehmer einigten sich auf eine verstärkte internationale Zusammenarbeit. Für die geplante britische Expedition, die »Royal Antarctic Expedition«, wurde von der Royal Geographical Society der Bauauftrag für die Discovery erteilt. Die Besatzung bestand aus Angehörigen der Royal Navy, meist Freiwilligen. Das Kommando bekam im Juni 1900 Commander Robert Falcon Scott, auch er Offizier der britischen Marine.
Um den besonderen Ansprüchen der Eismeerfahrt zu genügen, waren Spezialpläne für die Discovery ent-

worfen worden. Das Schiff bekam eine Doppelhaut. Wegen der Gefahr, die beim Einfrieren des Rumpfes entstehen konnte, wurden keine Kimmkiele angebracht. Der Nachteil war, daß das Schiff gegen Roll- und Schlingerbewegungen nicht sonderlich geschützt war. Der Vordersteven wurde zum Eisbrechen mehr geneigt. Das weitausladende Heck schützte Ruderblatt und Schraube vor Eiseinwirkungen. Ein Reserve-Ruderblatt konnte auf See von Deck aus ausgewechselt werden. Bei Gefahr war es auch möglich, die Schraube abzunehmen und in einem senkrechten Schacht nach oben zu bergen.
Rahen und Segel der beiden vorderen Masten waren untereinander austauschbar. Die Wanten und Pardunen wurden mit Taljereeps auf Rüsten außenbords gesetzt. Das Schiff hatte bei seiner großen Fahrt 5 Walboote (8 m) und 2 Norweger-Prahme an Bord. Im Topp des Großmastes hing eine Eistonne. Der einzige Schmuck war schön geschnitztes Rankenwerk am Bug, das vom britischen Wappenschild gekrönt wurde. Das Schiff konnte Ausrüstung und Proviant für zwei Jahre laden.
Am 31. Juli 1901 verließ Discovery London. Neben der Besatzung waren noch fünf Wissenschaftler an Bord. Unter Segeln erwies sich das Schiff als nicht sehr schnell, da die Segelfläche bewußt klein gehalten worden war. Die Expedition dauerte bis September 1904. Anschließend wurde das Schiff an die Hudson Bay Company verkauft. Es versah dort den Versorgungsdienst der Gesellschaft zwischen Europa und Nordamerika. Von 1912 bis 1914 war die Bark aufgelegt. 1914 wurde sie an die französische Regierung für den Transport von Munition nach Rußland verchartert. Zwischen den Jahren 1920 bis 1923 war sie erneut aufgelegt. 1923 kaufte das »Discovery-Committee« den Segler und ließ ihn wieder für die Südpolarfahrt ausrüsten. Von 1925 bis 1927 diente Discovery Forschungszwecken in den Walgründen um Süd-Georgien und die Süd-Orkneys.
1928 wurde das Schiff erneut für eine große Polarfahrt ausgerüstet. Sir Douglas Mawson unternahm bis 1931 mit ihm

seine Südpolar-Expedition. Von 1931 bis 1937 lag die Bark ohne Verwendung im East India Dock in London. 1937 wurde sie der Boy Scouts' Association als stationäres Schulschiff übergeben. Ab 1955 war Discovery Übungsschiff der London Division, Royal Naval Volunteer Reserve, ab 1. November 1958 der Royal Naval Reserve. Gleichzeitig war sie Royal Naval Recruiting Headquarters und Scott-Museum. 1979 wurde das Schiff dem Maritime Trust übergeben. Längere Zeit lag Discovery dann zur Grundüberholung im St. Katherine's Dock unterhalb der Tower Bridge. Im Mai 1985 wurde sie dort auch wieder als Bark gerigt. Nach Abnahme der Rahen bugsierten Schlepper bei höchstmöglichem Wasserstand am 27. März 1986 das Schiff aus dem Dock. Nach wenigen Tagen Aufenthalt in der Themse brachte der Spezialtransporter Happy Mariner im „Huckepack"-System (= halbgefluteter Transporter) in zwei Tagen die Discovery nach Dundee, wo sie dann endgültig getakelt wurde.

Liegeplatz in der Themse

Deliverance

GROSSBRITANNIEN

Nachbau eines Handelsfahrers der elisabethanischen Zeit (1610). Länge zwischen den Loten 16,50 m. Das Schiff liegt in St. George, Bermuda.

Erg

Art: Brigantine, Holz

Nation: Großbritannien

Eigner: Jeremy and Penny Churcher, (Little Ship Club), London

Heimathafen: Portsmouth

Baujahr: 1912

Werft: In Faborg, Dänemark

Vermessung: 69 BRT

Abmessungen:
Länge über alles	33,00 m
Breite	5,40 m
Tiefgang	2,40 m

Segelfläche: 370 qm

Antrieb: Caterpillar D 333, 260 PS

Verwendung: Charterschiff, Schulschiff unter Segeln

Erg

Eye of the Wind

ex FRIEDRICH
ex SAM
ex ROSE-MARIE

Art: Brigantine, Eisen

Nation: Großbritannien

Eigner:
»Adventure Under Sail« Syndicate

Heimathafen: Faversham

Baujahr: 1911

Werft: C. Lühring, Brake, Unterweser

Vermessung: 149,96 BRT; 115,06 NRT

Abmessungen:
Länge über alles	40,00 m
Länge Rumpf	33,00 m
Länge zwischen den Loten	29,00 m
Breite	7,00 m
Raumtiefe	2,40 m
Seitenhöhe	3,60 m
Tiefgang	2,70 m

Segelfläche: 650 qm

Besegelung: 14 Segel, Doppel-
Marssegel, einfaches Bramsegel

Masten:
Höhe Großmast über Deck 26 m

Antrieb: Gardner-Diesel, 8L3B, 230 PS

Besatzung: 8—9 Mann Stammbesatzung
18 Gäste

Verwendung: Charterschiff, Schulschiff
unter Segeln

Bevor EYE OF THE WIND 1973 von ihren
jetzigen Eignern übernommen worden
war, fuhr sie als Toppsegelschoner in
der Handelsfahrt. Ein schwerer Brand
in den späten sechziger Jahren hatte sie
fast vollständig zerstört. Das Schiff hat
seit seiner neuen Verwendung zweimal
die Erde umsegelt. Als Flaggschiff
der OPERATION DRAKE waren über
400 junge Leute aus 27 Nationen
nacheinander an Bord, die von Wissenschaftlern, Ärzten und Armeeange-
hörigen betreut wurden.

Fantome III

ex FLYING CLOUD

Art: 4-Mast-Barkentine, Stahl

Nation: Großbritannien
(British Virgin Islands)

Heimathafen: Nassau, Bahamas

Eigner:
English Harbour Yachts, Ttd.

Baujahr: 1927

Werft: Ansaldo SA., Livorno

Vermessung:
1722 ts Deplacement;
1260 BRT; 688 NRT

Abmessungen:
Länge über alles	80,00 m
Länge Rumpf	67,00 m
Länge zwischen den Loten	55,20 m
Breite	11,64 m
Tiefgang achtern	5,42 m
Tiefgang vorne	4,02 m

Segelfläche: 1 900 qm

Besegelung: 16 Segel

Masten, Spieren:
Alle Masten mit einer Stenge;
Höhe der Masten über der
KWL 39 m; Gaffelsegel von Fock-
und Kreuzmast ohne Baum

Antrieb:
Zwei Atlas-Polar-Dieselmotoren,
je 787 PS; zwei Schrauben; Geschwindigkeit mit Maschine ca. 12 kn

Besatzung: 45 Mann Stammbesatzung
126 Wohnplätze für Gäste

Verwendung: Charterschiff für
Kreuzfahrten (Windjammer Barefoot
Cruises, Miami Beach)

Mehrere Jahre lang war die außerordentlich große Luxusyacht FANTOME eine der Hauptattraktionen von Seattle. Dort lag sie von 1939 bis 1949 in der Portage Bay. Ihr damaliger Eigner, der Engländer A. E. Guiness, war mit ihr nach Vancouver gefahren, um der Einweihung der großen Brücke durch das englische Königspaar beizuwohnen. Wegen des Kriegsbeginns konnte er sein Schiff nicht mehr nach Europa zurückbringen.

Die Yacht war als FLYING CLOUD für den Herzog von Westminster gebaut worden. Sie befuhr hauptsächlich das Mittelmeer. (Auch die italienische Barkentine GIORGIO CINI gehörte einst diesem Herzog. Die barocke Poop-Balustrade erinnert noch heute bei beiden Schiffen an diese Gemeinsamkeit.) 1932 ließ der neue Eigner, Nelson B. Warden aus Philadelphia, die jetzigen, stärkeren Dieselmotoren einbauen. 1937 fuhr die Yacht wieder unter britischer Flagge. Ihr Heimathafen war Southampton, der Eigner H.J.P. Bomford. Ende 1937 kaufte A. E. Guiness den Viermaster und änderter den Namen in FANTOME. Es war das dritte

Schiff, das bei ihm diesen Namen führte. FANTOME II war die ehemalige Bark und heutige Barkentine BELEM ex GIORGIO CINI. Der Schoner erfuhr eine umfassende Erneuerung, besonders der Inneneinrichtungen. Dort, wo der Herzog von Westminster eine Kuh für Frischmilch untergebracht hatte, entstand jetzt die Empfangshalle. Auch die technische Ausrüstung wurde verbessert und erweitert. Das Mobiliar wurde im Geschmack der Zeit aus Edelhölzern hergestellt. Die acht Doppelkabinen für die Gäste bekamen alle ihr eigenes Bad. Unter Motorkraft wird das Schiff von der Brücke aus gesteuert, die hinter dem Fockmast steht; unter Segeln, mit einem großen Handrad, von der Poop aus. Ein großer goldener Adler schmückt den Bug. Über dem Bett des Eigners befindet sich in der Decke ein Kompaß. So können von hier aus alle Bewegungen und Kursänderungen beobachtet werden.

Mr. Guiness starb 1948 in Irland. Aus seinem Nachlaß ging FANTOME in amerikanische Hände über. 1956 kaufte die Omiros Maritima SA. das Schiff; 1956 und später erfolgte ein Umbau bei den

Kieler Howaldt-Werken. Das Äußere veränderte sich besonders dadurch, daß hinter dem Kreuzmast das Deckshaus mit dem Schornstein entfernt wurde. Dreizehn Jahre lang lag der Schoner ohne Verwendung bei den Kieler Howaldt-Werken.

Im Oktober 1969 kaufte ihn die Windjammer Cruises, Inc. aus Florida. Im Schlepp verließ die FANTOME Kiel. In Skagen, Dänemark, wurde dann das Schiff vor seiner Weiterfahrt nach Spanien flottgemacht. Dort sollte es für seine spätere Verwendung als

Passagiersegler umgebaut werden. Inzwischen ist aus dem ehemaligen Gaffelschoner eine 4-Mast-Barkentine geworden. Es ist das größte Schiff der Windjammer Cruises und segelt in den Gewässern der Bahamas.

Foudroyant

ex TRINCOMALEE

Art: Fregatte (Vollschiff), Teakholz;
»Fifth Rate, 46 guns«

Nation: Großbritannien

Eigner: The Foudroyant Trust

Liegehafen: Portsmouth-Gosport

Baujahr:
1817; Kiellegung Mai 1816;
Stapellauf 19. Oktober 1817

Werft: Wadia-Werft, Bombay

Vermessung:
1447 ts Deplacement, 1066 BRT

Abmessungen:
Länge über Deck	45,70 m
Länge Kiel	38,20 m
Breite	12,20 m
Tiefe im Raum	3,90 m
Tiefgang (bei der Erbauung mit 30 t Ballast)	
Vorschiff	3,80 m
Achterschiff	4,10 m

Besegelung:
Tiefes einfaches Marssegel,
Bramsegel

Besatzung:
Während der aktiven Dienstzeit
etwa 300 Mann

Bewaffnung:
Bis 1847: 45 Kanonen;
von da ab 26 Kanonen; später 24
Kanonen

Verwendung: Stationäres Schulschiff

Nach ihrer Fertigstellung in Bombay wurde die Fregatte, die ihren Namen nach der ostceylonesischen Hafenstadt Trincomalee bekommen hat, nach England gesegelt und anschließend 25 Jahre lang in Portsmouth aufgelegt. Erst 1847 erfolgte die offizielle Indienststellung, allerdings mit stark verminderter Bewaffnung. Bis 1852 machte sie Dienst in nordamerikanischen und westindischen Gewässern. Während des Krimkrieges patrouillierte die Fregatte von Juni 1852 vier Jahre lang im Pazifik. Bis 1861 lag sie wieder aufgelegt in Chatham. Im Januar 1861 wurde TRINCOMALEE Schulschiff der Royal Naval Reserve in Sunderland. 1863 verlegte man sie nach West Hartlepool und anschließend nach Southampton. Am 19. Mai 1897 verkaufte die R.N.R. das Schiff an die Firma J. Read zum Abwracken. Kurz darauf folgte wieder ein Besitzwechsel: TRINCOMALEE wurde wieder Schulschiff mit dem neuen Namen FOUDROYANT. Mr. Wheatley Cobb hatte ein 74-Kanonen-Schiff »Foudroyant«, einst Flaggschiff Nelson's, restaurieren lassen, um es als Schulschiff für Jungen zu verwenden.

Unglücklicherweise ging dieses Schiff 1893 in einem Sturm verloren. Mr. Cobb kaufte deshalb für denselben Zweck die TRINCOMALEE und gab ihr den Namen FOUDROYANT.
Bis zum Tode Cobbs lag das Schulschiff im Hafen von Falmouth. Später wurde es nach Portsmouth neben H.M.S. IMPLACABLE verlegt. Nachdem die IMPLACABLE 1949 mit allen Ehren im Kanal versenkt worden war, übernahm FOUDROYANT deren Ausbildungs-Aufgaben. Diesen Dienst versieht sie bis heute. Von März bis Oktober werden Kurse für Jungen und Mädchen von 11 Jahren an aufwärts abgehalten. (Segeln, Bootsdienst, Seemannschaft etc.) Alle Schüler schlafen in Hängematten. Zwischen den Jahren 1800 und 1830 wurden 32 ähnliche Fregatten gebaut. Neben der FOUDROYANT lebt heute von diesen Schiffen nur noch die UNICORN in Dundee.
Im Augenblick bestehen Pläne, FOUDROYANT neu zu takeln und sie als Kernstück eines Marine-Zentrums nach Buckler's Hard (südlich Southampton) am Beaulieu-Fluß zu verlegen.

Golden Hinde

Art:
Galeone, Holz
(Nachbau eines Kriegsschiffes des
16. Jahrhunderts)

Nation: Großbritannien

Eigner: Golden Hinde Ltd., Troon

Heimathafen: Troon, Schottland

Baujahr:
Kiellegung: 30. September 1971
Stapellauf: 5. April 1973

Werft:
J. Hinks & Son, Appledore,
Devon/England

Vermessung: Ca. 100 ts Deplacement

Abmessungen:
Länge über alles	31,00 m
Länge zwischen den Loten	22,80 m
Breite	6,10 m
Tiefgang	2,70 m

Segelfläche: 386 qm

Besegelung:
6 Segel; Bugspriet: Sprietsegel
(Blinde); Fock- und Großmast:
Untersegel, Toppsegel; Besanmast:
Lateinersegel

Masten:

Höhe Großmast: 26 m über Kiel

Antrieb: Dieselmotor, 140 PS

Verwendung: Museumsschiff,
Filmcharter

Mit dem Segen und einem Kaperbrief seiner Königin, Elisabeth I. von England versehen, startete Sir Francis Drake im Jahre 1577 mit der GOLDEN HINDE (»Goldene Hirschkuh«) zu seiner dreijährigen Weltumsegelung. Drake war eine der schillerndsten Figuren seiner Zeit: Pirat, Seeheld, Forscher, Imperialist und nicht zuletzt hervorragender Seemann. Sein Schiff repräsentierte den Typ eines kleineren Kriegsschiffes von 18 Kanonen aus der Mitte des 16. Jahrhunderts. Vom Original ist uns nur ein Stuhl überliefert, der aus dem Holz seiner Planken gebaut wurde. Er ist heute noch in der Buckland Abbey zu sehen. Drake betrat am 17. Juni 1579 als erster Weißer kalifornischen Boden. Er nannte das Land Nova Albion. Damit hatte die englische Krone Anspruch auf die Gebiete rund um das heutige San Francisco. Im 18. Jahrhundert beendete dann die spanische Kolonisation diesen Zustand. Dieser Aufenthalt Drakes in Kalifornien brachte die Idee, einen Nachbau seines berühmten Schiffes zu schaffen. Mit größter Sorgfalt wurden alle verfügbaren Quellen genutzt, die Konstruktion so original wie möglich zu gestalten. Zeichnungen, Gemälde und

Manuskripte dienten vor allem als Vorlage. Baupläne hat es zur damaligen Zeit noch nicht gegeben. Die Schiffbauer konnten nur auf die eigene Erfahrung und auf Überlieferungen zurückgreifen. Das Ergebnis der jetzigen GOLDEN HINDE ist überzeugend und bestechend. Selbst die Inneneinrichtung und die Gerätschaften entsprechen den Vorbildern der damaligen Zeit. Eiche, Ulme und Kiefer wurden als Bauholz verwendet. Die Geschütze sind eisengegossen und eignen sich zum Salutschießen. Die Baukosten betrugen etwa 1,5 Millionen Mark.

Vor seiner ersten Reise, die durch den Panamakanal zu seinen amerikanischen Eignern nach San Francisco führen sollte, lag das Schiff einige Wochen an der Tower-Pier in London. Dort wurde es von 200 000 Menschen besichtigt. 1978 segelte GOLDEN HINDE über Hawaii nach Japan, wo sie in dem Film „Shogun" mitwirkte. Über Hongkong kehrte sie 1980 nach England zurück. 1984 ging sie in britische Hände über. Das Schiff hat sich als außerordentlich seetüchtig erwiesen. Bei vielen Hafenbesuchen war es eine nicht alltägliche Attraktion.

Golden Hinde

CASSIS PVISSIMA VIRTVS

Helga

GROSSBRITANNIEN

Art: 2-Mast-Toppsegelschoner, Holz
Nation: Großbritannien
Eigner: Patrick & Caroline Keen
Baujahr: 1908
Werft: J. Hugerman, Schweden
Abmessungen:
Länge über alles   24,60 m
Länge Rumpf   18,70 m
Breite   6,00 m
Tiefgang   2,40 m
Antrieb: Scania D8-Diesel, 160 PS
Verwendung: Privatschiff

Art:
Schoner (Rahsegler), Eisen
mit Dampfmaschine
1848: 6 Masten
1853: 4 Masten
danach 3 Masten (Rahsegler)
Nation: Großbritannien
Eigner:
S. S. »Great Britain« Project, Bristol
Liegeplatz: Great Western Dock, Bristol
Baujahr:
Stapellauf: 19. Juli 1843
Werft:
Messrs. Patterson and Sons, Bristol
Konstruktion:
Isambard Kingdom Brunel
Vermessung: 3675 ts Deplacement
Abmessungen:
Länge Rumpf   97,90 m
Länge Kiel   87,80 m
Breite   15,30 m
Seitenhöhe   9,70 m
Tiefgang   5,50 m
Segelfläche: 1 400 qm
(1865 als Dreimaster, Vollschiff)
Besegelung: 16 Segel als Sechsmaster
Masten:
Großmast (Gesamtlänge ohne
Stenge) 22,50 m, Gewicht: 20 t
Antrieb:
1865: Vierzylinder-Dampfmaschine
500 PS
Verwendung: Museumsschiff

Alle drei großartigen Schiffskonstruktionen des genialen Isambard Kingdom Brunel waren Meilensteine der Schiffbaukunst und ihrer Zeit weit voraus (GREAT WESTERN, GREAT BRITAIN, GREAT EASTERN). Brunel verwendete erstmalig die Schiffsschraube anstatt des Schaufelrades bei Transatlantikdampfern. Die GREAT BRITAIN wies dabei gleich mehrere Rekorde auf. Sie war das erste schraubengetriebene Transatlantikschiff. Sie war das größte bis dahin gebaute Schiff mit wasserdichten Schotten, doppeltem Boden und Balanceruder. Und das, bevor die hölzernen Wollklipper ihren Höhepunkt erreicht hatten. Gebaut wurde das Schiff für die Atlantik-Passagierfahrt. Alleine an Lebendproviant konnten gefahren werden: 160 Schafe, 40 Schweine und mehrere hundert Hühner. Für 600 Passagiere war Platz auf dem Schiff. Etwa fünfzehn Tage dauerte eine Fahrt von England nach New York.

Bei ihrer fünften Reise lief GREAT BRITAIN an der nordirischen Küste auf Grund. Erst nach mehr als einem Jahr gelang es, sie freizubekommen. Nach dreijährigem Dockaufenthalt fuhr sie ab 1851 in der Australienfahrt. Während dieser Jahre wurde mehrfach das Rigg geändert, bis aus dem ursprünglichen Sechsmastschoner ein Dreimastrahsegler wurde. (Die sechs Masten wurden nach den Wochentagen Montag bis Samstag benannt.) Während des Krimkrieges war das Schiff als Truppentransporter eingesetzt. 44 000 Mann fuhren in dieser Zeit in beiden Richtungen. Nach dem Krieg war wieder Australien das Hauptziel, wobei noch einmal Truppen gegen die Meuterei in Indien eingeschifft wurden. Nach 1880 wurde die Maschine ausgebaut. GREAT BRITAIN fuhr von nun an als reiner Segler in der Australien-Paketfahrt. Während eines Sturmes erlitt sie bei Kap Hoorn 1886 schwere Schäden. Es gelang ihr, die Falklandinseln anzulaufen, wurde aber dort zum Totalverlust erklärt. In Port Stanley diente sie bis 1937 als Woll-Lagerschiff. Dreißig Jahre lang lag sie danach in Sparrow Cove, in der Nähe von Port Stanley, auf Grund gesetzt. Dr. Ewan Corlett, einem Schiffbauingenieur, ist es zu verdanken, daß die Rettungsaktion eingeleitet wurde. Unter schwierigen technischen Bedingungen wurde das Schiff 1970 auf einem Ponton verladen, von drei Schleppern nach Bristol »heimgebracht«. Im gleichen Dock, in dem GREAT BRITAIN gebaut wurde, gehen nun die Restaurierungsarbeiten zügig voran.

131

H.M.S. Gannet

GROSSBRITANNIEN

H.M.S. Warrior

HMS GANNET, ex HMS PRESIDENT, ex HMS MERCURY, ex HMS GANNET wurde 1878 auf der Sheerness Werft gebaut. Sie hat eine Wasserverdrängung von 1 130 ts bei einer Länge zwischen den Loten von 51,70 m und einer Breite von 11 m. Die eisernen Spanten sind mit Teakholz beplankt (Kompositbauweise). Das Schiff besaß ursprünglich eine Dampfmaschine und eine Bewaffnung von 2 17,5 Hinterladergeschützen und 4 64-Pfündern. Das Kriegsschiff ist ein typischer Vertreter aus der Mitte der victorianischen Zeit. Allmählich verdrängte damals die Dampfmaschine den Segelantrieb, wobei bei vielen Schiffen beide Antriebsarten kombiniert verwendet wurden.

1888 entsetzte HMS GANNET die Hafenstadt Suakin am Roten Meer, in der die Engländer mehr als drei Monate lang belagert worden waren, durch Beschuß der feindlichen Stellungen. Von 1904 an diente sie in London der Royal Naval Reserve als Übungsschiff. Von 1916 bis 1968 lag sie als stationäres Schulschiff im Hamble River bei Southampton. Heute liegt das Schiff als Hulk in Portsmouth. Sie gehört dem Maritime Trust. Es besteht die Absicht, HMS GANNET neu zu takeln und zu restaurieren.

---

ex HULK C77
ex VERNON III
ex H.M.S. WARRIOR

Art: Dampf-Fregatte, Eisen (plattiert)

Nation: Großbritannien

Eigner: WARRIOR Preservation Trust, Portsmouth

Liegeplatz: Victory Gate, H.M. Naval Base, Portsmouth

Baujahr: Kiellegung 25. Mai 1859
Stapellauf 29. Dezember 1860
Indienststellung 1. August 1861

Werft: Thames Ironworks & Shipbuilding Co., Blackwall, London

Vermessung: 9210 ts Deplacement

Abmessungen:
Länge über alles	127,40 m
Breite	17,60 m
Tiefgang	7,90 m

Segelfläche: 3488 qm (ohne Leesegel)

Panzerung: Schutzbeplankung des Mittelabschnittes: 63,9 m lang und 6,6 m hoch; bestehend aus 11,4 cm starken Stahlplatten, in Nut- und Feder-Verlegung, auf 45,7 cm Teakholz.

Bewaffnung: Original-Bewaffnung: 26 68-Pfünder Vorderlader-Kanonen, 10 110-Pfünder und 4 40-Pfünder Armstrong-Hinterlader-Kanonen mit gezogenem Lauf

Antrieb: Dampf und Segel Maschine: Horizontal-Dampfmaschine, entwickelt von John Penn. 1250 PS Nennleistung. Zehn Kessel mit vierzig Brennräumen (Die heutige Maschinenanlage ist simuliert).

Besatzung: 706 Mann, davon 50 Offiziere, 93 Unteroffiziere, 441 Seeleute, darunter 66 Heizer und Schiffsjungen, sowie 122 Marinesoldaten.

Verwendung: Museumsschiff

Der Bau der H.M.S. WARRIOR war, zusammen mit ihrem Schwesterschiff H.M.S. BLACK PRINCE, die Antwort Britanniens auf die Seerüstung Frankreichs, das mit dem Bau von mehreren großen, hölzernen Kriegsschiffen mit Stahlbeplankung die englische Vormachtstellung auf See brechen wollte. Das erste Schiff war die GLOIRE mit 5700 ts Deplacement. H.M.S. WARRIOR mit ihrem eisernen Rumpf und der Stahlbeplankung war das erste Schiff dieser Art, und auch das größte und schnellste Kriegsschiff seiner Zeit. Der Maschinenantrieb war nicht zuletzt für Gefechtsmanöver gedacht. Napoleon III. nannte den Riesen „Schwarze Schlange unter Kaninchen". Die Fregatte wurde bereits nach zehn Jahren ausgemustert. Der schnelle technische Fortschritt jener Zeit war über sie hinweggegangen. Es folgte eine Zeit in der Reserveflotte und der Küstenwacht, bis sie 1883 aus dem aktiven Dienst genommen wurde. Das Schiff wurde 1904 als H.M.S. VERNON zu einer Kraftstation der Royal Naval Torpedo School in Portsmouth umgebaut, bis der Rumpf 1929 nach Südwales geschleppt wurde. In Milford Haven tat es als schwimmender Ölbunker HULK C77 seinen Dienst, bis es 1979 dem Maritime Trust zur Restaurierung übergeben wurde. Im Juni des gleichen Jahres wurde H.M.S. WARRIOR nach Hartlepool geschleppt, wo man acht Jahre Zeit und neun Millionen Pfund aufwandte, um sie in den Originalzustand von 1861 zu versetzen. Sie ist neben H.M.S. VICTORY zu einer weiteren Attraktion von Portsmouth geworden. Ein römischer Krieger schmückt als Galionsfigur den Bug mit seinem weit ausladenden Vorgeschirr.

Ji Fung

Art: Brigantine, Holz

Nation: Großbritannien

Eigner: Outward Bound
Trust of Hong Kong Ltd.

Heimathafen: Hong Kong

Baujahr: Stapellauf November 1980
Indienststellung März 1981

Werft: Kong and Halvorsen

Vermessung: 196 ts Deplacement
174 BRT
74 NRT

Abmessungen:
Länge über alles   40,20 m
Länge Rumpf   28,80 m

Breite   7,60 m
Raumtiefe   3,70 m
Seitenhöhe   5,10 m
Tiefgang   3,90 m

Segelfläche: 598 qm

Besegelung: 10 Segel
Großmast mit Bermudasegel

Masten: Höhe Großmast
über Deck 30,50 m

Antrieb: Gardiner 8-Zylinder-Diesel
230 PS

Besatzung: 5 Mann Stammbesatzung
40 Trainees

Verwendung: Schulschiff unter Segeln

Der Name Jɪ Fᴜɴɢ bedeutet „Göttlicher Wind". Die Jungen und Mädchen der Schulbesatzung stammen vor allem aus chinesischen Großunternehmen.

Kaskelot

Art: Bark, Holz

Nation: Großbritannien

Eigner: Square Sail, Bristol
(Mr. Robin Davies)

Heimathafen: Bristol

Baujahr: 1948

Werft: J. Ring-Andersen, Svendborg,
Dänemark

Vermessung: 450 ts Deplacement
226 BRT

Abmessungen:
Länge über alles   46,50 m

Breite   7,60 m
Tiefgang   3,60 m

Segelfläche: 883 qm

Besegelung: 17 Segel
Je nach Verwendung, einfache oder
doppelte Marssegel

Masten: Höhe Großmast über Deck
31,00 m

Antrieb: B & W Alpha-Diesel
375 PS

Besatzung: 14 Mann Stammbesatzung

Verwendung: Schulschiff unter Segeln,
Charterschiff, Filmschiff

KASKELOT (= Pottwal) war als ketschgetakeltes Motorschiff für die Royal Greenland Trading Company gebaut worden. Als Handels- und Hospitalschiff versorgte sie die Siedlungen an der grönländischen Küste. 1983 kauften sie die jetzigen Eigner. Sie wurde zu einer der größten noch lebenden hölzernen Barken umgebaut.
Als Filmschiff fand sie von nun an Verwendung. In zahlreichen Filmen spielte sie eine „Hauptrolle", wobei sie jeweils den notwendigen neuen Namen bekam, wie zum Beispiel TERRA NOVA, FRAM, JOHN HOWARD und SARACEN.

Kathleen & May

La Dame de Serk

GROSSBRITANNIEN

ex LIZZIE MAY
Art: 3-Mast-Toppsegelschoner, Holz
Nation: Großbritannien
Eigner:
  The Maritime Trust, London
Liegeplatz: St. Mary Overy Dock,
  Southwark
Baujahr: 1900
Werft: Ferguson & Baird,
  Connah's Quay, bei Chester
Vermessung: 136 BRT; 99 NRT
Abmessungen:
  Länge Rumpf   29,80 m
  Breite   7,00 m
  Tiefgang   3,00 m
Segelfläche: 420 qm
Masten:
  Höhe Großmast über Deck 24 m
Antrieb:
  Dieselmotor, 80 PS
Verwendung: Museumsschiff

KATHLEEN & MAY ist der letzte britische Frachtsegler. Ihr erster Eigner, Mr. John Coppack, gab dem Schiff damals den Namen LIZZIE MAY nach seinen beiden Töchtern. Der Schoner beförderte Massengüter rund um die britischen Inseln. 1908 kaufe Mr. J. Fleming aus Youghal in der Grafschaft Cork das Schiff und gab ihm seinen jetzigen Namen. Auch dies waren die Namen seiner Töchter. 1931 wurde Capt. T. Jewell aus Appledore der neue Eigner. Er verkleinerte das Rigg und baute einen Motor ein. 30 Jahre lang fuhr das Schiff weiterhin als Frachter. Seit 1970 gehört KATHLEEN & MAY dem Maritime Trust. Sie wurde inzwischen vollkommen restauriert und hat ihr altes Rigg wiederbekommen.

Art: Bark, Kompositbau
Nation: Großbritannien
Eigner: Mr. Peter Emms, Worcestershire
Baujahr: 1955
Werft: in Frankreich gebaut
Abmessungen:
  Länge Rumpf   33,00 m

Das Schiff war ursprünglich für die französische Marine als Motorschulschiff gebaut worden. Zeitweilig versah es auch Fähr- und Versorgungsdienste zwischen den Kanalinseln (Sark ist eine der französischen Kanalinseln).
1983 erfolgte der Umbau zur Bark.
Das Schiff lag dafür einige Wochen lang in London in der Themse. Ein typisches Merkmal des Rumpfes ist das gemalte Pfortenband.

Lord Nelson

Art: Bark, Stahl

Nation: Großbritannien

Eigner:
Jubilee Sailing Trust, London

Baujahr: 1985

Werft: James W. Cook & Co., Ltd.,
Wivenhoe, Essex
Konstruktion: Colin Mudie
Kiellegung: 19. Oktober 1984
Stapellauf: 15. Oktober 1985

Vermessung: 400 ts Deplacement

Abmessungen:
Länge über alles	52,10 m
Länge Rumpf	43,00 m
Länge in der Wasserlinie	37,20 m
Breite	8,50 m
Tiefgang	4,10 m

Segelfläche: 845 qm

Masten:
Höhe Großmast über
Wasserlinie 33,50 m

Antrieb: 2 × 195 kW-Diesel

Besatzung:
Eingerichtet für 40 Jungen u. Mädchen,
davon 20 Körperbehinderte

Verwendung:
Schulschiff unter Segeln

Das Schiff wurde ganz besonders
für körperbehinderte Jugendliche
eingerichtet, die oft bis zur Hälfte der
Schulbesatzung ausmachen. Sehr
breit ist deshalb das Bugspriet ausgelegt. Für Rollstuhlfahrer sind an Bord
Sicherheitsschienen befestigt. Da die
Baukosten bei zwei Millionen Pfund
lagen, war der »Jubilee Sailing Trust«
auf die Spendenfreudigkeit der
gesamten britischen Bevölkerung
angewiesen.

Schiffsvermessung und Schiffsabmessung

Solange es für den Menschen nötig war (und solange er dazu in der Lage war), seine Werkzeuge und sein Arbeitsgerät selbst herzustellen, blieb er unabhängig von Konstrukteuren, Werkstätten, Kaufpreisen und anderen Wirtschaftsfragen. Das galt natürlich auch für Schiffe und Boote, ganz besonders für kleinere Jagdfahrzeuge. Die Größe dieser Schiffe auf irgendeine Art zu errechnen, war nicht nötig — auch dann nicht, wenn es sich um Fahrzeuge handelte, die in Gemeinschaftsarbeit hergestellt wurden. Die Schiffe dienten dem Eigenbedarf.

Der Verwendungszweck, die Fertigkeit der Erbauer und das zur Verfügung stehende Material bestimmten die Größe. Noch heute werden bei einigen Völkern Schiffe und Boote von den jeweiligen Benützern selbst gebaut. Erst die Entstehung von Werften, bei denen Schiffe im Auftrag und gegen Bezahlung gebaut werden, machte eine genauere Größenangabe nötig, um den Kaufpreis festlegen zu können. Sollte das Schiff als Kauffahrer selbst Geld verdienen, so mußte zudem bekannt sein, wie groß seine Ladefähigkeit war.

Für den modernen Schiffsverkehr wurde die Größenvermessung eines Schiffes zur zwingenden Notwendigkeit. Aus der Größe eines Schiffes ergeben sich Versicherungsprämien, Kanal- und Hafengebühren und so weiter. In stark befahrenen Häfen kann kein Liegeplatz angewiesen werden, wenn nicht Länge, Breite und Tiefgang des zu erwartenden Schiffes genau bekannt sind.

Im Laufe der Zeit entstanden verschiedene Meßmethoden, die allerdings auch heute noch häufig Unklarheiten aufkommen lassen. So wird oft nicht angegeben, ob ein Maß dem Dezimalsystem oder den englischen Meß-Einheiten entspricht. Auch Längenangaben können differieren, weil die Bezugspunkte verschieden angenommen werden. So kann z. B. die Angabe »Länge über alles«

eines Schiffes, besonders eines Segelschiffes, in der Literatur ganz verschiedene Werte aufweisen, je nachdem, was damit gemeint ist. Dabei scheint doch gerade dieses Maß schon vom Namen her ganz eindeutig festgelegt.

Ein sehr altes Maß für die Ladefähigkeit und damit auch ungefähr für die Größe des Schiffes war die Frachten-Weintonne. Dieses Maß wurde im Mittelalter viel verwendet.

Die Tonne (=Faß) war damals allein ein Raummaß. Erst später wurde unglücklicherweise daraus ein Gewichtsmaß. Im metrischen System ergeben 1000 kg eine Tonne (t). Der englischen Tonne (t, ts; hier: »long ton«) entsprechen 2240 Pfund (lbs) zur 453,6 g = 1016 kg. Zu einer internationalen Maßeinheit für die Raumvermessung der Schiffe wurde dann die Registertonne (RT). Sie entstand aus 100 englischen Kubikfuß. Das entspricht 2,832 Kubikmetern.

Die Möglichkeiten, Größe und Nutzbarkeit eines Schiffes anzugeben, sind hier im einzelnen aufgeführt.

Registertonne (RT) — Raummaß für die Vermessung von seegehenden Schiffen (meist Kauffahrteischiffen). 1 RT = 100 englische Kubikfuß = 2,832 Kubikmeter.

Bruttoraumgehalt = Bruttotonnage (Bruttotonnen, BT) — Hierfür werden alle Räume, die unterhalb des Hauptdecks oder des Vermessungsdecks liegen, vermessen. Dazu kommen die Aufbauten, die von Bord zu Bord reichen. Die Bruttotonnage wird in Bruttoregistertonnen (BRT) angegeben.

Nettoraumgehalt = Nettotonnage (Nettotonnen, NT) — Der Bruttoraum abzüglich der Betriebsräume (Wohnräume der Besatzung, Messen, Provianträume, Trinkwassertanks, Maschinen-, Kohlen-, Ölräume, Stauräume für Tauwerk, Segel, Farbe, Ballast, Navigationsräume). Also der Raum, mit dem das Schiff »Geld verdient«. Dazu gehören auch die Passagierräume. Die Nettotonnage wird in Nettoregistertonnen (NRT) angegeben.

Tragfähigkeit — Die gewichtsmäßige Menge der Ladung, die ein Schiff bis zum zulässigen Höchst-Tiefgang laden kann.

Ladefähigkeit — Die raummäßige Menge der Ladung, die ein Schiff laden kann. Meist angegeben in Registertonnen.

Deadweight (Totgewicht) = dw (Tonnen-Deadweight, tdw oder ts dw) — Die Tragfähigkeit eines Schiffes, eingerechnet der Bunkerinhalt und die Schiffsvorräte. Die Angabe kann in Tonnen (t) zu 1000 kg oder in tons (long tons, ts) zu 1016 kg erfolgen.

Wasserverdrängung = Verdrängung = Deplacement — Die Wassermenge, die das Schiff mit seinem Unterwasserteil verdrängt. Die Verdrängung wird im metrischen System in Kubikmetern angegeben, das Gewicht der verdrängten Wassermenge in Tonnen (t) zu 1000 kg oder, häufiger, in tons (ts) zu 1016 kg.

Deplacement-Tonnen = ts Deplacement — Wasserverdrängung eines Schiffes und seine Gewichtsangabe.

Schiffsgewicht — Unterwasserteil des Schiffes in Kubikmetern (= verdrängte Wassermenge), multipliziert mit dem spezifischen Gewicht des befahrenen Wassers.

Thames Measurement = Themse Vermessung — Vermessungsformel besonders für Sportfahrzeuge, die in ähnlicher Form von der Britischen Admiralität bereits im 14. Jahrhundert verwendet wurde:

$$\text{T. M. Tonnen} = \frac{(L-B) \times B \times \frac{1}{2}B}{94}$$

Die Tonnage ergibt sich aus Länge × Breite × Seitenhöhe / 100.
Heute wird an Stelle der Seitenhöhe die halbe Breite eingesetzt und durch 94 dividiert.

Kriegsschiffe werden fast ausschließlich nach ihrer Wasserverdrängung in ts zu 1016 kg vermessen. Dabei erscheinen oft zwei durch einen Bruchstrich getrennte Angaben. Die Zahl über dem Strich gibt die Verdrängung des voll ausgerüsteten Schiffes ohne Brennstoff an, die Zahl darunter die Mehrverdrängung durch gebunkerten Brennstoff. Bei Kriegsschiffen wird die Verdrängung auch häufig mit »Tonnen-Standardrechnung« (ts Stdd) angegeben, die Tonne zu 1016 kg.

Bis zum 17. Jahrhundert hinein war die Schiffbaukunst ein Handwerk, das allein auf der Erfahrung und dem Können des Meisters beruhte. Weder für die Konstruktion noch für den Bau standen Pläne zur Verfügung. Gelegentlich konnte sich der Auftraggeber eines Schiffes anhand eines Modelles eine ungefähre Vorstellung vom Aussehen des fertigen Schiffes machen, verbindlich war das aber niemals. Welche endgültigen Abmessungen ein Schiff haben würde, konnte erst am gebauten Fahrzeug festgestellt werden. Allmählich verstand man es, vor dem Bau Konstruktionszeichnungen zu machen. Die Anforderungen an die verschiedenen Schiffsarten wurden größer. Zudem nahmen die Schiffe an Größe immer mehr zu. Für seegehende Schiffe wurden Pläne entworfen und für die Werft auch gezeichnet. Der Schiffbau war damit zu einem technischen Vorgang ersten Ranges geworden. Zum Hauptpunkt der Konstruktion des Rumpfes wurde die Projektion der drei Hauptebenen, den Rissen:

1. Längsriß

2. Horizontalriß (Sentenriß, Wasserlinienriß)

3. Querriß (Spantenriß)

In diesem dreidimensionalen Koordinatensystem kann jeder Punkt und jede Linie des Rumpfes festgelegt werden. Ein Marktstein in der zeichnerisch-konstruktiven Vorbereitung für einen Schiffsbau wurde das Werk »Architectura Navalis Mercatoria« des schwedischen Schiffbauers Frederik Henrik af Chapman, das 1768 in Stockholm erschien*).

Für die Konstruktion selbst sowie für die Berechnung der Schiffsgröße überhaupt sind einige Abmessungen des Rumpfes von großer Bedeutung. Abgesehen davon geben sie auch die Möglichkeit, sich von der Größe und ungefähren Form eines Schiffes eine Vorstellung zu machen. Die Bezugspunkte für die Abmessungen liegen fest in der Linienführung des Rumpfes und in dessen Begrenzungen. Bei Segelschiffen kommt dazu, daß, ganz abgesehen von

Masten und Rahen, der Rumpf allein nicht die Gesamtgröße des Schiffes ausmacht. Bugspriet und Besanbaum müssen auch berücksichtigt werden. Der Wasserlinienriß eines Schiffes baut sich von der Basislinie, dem Schiffsboden aus, auf. Die Wasserlinien (WL) liegen dabei waagerecht übereinander. Eine dieser Wasserlinien ist die Konstruktionswasserlinie (KWL, CWL, LWL [loaded waterline], DWL [designed waterline]. Es ist die Linie oder Ebene, auf der das Schiff in beladenem (bei Schul- und Kriegsschiffen in ausgerüstetem) Zustand schwimmt. Man muß allerdings berücksichtigen, daß bei Frachtschiffen die jeweilige Schwimmlinie mit der KWL nicht identisch zu sein braucht. Das spezifische Gewicht des Wassers verändert sich bei verschiedenem Salzgehalt und bei wechselnden Temperaturen. Dadurch variiert auch der Tiefgang des Schiffes und damit seine Schwimmlinie. Auf der Basislinie senkrecht geführte Schnitte querschiffs ergeben insgesamt den Spantenriß. Bei großen Segelschiffen mit senkrechtem Achtersteven liegt die Achterkante des Achterstevens auf der ersten, achtern gelegenen Schnittebene, bei Schiffen mit Motorantrieb ist es die Vorderkante des Rudersteven. Der vorderste und damit letzte dieser zahlreichen Schnitte schneidet den Vorsteven in der KWL. Es entstehen somit auf der Basislinie zwei festgelegte Senkrechte, die Lote — das achtere und das vordere Lot. Der Abstand dieser beiden Linien gibt die »Länge zwischen den Loten«, eines der Hauptmaße zur Vermessung eines Schiffes. Bei kleineren Schiffen, bei denen der Achtersteven nicht senkrecht zur Basislinie steht, schneidet das achtere Lot den Achtersteven in der KWL. Die Form und Länge des Ruderblattes wird bei der Messung der Länge zwischen den Loten nicht berücksichtigt. Liegt die Angabe »Länge der Wasserlinie« vor, dann ist in vielen Fällen das Ruderblatt mitgemessen worden. Die Angabe »Länge Rumpf« gibt die Länge des Rumpfes an, gemessen von der Bugzier bzw. Galionsfigur bis zur

Heckreling. Hierfür steht oft »Länge über alles«. Dieses Maß muß aber auch bei Segelschiffen für die Gesamtlänge des Schiffes stehen, vom Ende des Klüverbaumes bzw. des Bugspriets bis zum Ende des Besanbaumes oder, wenn dieser den Schiffskörper nicht überragt, bis zur Heckreling.

Die »Größte Breite« gibt die Gesamtbreite des Rumpfes an. Sie wird über die Planken gemessen. Bei alten Segel-Kriegsschiffen lag die größte Breite meist auf halber Höhe der Seitenhöhe des Rumpfes, weil der Schiffskörper sich nach oben zum Schanzkleid hin stark verjüngte. Man wollte damit, falls man im Gefecht Seite an Seite ging, das Entern erschweren und die Geschütze aktionsfähig halten.

Die »Seitenhöhe« wird mittschiffs gemessen. Sie erstreckt sich von der Waagerechten durch die Unterkante Spantwinkel (bei Stahlschiffen) beziehungsweise Außenkante Kielsponung (bei Holzschiffen) bis zur Oberkante Decksbalken des obersten durchlaufenden Decks an der Bordwand. Die »Raumtiefe« gibt die Höhe des zur Nutzung verfügbaren Schiffsraumes an. Sie wird von der Oberkante Bodenwrange bis zur Oberkante oberster Decksbalken mittschiffs gemessen. Bei alten mehrdeckigen Kriegsschiffen wird mit der Raumtiefe nur der unterste freie Raum angegeben, die Höhe zwischen Bodenwrange und Oberkante Decksbalken des untersten Decks. Der »Tiefgang« eines Schiffes ist der Abstand der Schwimmlinie von der Unterkante des Kiels. Bei größeren Schiffen befinden sich Tiefgangs-Skalen, die Ahmings, an Vor- und Achtersteven. Die Angabe erfolgt in englischen Fuß mit römischen Ziffern, die sechs Zoll hoch sind.

*) Ein Faksimiledruck der »Architectura Navalis« ist bei Delius, Klasing & Co in Bielefeld, dem Verlag auch dieses Buches hier, neu erschienen.

Segelschiffs-Arten

In dieser kurzen Beschreibung der einzelnen Segelschiffsarten sind nur die Grundformen berücksichtigt worden, die noch heute zu finden sind und die in diesem Buch dargestellt werden. Rahgetakelte Schiffe werden unterschieden nach der Zahl der Masten und nach der Art der Rahen-Aufteilung. Zur klassischen Form wurde das Dreimast-Vollschiff oder Vollschiff. Bei diesem Segler sind alle drei Masten »voll« getakelt; jeder Mast trägt einen vollen Satz Rahsegel. Diese Schiffsart wurde so sehr zum Inbegriff eines Großseglers, daß in der englischen Sprache dafür einfach das Wort »ship« verwendet wird. Größere Typen waren die Viermast-Vollschiffe, das größte jemals gebaute Vollschiff der Fünfmaster PREUSSEN mit 5081 BRT.

Da die Besatzung eines Vollschiffes im Verhältnis zur Wirtschaftlichkeit des Seglers immer sehr groß sein mußte, bevorzugten die Reedereien bei der Handels-Schiffahrt die Bark. Bei ihr führt der letzte Mast, der Besanmast, ausschließlich Schratsegel, meist Gaffelsegel, die beim Manöver von wenigen Mann bedient werden konnten. Daneben spielt auch eine Rolle, daß eine Bark mit den Segeln des Besanmastes leichter zu steuern ist. Beim Steuern und Stützen wirken sie ähnlich wie das Seitenruder eines Flugzeuges.

Die Marine brauchte sich den Einschränkungen der Besatzungs-Zahl nicht zu unterwerfen. Die Mannschaften waren immer groß genug, Vollschiffe zu bearbeiten. (CONSTITUTION, VICTORY). Neben den Dreimast-Barken, für die der Name »Bark« gebräuchlich ist, waren es vor allem die großen Viermast-Barken, die zu Ende des vergangenen Jahrhunderts den Welthandel förderten und enge Verbindungen zwischen den Kontinenten knüpften.

Großen Anteil daran hatte die mächtige Flotte der »Flying-P-Liner« der Hamburger Reederei Ferdinand Laeisz. Ihr letzter Zeuge in deutschem Besitz ist die Viermast-Bark PASSAT, die heute in Travemünde liegt.

Das größte jemals gebaute Segelschiff war die Fünfmast-Bark FRANCE II der Reederei Antonin Dominique Bordes in Bordeaux mit 5633 BRT. Fährt ein Segelschiff einen vollgetakelten Fockmast und wenigstens zwei weitere Masten mit Schratsegeln, so wird es als Barkentine oder Schonerbark bezeichnet. Nicht allzu häufig anzutreffen waren Viermast-Barkentinen, doch es gab sogar Sechsmast-Barkentinen, wie die E. R. STIRLING (1883). Diese unförmige Takelung nahm den Schiffen allerdings jegliche Eleganz. Zu den kleineren rahgetakelten Seglern gehörte die zweimastige Brigg, bei der beide Masten voll getakelt waren. Ist nur der Fockmast voll getakelt, so spricht man von einer Brigantine oder Schonerbrigg. Leider sind die schnittigen Briggs heute von den Weltmeeren verschwunden. Der letzte Zeuge, die Kriegs-Brigg NIAGARA, liegt jetzt als Museumsschiff in Erie, Pennsylvania. Neben den Rahseglern stellten die Schoner die zweite große Gruppe der Großsegler. Allen Schonern gemeinsam sind Schratsegel an jedem Mast. Diese können Gaffelsegel, Stagsegel oder Bermudasegel sein. Der Grundtyp des Schoners ist ein zweimastiges Fahrzeug, bei dem der größere Mast hinten steht und das Gaffelsegel fährt. Um achterlichen Wind besser nutzen zu können, fährt ein Teil der Schoner am Fockmast, an Stelle der Schrat-Toppsegel, Rahsegel, die aber auch in diesem Fall als Toppsegel bezeichnet werden. Diese Schiffe werden dann Rahschoner oder Toppsegel-Schoner genannt. Der Hauptunterschied zwischen einem Rahschoner und einer Barkentine oder Schonerbark liegt darin, daß die Barkentine am Fockmast kein Schratsegel fährt. Dieses Segel heißt bei den Schonern nur für den Fockmast »Schonersegel«. Die entsprechenden Segel an den anderen Masten werden nach den Mast-Namen benannt, also Großsegel, Kreuzsegel und Besansegel.

Der größte jemals gebaute Gaffelschoner war der Siebenmaster THOMAS W. LAWSON mit 5218 BRT, der von nur 16 Mann bearbeitet worden war. Das ist ein wichtiger Vorteil des Schoners, daß auch bei großer Segelfläche nur eine verhältnismäßig kleine Mannschaft zur Bedienung der Segel nötig ist, weil fast alles von Deck aus gehandhabt werden kann. Für die Wirtschaftlichkeit von Handels-Seglern war das von großer Bedeutung. Die heutigen Schulsegler sind aber fast alle rahgetakelt, weil die Zahl der Besatzung keine Rolle spielt und weil für die Ausbildung und Erziehung ja möglichst viele Arbeitsplätze vorhanden sein sollen. Eine Breitfock wird bei den verschiedenen Schonern oft als zusätzliches Rahsegel gefahren. Sie ist dann meist tiefer geschnitten als ein normales Focksegel. Stagsegel-Schoner fahren die Stagsegel nur an den Unterstagen, und zwar meist mit Baum. Im dreieckigen Raum zwischen Unterstag und jeweils vorstehendem Mast werden die Treisegel gesetzt. Der polnische 3-Mast-Stagsegelschoner ZAWISZA CZARNY zeigt eine bemerkenswerte Takel-Besonderheit. Die beiden Treisegel stehen zwischen jeweils zwei gebogenen Gaffeln. Damit bekommen diese Segel die günstigste Kurvenstellung. Man bezeichnet dieses Rigg auch als »Wishbone-Rigg« (Schlüsselbein), weil es wahrscheinlich vom früheren brasilianischen Marine-Schulschiff ALBATROSS (ex WISHBONE) gefahren wurde. Die Idee stammte ursprünglich aus den USA. Bei einer Ketsch steht der kleinere Mast, der Besanmast, hinten. Um die Beschreibung der einzelnen Schiffsarten zu ergänzen, wird im folgenden für jede Form auf ein bestimmtes, im Buch gezeigtes Schiff hingewiesen, das die Hauptmerkmale der jeweiligen Takelungsart in der Abbildung besonders deutlich zeigt.

Vollschiff: GEORG STAGE
Viermastbark: KRUSENSTERN
Bark (Dreimastbark): GORCH FOCK
Viermast-Barkentine: ESMERALDA
Dreimast-Barkentine: PALINURO
Brigg: NIAGARA
Brigantine: GREIF
Viermast-Toppsegelschoner: JUAN SEBASTIAN DE ELCANO
Dreimast-Toppsegelschoner: EUGENE EUGENIDES
Zweimast-Toppsegelschoner: LA BELLE POULE
Viermast-Bermudaschoner: ALBATROS
Viermast-Gaffelschoner: ARGUS
Dreimast-Gaffelschoner: BELLE ESPOIR
Zweimast-Gaffelschoner: FALKEN
Dreimast-Stagsegelschoner: ZAWISZA CZARNY
Ketsch: SEUTE DEERN II
Lateinersegel: MAYFLOWER II

Die wichtigsten Fachausdrücke

A

Abmessungen – Größenangabe des Schiffes in seinen Ausdehnungen (Längenmaße).

achtern – Auf dem Schiff hinten.

Ahmings – Tiefgangsmarken an Vor- oder Achtersteven. Angegeben in Dezimetern oder englischen Fuß.

Anderthalbmaster – Zweimastiges Segelschiff, bei dem der kleinere Mast hinten steht. Der erste Mast heißt Großmast, der zweite Besanmast.

aufgeien – Ein Segel mit den Geitauen an die Rah holen.

aufliegen – Vorübergehendes Stillegen eines Schiffes.

Awningsdeck – s. Sturmdeck.

B

Back – Vorderer, von Seite zu Seite reichender Aufbau eines Schiffes.

Backbord – Die linke Seite des Schiffes.

Baldheader – »Kahlkopf«, Rahschiff, meist Viermaster, ohne Royals.

Ballast – Zuladung eines Schiffes, um eine optimale Stabilität zu erreichen (z. B. Sand, Steine, Wasser). Besonders wichtig bei Fahrten ohne Ladung.

Bark – Ursprünglich nur ein dreimastiges Rahschiff mit zwei vollgetakelten Masten und dem letzten Mast mit Schratsegeln. Daneben vier- oder fünfmastige Rahsegler, die außer dem Schratsegel-getakelten letzten Mast (Besanmast) nur vollgetakelte Masten fahren.

Baum – Rundholz, an das die Unterkante eines Schratsegels (z. B. Gaffelsegel) festgemacht wird.

Bergholz – Besonders starker Plankengang hölzerner Schiffe. Er überragt die Außenhaut, stabilisiert und verhindert Verletzungen der Schiffswand beim Anlegen des Schiffes.

Besanbaum – Baum des Besansegels. Er überragt bei einem großen Schiff meist die Heckreling.

Besanmast – Letzter Mast auf allen drei- oder mehrmastigen Schiffen. Er fährt nur Schratsegel

Besansegel – Segel des Besanmastes sowie letztes Schratsegel auf allen mehr als zweimastigen Schiffen.

Blinde – Rahsegel der Blinderah.

Blinderah – Auf alten Segelschiffen eine Rah, die unter dem Bugspriet gefahren wurde.

Bramsegel – Einfaches oder doppeltes Rahsegel, das an einem rahgetakelten Mast über dem Marssegel (oder den Marssegeln) gefahren wird.

Brasse – Tau, mit dem die Stellung der Rah zur Schiffslängsachse verändert wird. Es greift jeweils am Rahende (Rahnock) an.

Bratspill – Spill mit waagerechter Achse.

Breitfock – Großes, tiefgeschnittenes Rahsegel an der Vor-Unterrah bei vielen Toppsegelschonern.

Brigantine – Zweimastiges Rahschiff, das am Fockmast nur Rahsegel, am Großmast nur Schratsegel fährt.

B (Fortsetzung)

Brigg – Rahschiff mit zwei vollgetakelten Masten.

Bug – Vorderes Ende des Schiffsrumpfes.

Bugspriet – Fest mit dem Schiffskörper verbundene Spiere, die über den Steven nach vorne hinausragt. Zu ihr führen die Vorstage, an denen die Stagsegel laufen.

Bugspriet-Topprah – s. Oberblinderah.

Bugzier – Wenn keine Galionsfigur gefahren wird, zieren häufig geschnitztes Rankenwerk oder barocke Schnecken (englisch: fiddle-head = Geigenkopf) den Bug.

D

Davit – Galgenähnlicher, drehbarer Kran, an dem die Beiboote aufgehängt sind. Er wird für Boote immer paarig gefahren.

Decksbalken – Querliegende Balken, die auf den Spantenköpfen ruhen und auf denen das Deck liegt.

Deplacement – Englisch: displacement = Verdrängung. Hier: Wasserverdrängung des Schiffes.

Dhau – Bezeichnung für zwei- oder mehrmastige arabische Segelfahrzeuge mit Lateinersegeln. Der Name »Dhau« ist in der arabischen Welt selbst allerdings unbekannt.

Dingi – Kleines Beiboot, von einem Mann bedienbar.

Donkey – (Englisch = Esel, soviel wie Lasttier) Dampfkesseln für Hilfsmaschinen auf Segelschiffen für schwere Arbeiten.

Dorie – Ruderboot für ein oder zwei Mann, mit dem vor Neufundland Kabeljau gefangen wird. Das Wort leitet sich ab von »pescadores« = Fischer.

Dromone – Byzantinisches Kriegsschiff mit wenigstens zwei Ruderdecks.

dwars – Genau querab.

E

Eishaut – Besondere, äußerste Beplankung bei Schiffen, die arktische Gewässer befahren.

Eistonne – Faßähnlicher Stand am Mast. Möglichst hochgelegen, zur Beobachtung von Eisbewegungen in arktischen Gewässern.

Ende – Seemännische Bezeichnung für jede Art von Tau.

Eselshaupt – Brillenförmiger Beschlag an der Verbindungsstelle von Untermast und Stenge oder zwischen den Stengen.

Etmal – Zurückgelegte Fahrtstrecke eines Schiffes von 12 Uhr Mittag bis wieder 12 Uhr Mittag.

F

fahren – 1. Ein Schiff fährt Segel und Ausrüstungsgegenstände.
2. Das Schiff fährt von einem Ort zu einem anderen. Aber: Es läuft soundsoviel Knoten.

Fall – Tau, mit dem Rahen oder Segel vorgeheißt werden.

Fallwinde – Winde, mit der Rahen oder Segel geheißt oder gefiert werden.

fieren – Herunterlassen einer Rah, einer Last. Einem Tau »Lose« geben.

F (Fortsetzung)

Fischermanns Stagsegel – (Englisch: Fisherman's staysail) Leichtes Segel, dessen Kopf zum Großstengetopp geholt wird und dessen Hals am Fockmast-Eselshaupt fest ist. Große Zugwirkung!

Fockmast – Erster Mast bei allen mehrmastigen Seglern (nicht beim Anderthalbmaster!).

Focksegel – Bei Rahschiffen das erste Untersegel. Bei Yachten das nächst dem Mast gefahrene Vorsegel (Stagfock).

Fregatte – Älterer Schiffstyp mit drei vollgetakelten Masten (besonders Kriegsschiffe).

Fuß – Längenmaß. Für Schiffsmaße wird meist der englische Fuß mit 304 mm zugrunde gelegt.

G

Gaffel – Obere Spiere (Rundholz) eines Gaffelsegels. Das untere Ende umgreift gabelartig (daher der Name) den Mast von hinten.

Galeas – Als Anderhalbmaster getakelter Küsten-Frachtsegler.

Galionsfigur – Eine Figur, die unter dem Bugspriet angebracht ist und die organisch aus dem Vorschiff bzw. Vorsteven herauswächst. Sie steht meist in Beziehung zum Schiffsnamen.

Gangspill – Winde mit senkrechter Achse. Das Gangspill wird bewegt durch die Spillspaken, an denen die Bedienung um das Spill herumgeht.

Gatt – 1. Hinterende eines Schiffes (Rundgatt, Plattgatt usw.).
2. Loch, z. B. umnähtes Loch im Segel. Öffnung in der Außenhaut auf Deckshöhe für das ablaufende Wasser (Speigatt).

Geitau – Die beiden Gordinge, die zu den Schothörnern (untere Segelecken) eines Rahsegels führen.

Genua – Großes Ballonsegel, das am Vorstag gefahren wird.

Geschützpforte – Öffnung in der Außenhaut des Schiffes zum Ausrennen der Geschützrohre.

Gig – Kleines, schlankes Beiboot für rasche Fortbewegung.

Glattdeck – Durchlaufendes Oberdeck ohne Aufbauten.

Gording – Alle laufenden Taue, die dazu dienen, Segel zur Rah oder zur Gaffel aufzuholen.

Großmast – Zweiter Mast bei einem zwei- und mehrmastigen Schiff (nicht beim Anderthalbmaster!).

Großsegel – Das Untersegel am vollgetakelten Großmast oder das Untersegel dieses Mastes bei Schratsegel-Takelung.

H

Hals – Beim dreieckigen Schratsegel die vordere bugwärtige Ecke des Segels. Beim Rahsegel, je nach Rahstellung, die vordere untere Ecke.

Heck – Hinteres Ende des Schiffes.

Heckgalerie – Zum Teil reichornamentierter, balkonartiger Umgang rund um das Heck, das bei vielen alten Kriegsschiffen und auch bei Handelsseglern zu finden war.

heißen – Das Aufziehen eines Segels oder einer Flagge.

hieven – Anheben einer Last.

Hochsegel – Auch Bermudasegel genannt. Hohes Schratsegel ohne Gaffel, dessen Kopf bis zum Masttopp reicht.

Hulk – Ausgemusterter, abgetakelter Schiffsrumpf, der oft als Lagerraum dient.

J

Jakobsleiter – Direkt am Mast befestigte Leiter.

Jolle – Flaches Beiboot mit Spiegelheck.

Jungfer – Dreifach gelochte, am Rand gekehlte Scheibe. Zwei Jungfern mit durchgeführtem Tau (Reep) ergeben eine Talje.

K

Ketsch – Anderthalbmaster. Der kleinere Mast steht hinten, aber vor dem Ruder des Schiffes.

Kiel – Rückgrat des Rumpfes. Bei Holzschiffen ein Balken, der zentral im Schiffsboden liegt. Auf ihm stehen quer die Bodenwrangen, die in die Spanten übergehen.

Kimm – 1. Sichtbarer Horizont auf See.
2. Am Schiffsquerschnitt stärkste Krümmung im Spant.

Kimmkiel – (Auch Schlingerkiel genannt). Große, flachbodige Schiffe haben häufig an der Kimm des Rumpfes einen wulstartigen Kiel, um Schlingerbewegungen zu verhindern.

Klampe – Nach der Bootsform geschnittene Haltevorrichtung an Deck zum Hineinstellen der Beiboote. Auch zum Belegen von Tauwerk.

Klassifizierung – Jedes größere Schiff wird »geklaßt«. Aus dieser Beurteilung geht hervor, in welchem Bau- bzw. Sicherheitszustand sich das Schiff nach seiner Fertigstellung befindet oder in welchem Zustand es gehalten wird.

Klipper – Scharfgebauter Schnellsegler ursprünglich amerikanischer Herkunft. Später und heute ganz allgemein die Bezeichnung für einen schnellen Großsegler. Selbst Viermastbarken wurden Klipper genannt.

Klüse – Runde oder ovale Öffnung in der Außenhaut oder im Deck zum Durchführen von Leinen oder Ketten (z. B. Ankerklüse).

Klüverbaum – Verlängerung des Bugspriets. Im Gegensatz zu diesem abnehmbar, häufig zum vorübergehenden Einrennen eingerichtet. In manchen Fällen noch durch einen Außenklüverbaum verlängert. Dadurch stehen die Stagsegel weiter auseinander und ergeben »am Wind« eine bessere Zugleistung.

Knoten – 1 Knoten (kn) gleich 1 Seemeile (sm) pro Stunde. An der ablaufenden Loglenie sind Knoten als Marken angebracht.

Kompositbau – Schiffsbauweise, bei der die Spanten und der Kiel aus Eisen oder Stahl und die Planken aus Holz sind.

Korvette – Kleiner als die Fregatte. Meist als Vollschiff getakelt. Geschütze auf dem Oberdeck. Für Aufklärung, Konvoi-Schutz und Kaper.

Krähennest – Geschützter Stand am Mast für den Ausguck.

Kreuzmast – Der letzte vollgetakelte Mast aller drei- und mehrmastigen Segelschiffe.

Kreuzsegel – Das Untersegel am vollgetakelten Kreuzmast (auch Bagien genannt).

Kutter – Arbeitsboot der Marine mit Spiegelheck, das gepullt und gesegelt werden kann.

L

Langboot – Großes Rettungsboot, das immer an Deck oder auf dem Deckshaus festgelascht war.

Lateinersegel – Dreieckiges Segel, das an einer Rute (Mittelding zwischen Rah und Gaffel) gefahren wird. Wahrscheinlich stammt es aus dem Mittelmeerraum.

Laufendes Gut – Alles Tauwerk, das zum Bedienen der Segel und zum Bewegen der Rahen, Gaffeln und anderen Spieren dient.

Lee – Die dem Wind abgewandte Seite.

Leesegel – Segel, die Rahschiffe bei leichtem, raumem Wind setzten. Sie waren an Spieren untergeschlagen, die an beiden Enden der Hauptrahen hinausgeschoben werden konnten.

Legel – Eiserne oder hölzerne Ringe, die um Masten oder Stagen herumgelegt sind und an denen Schratsegel befestigt werden.

Liek – Durch ein Tau verstärkte Kante eines Segels, die um das ganze Tuch herumführt.

loggen – Messen der Geschwindigkeit eines Schiffes von Bord aus.

loten – Messen der Wassertiefe.

Luv – Die dem Wind zugewandte Seite.

M

Mars – Plattform im Mast, die auf den Salings ruht.

Marssegel – Einfaches oder doppeltes Rahsegel, das an einem rahgetakelten Mast über dem Untersegel gefahren wird.

Messe – Wohn- und Speiseraum auf Handels- oder Kriegsschiffen.

Mondgucker – Dreieckssegel über der höchsten Rah mit der Spitze nach oben.

N

Nagelbank – Bankartige Vorrichtung am Schanzkleid an den Wanten und um die Masten herum, zu der das laufende Gut geführt wird, um dort an Belegnägeln festgesetzt (belegt) zu werden.

Nock – Ende einer Spiere (Rah, Gaffel, Baum). Auch seitliche Ausdehnung der Brücke (Brückennock).

O

Oberblinderah – Kleine Rah, die an der Bugsprietstenge gefahren wird, einem kleinen Mast, der vorne auf dem Bugspriet oder dem Klüverbaum steht. Hauptsächlich bei alten Kriegsschiffen.

P

Pardunen – Verstagungen der Masten und Stengen, die achterlich der Wanten stehen.

Patentanker – Stockloser Klappanker, der teilweise in die Klüse eingeholt werden kann.

Pfahlmast – Ein Mast, der aus einem Stück besteht, also keine Stengen trägt.

Pfortenband – Um das Schiff laufendes, meist weißes Band auf der Höhe der Geschützpforten-Reihe am sonst schwarz gemalten Rumpf, das die Pforten demonstrieren oder vortäuschen soll.

Pfortendeckel – Klappen, die von außen die Geschützpforten auf alten Kriegsschiffen schließen.

Piek – Spitze, Ecke. Die äußersten spitzen Räume an den Enden des Schiffes sind die Piekräume (Vorpiek, Achterpiek).

Pinne – Ruderpinne. Längsschiffs und horizontal gelegener Hebel, mit dem der Ruderschaft gedreht wird. Bei großen Schiffen durch Ruderrad ersetzt.

Planken – Mehr oder weniger breite Bretter, die auf den Spanten (Außenhaut) oder auf den Decksbalken (Deck) befestigt sind.

Plattgatt – s. Spiegelheck.

Poop – Der hintere, von Seite zu Seite reichende Aufbau eines Schiffes.

Prahm – Kastenförmiges Transport- oder Arbeitsboot.

pullen – Seemännischer Ausdruck für »rudern«.

Q

Quarterdeck – Erhöhung des Hauptdecks im hinteren Teil des Schiffes.

R

Rah – Am Mast quer zur Längsachse des Schiffes gefahrene Spiere, an der ein Rahsegel untergeschlagen ist.

raum – »schräg von hinten«. Der Wind kommt raum ein, wenn er achterlicher als dwars ist.

Reeder – Eigner eines oder mehrerer Handelsschiffe.

Reff – Teil des Segels, der zum Verkleinern (Kürzen, Reffen) vorgesehen und eingerichtet ist. Das Reff liegt parallel zur Rah oder zum Baum.

Reffbändsel – Kurze Leinen, die in einer oder mehreren Reihen am unteren Teil eines Segels befestigt sind. Mit ihnen wird ein Segel eingebunden.

Reling – Der »Zaun«, der um ein offenes Deck läuft.

Riemen – Das »Ruder« (wie der Nichtseemann es nennt), mit dem gepullt wird.

Rigg – Die gesamte Takelage oder die Takelart eines Segelschiffes.

Riß – Die Gesamtheit der Konstruktionslinien (Spantenriß, Seitenriß etc.).

Royal(-segel) – Einfaches Rahsegel, das über dem oder den Bramsegeln gefahren wird.

Rudergast – s. Rudergänger.

Rudergänger – Der Mann, der am Ruderrad steht und das Schiff steuert.
Rundgatt – Abgerundetes Schiffsende.
Rüste – Bankartige Planke unterhalb der Wanten in der Außenhaut, über die die Rüsteisen zur Außenhaut geführt werden.
Rüsteisen – Flacheisen, mit dem die Wanten an der Außenhaut festgemacht sind.

S

Salinge – Auf Rahschiffen und großen Schonern längs- und querschiffs gestellte hölzerne oder eiserne dünne Balken am Mast, auf denen der Mars ruht. Sie dienen gleichzeitig zum Ausspreizen der Wanten und Pardunen.
Salon – Wohnraum des Kapitäns.
Schaluppe – Einmastiges, kleines Frachtfahrzeug.
schamfilen – Scheuern, besonders von Segeln an den Stagen.
Schandeck – Ein Deck, das an den Seiten über der Außenhaut und den Spanten liegt.
Schanzkleid – Feste Wand um ein freiliegendes Deck.
Schnaumast – Leichter Untermast, der zur Segelführung hinter dem Hauptmast steht.
Schoner – Zwei- oder mehrmastiges Segelfahrzeug, das keinen vollgetakelten Mast fährt. Häufig nur Schratsegel. Bei Zweimastern steht der größere Mast hinten.
Schonersegel – Das Gaffelsegel des Fockmastes, auch dann, wenn dieser Mast noch zusätzlich Rahsegel fährt.
Schott – Trennwand, die einen Teil des Schiffsinneren von einem anderen abteilt (Querschott, Längsschott).
Schratsegel – Alle Segel, die längsschiffs stehen.
Schweinsrücken – Keilförmiger Kasten, auf dessen schräger Oberseite der Anker liegt (zum selbsttätigen Abrutschen).
Seemeile – Der 60. Teil eines Meridiangrades = 1852 m.
Skylight – Oberlicht. Fenster im Deck zur Lichtführung nach unten.
Skysegel – Einfaches Rahsegel, das über dem Royalsegel gefahren wird.
Spake – Speiche, die in Öffnungen einer Trommel (z. B. Spill) eingesetzt wird, um diese damit zu drehen.
Spanten – Die »Rippen« des Rumpfes. Sie stehen quer auf dem Kiel und gehen aus den Wrangen (Bodenwrangen) hervor.
Spencer – Gaffelsegel ohne Baum.
Spiegelheck – Flacher, platter Abschluß eines Schiffes (im Gegensatz zum Rundheck).
Spiere – Alle Rundhölzer an Bord außer Masten und Stengen.
Spill – Winde an Deck mit meist senkrechter Achse (z. B. Ankerspill).
Spinnaker – Großes, leichtes Vorwindsegel. (Verballhornung von SPHINX: auf dieser englischen Yacht wurde es zuerst gefahren).
Sponung – An den Steven und am Kiel beiderseits längs verlaufende Aussparungen, in die die Planken einlaufen.

Süll – Erhöhter Rand um Luken herum und in Türen (Schwelle), um das Eindringen von Wasser zu verhindern.
S.T.A. – »Sail Training Association«. Englische Gesellschaft zur Förderung von Großsegler-Regatten und Segelausbildung.
Stabilität – Standfestigkeit eines Schiffes, seine Möglichkeit, sich aus Schräglagen wieder aufzurichten.
Stag – Taue des stehenden Gutes, die Masten und Stengen nach vorne abstützen.
Stagsegel – Alle Segel, die an Stagen laufen.
Stagsegelschoner – Ein Schoner, der nur Schratsegel fährt, und diese hauptsächlich an den Stagen.
Stampfstock – Eiserner oder hölzerner Stock, der unter dem Bugspriet nach unten weist und die Verstagung des Klüverbaums spreizt.
Stehendes Gut – Alles Tauwerk, das zum Stützen der Masten und Stengen dient und nicht bewegt wird.
Stell – Ein »Satz« (z. B. ein Satz Segel).
Stenge – Fierbare Verlängerung des Untermastes nach oben. Große Segler fahren oft zwei Stengen, Mars- und Bramstenge.
Steuerbord – Die rechte Seite des Schiffes.
Steven – Mehr oder weniger senkrecht stehende Weiterführung des Kiels am vorderen und hinteren Schiffsende.
Stockanker – Sehr alte Ankerform. An seinem Schaft ist der quergestellte Stock fest angebracht.
streichen – Niederholen einer Flagge (Aufgeben des Kampfes).
Sturmdeck – Durchgehendes Deck über dem Hauptdeck. Das Schanzkleid ist bis zu diesem Deck hochgezogen. Dadurch entsteht ein durchlaufender Aufbau.

T

Takelage – Die Gesamtheit der Besegelung und der dazu nötigen Einrichtungen.
Talje – Flaschenzug aus zwei ein- oder mehrscheibigen Blöcken, die durch den Taljenläufer (Taljereep) miteinander verbunden sind.
Tausendbein – Bürstenartige Knüpfarbeit aus kurzen Hanfstücken, die zum Schutz gegen das Schamfilen der Segel an Stagen und Wanten angebracht wird.
Topp – Das obere Ende des Mastes (Vortopp, Großtopp etc.). Daneben oft auch Bezeichnung für den ganzen getakelten Mast.
Toppsegel – Bei Rahschonern (Toppsegelschonern) allgemein das Rahsegel. Bei Gaffelschonern die Segel, die über den Gaffelsegeln stehen (Gaffeltoppsegel).
Toppsegelschoner – Ein Schoner, der am Fockmast neben dem Schonersegel auch ein oder mehrere Rahsegel (Toppsegel) fährt.
Treisegel – Ein Schratsegel, das bei Stagsegelschonern in dem Dreieck zwischen Stag und vorstehendem Mast gefahren wird.
Tramp – Kauffahrer, der seine Ladung dort holt, wo sie gerade angeboten wird (Gegensatz: Linienschiffahrt).

trimmen – 1. Das Schiff wird durch Trimmen (gutes Setzen der Segel, richtiges Stauen der Ladung usw.) in einen guten Zustand gebracht.
2. Beförderung von Ladung von einer Stelle an Bord zu einer anderen.
Trireme – Auch Triere. Griechische Galeere mit drei Ruderbänken.

U

unterschlagen – Anbringen eines Segels an Rahen, Gaffeln, Bäumen usw.
Untersegel – Unterstes Rahsegel an einem vollgetakelten Mast (Focksegel, Großsegel usw.).

V

Vermessung – Bestimmung der Schiffsgröße nach dem Rauminhalt, der Lade- und Tragfähigkeit (Raum- und Gewichtsmaße).
Vermessungslänge – Für die Vermessung meist die Länge zwischen den Loten.
vollgetakelt – Der Mast fährt einen vollständigen Satz Rahsegel.
Vollschiff – Ursprünglich nur ein dreimastiges Rahschiff, bei dem alle Masten voll getakelt sind. Daneben jedes mehr als dreimastige Schiff mit der gleichen Takelart. Genauere Bezeichnung: Vier- oder Fünfmastvollschiff.
Vollzeug – Ein Segelschiff fährt unter Vollzeug, wenn es alle verfügbaren Segel gesetzt hat.
Vorsegel – Alle Segel, die vor dem Fockmast bzw. Mast gefahren werden. Es sind Stagsegel.

W

Wanten – Taue des stehenden Gutes, die den Mast und die Stengen nach der Seite abstützen.
warpen – Fortbewegung eines Schiffes, bei der mit Hilfe eines Bordankers und des kleineren Warpankers das Schiff von einer Ankerstelle zur anderen gezogen wird.
Winsch – Winde.
Wrange – Querliegende Bodenverstärkung des Rumpfes. Aus ihr geht der Spant hervor.
Wurmhaut – Äußerste Umkleidung des Schiffsrumpfes unterhalb der Wasserlinie, meist aus Kupferplatten. Gegen Bohrwurmfraß.

Y

Yacht – Wasserfahrzeug, das nicht für wirtschaftliche Zwecke genutzt wird, sondern nur zum Sport, zur Erholung oder als Liebhaberei Verwendung findet.

Z

Zoll – Gemeint sind meist englische Zoll. 1″ = 25,41 mm.
Zwischendeck – Auf Großseglern meist nur ein einziges Deck zwischen dem Hauptdeck und dem Schiffsboden.

Die Besegelung

Die älteste bekannte Segeldarstellung stammt aus dem 4. Jahrtausend v. Chr.; sie befindet sich auf einer ägyptischen Tonurne. Als sicher darf man aber annehmen, daß es den Menschen schon viel früher gelungen ist, den Wind als Antriebsmittel für Boote oder Flöße zu nutzen. Beobachtungen an schwimmenden Gegenständen, die der Wind vor sich hertrieb, haben wahrscheinlich zur Konstruktion eines entsprechenden Windfanges geführt. Ein Segel in unserem Sinne war es bestimmt nicht. Erst die Erfindung des Tuchgewebes ließ die Anfertigung eines richtigen Segels zu. Aber dichtbelaubte Zweige, große Blätter, Häute oder Matten haben den ersten Anforderungen wohl genügt. Diese einfachen Wasserfahrzeuge segelten vor dem Wind, also mit dem Wind im Rücken. Im Laufe der Zeit gelang es dann, durch Veränderung der Segelstellung auch den seitlich einfallenden Wind auszunutzen.

Der Urtyp des Segels ist das Rah- oder Vierkantsegel, ein Segel, das an einer horizontal aufgehängten, quer zur Schiffslängsachse stehenden Spiere, der Rah, angeschlagen ist. In dieser Grundstellung bietet es dem Wind eine große Widerstandsfläche, die das Schiff bei achterlicher Windrichtung leicht vorantreibt. Durch Änderung der Querstellung, dem Brassen, kann auch bei seitlich von hinten oder seitlich von vorn einfallendem Wind gesegelt werden. Bis etwa in die Mitte des 5. Jahrhunderts n. Chr. fuhren alle Schiffe mit Rahsegeln. Wir finden sie bei nordländischen Schiffen ebenso wie bei den Schiffen der ägyptischen Königin Hatschepsut, den Dromonen der Phönizier, den griechischen Triremen und den römischen Kriegs- und Handelsschiffen. Bei Kriegsschiffen wurde im Gefecht aber weitgehend auf das Segel verzichtet, weil die Schiffe durch Riemenantrieb viel schneller und manövrierfähiger waren.

Während die Weiterentwicklung der nordländischen Schiffsbaukunst weitgehend bekannt ist, fehlen für den Mittelmeerraum von 5. bis zum 9. Jahrhundert n. Chr. fast alle Hinweise. Um so erstaunlicher ist es, wenn von diesem Zeitpunkt an in diesem Gebiet Schiffsabbildungen auftauchen, die eine völlig neue Segelart erkennen lassen — das Lateinersegel. Dieses Segel stammt zweifellos aus dem Mittelmeerraum.

Wer es aber erfunden hat, ist nicht bekannt. Im Gegensatz zum viereckigen Rahsegel hat das Lateinersegel eine dreieckige Form. Es wird an einer schräg aufgehängten, in der Schiffslängsachse stehenden Spiere, der Rute, angeschlagen. Das Lateinersegel war das erste Schratsegel. Aus ihm entwickelten sich alle Segel, die in der Längsachse des Schiffes gefahren werden. Klassische Beispiele für die Lateinertakelung sind die Galeeren und Galeassen des 15. und 16. Jahrhunderts, die Karavellen des Kolumbus sowie heute noch die großen arabischen Dhauen.

Vom 14. Jahrhundert an setzt sich auch im Mittelmeergebiet wieder das Rahsegel durch. Am Ende dieses Jahrhunderts wurden im Norden wie im Süden beide Segelarten miteinander kombiniert, und zwar immer so, daß die vorderen Masten Rahsegel trugen und die hinteren Lateinersegel. Zu Beginn des 15. Jahrhunderts war diese Besegelungsart allgemein üblich.

Holland entwickelte sich im 16. Jahrhundert zur bedeutendsten Seefahrtsnation. Die bekanntesten Schiffbauer dieser Zeit brachten hier den Schiffsbau zu einer außerordentlichen Hochblüte.

Lateinersegel

Zeichnungen:
Kerstin Bartlmae

Eine der wichtigsten Neuerungen der Besegelung der Schiffe war die Erfindung des Stagsegels, das anfangs nur als Stagfock am Vorstag gefahren wurde, allmählich aber auch an den Stagen und Stengestagen der anderen Masten auftrat. Die Klüversegel gehören ebenfalls zu dieser Gruppe. Etwa von 1660 an fuhren alle großen Segler Stagsegel.

Seit der Mitte des 17. Jahrhunderts sind Gaffelsegel im Gebrauch. Das Segel ist hier an einer Spiere angeschlagen, die mit ihrem Fuß an den Mast stößt. Dieses Ende ist zur Sicherung der Stellung gabelartig ausgearbeitet, was der Spiere den Namen »Gaffel« gegeben hat. Gaffelsegel waren schon im 17. Jahrhundert zu Hauptsegeln schneller Schiffe, besonders der Yachten, geworden. Derart getakelte Segler konnten hoch an den Wind gebracht werden, sie waren damit von der Windrichtung weitgehend unabhängig. Neben den zahlreichen mehrmastigen Gaffelschonern der Handelsschiffahrt des 19. und angehenden 20. Jahrhunderts fuhren fast alle Sportsegler zu Beginn dieses Jahrhunderts Gaffelsegel. Inzwischen hat sich aber bei Sportfahrzeugen fast ausschließlich das gaffellose Hoch- oder Bermudasegel

durchgesetzt. Trotzdem finden sich auch heute noch auf allen Meeren Segelschiffe, welche die verschiedenen Besegelungsarten, die überhaupt entwickelt wurden, zeigen.

Da die Schiffsgröße im Laufe der Zeit immer mehr zunahm, mußte auch die Segelfläche vergrößert werden. Selbst bei mehrmastigen Schiffen wurden die Rahsegel so groß, daß sie bei schwerem Wetter nur mühsam gesetzt und geborgen werden konnten. Mehrfache Reffmöglichkeiten und auch die am Fußliek des Rahsegels anschlagbaren Segeltuchstreifen (Bonnets) genügten nicht, diese Schwierigkeiten zu beheben. Es mußten zusätzliche Rahsegel aufgebracht werden.

Die SANTA MARIA des Kolumbus ist eines der ersten Schiffe, von dem wir sicher wissen, daß es über dem Großsegel ein Topp- oder Marssegel gefahren hat.

Der Segelturm wuchs. Dem Marssegel folgte das Bramsegel, und in der zweiten Hälfte des 18. Jahrhunderts tauchten die ersten Royalsegel auf. Den Abschluß bildeten im 19. Jahrhundert noch Skysegel und ganz vereinzelt Mondsegel, die aber kaum mehr praktische Be-

deutung hatten. In den sechziger Jahren des letzten Jahrhunderts wurden dann die Marssegel geteilt in Unter- und Obermarssegel, wenig später auch die Bramsegel. Ein voll getakelter Mast konnte somit im günstigsten Fall fahren: Untersegel, Unter-, Obermarssegel, Unter-, Oberbramsegel, Royalsegel, Skysegel, Mondsegel.

Sicher wurden neben den Stagsegeln auch genauso lange schon Leesegel verwendet. Es sind dies Rahsegel an Spieren, die zu beiden Seiten der entsprechenden Rah ausgefahren werden konnten. Sie fanden vor allem in windarmen Zonen viel Verwendung. Kriegsschiffe, die beim Angriff oder auf der Flucht jede kleine Brise nutzen mußten, führten fast immer Leesegel.

Ketsch (Anderthalbmaster)

1 Klüver
2 Vor-Stagsegel (= Stagfock)
3 Großsegel
4 Groß-Gaffeltoppsegel
5 Besansegel
6 Besan-Gaffeltoppsegel

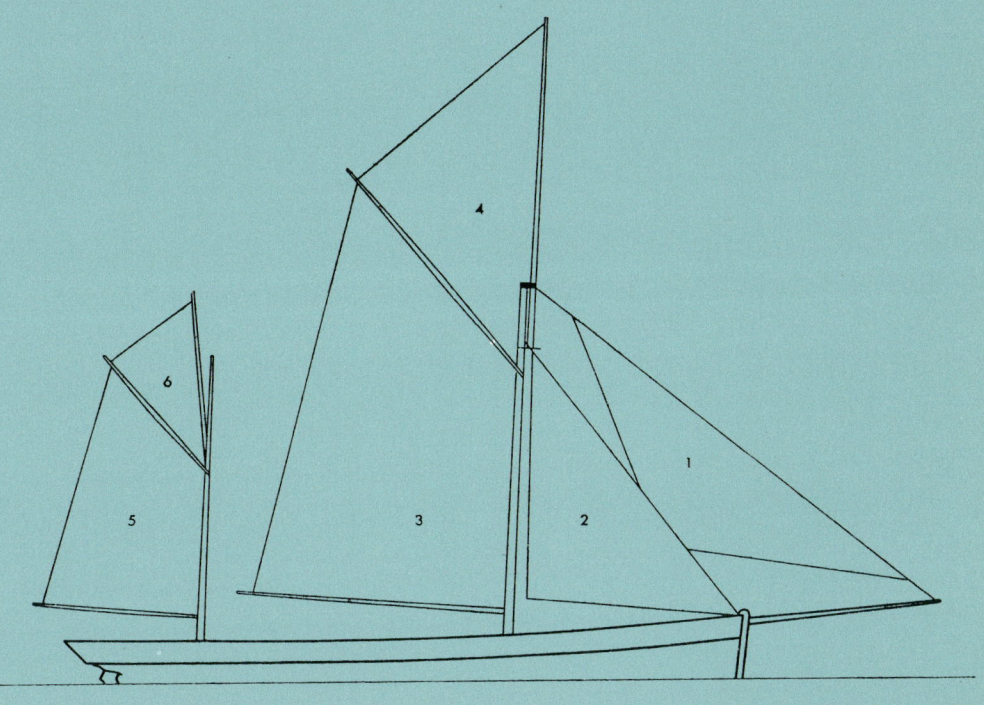

Schoner

1 Außenklüver
2 Klüver
3 Binnenklüver
4 Vor-Stagsegel
5 Schonersegel
6 Vor-Gaffeltoppsegel
7 Groß-Stengestagsegel
8 Großsegel
9 Groß-Gaffeltoppsegel
10 Besan-Stengestagsegel
11 Besansegel
12 Besan-Gaffeltoppsegel

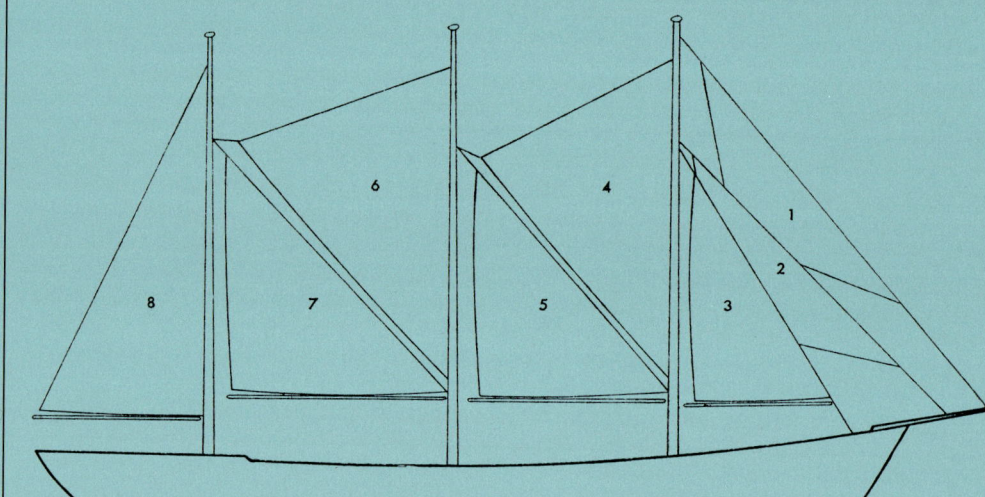

Stagsegelschoner

1 Außenklüver
2 Klüver
3 Vor-Stagsegel
4 Vor-Treisegel
5 Groß-Stagsegel
6 Groß-Treisegel
7 Besan-Stagsegel
8 Besansegel

Toppsegelschoner

1 Außenklüver
2 Klüver
3 Binnenklüver
4 Vor-Stagsegel
5 Schonersegel
6 Vor-Marssegel (Toppsegel)
7 Vor-Bramsegel (Toppsegel)
8 Groß-Stengestagsegel
9 Großsegel
10 Groß-Gaffeltoppsegel
11 Besansegel
12 Besan-Gaffeltoppsegel

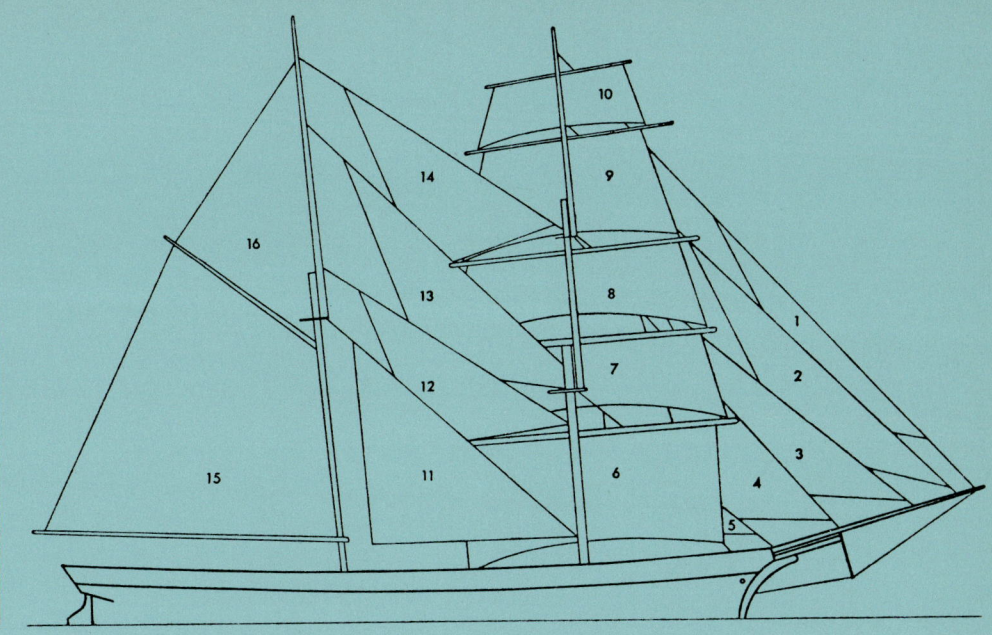

Brigantine

1 Flieger
2 Außenklüver
3 Klüver
4 Binnenklüver
5 Vor-Stagsegel
6 Focksegel
7 Vor-Untermarssegel
8 Vor-Obermarssegel
9 Vor-Bramsegel
10 Vor-Royal
11 Groß-Stagsegel
12 Groß-Mittelstagsegel
13 Groß-Stengestagsegel
14 Groß-Bramstagsegel
15 Großsegel
16 Groß-Gaffeltoppsegel

Brigg

1 Flieger
2 Außenklüver
3 Binnenklüver
4 Vor-Stengestagsegel
5 Focksegel
6 Vor-Untermarssegel
7 Vor-Obermarssegel
8 Vor-Bramsegel
9 Vor-Royal
10 Groß-Stengestagsegel
11 Groß-Bramstagsegel
12 Groß-Royalstagsegel
13 Großsegel
14 Groß-Untermarssegel
15 Groß-Obermarssegel
16 Groß-Bramsegel
17 Groß-Royal
18 Besansegel

Barkentine

1 Flieger
2 Außenklüver
3 Binnenklüver
4 Vor-Stengestagsegel
5 Focksegel
6 Vor-Untermarssegel
7 Vor-Obermarssegel
8 Vor-Unterbramsegel
9 Vor-Oberbramsegel
10 Groß-Stagsegel
11 Groß-Stengestagsegel
12 Groß-Bramstagsegel
13 Großsegel
14 Groß-Gaffeltoppsegel
15 Kreuz-Stengestagsegel
16 Kreuzsegel
17 Kreuz-Gaffeltoppsegel
18 Besan-Stengestagsegel
19 Besansegel
20 Besan-Gaffeltoppsegel

Bark

1 Außenklüver   2 Klüver
3 Binnenklüver
4 Vor-Stengestagsegel   5 Focksegel
6 Vor-Untermarssegel
7 Vor-Obermarssegel
8 Vor-Bramsegel   9 Vor-Royal
10 Groß-Stengestagsegel
11 Groß-Bramstagsegel
12 Groß-Royalstagsegel   13 Großsegel
14 Groß-Untermarssegel
15 Groß-Obermarssegel
16 Groß-Bramsegel
17 Groß-Royal
18 Besan-Stagsegel
19 Besan-Stengestagsegel
20 Besan-Bramstagsegel
21 Unterbesan 22 Oberbesan
23 Besantoppsegel

Vollschiff (Idealbesegelung)

1 Flieger
2 Außenklüver
3 Klüver
4 Binnenklüver
5 Vor-Stagsegel
6 Focksegel
7 Vor-Untermarssegel
8 Vor-Obermarssegel
9 Vor-Bramsegel
10 Vor-Royal
11 Groß-Stagsegel
12 Groß-Stengestagsegel
13 Groß-Bramstagsegel
14 Groß-Royalstagsegel
15 Großsegel
16 Groß-Untermarssegel
17 Groß-Obermarssegel
18 Groß-Bramstagsegel
19 Groß-Royal
20 Groß-Skysegel
21 Groß-Spencer
22 Kreuz-Stengestagsegel
23 Kreuz-Mittelstagsegel
24 Kreuz-Bramstagsegel
25 Kreuz-Royalstagsegel
26 Kreuzsegel
27 Kreuz-Untermarssegel
28 Kreuz-Obermarssegel
29 Kreuz-Bramsegel
30 Kreuz-Royal
31 Besansegel

Vollschiff (Christian Radich)

1 Außenklüver	10 Groß-Stengestagsegel	17 Groß-Royal	a Bugspriet
2 Klüver	11 Groß-Bramstagsegel	18 Kreuz-Stengestagsegel	b Galionsfigur
3 Binnenklüver	12 Groß-Royalstagsegel	19 Kreuz-Bramstagsegel	c Bug
4 Vor-Stengestagsegel	13 Großsegel	20 Kreuz-Royalstagsegel	d Ruder
5 Focksegel	14 Groß-Untermarssegel	21 Kreuz-Untermarssegel	e Heck
6 Vor-Untermarssegel	15 Groß-Obermarssegel	22 Kreuz-Obermarssegel	f Heckreling
7 Vor-Obermarssegel	16 Groß-Bramsegel	23 Kreuz-Bramsegel	
8 Vor-Bramsegel		24 Kreuz-Royal	
9 Vor-Royal		25 Besansegel	

g Pardunen
h Wanten
i Stag
k Fockmast
l Großmast
m Kreuzmast

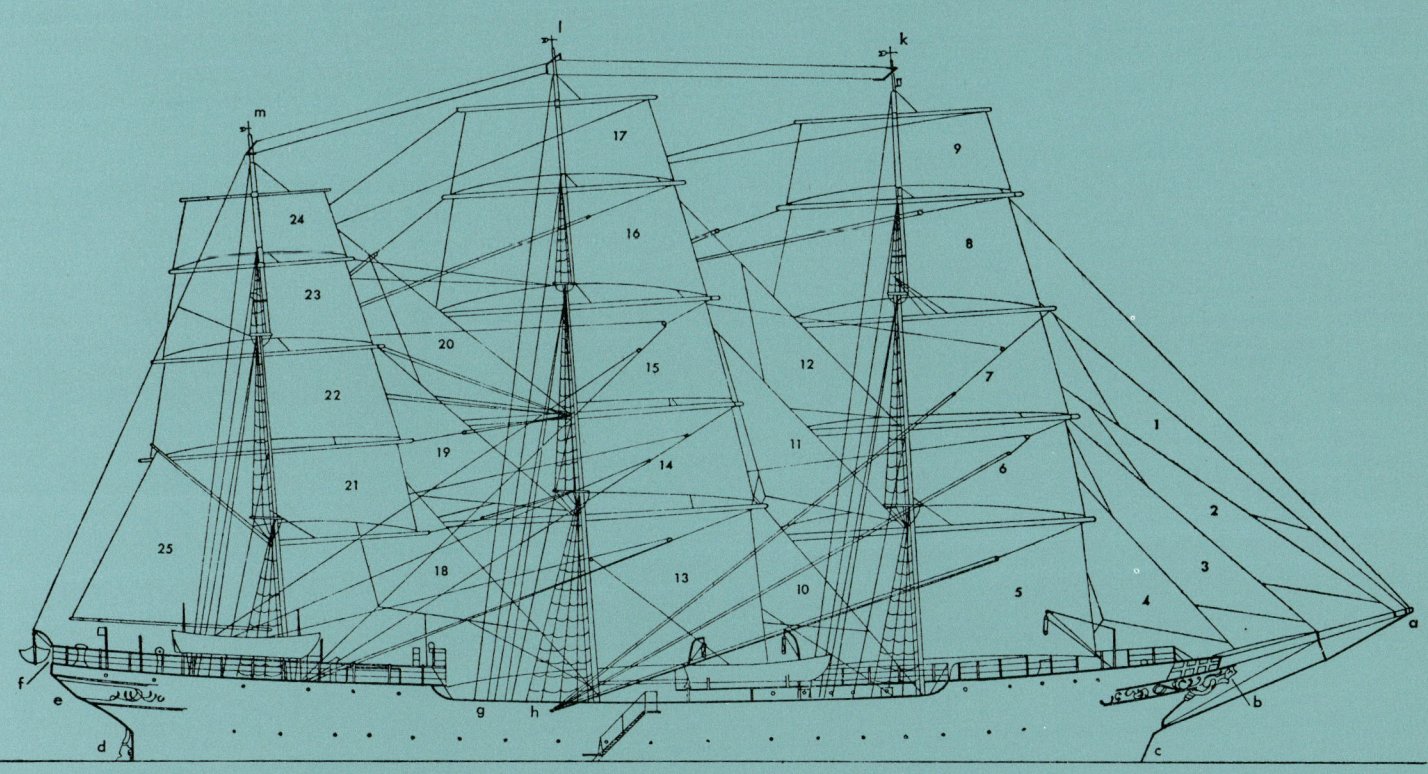

Malcolm Miller

Art: 3-Mast-Toppsegelschoner, Stahl

Nation: Großbritannien

Eigner: Sail Training Association (S.T.A.)

Heimathafen: Portsmouth

Baujahr:
1967; Kiellegung 23. März 1967, Stapellauf 5. Oktober 1967, Indienststellung 10. März 1968

Werft: John Lewis & Sons Ltd., Aberdeen

Vermessung:
244 ts Deplacement;
300 Thames Measurement;
219,16 BRT; 40,33 NRT

Abmessungen:

Länge über alles	45,60 m
Länge Rumpf	41,04 m
Länge zwischen den Loten	30,40 m
Breite	8,10 m
Seitenhöhe	5,67 m
Tiefgang	4,73 m

Segelfläche:
660 qm (Arbeitsbesegelung),
817 qm (mit Breitfock)

Besegelung:
14 Segel; 4 Vorsegel; Fockmast: Breitfock, einfaches Marssegel, Mondgucker (Raffee), Schonersegel, Gaffel-Toppsegel; Großmast: Gaffelsegel, Gaffel-Toppsegel, Stengestagsegel; Besanmast: Hochsegel (Bermuda), Stengestagsegel

Masten:
Höhe Großmast über Deck 29,80 m, alle Masten einteilig (Alu) und gleich hoch

Antrieb:
Zwei Perkins T.6 254 (M)-Dieselmotoren, je 120 PS; Geschwindigkeit mit Maschine 9,5 kn

Besatzung:
7 Mann Stammbesatzung,
40 Jungen (Mädchen)

Verwendung: Schulschiff unter Segeln

Segelschulschiffe dienten und dienen vor allem dazu, den seemännischen Nachwuchs der Kriegs- und Handelsmarinen auszubilden und zu fördern. Um so erstaunlicher war es, daß Großbritannien als alte Seefahrer-Nation mehrere Jahrzehnte hindurch kein aktives größeres Segelschulschiff unter Kommando hatte. Der Bau der SIR WINSTON CHURCHILL knüpfte auch nicht unbedingt an die alte Tradition der britischen Segelschulschiffs-Ausbildung an, hat ihr aber doch wieder ganz entscheidende und neue Akzente verliehen. Bekanntlich sieht die »Sail Training Association«, der die beiden Schoner gehören, ihr Hauptziel nicht in der ausdrücklich seemännischen Ausbildung, sondern sie möchte vor allem auf ganz breiter Basis erzieherisch die jugendlichen Kursusteilnehmer beeinflussen.

Das außerordentliche Interesse, das die Kurse auf dem ersten Schoner weckten, und die große Begeisterung, mit der vor allem Jungen, aber auch Mädchen, daran teilnahmen, machten schon ein Jahr später den Bau eines Schwesterschiffes nötig und möglich. Beide Schiffe gleichen sich wie ein Ei dem anderen.

Lediglich die Unterkünfte wurden bei MALCOLM MILLER erweitert und verbessert. Auch die Galionsfigur unterscheidet die Schoner. Den roten schottischen Löwen des Neubaues schnitzte der bekannte Galionsfiguren-Bildhauer Jack Whitehead aus Wotton (I.O.W.). Der Löwe hält in seinen Pranken das Wappenschild von Sir James Miller. Dieser war früher Oberbürgermeister von London und Lord Provost von Edingburgh. Eine großmütige Spende der Familie, welche die halben Kosten deckte, ermöglichte den Bau des Schiffes. Die Baukosten betrugen 175 000 Pfund. Nach Malcolm, dem Sohn Sir James', der 1966 bei einem Autounfall ums Leben kam, hat MALCOLM MILLER ihren Namen erhalten. Am 10. März 1968 trat der neue Schoner von Leith aus seine Jungfernreise an. Beide Schoner nahmen dann an der S.T.A.-Regatta teil, die im August 1968 von Göteborg zu den Orkneys und zurück nach Kristiansand führte. Zusammen machten beide Schiffe zum Beispiel im Jahre 1968 dreißig Reisen, an denen 1260 Jungen und Mädchen teilnahmen.

Mandalay

ex VEMA
ex HUSSAR

Art: 3-Mast-Barkentine, Stahl

Nation: Großbritannien
(British Virgin Islands)

Eigner: Hoveton, Ltd.

Heimathafen: Miami Beach, Florida

Baujahr: 1923

Werft:
Burmeister & Wain, Kopenhagen

Vermessung: 743 ts Deplacement;
533 BRT; 234 NRT

Abmessungen:
Länge über alles	71,70 m
Länge Rumpf	61,40 m
Länge zwischen den Loten	56,20 m
Breite	10,00 m
Tiefgang	4,50 m

Segelfläche: 1190 qm

Besegelung: 11 Segel

Masten: Einteilig, Stahl
Höhe Großmast über Deck 42,50 m

Besatzung:
28 Mann Stammbesatzung
60 Wohnplätze für Gäste

Verwendung: Charterschiff für Kreuzfahrten (Windjammer Barefoot
Cruises, Miami Beach)

VEMA wurde als Privatyacht HUSSAR für Edward F. Hutton gebaut. Später kaufte Unger Vetlesen das Schiff und taufte es in VEMA um. Als Yacht zeichnete sie sich oft durch ihre Schnelligkeit aus. 1941 wurde sie von der United States Maritime Commission übernommen. Der Schoner wurde zum Schulschiff umgebaut.

Bei Kriegsende verkaufte die U.S.-Regierung den Segler an Kapitän Louis Kenedy aus Neuschottland, der ihn als Charterschiff für Kreuzfahrten verwendete. 1953 erwarb die Columbia Universität in New York das Schiff. Es diente von da an dem Lamont Geological Observatory und seinen Studenten als Forschungsschiff für Ozeanographie. Das Schiff fuhr damals nicht mehr unter Segeln. Nur die Unter-

masten und der rassige Rumpf erinnerten noch an das schnelle Schiff.

Heute gehört das Schiff zur Flotte der »Windjammer Barefoot Cruises«. Die Decksaufbauten aus der Zeit als Forschungsschiff wurden abgenommen und die gesamten Innenräume luxuriös eingerichtet.

Maria Asumpta

ex CIUDAD DE INCA
ex PEPITA
ex MARIA ASUMPTA

Art: Brigg, Holz

Nation: Großbritannien

Eigner: Mark S. P. Litchfield

Heimathafen: London

Baujahr: 1858

Werft: Nicolas Pica,
Badalona bei Barcelona, Spanien

Vermessung: 250 ts Deplacement
127 BRT
72 NRT

Abmessungen:
Länge über alles	38,00 m
Länge Rumpf	29,80 m
Breite	7,60 m
Raumtiefe	2,70 m
Tiefgang	3,10 m

Segelfläche: 790 qm

Besegelung: 24 Segel

Masten:
Höhe Großmast über Deck 27,00 m

Antrieb: 2 × Dorman 6LET-Diesel
2 × 175 PS

Besatzung: 12 Mann Stammbeatzung
8–15 Gäste

Verwendung:
Filmschiff, Werbeschiff, Charterschiff

MARIA ASUMPTA ist das älteste, noch aktive hölzerne Segelschiff. 1988, im Alter von 130 Jahren, überquerte sie unter Segeln den Nordatlantik. Bis in die dreißiger Jahre fuhr sie als Frachtsegler zwischen Spanien und Südamerika.

Das Schiff bekam zu dieser Zeit die erste Maschine. Als Motorsegler mit Namen PEPITA und später ganz abgetakelt mit Namen CIUDAD DE INCA verdiente es als Frachter weiterhin sein Geld. Die Reisen führten in erster Linie ins Mittelmeer. 1980 sollte das Fahrzeug, nach Ausbau und Verkauf der Maschine, auf See verbrannt werden. Zwei Engländer kauften den stark ramponierten Rumpf und verhinderten so die Zerstörung. In Barbate de Franco, westlich von Gibraltar wurde das Schiff innerhalb von achtzehn Monaten grundüberholt, restauriert und als Brigg neu getakelt. Ganz erhebliche Teile der Holzkonstruktion mußten dabei durch neue Hölzer ersetzt werden. Zweihundert Tonnen Holz wurden dafür von England herangeschafft. 1982 segelte CIUDAD DE INCA nach England. 1985–1987 verbrachte sie auf den Großen Seen Nordamerikas. 1988, dem Jahr ihres einhundertdreißigsten Geburtstages, bekam das Schiff den alten Namen MARIA ASUMPTA zurück. Eine große Besonderheit des Seglers sind die Leesegel.

Orion

Phoenix

Art: Bark, Holz

Nation: Großbritannien

Eigner: Square Sail, Bristol

Heimathafen: Bristol

Baujahr: 1945

Werft: Albert Svenson, Pukavik, Schweden

Vermessung: 350 ts Deplacement
174 BRT

Abmessungen:
Länge über alles   44,00 m
Breite
(über Rüsten)   8,30 m
Tiefgang   3,20 m

Segelfläche: 640 qm

Besegelung: 13 Segel
Das Schiff ist im Stile des ausgehenden 18. Jahrhunderts getakelt.

Antrieb: Caterpillar D337, 6-Zyl.-Diesel
186 PS

Verwendung: Charterschiff, Filmschiff

---

ex GABRIEL
ex ANNA

Art: Brigantine, Holz

Nation: Großbritannien

Eigner: Square Sail, Bristol

Heimathafen: Bristol

Baujahr: 1929

Werft:
Hjørne & Jacobsen, Frederikshavn Dänemark

Vermessung: 151 BRT

Abmessungen:
Länge über alles   31,00 m
Länge Rumpf   26,50 m
Breite   6,60 m
Tiefgang   2,00 m

Besegelung: 14 Segel
Doppel-Marssegel, einfaches Bramsegel, Royal

Masten: Höhe Großmast
über Wasserlinie 22 m

Antrieb: Hundestedt-Diesel, 118 PS

Besatzung: Ca. 6 Mann Stammbesatzung

Verwendung: Charterschiff, Filmschiff

Als Handelsschoner war PHOENIX gebaut worden. Die Reisen führten nach Island und in die Nord- und Ostsee. 1970 schied sie aus der Handelsfahrt aus, wurde zur Brigantine umgetakelt und erhielt ihren jetzigen Namen. Bei mehreren Regatten zeigte sie ihre guten Segeleigenschaften. 1976 charterte MARINERS INTERNATIONAL CLUB das Schiff. Nach der Atlantiküberquerung nahm PHOENIX an der Großseglerparade in New York teil. Als Filmschiff fand sie schon damals mehrere Male Verwendung. 1988 wurde das Schiff in sinkendem Zustand vom jetzigen Eigner in Miami übernommen. In Bristol wurde es grundüberholt und für die neue Verwendung vorbereitet.

Das aus Eiche gebaute Schiff wurde als 3-Mast-Schoner im Frachtgeschäft in der Ost- und Nordsee eingesetzt. 1974 wurde es in Thisted, Dänemark, aufgelegt. 1979 kaufte der jetzige Eigner den Segler. 1985 begann die Neutakelung zur Bark und der Umbau für die neue Verwendung.

Polynesia

ex ARGUS

Art: 4-Mast-Barkentine, Stahl

Nation: Großbritannien
(British Virgin Islands)

Eigner: Bimba, Ltd.

Heimathafen: St. Maarten,
Leeward Islands

Baujahr: 1938

Werft: De Haan & Oerlmans, Heusden,
Holland

Vermessung: 820 ts Deplacement
696 BRT; 413 NRT

Abmessungen:
Länge über alles	75,40 m
Länge Rumpf	61,70 m
Länge zwischen den Loten	51,60 m
Breite	10,90 m
Tiefgang	5,40 m

Segelfläche: 1 323 qm

Besegelung: 13 Segel

Masten:
Höhe Kreuzmast über
Wasserlinie 55 m

Antrieb: Sulzer-Diesel, 475 PS

Besatzung: 45 Mann Stammbesatzung
126 Wohnplätze für Gäste

Verwendung: Charterschiff für Kreuzfahrten (Windjammer Barefoot
Cruises, Miami Beach)

Bekannt wurde ARGUS als Bank-
Schoner Portugals. Damals fuhren auf
ihr 72 Mann mit 53 Dories. Alan Villiers
widmete ihr die Biographie »The Quest
of the Schooner ARGUS«, in der er
auch das Leben der ganzen Bank-Scho-
nerflotte beschrieb. Seit 1975 gehört
das Schiff zur »Windjammer«-Flotte in
Florida. Umfangreiche Arbeiten waren
notwendig, um aus dem ehemaligen
Fischereifahrzeug ein Kreuzfahrerschiff
für hohe Ansprüche zu machen. Auf
zwei neuen Decks befinden sich jetzt
die Kabinen für die Passagiere. Neben
der neuen Takelage erhielt der frühere
4-Mast-Gaffelschoner ein komplettes
Teak-Oberdeck.

Puritan

Result

Art: 2-Mast-Gaffelschoner, Stahl

Nation: Großbritannien

Eigner: Oskar Schmidt, Österreich

Heimathafen: Jersey

Baujahr: 1926

Werft: U.S.A.

Abmessungen:
Länge über alles   32,00 m

Besatzung: 12 Mann Stammbesatzung

Verwendung: Privatyacht

PURITAN wurde als Luxus- und Rennyacht gebaut. 1979 erfolgte bei der Werft Camper & Nicholson, Hampshire, eine Grundüberholung. Yachten dieser Art hatten bei Regatten bis zu vierzig Mann an Bord.

Art: 3-Mast-Toppsegelschoner, Stahl

Nation: Großbritannien (Nordirland)

Eigner: Ulster Folk and Transport Museum

Liegeplatz: Belfast

Baujahr: 1892/93

Werft: Paul Rodgers, Carrickfergus, Grafschaft Antrim

Vermessung: 122 BRT

Abmessungen:
Länge zwischen den Loten   31,00 m
Breite   6,50 m
Seitenhöhe   2,70 m

Antrieb: Diesel-Motor, 120 PS

Verwendung: Museumsschiff

RESULT war von 1893 bis 1967 als Handelsschiff tätig. Zuerst als reiner Segler, ab 1914 mit Hilfsmotor. Schließlich fuhr sie als ketschgetakeltes Motorschiff. 1916 war sie bei der U-Boot-Abwehr eingesetzt. 1946 erfolgte eine Grundüberholung, bei der auch ein neuer Motor eingebaut wurde. Sie wird jetzt Zug um Zug überholt und als Museumsschiff neu getakelt.

Ring Andersen

Art: Baltic Ketsch, Holz

Nation: Großbritannien

Baujahr: 1948

Werft: J. Ring Andersen, Svendborg, Dänemark

Vermessung: Ladekapazität 155 Tonnen

Abmessungen:

Länge über alles	35,10 m
Länge Rumpf	28,60 m
Länge in der Wasserlinie	24,20 m
Breite	6,50 m
Tiefgang	3,00 m

Segelfläche: 395 qm

Verwendung: Privatyacht

Es gibt wenige Schiffe, die den Namen ihrer Bauwerft tragen. RING ANDERSEN tut es zurecht. Diese verhältnismäßig kleine Werft in Svendborg ist berühmt für den Bau von Frachtseglern, die im Raum Ost- und Nordsee ihr Brot zu verdienen hatten. Typisch für den Rumpf dieser hölzernen Schiffe ist vor allem der außerordentlich elegante Sprung in der Deckslinie. RING ANDERSEN war viele Jahre lang Frachter und transportierte Zucker, Mehl, Bier, Papierrohmasse, Bordsteine und Weizen. 1962 wurde das Schiff verkauft, umgebaut, und im Charterdienst eingesetzt. 1980 kehrte es mit neuem Eigner nach Svendborg zurück. Dort erfolgte dann der großzügige Umbau in eine Privatyacht.

Royalist

Art: Brigg, Stahl

Nation: Großbritannien

Eigner: Sea Cadet Corps

Heimathafen: Portsmouth

Baujahr: 1971
Kiellegung: 21. Oktober 1970; Stapellauf: 12. Juli 1971

Werft:
Groves & Gutteridge Ltd., Cowes

Vermessung:
110 ts Thames Measurement

Abmessungen:

Länge über alles	29,50 m
Länge Rumpf	23,20 m
Länge zwischen den Loten	17,80 m
Breite	5,90 m
Tiefgang	2,60 m

Segelfläche: 596 qm

Besegelung:
10 Segel, 2 Vorsegel
Fockmast: Focksegel, Marssegel, Bramsegel; Großmast: Stengestagsegel, Großsegel, Marssegel, Bramsegel, Besansegel

Masten:
Höhe Großmast über der Wasserlinie: ca. 22 m. Beide Masten einteilig

Antrieb:
Zwei Perkins-Dieselmotoren, je 100 PS, Geschwindigkeit mit Maschine 8 kn, Geschwindigkeit unter Segeln 12 kn

Besatzung: 6 Achterleute, 26 Kadetten

Verwendung: Schulschiff unter Segeln

Das Sea Cadet Corps bietet britischen Jungen die Möglichkeit, praktische Einblicke in ihren späteren Seemannsberuf zu bekommen. Die Royal Navy, die Handelsmarine und die Fischereiflotte sehen hier ihren Nachwuchs. Die Ausbildung erfolgte bisher nur auf kleineren Fahrzeugen. Die ROYALIST ermöglicht jetzt Schulfahrten auch für größere Gruppen. Die Kurse sind so aufgeteilt, daß Jahr für Jahr etwa 1000 Jungen auf das Schiff kommen können. Die aufgemalten Geschützpforten sowie die breiten »Gefechtsmarse« erinnern an eine Kriegsbrigg des 19. Jahrhunderts. Die Linienführung des Rumpfes, das Material und die navigatorische Ausrüstung verweisen den Segler aber in die erste Linie moderner Schiffskonstruktionen. Ein Beispiel mehr, daß in unserer Zeit der Supertanker ein Segelschiff auch technisch seinen Platz behaupten kann.
Die Segel bestehen aus Terylene (Trevira). Für das stehende und laufende Gut wurden rostfreier Stahl sowie Chemiefaser-Taue verwendet. Der Navigation stehen zur Verfügung: Radar, Decca-Navigator, Echolot sowie übliche Instrumente. Selbstverständlich an Bord sind Zentralheizung, Kühlraum und mehrere Generatoren für die elektrische Versorgung.
Die Reisen dauern jeweils eine oder zwei Wochen, dazu kommen einige Wochenendfahrten für Erwachsene. Sie führen in die Gewässer um England, wobei in Zielhäfen entsprechend die Kadetten ausgewechselt werden. Aber auch Auslandshäfen werden angelaufen. Das Mindestalter der Jungen ist $14^{1}/_{2}$ Jahre.
Einige Kurse stehen auch Mädchen zur Verfügung.

Sir Winston Churchill

Art: 3-Mast-Toppsegelschoner, Stahl

Nation: Großbritannien

Eigner:
Sail Training Association (S.T.A.)

Heimathafen:
Portsmouth (registriert in Hull)

Baujahr:
1965; Kiellegung 21. November
1964; Stapellauf 5. Februar 1966,
Indienststellung 3. März 1966

Werft:
Richard Dunston (Hessle) Ltd.,
Haven Shipyard, Hessle (Yorkshire),
Baunummer 802; Konstruktion:
Camper & Nicholsons Ltd., Naval
Archtitects

Vermessung:
281 ts Deplacement; 330 ts
Thames Measurement

Abmessungen:
Länge über alles	45,70 m
Länge Rumpf	41,04 m
Länge zwischen den Loten	30,40 m
Breite	8,10 m
Seitenhöhe	5,67 m
Tiefgang	4,73 m

Segelfläche:
817,5 qm; Besan 128 qm,
Großsegel 86 qm, Breitfock 117 qm

Besegelung:
14 Segel; 4 Vorsegel; Fockmast:
Breitfock, einfaches Marssegel,
Mondgucker (Raffee), Schonersegel,
Gaffel-Toppsegel; Großmast:
Gaffelsegel, Gaffel-Toppsegel,
Stengestagsegel; Besanmast: Hoch-
segel (Bermuda), Stengestagsegel

Masten:
Höhe Großmast über Deck:
29,80 m; alle Masten einteilig
(Aluminium)

Antrieb:
Zwei Perkins T. 6 354 (M)-Diesel-
motoren, je 120 PS;
Geschwindigkeit mit Maschine $9^1/_2$ kn

Besatzung:
6 Mann Besatzung,
40 Jungen (Mädchen)

Verwendung: Schulschiff unter Segeln

Im Jahre 1954 hatte der Engländer Bernard Morgan die Idee, in möglichst regelmäßigen Abständen die großen Segelschiffe zu einer gemeinsamen Regatta, dem »Tall Ships Race«, zusammenzurufen. Dieser Vorschlag fiel in England auf fruchtbaren Boden. 1955 wurde ein Komitee gegründet, das anfangs »The Sail Training Race Committee« hieß und später den Namen »Sail Training Association« (S.T.A.) bekam. Sie war und ist die Trägerin der Großsegler-Regatten, die 1956 mit einem Rennen von der Tor Bay nach Lissabon begannen.

Alle zwei Jahre werden seither die Regatten ausgetragen. Teilnahmeberechtigt sind alle Schiffe, deren Besatzung zu wenigstens 50 % aus Kadetten oder Jungen (Mädchen) im Alter zwischen 16 und 21 Jahren besteht. England brachte die Idee, übernahm die umfangreichen Vorbereitungen für die Regatten und hatte selbst kein eigenes Groß-Segelschiff mehr in Fahrt. Bei mehreren Regatten wurden deshalb fremde Schiffe gechartert, deren Stammbesatzung meist an Bord blieb und die zusätzlich die notwendige Zahl an englischen Jungen erhielten. Der Wunsch, ein eigenes Schiff zu besitzen, war daher in England immer häufiger zu hören. 1964 gab die S.T.A., deren Schirmherr der Herzog von Edinburgh ist, den Auftrag für den Bau des Schoners SIR WINSTON CHURCHILL. Zahlreiche Firmen und Organisationen des ganzen Landes boten spontan ihre Unterstützung an. Der Hauptzweck des Schulseglers ist, möglichst vielen Jungen und Mädchen aus allen Teilen des Landes und aus allen Bevölkerungsschichten die Gelegenheit zu geben, in einer Gemeinschaft leben zu lernen, in der jede Tätigkeit Zusammenarbeit bedeutet. Charakterbildung steht im Vordergrund. Es ist dies ein nationales Erziehungsprogramm, wie es seinesgleichen sucht. Dabei ist völlig nebensächlich, ob sich einer der Jungen später für die Marinelaufbahn entscheidet oder nicht. Das Echo unter der britischen Jugend ist so groß, daß die Kurse auf viele Monate im voraus belegt sind. So ist es bereits nach einem Jahr Fahrtzeit

nötig geworden, ein Schwesterschiff zu bauen, das den Namen MALCOLM MILLER trägt.

Zur Schiffsausrüstung gehören selbstverständlich die modernsten Navigations-Instrumente und umfassende Sicherheitsvorkehrungen. Außerdem besitzt das Schiff eine Zentralheizung für Fahrten während der kalten Jahreszeit. Ein roter Löwe, der das Wappenschild der »Sail Training Association« mit den Initialen »S.T.A.« hält, ziert den scharf geschnittenen Bug.

Der Stapellauf, der ursprünglich für den 9. November 1965 vorgesehen war, verzögerte sich bis Februar 1966, weil das Schiff am 31. Oktober 1965 in einem sehr schweren Sturm auf der Helling umgeworfen worden war. Dabei knickten die Aluminium-Masten ab. Der übrige Schaden hielt sich in Grenzen. Trotz allem wurde der weitere Zeitplan genau eingehalten.

Saint Kilda

Søren Larsen

ex STARFISH
ex BIELEFELD

Art: 3-Mast-Gaffelschoner, Stahl

Nation: Großbritannien

Eigner: Privateigentum
(Eigner will nicht genannt werden)

Heimathafen: St. Peter Port, Guernsey

Baujahr: 1956

Werft: Abeking & Rasmussen,
Lemwerder
Umbau: 1989/90
Jöhnk-Werft, Hamburg

Vermessung: 296,7 BRT
152,3 NRT
(beide Angaben nicht endgültig)

Abmessungen:
Länge über alles	ca. 50,00 m
Länge Rumpf	ca. 46,00 m
(wegen Umbau noch nicht endgültig)	
Länge zwischen den Loten	40,00 m
Breite	7,90 m
Tiefgang	3,60 m

Segelfläche: 650 qm

Besegelung: 4–5 Segel

Masten: Höhe Großmast
über Deck ca. 32 m

Antrieb: KHD-Dieselmotor
600 PS

Besatzung: 2–4 Mann Stammbesatzung
4-6 Gäste

Verwendung: Privatyacht

Der Schoner war ehemals ein
Fischtrawler, der unter dänischer und
deutscher Flagge auf Fang ging.
Er ist, auf gleicher Werft umgebaut,
dem GREENPEACE-Schiff RAINBOW
WARRIOR sehr ähnlich.

Art: Brigantine, Holz

Nation: Großbritannien

Eigner:
Square Sail, Bristol
(Robin und Tony Davies)

Heimathafen: Bristol

Baujahr: 1949

Werft:
Soren Larsen & Sons, Nyköbing
Mors, Dänemark

Vermessung:
350 ts Deplacement
125 BRT

Abmessungen:
Länge über alles	44,00 m
Länge in der Wasserlinie	32,20 m
Breite	7,70 m
Tiefgang	3,00 m

Segelfläche: 627 qm

Besegelung:
13 Segel; 3 Vorsegel; Doppel-Marssegel, einfaches Bramsegel, Royal

Antrieb: B&W Alpha-Diesel, 240 PS

Besatzung: 10 Mann Stammbesatzung

Verwendung: Charterschiff, besonders
für Filmzwecke

Die formschöne Brigantine wurde als
Motorschoner gebaut. Sie war in der
Handelsfahrt bis 1969 beschäftigt. Nach
Ankauf durch ihre jetzigen Eigner
wurde sie umgetakelt und für den neuen
Verwendungszweck eingerichtet. Im
Fernsehen war sie besonders in der Serie
»Die Onedin Linie« zu sehen. 1982
erhielt das Schiff eine Eisverstärkung
für einen neuen Film über Shackleton.
Als ENDURANCE, das damalige Expedi-
tionsschiff, mußte sie vorübergehend
einen zusätzlichen Besanmast bekom-
men. 1983 wurde SØREN LARSEN vom
JUBILEE SAILING TRUST für drei
Jahre gechartert. An Bord befanden
sich während dieser Zeit vorwiegend
körperlich behinderte Jugendliche. 1987
führte die Brigantine die europäische
Flotte an, die zur Feier der 200-jährigen
Erstbesiedelung Australiens zum fünften Kontinent gekommen war.

Stina

Das Schiff war als Kohle- und Sandfahrer für eine Ziegelei gebaut worden. Zeitweilig fuhr STINA als Alkoholschmuggelschiff und danach als Kirchenschiff zwischen den Ostseeinseln. Bekannt wurde sie durch ihre Mitwirkung in den Filmen »A Break in the Sun« und »The French Lieutenant's Woman«.

Art: 2-Mast-Gaffelschoner, Holz

Nation: Großbritannien

Eigner:
  Mr. M. J. Michael Lillte,
  Ltd., Ipswich, England

Heimathafen: Ipswich, Suffolk, England

Baujahr: 1946

Werft: In Sipoo, Finnland

Vermessung: 108 ts Thames
  Measurement, 79,52 NRT

Abmessungen:

Länge über alles	32,5 m
Länge Rumpf	22,8 m
Länge KWL	19,7 m
Breite	6,7 m
Tiefgang	1,9 m

Segelfläche: Ca. 370 qm

Besegelung: 7 Segel

Antrieb: Gardener-Diesel, 100 PS

Besatzung: 4 Mann
  10 bis 12 Gäste

Verwendung:
  Schul-, Charter-, Filmschiff

Terra Nova   # Unicorn

Als »Anne Marie Greneus« wurde das etwa 37 m lange, hölzerne Schiff 1948 bei J. Ring-Andersen in Svendborg, Dänemark gebaut. Für die grönländische Regierung fuhr sie, mit einem Arzt an Bord, in der Küstenfahrt. Im Herbst 1983 kaufte sie die englische Firma »Robin Davis' Square Sail«. Sie soll als Bark oder Barkentine getakelt werden. Ihr wahrscheinlicher Name wird TERRA NOVA. Die erste Verwendung wird Filmen in grönländischen Gewässern sein.

---

ex CRESSY
ex UNICORN II
ex UNICORN

Art:
Fregatte (Vollschiff), Holz; »Fifth Rate, 46 guns«

Nation: Großbritannien

Eigner:
Kriegsflotte; Royal Naval Reserve »The Unicorn Preservation Society«, Dundee

Liegehafen: Dundee, Victoria Dock

Baujahr:
1794−1824; Kiellegung 1794; Stapellauf 30. März 1824

Werft:
Marine-Werft Chatham; Entwurf: R. Seppings

Vermessung: 1077 ts Deplacement

Abmessungen:
Länge Rumpf	50,50 m
Länge über Deck	46,10 m
Länge zwischen den Loten	42,80 m
Breite	12,10 m
Raumtiefe	3,80 m
Tiefgang	ca. 4,00 m

Besegelung:
Tiefe, einfache Marssegel; einfache Bramsegel; Royals

Masten, Spieren:
Höhe Großmast über Deck	ca. 40,00 m
Großrah	24,00 m
Großroyalrah	8,00 m

Besatzung:
Für die aktive Dienstzeit waren 334 Offiziere und Mannschaften vorgesehen

Bewaffnung: Ursprünglich 46 Kanonen

Verwendung: Museumsschiff

Obwohl die UNICORN kein »berühmtes« Schiff ist, sie war nie im aktiven Dienst, gehört sie, dank ihrer vielseitigen Verwendungsmöglichkeiten, zu den ältesten, heute noch gut erhaltenen Segelschiffen. Bis zum Jahre 1554, als die Engländer die schottische Galeere UNICORN kaperten, führten alle Flaggschiffe der schottischen Flotte diesen Namen. Die Engländer gaben ihn immer wieder einem ihrer Kriegsschiffe, so daß die heutige UNICORN das dreizehnte Schiff ist, das diesen Namen führt. Ihr Kiel wurde schon 1794 gestreckt, aber erst im Februar 1822 begann der eigentliche Bau. Seefertig ausgerüstet wurde die Fregatte jedoch nie. Sie blieb von Anfang an Standortschiff, das im Notfalle schnell auslaufbereit gewesen wäre. 1855 wurde sie zur Hulk und diente bis 1862 in Woolwich als Pulvermagazin. Bis 1872 lag UNICORN dann in Sheerness aufgelegt. Im Oktober 1871 bot man sie den Medway Sanitätsbehörden als Cholera-Hospitalschiff an. Dieser Plan wurde aber nicht verwirklicht, man baute dafür die ehemalige Fregatte in ein Übungsschiff für die Marine-Reserven um (»H.M.S. UNICORN, Headquarters Tay Divisions, Royal Naval Reserve«, wie die offizielle Bezeichnung bis vor kurzer Zeit lautete). UNICORN ist übrigens ein Schwesterschiff zur FOUDROUYANT in Portsmouth. Das Schiff bekam ein festes Dach. Für die Artillerie-Ausbildung standen damals zehn Geschütze zur Verfügung (1−9/, 1−6/, 4−64 Pfd., 4−32 Pfd.). Am 9. November 1873 erreichte die Fregatte im Schlepp das Earl Grey Dock in Dundee. Selbstverständlich wurde das Schiff im Laufe der Zeit immer wieder den Erfordernissen der modernen Ausbildung angepaßt. Auf dem Oberdeck standen noch bis in die jüngste Zeit die Geschütze. Als 1939 ein Flugzeugträger den traditionsreichen Namen UNICORN bekam, führte die Fregatte den offiziellen Namen UNICORN II. Am 20. November 1941 wurde sie dann in CRESSY umbenannt. 1959 erhielt sie ihren alten Namen zurück. Der Träger wurde abgewrackt. Während des Zweiten Weltkrieges diente das Schiff als Verwaltungszentrum für den

Marinestützpunkt Dundee. Von April 1946 an war UNICORN wieder im Besitz der RNR. 1962 wurde sie vom Earl Grey Dock zum Camperdown Dock verlegt. Seit dem 17. September 1963 liegt sie im Victoria Dock, weil ihr vorheriger Liegeplatz wegen der neuen Tay-Brücke zugeschüttet werden mußte.

Im Herbst 1968 hat die Royal Naval Reserve ein festes Gebäude an Land bezogen. UNICORN wurde der »Unicorn Preservation Society« übergeben. Sie ist heute Museumsschiff. Es ist nicht ausgeschlossen, daß das Schiff eines Tages wieder aufgetakelt wird. Erstaunlich ist, daß das Schiff nach fast 150jährigem Aufenthalt im Wasser nahezu vollkommen dicht ist.

H.M.S. Victory

Art: Linienschiff = Dreidecker, Holz; »First-rate, 104 guns, Ship of the Line«

Nation: Großbritannien

Eigner: Kriegsflotte (Flaggschiff des Portsmouth-Kommandos)

Liegeplatz: Portsmouth (Trockendock)

Baujahr: 1759; Kiellegung 23. Juli 1759; Stapellauf 7. Mai 1765; Indienststellung 1778

Werft: Single Dock, Chatham-Medway; Konstruktion: Thomas Slade, Senior Surveyor of the Royal Navy

Vermessung: Ca. 3500 ts Deplacement; ca. 400 ts Depl. voll ausgerüstet; 2162 t Tragfähigkeit (tons burden)

Abmessungen:

Länge über alles	ca. 100,00 m
Länge Rumpf	69,00 m
Länge Geschützdeck (Gun deck)	56,50 m
Vermessungslänge	46,30 m
Vermessungsbreite	15,30 m
Breite	15,70 m
Breite über alles (mit Leesegeln)	ca. 60,00 m
Seitenhöhe	ca. 10,00 m
Tiefgang	ca. 6,00 m

Besegelung: Vollschiff-Takelung; Untersegel, einfache Marssegel, einfache Bramsegel, Leesegel an Fock- und Großmast

Masten, Spieren: Alle Masten: Untermast, Marsstenge, Bramstenge, Höhe der Masten über Wasserlinie:

Fockmast	55,00 m
Großmast	62,00 m
Kreuzmast	46,00 m
Bugspriet mit Klüverbaum	ca. 35,00 m
Bugsprietrah	19,50 m
Großrah	31,00 m
Groß-Bramrah	14,50 m

Besatzung: Bei Trafalgar 850 Offiziere, Mannschaften und Seesoldaten

Bewaffnung: 104 Kanonen (1805) Unteres Geschützdeck 30 32-Pfd., Mittleres Geschützdeck 28 24-Pfd., Oberes Geschützdeck 30 12-Pfd., Quarterdeck 12 12-Pfd., Back 2 12-Pfd. und 2 68-Pfd.-Carronaden (größte Reichweite der 32-Pfünder etwa $1^1/_2$ Meilen)

Verwendung: Museumsschiff (als stationäres Flaggschiff noch im Dienst)

H.M.S. VICTORY ist das fünfte Schiff der Royal Navy, das diesen Namen trägt. Die erste VICTORY wurde 1559 gebaut und war das Flaggschiff Sir John Hawkins' im Kampf gegen die spanische Armada. 1758 empfahlen die Minister ihrem König Georg II. den Bau von zwölf großen Kriegsschiffen, an deren Spitze ein 100-Kanonen-Schiff stehen sollte. Die Erfolge im englischen siebenjährigen Krieg, vor allem in Nord-Amerika, waren der besondere Anlaß, auch diesem Schiff den Namen VICTORY zu geben.

Der für England weiter günstige Fortgang des Krieges, auch bei Seegefechten, machte einen überstürzten Bau des Geschwaders unnötig. Normalerweise wurden damals für den Bau eines großen Kriegsschiffes fünf Jahre gebraucht. VICTORY wurde 1759 auf Kiel gelegt und 1765 vom Stapel gelassen. Die Baukosten betrugen 57 748 Pfund. Dreizehn Jahre lang blieb sie ohne besondere Verwendung im Medway vor Anker. Beim Eintritt Frankreichs in den amerikanischen Unabhängigkeitskrieg wurde VICTORY 1778 nach Portsmouth befohlen. Ihr erstes Kommando begann als Flaggschiff der Kanalflotte unter Admiral Keppel. Bei Ushant kam es zu einem unentschiedenen Gefecht mit einem französischen Geschwader.

Nacheinander war VICTORY Flaggschiff der Admirale Hardy, Geary, Hyde Parker und Kempenfelt. Unter Lord Howe nahm sie 1782 an den Gefechten bei Gibraltar und Kap Spartel teil. Nach dem Frieden von Versailles 1783 (amerikanische Unabhängigkeit) wurde das Schiff vorübergehend außer

Dienst gestellt. 1793 trat England der ersten Koalition gegen Frankreich bei. Lord Hood auf VICTORY führte einen Verband von 22 Schiffen ins Mittelmeer.

Toulon wurde erobert, mußte aber wegen der heftigen französischen Gegenangriffe unter dem Artillerie-Offizier Napoleon Bonaparte wieder aufgegeben werden. Für die Belagerung von Calvi auf Korsika wurden die Kanonen der VICTORY ausgeschifft. Kapitän Horatio Nelson führte das Artillerie-Kommando. Anschließend kam das Schiff zur Ausbesserung nach Portsmouth.

Admiral Hotham war 1795 mit der VICTORY wieder im Mittelmeer, wo sie im Gefecht bei Kap Hyeres bestand und im Februar 1797 unter Admiral Sir John Jervis am Sieg in der Schlacht bei Kap Vincent beteiligt war. Im November 1797 kehrte das Schiff nach Chatham zurück und wurde bis auf weiteres aus dem Dienst entlassen.

Von 1798 bis 1800 war VICTORY Lazarettschiff für Gefangene. 1801 kam sie für zwei Jahre ins Dock. Eine Grundüberholung war dringend nötig geworden. Dabei wurden neben anderen Veränderungen die offenen Heckgalerien entfernt, die Rüsten weiter nach oben verlegt und die Galionsfigur geändert. Das Schiff erhielt damals sein heutiges Aussehen. Auf Anordnung Nelsons bekamen alle seine Schiffe ein ockerfarbenes Pfortenband. Die Außenseite der Pfortendeckel blieb schwarz wie der übrige Schiffskörper. Bei geschlossenen Deckeln entstand so das berühmte Schachbrettmuster. (Die Innenseite der Pfortendeckel ist rot.)

CAR PARK Nº 13

167

Im April 1803 wurde das Schiff wieder zum Dienst befohlen. Unter dem Oberkommando von Lord Nelson war das Flaggschiff VICTORY mit dem Geschwader im Juli 1803 im Mittelmeer. Nach 18monatiger Blockade von Toulon gelang Admiral Villeneuve der Ausbruch des französischen Geschwaders. Nelson verfolgte ihn bis in westindische Gewässer und kehrte nach England zurück, ohne die französischen Schiffe gesehen zu haben. Am 15. September 1805 verließ Nelson mit seinem Verband Portsmouth, um die Blockade von Cadiz zu leiten. Bei Trafalgar kam es am 21. Oktober 1805 zur entscheidenden Schlacht. VICTORY mußte schwerbeschädigt nach Gibraltar eingeschleppt werden. In aller Eile wurde sie dort notdürftig repariert. Am 3. November 1805 kehrte sie mit dem Leichnam Nelsons an Bord nach England zurück.

Nach umfangreichen Reparaturarbeiten bei der Marinewerft in Chatham tat das Schiff ab März 1808 wieder Dienst. 1813 mußte es für Ausbesserungsarbeiten erneut eingedockt werden. Der Ausgang der Schlacht von Waterloo machte eine Indienststellung zunächst nicht nötig. VICTORY blieb bis 1824 in Reserve. Von da an ist sie bis heute, mit Ausnahme der Jahre 1869 bis 1889, Flaggschiff des Portsmouth-Kommandos. Bis 1922 lag sie im Hafen von Portsmouth vor Anker. Seitdem liegt VICTORY in Portsmouth im ältesten Trockendock der Welt. Mit großem Kostenaufwand wurde sie restauriert und in den Zustand von 1805 gebracht. Diese Arbeiten waren am 17. Juli 1928 abgeschlossen. Um den Rumpf zu schonen, wurden fast alle Kanonen und die schweren Anker durch Holzkopien ersetzt. Die Originale stehen am Rande des Docks. Einer der riesigen Anker liegt am Strand bei Southsea, an der Stelle, an der Nelson zum letzten Mal England verließ. An jedem Jahrestag der Schlacht von Trafalgar findet an Bord des Schiffes eine Gedenkfeier statt. Während umfangreicher Erneuerungsarbeiten in den siebziger Jahren wurde das gesamte Heck aus Teakholz nachgebaut.

Vanessa Ann

Vanessa Ann

Yankee Clipper

Art: 3-Mast-Toppsegelschoner, Stahl

Nation: Großbritannien

Eigner: Mr. C. W. Clowes
und Mr. D. Cox

Heimathafen: Fleetwood, England

Baujahr: 1951

Werft: Richard Ironworks,
Lowestoft

Vermessung: 316 ts Deplacement
153,5 BRT
80,1 NRT

Abmessungen:
Länge über alles	44,00 m
Länge in der Wasserlinie	28,90 m
Breite	7,00 m
Raumtiefe	2,70 m
Seitenhöhe	3,40 m
Tiefgang	3,60 m

Segelfläche: 538 qm

Besegelung: 12 Segel

Masten: Höhe Großmast
über Deck 27,70 m

Antrieb: Hundested-Diesel
250 PS

Besatzung: 12 Mann Stammbesatzung
150 Gäste (Tagescharter)

Verwendung: Charterschiff

---

ex CRESSIDA

Art:
2-Mast-Stagsegel-Schoner, Stahl

Nation: Großbritannien
(British Virgin Islands)

Eigner:
Magnolia Investments, Ltd.

Heimathafen: Fort-de-France,
Martinique

Baujahr: 1927

Werft: Krupp, Kiel

Vermessung: 600 ts Deplacement;
350 BRT; 180 NRT

Abmessungen:
Länge über alles	59,50 m
Länge zwischen den Loten	52,20 m
Breite	9,10 m
Wohnraumhöhe	3,30 m
Tiefgang	5,10 m

Segelfläche: 950 qm

Besegelung:
7 Segel; 3 (4) Vorsegel; Fockmast:
Vor-Treisegel; Großmast: Groß-
Stagsegel; Großsegel (hochgetakelt)

Masten:
Höhe Großmast über Deck 33,50 m

Antrieb: Zwei General Motors
Diesel, je 280 PS

Besatzung: 23 Mann Stammbesatzung
70 Wohnplätze für Gäste

Verwendung: Charterschiff für Kreuzfahrten (Windjammer Barefoot
Cruises, Miami Beach)

Die große Yacht YANKEE CLIPPER wurde als CRESSIDA für die Familie Vanderbilt gebaut. Sie diente vornehmlich als Luxusyacht für lange Reisen und besonders für Forschungsfahrten.
Die Idee der »Windjammer Cruises« stammt von Capt. Mike Burke aus Miami Beach (Florida). Nach dem Zweiten Weltkrieg kaufte er drei außerordentlich große Yachten, die CRESSIDA, die ELK und die CARIBEE. (ELK fährt heute unter dem Namen POLYNESIA). Sie wurden für die Unterbringung einer großen Zahl von Passagieren umgebaut und unternehmen jetzt das ganze Jahr hindurch Ferienreisen für zahlende Gäste zu den Westindischen Inseln und zu den Bahamas. YANKEE CLIPPER segelt zweimal im Monat in die Westindische See (Leeward Islands und Windward Islands).
Während der Hafenaufenthalte dient das Schiff als Hotel. Die Gäste haben die Möglichkeit, selbst bei der Bearbeitung des Schiffes Hand anzulegen.

Das Schiff ist als Trawler gebaut worden. Gut zu erkennen ist der Segler an der Bramsegeltakelung, dem außerordentlich eleganten Sprung und dem sehr langen Bugspriet. Bei einer Kollision mit dem isländischen Kanonenboot THOR während des Kabeljaukrieges, ist das Schiff am Vorschiff erheblich beschädigt worden. Seit 1985 gehört es den jetzigen Eignern.

Yankee Trader

ex HYDROGRAPHER

Art:
2-Mast-Stagsegelschoner, Stahl

Nation: Großbritannien
(British Virgin Islands)

Eigner:
Turtle Dove Enterprise, Ltd.

Heimathafen: Freeport, Bahamas

Baujahr: 1947

Werft: In Norfolk, Virginia, USA

Vermessung: 938 ts Deplacement;
812 BRT; 360 NRT

Abmessungen:
Länge über alles	54,40 m
Länge Rumpf	43,10 m
Länge zwischen den Loten	37,00 m
Breite	9,70 m
Tiefgang	3,90 m

Segelfläche: 579 qm

Besegelung: 4 Segel

Masten:
Höhe Großmast über Wasserlinie
42,00 m

Antrieb: Zwei Baldwin-Hamilton-Diesel
je 810 PS. Geschwindigkeit mit
Maschine 12 kn.

Besatzung: 26 Mann Stammbesatzung
84 Wohnplätze für Gäste

Verwendung: Charterschiff für Kreuzfahrten (Windjammer Barefoot
Cruises, Miami Beach)

Als HYDROGRAPHER war das Schiff
für die U.S. Coast & Geodetic Survey
gebaut worden. Bekannt wurde es durch
seine zahlreichen Forschungsreisen in
alle Teile der Welt. Seit 1971 gehört
YANKEE TRADER, wie sie von da an hieß,
zur »Windjammer«-Flotte in Florida.
Auf zwei neu eingezogenen Decks
befinden sich jetzt die luxuriös einge-
richteten Kabinen für die Passagiere.
Jährlich wird eine Weltumsegelung von
neunmonatiger Dauer durchgeführt.
Daneben segelt das Schiff in der
Karibik.

Zebu

Flying Cloud

ex ZIBA

Art: Brigantine, Holz

Nation: Großbritannien

Eigner: Nick & Jane Broughton

Baujahr: 1938

Werft: A. B. Holms, Raa, Schweden

Abmessungen:

Länge über alles	31,00 m
Länge Rumpf	21,90 m
Breite	6,10 m
Tiefgang	2,30 m

Segelfläche: 395 qm

Besegelung: 10 Segel

Antrieb: Gardner 6LW, 84 PS

Besatzung: 24 Mann

Verwendung: Charterschiff

---

ex TUXTLA
ex OISEAU DES ILES

Art: 3-Mast-Barkentine, Stahl

Nation: Honduras

Eigner: Didicated Holdings, Ltd.

Heimathafen: Tortola, Virgin Islands

Werft: Chantiers Dubigeon, Nantes

Vermessung: 637 ts Deplacement
452 BRT
370 NRT

Abmessungen:

Länge über alles	63,40 m
Länge Rumpf	56,00 m
Länge zwischen den Loten	49,80 m
Breite	9,70 m
Tiefgang	4,80 m

Segelfläche: 1090 qm

Besegelung: 11 Segel

Antrieb: Cleveland Diesel, 420 PS

Besatzung:
25 Mann Stammbesatzung
78 Wohnplätze für Gäste

Verwendung: Charterschiff für Kreuzfahrten (Windjammer Barefoot Cruises, Miami Beach)

ZEBU wurde als Gaffelketsch gebaut. Unter dem Namen ZIBA transportierte sie bis 1972 Salz, Holz und Getreide. Im gleichen Jahr ging sie in englische Hände über. Jetzt als Bermudaketsch getakelt, wurde sie als Charterschiff verwendet. Wenige Jahre später kaufte sie der heutige Eigner. Sie bekam den Namen ZEBU. 1983 erfolgte die Neutakelung als Brigantine. Im Oktober 1984 begann in London eine lange Reise, die das Schiff in vier Jahren rund um den Globus führte. Dabei nahm es an der Operation Raleigh teil.

Über die Geschichte dieses Schiffes ist nicht allzuviel bekannt. OISEAU DES ILES war französisches Schulschiff. 1955 wurde sie nach Mexiko verkauft und fuhr dort mit Namen TUXTLA zehn Jahre lang als Frachtsegler.

Heute segelt dieses große Schiff mit dem scharfen Klipperbug von Tortola aus als Kreuzfahrer durch die Inselwelt der Virgin Islands.

Freia

Art: 2-Mast-Gaffelschoner

Nation: Honduras

Eigner: David und Kirsten Thomas, Svendborg, Dänemark

Heimathafen: San Lorenzo (registriert)

Baujahr: 1897

Werft: Bornholms Maskinfabrik, Rønne

Vermessung: 110 tdw
72 BRT
48 NRT

Abmessungen:
Länge über alles	32,30 m
Länge Rumpf	23,80 m
Länge in der Wasserlinie	21,00 m
Breite	5,90 m
Raumtiefe	2,20 m
Tiefgang	2,10 m

Segelfläche: 310 qm

Besegelung: 8 Segel
4 Vorsegel, Schonermast: Schonersegel, Schoner-Toppsegel; Großmast: Großsegel, Groß-Toppsegel

Masten: Höhe Großmast über der Wasserlinie 25,80 m. Beide Masten mit Marsstengen

Antrieb: Hundested-2-Zyl.-Dieselmotor 90 PS

Besatzung: Kapitän, Bootsmann (Koch) 10 Gäste

Verwendung: Privatschiff

FREIA gehört zu den typischen Baltic-Tradern. Als Schnellsegler mit Klipperbug fuhr sie den größten Teil ihres Lebens Fracht in der Ost- und Nordsee. Mehrfach wurde der Eigner gewechselt. Der Name blieb und immer war Rønne der Heimathafen. 1921 bekam der Schoner die erste Maschine. 1935 wurde er zur Galeas niedergeriggt.
Seit 1978 segelt FREIA mit Gästen, 1987 erwarben sie ihre jetzigen Eigner. Während der folgenden zwei Jahre wurde sie in der Werft J. Ring Andersen in Svendborg nach den strengen Vorschriften der dänischen Seeberufsgenossenschaft generalüberholt und mit Radar und perfekter Sicherheitsausrüstung versehen. Alle Törns gehen ab und an Kiel-Holtenau.

Sir Francis Drake

Als LANDKIRCHEN fuhr das Schiff im Frachtgeschäft zwischen Nord- und Ostsee, später für die »Hamburg-Süd« von Hamburg zur Ostküste Südamerikas. 1981 erfolgte der Umbau in einen modernen Kreuzfahrer für Kurzreisen in der Karibik. Die Unterbringung an Bord erfolgt in 12 Zweibett-Kabinen. Das Schiff verfügt über Selbststeuer, Satellitennavigator, Echograph, Echolot, Funkanlage und Radar. Eine Sprinkleranlage und Rettungsinseln erhöhen die Sicherheit. Als Galionsfigur weist Neptun dem Schiff seinen Weg. Bis 1988 fuhr der Segler unter dem Namen GODEWIND für die Hygrapha GmbH, Hamburg. Mit dem Eignerwechsel erfolgte auch die Umbenennung in SIR FRANCIS DRAKE. Vor der neuen Indienststellung wurde der Schoner in Miami renoviert und verbessert und erhielt danach die U.S.-Coast-Guard-Klassifizierung. Neben vier Rettungsinseln bekam er auch eine neue Galionsfigur.

ex GODEWIND
ex LANDKIRCHEN

Art:
3-Mast-Sprietsegelschoner (mit Toppsegeln), Stahl

Nation: Honduras

Eigner:
Ocean Cruising International, Nassau, Bahamas

Heimathafen:
Charlotte Amalie, St. Thomas, Virgin Islands

Baujahr: 1917

Werft: »an der Weser«, (Lürsen)

Vermessung: 196 BRT, 99 NRT

Abmessungen:
Länge über alles	49,50 m
Länge Rumpf	39,00 m
Länge in der Wasserlinie	33,80 m
Breite	6,90 m
Tiefgang	2,80 m

Segelfläche: 600 qm

Besegelung: 14 Segel

Antrieb: Caterpillar-Diesel, 275 PS

Besatzung:
13 Mann Stammbesatzung,
30 Passagiere

Verwendung:
Charterreisen, Passagiersegelschiff

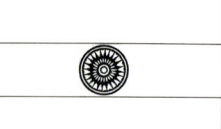
Varuna

Art: Brigg, Stahl

Nation: Indien

Eigner: Sea Cadet Council, Bombay
Marine

Heimathafen: Bombay

Baujahr: Stapellauf 27. August 1980
Indienststellung 20. April 1981

Werft: Mazagon Dock Ltd., Bombay

Vermessung: 100 ts Deplacement
83 BRT
67 NRT

Abmessungen:
Länge über alles	29,50 m
Länge Rumpf	23,10 m
Länge zwischen den Loten	17,80 m
Breite	6,00 m
Raumtiefe	3,90 m
Tiefgang	3,00 m

Segelfläche: 600 qm

Besegelung: 10 Segel, 2 Vorsegel
Fockmast: Focksegel, Marssegel,
Bramsegel
Großmast: Stengestagsegel, Groß-
segel, Marssegel, Bramsegel,
Besansegel

Masten: Höhe Großmast
über Deck 22,80 m

Antrieb: Kirloskar Cummins Diesel,
2 x 100 PS

Besatzung:
36 Offiziere und Kadetten

Verwendung: Schulschiff unter Segeln

Das Schwesterschiff der britischen
Royalist hat seinen Namen nach einem
Meeresgott der indischen Mythologie
bekommen.
»Ananta Nag«, eine Seeschlange der
indischen Mythologie, auf der der Herr
der Meere und Winde reitet, schmückt
den Bug.
Varuna dient sowohl der indischen
Marine als auch dem Sea Cadet Corps
als Ausbildungsschiff. Ein zweites
Segelschulschiff mit höherer Ausbil-
dungskapazität (90 Seekadetten) ist
geplant.

Dewarutji

Art: Barkentine, Stahl

Nation: Indonesien

Eigner: Kriegsflotte, indonesische Marine

Heimathafen: Djarkarta

Baujahr:
1953; Kiellegung 15. Oktober 1952, Stapellauf 24. Januar 1953

Werft: H. C. Stülcken & Sohn, Hamburg

Vermessung: 886 ts Deplacement

Abmessungen:

Länge über alles	58,27 m
Länge Rumpf	49,66 m
Länge zwischen den Loten	41,50 m
Breite	9,50 m
Seitenhöhe	7,04 m
Tiefgang	4,05 m

Segelfläche:
1100 qm; Fock 108 qm, Großsegel 145 qm

Besegelung:
16 Segel; 4 Vorsegel; Fockmast: Fock, Doppel-Marssegel, einfaches Bramsegel, Royal; Großmast, Besanmast: Gaffelsegel, Gaffel-Toppsegel; Großsegel ohne Baum

Masten:
Alle Masten mit einer Stenge (Holz); Höhe Großmast über Deck 35 m

Antrieb:
6-Zyl.-Viertakt-MAN-Dieselmotor, 600 PS; Geschwindigkeit mit Maschine 10,4 kn

Besatzung:
Kapitän, 8 Offiziere, 8 Unteroffiziere, Arzt, Bootsmann, Segelmacher, 6 Matrosen, Ingenieur, Koch, 4 Stewards, 78 Kadetten

Verwendung: Schulschiff unter Segeln

Im Jahre 1932 baute die Stülckenwerft in Hamburg für die jugoslawische Marine das Segelschulschiff JADRAN. Ein ähnliches Schiff wollte die indonesische Regierung für die Ausbildung ihrer Seekadetten und beauftragte deshalb diese Werft mit dem Neubau. Dewarutji ist in der indonesischen Sagenwelt der Beherrscher und Beschützer der Meere. Er entspricht etwa Neptun. Die hölzerne Galionsfigur der DEWARUTJI stellt diesen Gott dar. Die Barkentine besitzt drei Decks. Das oberste, durchgehende Manöverdeck entsteht durch die Verbindung des Poopdecks mit dem Backdeck, die das Mittschiffshaus mit einschließt. Auf dem zweiten Deck befinden sich Poop und Back. Hier wohnt die gesamte Stammbesatzung: in der Poop die Offiziere im Mittschiffshaus die Unteroffiziere, sowie das Personal. In diesem Haus ist auch die Küche untergebracht. Im Zwischendeck wohnen und schlafen

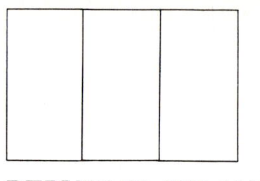

Asgard II

(Hängematten) in zwei getrennten Räumen die Kadetten. Im hinteren Zwischendeck liegen die tropenfesten Proviaträume. Das ganze Schiff wurde wegen der Tropenbestimmung mit großangelegten Lüftungs- und Kühlanlagen ausgerüstet. Im Heckhaus auf der Poop sind Funkraum und Kartenhaus untergebracht. Vor diesem Haus steht das Handruder mit Doppelrad. An Steuerbord liegt ein Stockanker auf einem Schweinsrücken, an Backbord wird ein Patentanker in einer Klüse gefahren.

Die einzige Deckshilfsmaschine ist ein kombiniertes Bugspill (Hand- und elektrischer Betrieb) zur Hebung der Anker. An Beibooten besitzt DEWARUTJI 1 Motorjolle, 3 Kutter, 2 Jollen und 1 Gig (Heck). Das Schiff ist natürlich mit allen modernen Navigationsinstrumenten ausgerüstet worden.

Groß- und Besansegel können sowohl durch Heißen und Fieren der Gaffeln, als auch durch Geitaue, Aus- und Einholer gesetzt und geborgen werden. Diese beiden Segel laufen mit Rutschern auf T-Schienen an Masten und Gaffeln. Die Toppsegel haben am Vorliek Rundlögel. Damit die Bootsdavits auch beim Segeln bedient werden können, fahren die Brassen der Unterrahen an 2,40 m hohe Braßgalgen. Bei Probefahrten konnte das Schiff bis 5½ Strich an den Wind gehen. 200 t Festballast geben die nötige Stabilität.

Die Ausbildungsreisen führen vorwiegend in ostasiatische Gewässer.

Art: Brigantine, Holz

Nation: Republik Irland

Eigner: Regierungseigentum

Baujahr: 1981
  Indienststellung: 6. März 1981

Werft: Jack Tyrell, Arklow, U.K.

Vermessung: 120 ts

Abmessungen:
Länge Rumpf	25,50 m
Länge zwischen den Loten	21,20 m
Breite	6,40 m
Tiefgang	2,90 m

Segelfläche: 370 qm

Antrieb: Kelvin Marein Diesel, 160 PS

Verwendung: Schulschiff unter Segeln

ASGARD A DO, wie sie auf gälisch heißt, wurde ausschließlich für Schulzwecke entworfen und gebaut. Die Galionsfigur stellt Grainne Mhaol dar, eine Kriegerin des 16. Jahrhunderts aus der irisch-englischen Geschichte.

L'Amie

ISRAEL

Art: 2-Mast-Gaffelschoner, Holz

Nation: Israel

Eigner: Berber, Eitan
Eliyahu, Arie
Bernitzki, Azaria
A. B. Services, Eilat

Heimathafen: Eilat

Baujahr: 1951

Werft: A. Nilsen, Skibsverft,
Holbek, Dänemark

Vermessung: 99,1 BRT

Abmessungen:
Länge über alles	26,50 m
Breite	6,60 m
Tiefgang	2,80 m

Antrieb: Volvo-Diesel

Verwendung: Privatyacht

Amerigo Vespucci

Art:
Vollschiff, Fregatte, Stahl

Nation: Italien

Eigner:
Kriegsflotte, Marina Militare,
Accademia Navale, Livorno

Heimathafen: La Spezia

Baujahr:
1930; Kiellegung 12. Mai 1930;
Stapellauf 22. Februar 1931

Werft:
Ehemalige Königliche Werft in
Castellamare di Stabia

Vermessung: $\frac{3550}{4100}$ ts Deplacement

Abmessungen:
Länge über alles	101,00 m
Länge über Rumpf	82,00 m
Länge zwischen den Loten	70,00 m
Breite	15,50 m
Seitenhöhe	11,3 m
Raumtiefe	6,90 m
Tiefgang (mittschiffs)	6,50 m

Segelfläche: 2100 qm

Besegelung:
23 Segel; 4 Vorsegel, Doppel-Marssegel, einfache Bramsegel, Royals

Masten, Spieren:
Höhe Großmast über
Deck: 46,00 m; alle Masten mit Mars-
und Bramstenge, Bugspriet, Klüver-
baum, Außenklüverbaum,
Sprietsegelrah

Antrieb:
Fiat-Diesel-Elektromotor,
zwei Dieselmotoren, zwei Generatoren, zwei Elektromotoren,
eine Schraube, zusammen 1900 PS;
Geschwindigkeit mit
Maschine 10,5 kn

Besatzung:
24 Offiziere, 34 Unteroffiziere,
205 Mannschaften, 150 Kadetten
40 Burschen der Kadetten

Verwendung: Schulschiff unter Segeln

Die italienische Kriegsmarine besaß bis zum Ende des Zweiten Weltkrieges zwei große Segel-Schulschiffe, die 1928 gebaute CRISTOFORO COLOMBO und das Schwesterschiff, die 1930 gebaute AMERIGO VESPUCCI. CRISTOFORO COLOMBO mußte nach Kriegsende an Rußland abgegeben werden. Die Schiffe entsprechen dem Typ der großen Fregatten des 19. Jahrhunderts. Dies wird besonders unterstrichen durch den sehr hohen Freibord, die Heckgalerie und die gemalten weißen Pfortenbänder. Die Idee für den Bau dieser außergewöhnlichen Schiffe stammte von dem Oberleutnant des Marine-Ingenieurkorps Francesco Rotundi.
AMERIGO VESPUCCI gehört zur »Accademia Navale« in Livorno. Im Hof dieser Schule stehen zwei voll getakelte Masten mit Bugspriet und entsprechendem Vorgeschirr. Über einem ebenerdigen »Hauptdeck« erheben sich die Masten in fast natürlicher Höhe. Hier üben die Jungen, durch große, ausgespannte Netze gesichert, bevor sie auf das Schulschiff überwechseln. Seit ihrer Indienststellung ist AMERIGO VESPUCCI immer für die Ausbildung der Offiziersanwärter der Marineakademie verwendet worden. Bis zum Jahre 1965 hat sie neben kleineren Kreuzfahren im Mittelmeer 31 Hochseefahrten von drei- bis fünfmonatiger Dauer gemacht, darunter vier Transatlantik-Fahrten nach Nord- und Südamerika.

Die »Fregatten«-Form entstand dadurch, daß bei einer festgelegten Höchstgröße eine maximale Besatzungszahl erreicht werden sollte. Drei durchlaufende Decks liegen über der Wasserlinie. Die Aufbauten, in denen neben anderen Einrichtungen die zahlreichen Navigationsinstrumente untergebracht sind, überragen den Schiffskörper erheblich. Die Instrumenten-Ausrüstung entspricht dem modernsten Stand. Alle Belegstellen an Bord sind durch kleine Messingtafeln namentlich gekennzeichnet. Das auswendige Kennenlernen der einzelnen Leinen und Tampen ist hier für die Gesamtausbildung nicht wesentlich. Reich geschnitztes, vergoldetes Rankenwerk ziert das Schiff an Bug und Heck. Die Heckgalerie ist nur vom Kommandanten-Salon aus zugängig. Das Dekor und die vornehme Ausstattung der Repräsentations-Räume lassen fast vergessen, daß man sich auf einem Segel-Schulschiff befindet. Eine Vollfigur Amerigo Vespuccis schmückt als Galionsfigur den Bug.
Der Florentiner Vespucci unternahm von 1497 bis 1504 vier Entdeckungsreisen nach Südamerika. Seine genauen Beschreibungen der entdeckten Länder, die in ganz Europa verbreitet wurden, machten ihn so bekannt, daß er damals für den eigentlichen Entdecker Amerikas angesehen wurde.
Das Schwesterschiff der AMERIGO VESPUCCI, die CHRISTOFORO COLOMBO, bekam unter sowjetischer Flagge den Namen DUNAY. Sie wurde 1962 aufgelegt und 1971 aus der Marineliste gestrichen. 1972 wurde das Schiff in Odessa abgewrackt.

Croce del Sud

Palinuro

Art: 3-Mast-Gaffelschoner, Stahl

Nation: Italien

Eigner: M. Vela, Italien

Baujahr: 1931

Vermessung: 175 BRT

Abmessungen:

Länge über alles	37,70 m
Länge Rumpf	34,90 m
Länge in der Wasserlinie	27,80 m
Breite	7,20 m
Tiefgang	5,00 m

Segelfläche: 436 qm

Besegelung: Besanmast: Bermudasegel

Antrieb: 2 × 240 BHP
Volvo Penta Diesel

Verwendung: Privatyacht

Ebe

Brigantine, Holz, 600 BRT. 1921 in Viareggio gebaut. Sie diente von 1952–1955 als Schulschiff der italienischen Marine. Inzwischen wurde sie im Wissenschaftlichen Museum von Mailand aufgestellt.

ex Jean Marc Aline
ex Commandant Louis Richard

Art: Barkentine, Stahl
(»Brigantino-Goletta«)

Nation: Italien

Eigner:
Kriegsflotte, Marineschule
in La Maddalena auf der Insel
Maddalena (Sardinien)

Heimathafen: La Maddalena

Baujahr: 1934

Werft:
Anciens Chantiers Dubigeon, Nantes

Vermessung:
858 BRT; $\frac{1041}{1341}$ ts Deplacement

Abmessungen:

Länge über alles	68,95 m
Länge zwischen den Loten	50,00 m
Breite	10,09 m
Seitenhöhe	5,70 m
Tiefgang (voll ausgerüstet)	
vorn:	3,78 m
achtern:	4,84 m

Segelfläche: 898,80 qm

Besegelung:
14 Segel; 3 Vorsegel; Fockmast: Doppel-Marssegel, einfaches Bramsegel; Groß-, Besanmast: Gaffelsegel, Gaffel-Toppsegel

Masten:
Alle Masten sind Pfahlmasten; Höhe Fockmast: 35,00 m, Großmast: 34,50 m, Besanmast: 30,00 m

Antrieb: Dieselmotor, 375 PS

Besatzung:
5 Offiziere, 12 Unteroffiziere, 44 Mannschaften, etwa 50 Jungen

Verwendung: Schulschiff unter Segeln

In Nantes gebaut, fuhr die Barkentine unter französischer Flagge mit den Namen Jean Marc Aline und Commandant Louis Richard. Wegen der guten nautischen und technischen Eigenschaften kaufte 1951 die italienische Marine das Schiff. In den Jahren 1954 bis 1955 wurde es für die zukünftige Verwendung als Schulschiff umgebaut

Raphaelo

ex Taitu
ex Gerlando

Art: 3-Mast-Stagsegel-Treisegel-
Schoner, Holz

Nation: Italien

Eigner: A. Matacena, Italien

Liegehafen: Cannes

Baujahr: 1941

Werft: Cantieri Navali Fratelli Benetti,
Viareggio, Italien

Vermessung: 435 ts Deplacement

Abmessungen:
Länge über alles	49,40 m
Länge in der Wasserlinie	31,80 m
Breite	8,40 m
Tiefgang	3,90 m

Segelfläche: 595 qm

Antrieb: 2 × General Motors V12 Diesel

Besatzung: Stammbesatzung neben
Eigner 10 Mann, 11 Gäste

Verwendung: Privatyacht

RAPHAELO war einer der letzten
italienischen Handelsschoner. Bis Ende
der fünfziger Jahre transportierte sie vor
allem Marmor aus Carrara in den
Mittelmeerraum. Ursprünglich war sie
als Brigantine getakelt. Mit dem Umbau
zur Privatyacht im Jahre 1961 wurde das
jetzige Rigg aufgebracht. Taitu war eine
altägyptische Königin.

und modernisiert. Am 1. Juli 1955 folgte
die Indienststellung unter dem neuen
Namen PALINURO. (Palinuro war der
Steuermann Äneas', als dieser nach
Italien segelte.) In erster Linie werden
auf dem Schiff Steuermannsschüler
ausgebildet, daneben noch angehendes
Personal der Hafenverwaltungen
(portuali). Die Barkentine ist mit den
modernsten Navigationsinstrumenten
ausgerüstet. Ihre Poop reicht bis vor
den Großmast. Bug- und Heckornamente sowie Galionsfigur. Das weiße
Pfortenband verläuft nach englischer
Manier unterhalb der Deckslinie. Die
Ausbildungsreisen führen meist ins
Mittelmeer.

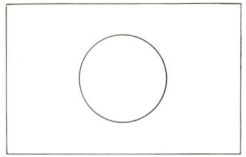

Meiji Maru

JAPAN

Art: Vollschiff, Eisen

Nation: Japan

Eigner: Universität der Handelsmarine, Tokio

Liegeplatz: Trockendock auf dem Universitätsgelände, Tokio

Baujahr: 1874

Werft: Robert Napier, Glasgow, England

Vermessung: 1038 BRT; 457 NRT

Abmessungen:
Länge über alles	86,60 m
Länge Rumpf	76,00 m
Länge zwischen den Loten	73,00 m
Breite	8,50 m
Seitenhöhe	7,60 m

Besegelung: 26 Segel (Vollschiff) Doppel-Marssegel, einfache Bramsegel, Royals

Masten, Spieren: Höhe Großmast über Deck 31 m; Bugspriet mit Klüverbaum

Antrieb: Kolben-Dampfmaschine 1530 PS

Verwendung: Museumsschiff

Im März 1873 erteilte die japanische Regierung der Werft R. Napier in Glasgow den Auftrag zum Bau eines schonergetakelten, dampfgetriebenen Leuchtturm-Tenders. MEIJI (= Erleuchtete Regierung) war der Wahlspruch Kaiser Mutsuhito (1867 bis 1912). Unter seiner Regierung wurde Japan zur Großmacht. Der Kaiser benützte die MEIJI MARU zweimal für Reisen. Im März 1875 fuhr er auf ihr von Yokosuka nach Yokohama, nachdem er in Yokosuka an der Taufe eines Kriegsschiffes teilgenommen hatte. Im Juli 1876 kehrte er an Bord des Schiffes von einer Inspektionsreise im Norden Japans nach Yokohama zurück. Bis November 1897 unterstand MEIJI MARU der japanischen Leuchtturm-Verwaltung. Dann wurde sie der Marine-Akademie von Tokio übergeben, der Vorgängerin der jetzigen Universität der Handelsmarine. Es folgten Umbau und Neutakelung in ein Vollschiff. Von da an lag der Segler als stationäres Schulschiff der Akademie im Hafen von Tokio. Im August 1927 wurden Maschinen und Kessel herausgenommen. Die Amerikaner beschlagnahmten das Schiff im September 1945 und benützten es als Kantine für ihre Truppen. Die Rückgabe an die Akademie fand 1951 statt.

Kennzeichnend für den Segler sind das durchgehende Glattdeck mit ganz geringem Sprung und die rundherumlaufende offene Reling.

Im März 1964 wurde MEIJI MARU überholt und an ihren jetzigen Liegeplatz gebracht. Es bestehen Pläne, das Schiff weiter als Museum auszubauen.

Nippon Maru I und Kaiwo Maru I

Art: Viermastbarken, Stahl

Nation: Japan

Eigner:
Handelsflotte, Unyusho
(Verkehrsministerium); Betreuung:
Kokai-Kunrensho/Tokio (»Institut
für seemännische Ausbildung«)

Heimathafen: Tokio

Baujahr:
1930; Stapellauf 27. Januar 1930

Werft:
Kawasaki-Werft, Kobe-Hondo

Vermessung:
4343 ts Deplacement;
2285,77 BRT; 743,53 NRT

Abmessungen:
Länge über alles	97,00 m
Länge Rumpf	93,50 m
Länge zwischen den Loten	79,25 m
Breite	12,95 m
Seitenhöhe	7,85 m
Raumtiefe	5,39 m
Tiefgang	6,90 m

Segelfläche: 2397 qm

Besegelung:
32 Segel; 3 Vorsegel, Doppel-
Marssegel, Doppel-Bramsegel,
Royals; Besanmast: Besan,
Besan-Toppsegel

Masten:
Höhe Großmast über Deck:
44,26 m; Vor-, Groß- und Kreuzmast
mit einer Stenge; Besanmast einteilig

Antrieb:
Zwei 6-Zyl.-Dieselmotoren,
je 600 PS

Besatzung:
27 Offiziere, 48 Mannschaften,
120 Kadetten

Verwendung: Schulschiffe unter Segeln

Japan ist auf Grund seiner geographischen Lage und Gliederung weitgehend auf den Seehandel angewiesen. Auch der innerstaatliche Handelsverkehr wickelt sich zum großen Teil auf dem Seeweg ab. Um den wachsenden Bedarf an seemännischem Nachwuchs für den zunehmenden Schiffsraum zu sichern, wurden 1930 die beiden Schwester-schiffe Nippon Maru I und Kaiwo Maru I gebaut. Auf ihnen wurden und werden angehende Offiziere der Handelsmarine ausgebildet. Die Jungen erhalten eine dreijährige Vorausbildung auf verschiedenen Seemannsschulen des Landes. Daran schließt sich eine einjährige Fahrenszeit auf einem der großen Segler an. Nach einem weiteren Jahr auf

Motor-Schulschiffen können die Kadetten das zweite Steuermannspatent erwerben.

Vor dem Kriege kam auf den Seglern zur allgemeinen Ausbildung in Seemannschaft, Navigation und Meteorologie noch militärischer Unterricht an Geschützen und Torpedorohren dazu. Die jungen Offiziere konnten dann im Bedarfsfall von den Marinereserven übernommen werden.

Fast alle japanischen Schiffe der Handelsflotte führen im Namen die Zusatzbezeichnung »Maru«. Sie gilt schlechthin als Kennzeichnung eines Handelsschiffes. »Kaiwo« ist im japanischen Sagenkreis der »König der Meere«.

Die Segler wurden für die Aufnahme einer großen Zahl von Jungen entworfen, und zwar mit dem Bestreben, sämtliche Aufenthalts- und Unter-

richtsräume mit Tageslicht zu versorgen. Deshalb ist der Rumpf auffallend hochbordig. Mit dem Schornstein zwischen Groß- und Kreuzmast erinnert er an gutgeschnittene Passagierschiffe.

Ein 65 m langes Sturm- oder Awningsdeck erstreckt sich vom Heck bis zwischen Vor- und Großmast. Die kurze Back dient praktisch nur zur Handhabung des Ankergeschirrs. Zwischen Back und Sturmdeck bleibt lediglich

Kaiwo Maru I

Nippon Maru I

ein sehr kurzes Stück des Hauptdecks frei. Zwischen Vor- und Großmast befindet sich auf dem Sturmdeck eine Navigationsbrücke mit Brückennocken. Auf der Brücke steht offen ein Steuerrad, darunter im Ruderhaus ein zweites. Daneben werden hier auch die Sextanten der Kadetten aufbewahrt.

Hinter dem Kreuzmast steht ein großes Deckshaus, in dem sich weitere Navigationsräume befinden. Das große Doppelrad für die Handsteuerung ist hinter dem Besanmast angebracht. Trotz der zahlreichen Besatzung schlafen alle Kadetten in Kabinen zu acht Kojen. An Bord sind weder Brass- noch Fallwinden. Auch die schweren Arbeiten bei Segelmanövern werden nur mit Hilfe der sechs Gangspills ausgeführt. Eine Dampfkesselanlage liefert die Energie für Winschen, Ankerspill und für die dampfbetriebene Rudermaschine. Sechs Rettungsboote sind in Davits aufgehängt, dazu kommen ein Motorkutter und eine Gig, die auf dem Sturmdeck gelascht sind. Die gesamte Takelage wurde bei der Erbauung

von der Firma Ramage & Ferguson aus Leith geliefert. Sie entspricht der kleineren Statur des Japaners. Deshalb wirkt auch die Segelfläche im Verhältnis zur Schiffsgröße für europäische Begriffe etwas klein. Um dem hochbordigen Rumpf die notwendige Stabilität zu geben, wurden 640 t Kupfer sowie 130 t Eisenbeton als Festballast verstaut. Dazu kommen fünf Ballastwassertanks im Doppelboden. Vor dem Kriege machten beide Segler regelmäßig Reisen, meist in pazifische Gewässer. Bei Kriegsbeginn wurden alle Rahen abgenommen. Die Barken waren nun reine Motorschiffe mit stehenden Masten. Der Schulbetrieb wurde in heimatlichen Gewässern weitergeführt. Nach dem Kriege dienten die Schiffe zur Rückführung japanischer Truppen und Zivilpersonen in ihre Heimat. Beide wurden im Laufe der Nachkriegsjahre neu getakelt und wieder in Fahrt gesetzt, die NIPPON MARU 1952 und die KAIWO MARU 1955. Im Jahre 1954 besuchte NIPPON MARU zum ersten Male wieder die USA. 1960 vertrat sie ihr Land in

New York, wo das 100jährige Jubiläum des ersten Besuches einer japanischen Mission in dieser Stadt gefeiert wurde. Die Ausbildungsreisen beginnen heute gewöhnlich im Mai und führen nach Hawaii und an die Westküste der USA. Dabei fahren die Schiffe fast immer getrennt.

Eine Vorgängerin der beiden Viermaster NIPPON MARU und KAIWO MARU war die Viermastbark TAISEI MARU, die 1904 gebaut worden war. Sie lief 1945 nach Kriegsende im inneren Hafen von Kobe auf eine Grundmine und ging total verloren. Das Motorschiff OTARU MARU, das heute der Kokai Kunrensho als Schulschiff dient, führt ihren Namen weiter. 1924 wurde als Segelschulschiff die Viermastbarkentine SHINTOKU MARU gebaut. 1943 fing sie nach Fliegerangriffen Feuer und ging in einem kleinen Hafen bei Kobe auf Grund. Nach dem Kriege wurde sie gehoben und tat als Schulschiff Dienst bis 1962. Die Regierung plant, sie als Museumsschiff weiterhin zu erhalten. Ein Motor-Schulschiff des Institutes, das 1964 bei der »Operation Sail« in New York teilnahm, trägt jetzt ihren Namen. Insgesamt verfügt die Kokai Kunrensho über sechs große Schulschiffe, davon zwei Segelschiffe.

Nippon Maru II

Im September 1984 wurde die 1930 gebaute NIPPON MARU aus dem aktiven Schuldienst entlassen. Sie wird ersetzt durch eine größere Viermastbark mit gleichem Namen.

Durch den stark gestiegenen japanischen Lebensstandard nach dem Zweiten Weltkrieg sind die jungen Japaner erheblich größer als ihre Altersgenossen der 30er Jahre. Das hat zur Folge, daß sich die Dimensionen der Takelage bei der neuen Bark dieser Entwicklung anpassen müssen.

Im Gegensatz zu ihrer Vorgängerin fährt NIPPON MARU II eine Galionsfigur. Sie trägt den Namen „RANJO". Ihre Eleganz, Sanftheit und Würde symbolisieren die japanische Frau. Literarisch steht der Name auch für das Blau der Tiefsee. Aus allen Teilen Japans kamen Vorschläge für die Gestaltung dieser Figur. Das Gleiche gilt auch für die Galionsfigur der KAIWO MARU II.

Art: Viermastbark, Stahl
Nation: Japan
Eigner:
   Ministry of Transport
   Institute for Sea Training, Tokio
Heimathafen: Tokio
Baujahr:
   Stapellauf   15.2.1984
   Indienststellung   16.9.1984
Werft: Uraga Dockyard, Sumitomo Heavy Industries Ltd.
Vermessung:
   4729,9 ts Deplacement
   2891 BRT
    867 NRT
Abmessungen:
   Länge über alles   110,10 m
   Länge in der Wasserlinie   86,00 m
   Breite   13,80 m
   Seitenhöhe   10,70 m
   Tiefgang   6,50 m
Segelfläche: 2760 qm
Besegelung: 36 Segel
   Doppel-Marssegel, Doppel-Bramsegel, Royal
   Besanmast: Unterbesan, Oberbesan, Besan-Toppsegel
Masten:
   Höhe Großmast über Deck 44,05 m
   Antrieb: Diesel, 2 × 1500 PS
Besatzung:
   70 Mann Stammbesatzung
   120 Kadetten
Verwendung: Schulschiff unter Segeln

Kaiwo Maru II

Art: Viermastbark, Stahl

Nation: Japan

Eigner:
The Training Ship Education
Support Association
Institute for Sea Training, Tokio

Heimathafen: Tokio

Baujahr:
Stapellauf   7.3.1989
Indienststellung   16.9.1989

Werft:
Uraga Dockyard, Sumitomo
Heavy Industries Ltd.

Vermessung:
4654,7 ts Deplacement
2879 BRT
 863 NRT

Abmessungen:
Länge über alles	110,10 m
Länge in der Wasserlinie	86,00 m
Breite	13,80 m
Seitenhöhe	10,70 m
Tiefgang	6,60 m

Segelfläche: 2760 qm

Besegelung: 36 Segel
Doppel-Marssegel, Doppel-
Bramsegel, Royal
Besanmast: Unterbesan, Oberbesan,
Besan-Toppsegel

Masten:
Höhe Großmast über Deck 44,05 m

Antrieb: Diesel, 2 × 1500 PS

Besatzung:
69 Mann Stammbesatzung
130 Kadetten

Verwendung: Schulschiff unter Segeln

Auch die KAIWO MARU II fährt im
Gegensatz zu ihrer Vorgängerin eine
Galionsfigur. Sie heißt „KONJO" und
ist die jüngere Schwester der „RANJO",
die den Bug der NIPPON MARU II ziert.
Sie symbolisiert die Unschuld in klassischer Würde.

Unyo Maru

Art: Bark, Stahl

Nation: Japan

Eigner: Universität für Fischerei-Wissenschaften, Tokio

Liegeplatz: Universitätsgelände, Tokio

Baujahr: 1909; Stapellauf 2. Februar 1909

Werft:
Osaka Iron Factory Co Ltd., Osaka

Vermessung: 448,25 BRT; 197,46 NRT

Abmessungen:
Länge Rumpf	45,90 m
Länge zwischen den Loten	41,00 m
Breite	8,10 m
Seitenhöhe	5,00 m
Raumtiefe	4,50 m
Tiefgang	3,60 m

Segelfläche: 540 qm

Besegelung:
21 Segel; Doppel-Marssegel, einfache Bramsegel, Royals

Besatzung:
25 Mann Stammbesatzung
15 bis 30 Jungen

Verwendung: Museumsschiff

Diese dampfgetriebene kleine Bark war als Segelschulschiff gebaut worden und unterstand dem Ministerium für Landwirtschaft und Forsten. Nach ihrer Entlassung aus dem Schuldienst unter Segeln lag sie vor dem Zweiten Weltkrieg lange Jahre zusammen mit der MEIJI MARU als stationäres Schiff in Tokio.
»Unyo« bedeutet »Große Wolke« oder »Habicht«. »Maru« ist die nicht übersetzbare Zusatzbezeichnung fast aller japanischen Handelsschiffe. Das Schiff liegt heute als Museumsschiff beim Gelände der Universität für Fischerei-Wissenschaften in Tokio.

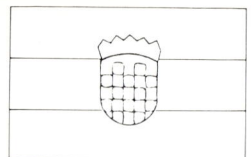

Jadran

ex MARCO POLO
ex JADRAN

Art: 3-Mast-Toppsegelschoner, Stahl

Nation: Kroatien

Eigner:
Kriegsflotte, Marineschule Bakar

Heimathafen: Bakar

Baujahr:
1931/32; Stapellauf 25. Juni 1931;
Indienststellung Juni 1933

Werft:
H. C. Stülcken Sohn, Hamburg

Vermessung: 700 ts Deplacement

Abmessungen:
Länge über alles	58,00 m
Länge Rumpf	48,00 m
Länge zwischen den Loten	41,00 m
Breite	8,90 m
Seitenhöhe	4,55 m
Tiefgang	4,00 m

Segelfläche: 800 qm

Besegelung:
12 Segel; 4 Vorsegel; Fockmast:
Breitfock (150 qm), einfaches
Marssegel, einfaches Bramsegel,
Schonersegel, Großmast, Besanmast:
Gaffelsegel, Gaffel-Toppsegel

Masten:
Höhe Großmast über Deck: 34 m

Antrieb:
Linke-Hofmann-Buschwerke-
Dieselmotor, 375 PS; Geschwindig-
keit mit Maschine 8 kn

Besatzung:
Einrichtungen für Kommandant,
10 Offiziere, 1 Arzt, 20 Offiziersanwärter, 8 höhere Unteroffiziere,
16 niedere Unteroffiziere, 132 Unter-
offiziersanwärter

Verwendung: Schulschiff unter Segeln

JADRAN wurde für den jugoslawischen
Flottenverein »Jadranska Straza«
gebaut. Der Name des Seglers bedeutet
»ADRIA«. Während der Bauzeit kam
es wegen des Hoover-Feierjahres zu
einer 19monatigen Einstellung der
Arbeiten. In den Hauptabmessungen
gleicht das Schiff der 1932 untergegan-
genen NIOBE der ehemaligen Deutschen
Reichsmarine. Das Hauptdeck ist
achtern im Bereich der Offiziers-
wohnräume um 50 cm versenkt. Das
Zwischendeck reicht vom vorderen
Maschinenraumschott bis zum Vorsteven. Ein weiteres durchgehendes

Deck ist das Manöverdeck, das vom
Poopdeck bis zur Back reicht und dabei
über das mittschiffs gelegene Deckshaus
führt. Wegen der großen Besatzungszahl schlafen Mannschaften und Unter-
offiziersanwärter in Hängematten.
Damit die Jungen an verschiedenen
Segelarten ausgebildet werden können,
wurde ein Toppsegelschoner gewählt.
Um die seemännischen Arbeiten noch
zu erweitern, wurden die Stengen zum
Setzen und Streichen eingerichtet, eine
Arbeit, die von den Jungen selbst ausgeführt wird.
JADRAN fährt sieben Beiboote: 3 Segel-
kutter, 1 Jolle, 2 Jollboote und 1 Gig.
Fünf dieser Boote hängen ausge-
schwungen in Davits. Dadurch entsteht
wenig Platzverlust an Deck. Die Auspuffgase des Motors werden durch den
hohen Besanmast nach außen geleitet.
Wegen des steinigen Grundes der
Adriaküsten mußte das Ankergeschirr
besonders stark konstruiert werden.
Während des 2. Weltkrieges war das
Schiff von Italien beschlagnahmt und
fuhr als MARCO POLO unter italienischer
Kriegsflagge. Bei Kriegsende erfolgte
die Rückgabe an Jugoslawien. Die
Ausbildungsreisen des Seglers führen
hauptsächlich ins Mittelmeer.

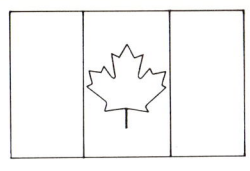

KANADA

Bluenose II

Art: 2-Mast-Gaffelschoner, Holz

Nation: Kanada

Eigner:
Oland & Son Ltd., Halifax
(Nova Scotia)

Heimathafen: Lunenburg (Nova Scotia)

Baujahr:
1963; Kiellegung 27. Februar 1963,
Stapellauf 24. Juli 1963

Werft:
Smith & Rhuland Ltd.,
Lunenburg (Nova Scotia)

Vermessung: 285 ts Deplacement
191 BRT; 96 NRT

Abmessungen:
Länge über alles	ca. 54,00 m
Länge Rumpf	43,50 m
Länge in der Wasserlinie	34,00 m
Breite	8,20 m
Seitenhöhe	5,10 m
Tiefgang	4,80 m

Segelfläche: 1012 qm
(Großsegel 380 qm)

Besegelung:
8 Segel; 3 Vorsegel; Fockmast:
Focksegel, Vor-Gaffeltoppsegel;
Großmast: Großsegel, Groß-Gaffeltoppsegel, Fisherman's Stagsegel

Masten:
Höhe Großmast über Deck 38,30 m

Antrieb:
Zwei Dieselmotoren, je 180 PS
Geschwindigkeit mit Maschine 10 kn

Besatzung:
12 Mann; außerdem Kabinenplätze
für 12 Gäste

Verwendung: Privatschiff für
Passagier-Kreuzfahrten

Im Jahre 1921 wurde der Schoner BLUENOSE gebaut. Er ist der bekannte Typ der berühmten Fischerei-Schoner aus Neuschottland, die zu den großen Bänken auf Kabeljau-Fang fuhren. Aber schon damals ging es nicht mehr allein darum, durch schnelle Heimreisen hohe Marktpreise für den Fang zu erzielen. Die sportlichen Schoner-Rennen zwischen Kanada und den USA standen im Vordergrund (»International Fishermen's Race«). BLUENOSE gelang es mehrmals, den Cup für Kanada zu gewinnen. Sie wurde da-durch, wie das Ahornblatt, zum kanadischen Symbol und erschien auf Briefmarken und Münzen. Später mußte das Schiff verkauft werden. Als Frachtsegler zwischen den Inseln Westindiens geriet es 1946 auf ein Korallenriff und ging total verloren. Um ihr Andenken zu wahren, wurde 1963 die BLUENOSE II genau nach den Original-Plänen und auf der gleichen Werft gebaut. Der einzige Unterschied liegt im Innenaus-bau. Statt der Stauräume befinden sich jetzt hier bequeme Kabinen für Besatzung und Gäste. An Bord stehen modernste Navigationsinstrumente zur Verfügung. Während der Wintermonate fährt der Schoner als Charterschiff für Feriengäste in der Karibischen See. Im Sommer kreuzt er in kanadischen Gewässern. Der Name BLUENOSE ist ein Spitzname für die Fischer aus Neu-schottland, den besonders die Fischer aus Gloucester (Mass.) für ihre Rivalen gebrauchten. Zwischen ihnen wurden auch die härtesten Rennen gesegelt.

Belle Blonde

KANADA

Art: Brigantine, Eisen

Nation: Kanada

Eigner: Kapt. Claude Lacerte, Kanada

Liegehafen: Philipsburg, St. Martin,
Niederländische Antillen

Baujahr: 1906

Werft: In Newark, New Jersey, USA

Vermessung: 478 BRT
276 NRT

Abmessungen:
Länge über alles	50,10 m
Länge Rumpf	41,10 m
Länge in der Wasserlinie	39,30 m
Breite	9,10 m
Tiefgang	4,20 m

Segelfläche: 1300 qm

Antrieb: 1 × Washington Diesel
350 BHP

Verwendung: Charterschiff
Schulschiff unter Segeln

BELLE BLONDE wurde als Feuerschiff
Nr. 88 mit Stagsegeltakelung für die
United States Coast Guard gebaut.
Eine Dampfmaschine unterstützte die
Segelwirkung. Ihr Hauptarbeitsgebiet
war Astoria in Oregon. 1962 wurde sie
dem Columbia River Maritime Museum
in Astoria übergeben. 1982 erwarb
sie ihr jetziger Eigner und ließ sie zur
Brigantine umbauen.

Nonsuch

Nonsuch

Art:
Rahgetakelte Ketsch, Holz (Eiche)

Nation: Kanada

Eigner:
Manitoba Museum, Winnipeg-
Manitoba

Liegeplatz: Winnipeg

Baujahr:
1968; Stapellauf August 1968

Werft:
J. Hinks & Son, Appledore, Devon-
England

Vermessung: 65 ts Deplacement

Abmessungen:

Länge über alles	22,80 m
Länge Rumpf	16,30 m
Länge zwischen den Loten	15,30 m
Breite	4,70 m
Seitenhöhe	2,10 m
Raumtiefe	2,10 m
Tiefgang	2,10 m

Segelfläche: 176 qm

Besegelung:
6 Segel; 2 Vorsegel; Großmast:
Großsegel, Toppsegel; Besanmast:
Rah-Toppsegel, Lateinersegel

Masten:
Höhe Großmast über Deck: 22,50 m

Antrieb:
Perkins-Diesel-Motor, 95 PS

Besatzung: Etwa 12 Mann

Verwendung: Museumsschiff

Im Jahre 1668 fuhr das erste Schiff der Hudson Bay Company, die NONSUCH, mit Handelsgütern für die Indianer an Bord, nach Nordamerika. Das Schiff stieß bis zur James Bay vor. Dort überwinterte die Besatzung in einem an Land errichteten Haus. Im folgenden Jahr kehrte NONSUCH mit einer vollen Ladung Biberpelze nach England zurück. NONSUCH war 1650 bei Mr. Page in Wivenhoe (Essex) gebaut worden. Nach der Rückkehr bewilligte König Karl II. am 2. Mai 1670 offiziell den Handel mit der Hudson Bay.
Für die 300-Jahr-Feier der Hudson Bay Company wurde bei J. Hinks & Son in Appledore (Devon) der genaue Nachbau der NONSUCH in Auftrag gegeben. Diese Werft war deshalb ausgewählt worden, weil dort zum Schiffbau noch der Dexsel, eine Art Queraxt, verwendet wird. Mit Hilfe des National Maritime Museum in Greenwich wurden die Pläne sorgfältig vorbereitet. Die Werft fügte das Schiff in klassischer Weise, wobei ausschließlich große Holznägel Verwendung fanden. Das Ergebnis ist bestechend. Es ist nicht nur ein Schiff der damaligen Zeit mit seiner feinen

Linienführung und Ornamentierung entstanden, sondern wir haben ein sprechendes Zeugnis für die Pioniertaten eines Handelsunternehmens vor uns. Natürlich hat es damals viel größere Handelsschiffe gegeben. Aber auch die NONSUCH war ein Frachtschiff, in dessen Kielwasser die Hudson Bay Company ihr Einflußgebiet auf das ganze westliche Hinterland Kanadas ausdehnen konnte, bis ihr Kanada 1869 die Hoheitsrechte abkaufte.
Der bekannte Galionsfiguren-Bildhauer Jack Whitehead aus Wotton (I.O.W.) fertigte die Ornamente, wobei besonders die Heckzier und die Meerjungfrauen zu erwähnen sind. Diese unterstützen auf beiden Seiten des Bugs als Karyatiden die Kranbalken. Nach einer ausgedehnten Besuchsreise in die USA in den Jahren 1969 und 1970 wurde das Schiff dem Manitoba Museum in Winnipeg geschenkt. Nach heutigen Begriffen müßte die NONSUCH eher als Brigg bezeichnet werden. Die Bezeichnung »Ketsch« stützt sich auf die Benennungen des 17. Jahrhunderts. Die Baukosten der Replika betrugen 70 000 englische Pfund.

Our Svanen

KANADA

Art: Barkentine, Holz

Nation: Kanada

Eigner:
Douglas and Margaret Havers, Victoria, B.C.

Heimathafen: Victoria, B. C.

Baujahr: 1922

Werft:
K. Andersen, Frederikssund, Dänemark

Vermessung: 100 BRT; 250 tdw

Abmessungen:
Länge über alles	39,60 m
Länge Rumpf	27,40 m
Breite	7,20 m
Tiefgang	3,00 m

Segelfläche: 550 qm

Antrieb: 1 × 134 bhp Diesel

Verwendung: Schulschiff unter Segeln

Pathfinder

Art: Brigantine, Stahl

Nation: Kanada

Eigner:
Toronto Brigantine Incorporated

Heimathafen: Toronto

Baujahr:
1963; Stapellauf 6. Mai 1963

Werft:
Kingston Shipyards Ltd., Konstruktion: F., A. MacLachlan, Naval Architect

Vermessung:
$\frac{39}{42}$ts Deplacement;
36 BRT; 32 NRT

Abmessungen:
Länge über alles	21,70 m
Länge Rumpf	18,10 m
Länge zwischen den Loten	14,60 m
Breite	6,60 m
Raumtiefe	2,60 m
Seitenhöhe	3,30 m
Tiefgang	2,30 m

Segelfläche: 231 qm

Besegelung:
8 Segel; 2 (3) Vorsegel; Fockmast: Focksegel, einfaches Marssegel; Großmast: Großsegel, Gaffel-Toppsegel, Großstagsegel, Groß-Stenge-stagsegel

Masten:
Höhe Großmast über Wasserlinie 16,10 m

Antrieb:
Palmer-Dieselmotor, 110 PS

Besatzung: 30 Offiziere und Kadetten

Verwendung: Schulschiff unter Segeln

Die Brigantine ist das genaue Schwesterschiff der St. LAWRENCE II aus Kingston. Lediglich die innere Raumaufteilung unterscheidet sich etwas, weil die PATHFINDER mehr Jungen aufnehmen muß. Die Toronto Brigantine Incorporated ist ein rein ziviles Unternehmen, dem Torontoer Bürger angehören. Alle Jungen und Mädchen zwischen 14 und 18 Jahren können in die Kurse aufgenommen werden. Diese dauern im Sommer gewöhnlich eine Woche, während im Herbst nur noch Tagesfahrten unternommen werden. Im Winter wird das Schiff in Toronto aufgelegt. Alle Fahrten gehen auf den Ontario-See und zu dessen Hafenstädten.

Pacific Swift

Art: 2-Mast-Toppsegelschoner, Holz

Nation: Kanada

Eigner:
Sail and Life Training Society,
Victoria, B.C.

Heimathafen: Victoria, B.C.

Baujahr:
Stapellauf   11. Oktober 1986
Indienststellung   Mai 1988

Werft: Vancouver, B.C.

Vermessung: 98 ts Deplacement

Abmessungen:
Länge über alles	33,70 m
Länge Rumpf	24,30 m
Breite	6,20 m
Tiefgang	3,20 m

Segelfläche: 278 qm

Besegelung: 9 Segel

Masten:
Höhe Großmast über Deck 25,80 m

Antrieb: Isuzu-Diesel, 160 PS

Besatzung:
5 Mann Stammbesatzung
30 Trainees

Verwendung: Schulschiff unter Segeln

Während der EXPO 86 wurde der Schoner in aller Öffentlichkeit gebaut. Dreißigtausend Zuschauer beobachteten den Stapellauf. Das Vorbild dieses Schiffes war die Brigg SWIFT aus dem Jahre 1778. Sie war ein Vorläufer der berühmten Baltimore-Klipper. Die scharfen Linien der PACIFIC SWIFT verraten den Schnellsegler. Eine betende Frau schmückt als Galionsfigur den Bug.

Robertson II

Art: 2-Mast-Gaffelschoner, Holz

Nation: Kanada

Eigner:
Sail and Life Training Society,
Victoria, B.C.

Heimathafen: Victoria, B.C.

Baujahr: 1940

Werft:
In Shelburne, Nova Scotia
Konstruktion: McKay

Vermessung:
180 ts Deplacement
99 BRT

Abmessungen:
Länge über alles	39,50 m
Länge Rumpf	31,90 m
Länge in der Wasserlinie	26,40 m
Breite	6,70 m
Tiefgang	3,50 m

Segelfläche: 510 qm

Besegelung: 7 Segel

Masten:
Höhe Großmast über Deck 30,40 m

Antrieb: General Motors Diesel, 220 PS

Besatzung:
5 Mann Stammbesatzung
30 Trainees
(Als Fischereifahrzeug 20 Mann,
8 Dories)

Verwendung: Schulschiff unter Segeln

ROBERTSON II ist eines der letzten Fischereifahrzeuge, die in Kanada gebaut wurden. Mit acht Dories fischte das Schiff bis in die siebziger Jahre auf den großen Bänken vor Neufundland. 1974 kaufte die Quest Star Society den Schoner und verlegte ihn nach Victoria in British Columbia. Dort wurde er zum 3-Mast-Stagsegelschoner umgetakelt und für den Schuldienst der Sail and Life Training Society eingerichtet. 1980 erfolgte eine Grundüberholung, und seit 1982 fährt ROBERTSON II wieder seine ursprüngliche Takelung als schnittiger 2-Mast-Gaffelschoner.

Spirit of Chemainus

Art: Brigantine, Holz

Nation: Kanada

Eigner:
Sail and Life Training Society,
Victoria, B.C.

Heimathafen: Victoria, B.C.

Baujahr:
Stapellauf   14. September 1985
Indienststellung   Mai 1986

Werft: in Chemainus, Vancouver Island

Vermessung:
45 ts Deplacement
35 BRT

Abmessungen:
Länge über alles   28,00 m
Länge Rumpf   20,60 m
Breite   5,40 m
Tiefgang   2,90 m

Segelfläche: 232 qm

Besegelung: 13 Segel

Masten:
Höhe Großmast über Deck 19,70 m

Antrieb: Perkins-Diesel, 120 PS

Besatzung:
5 Mann Stammbesatzung
18 Trainees

Verwendung: Schulschiff unter Segeln

St. Lawrence II

Art: Brigantine, Stahl

Nation: Kanada

Eigner:
Brigantine Incorporated, Kingston, Royal Canadian Sea Cadets Corps »St. Lawrence«

Heimathafen: Kingston (Ontario)

Baujahr:
1953; Stapellauf 5. Dezember 1953, Offizielle Indienststellung Juli 1957

Werft:
Kingston Shipyards Ltd., Konstruktion: F. A. MacLachlan, Naval Architect

Vermessung:
$\frac{39}{42}$ ts Deplacement;
34,30 BRT; 30,87 NRT

Abmessungen:
Länge über alles	21,70 m
Länge Rumpf	18,10 m
Länge zwischen den Loten	14,60 m
Breite	6,60 m
Raumtiefe	2,60 m
Seitenhöhe	3,30 m
Tiefgang	2,30 m

Segelfläche: 231 qm

Besegelung:
8 Segel; 2 Vorsegel; Fockmast: Focksegel, einfaches Marssegel; Großmast: Großsegel, Gaffel-Toppsegel, Großstagsegel, Groß-Stenge-stagsegel

Masten:
Höhe Großmast über Wasserlinie 16,10 m

Antrieb:
Dieselmotor, 72 PS

Besatzung: 22 Offiziere und Kadetten

Verwendung: Schulschiff unter Segeln

Das Royal Canadian Sea Cadet Corps »St. Lawrence« besteht seit 1942. Es wird von Zivilstellen und von der Marine betreut. Trotzdem wird auf dem Schiff des Korps nicht nachdrücklich Nachwuchs für die Marine erzogen. Es soll allen 14–18jährigen Jungen die Möglichkeit geben, in einer Gemeinschaft auf kleinem Raum in gegenseitiger Abhängigkeit leben zu lernen. Bis zum Jahre 1964 hatten bereits mehr als 10 000 kanadische Jungen die Kurse besucht und waren damit »sea cadets« geworden. 1952 beschloß das Korps, ein eigenes Schulschiff bauen zu lassen. Den Namen bekam das neue Schiff nach dem 112-Kanonen-Dreidecker H.M.S. St. Lawrence, der 1814 von der Marine-Werft Point Frederick in Kingston gebaut worden war.

Die »Stammbesatzung« und die »Unteroffiziere« werden aus den Senior-Kadetten ausgesucht. Sie müssen sich verpflichten, während einer ganzen Segel-Saison auf dem Schiff zu bleiben. Je nach Fähigkeit und Eignung verlassen die Jungen mit verschiedenen Rangstufen die meist 15-tägigen Kurse. Für leitende Stellungen an Bord sind mehrere Kurse nötig. Die Brigantine fährt ausschließlich auf dem Ontario-See. An Bord befinden sich drei 3,5 m-Dories, mit denen der Bootsdienst versehen wird. Ein weißes Pfortenband ziert die Seiten. Während der Wintermonate wird der Segler in Kingston aufgelegt.

Im Juli 1964 nahm das Schiff an der »Operation Sail« in New York teil. Abgetakelt fuhr es mit eigener Kraft durch den Oswego-Kanal und den Hudson zur Großsegler-Parade nach New York.

In Verbindung mit der St. Lawrence verwendet das Sea Cadet Corps auf dem Ontario-See die Ketschen Minstrel, Rosborough und Privateer.

St. Roch

Art: 2-Mast-Gaffelschoner, Holz

Nation: Kanada

Eigner:
Maritime Museum, Vancouver (B.C.)

Liegeplatz: Vancouver (B.C.)

Baujahr:
1928; Stapellauf April 1928

Werft:
Burrard Drydock Company Ltd.,
North Vancouver (B. C.)

Vermessung:
323 ts Deplacement;
193,43 BRT; 80,60 NRT

Abmessungen:
Länge zwischen den Loten	31,70 m
Breite	7,50 m
Seitenhöhe	3,90 m
Raumtiefe	3,30 m
Tiefgang (voll ausgerüstet)	3,90 m

Segelfläche: 226 qm

Besegelung:
3 Segel; 1 Vorsegel, je ein Gaffelsegel

Masten:
Höhe Großmast über Deck: 18,90 m

Antrieb:
Union-Dieselmotor, 1928 150 PS
seit 1944 300 PS

Besatzung: 9 Mann

Verwendung: Museumsschiff

Taucht der Name Royal Canadian Mounted Police (RCMP) auf, so denkt man unwillkürlich an rot-uniformierte Reiter mit breitkrempigen Hüten, die wegen ihrer Reit- und Schießkünste weltweit berühmt sind. Daß aber diese Polizeitruppe eine eigene Marineabteilung unterhält, ist wenig bekannt. Bis vor wenigen Jahren erregte noch die St. Roch durch ihre verwegenen Arktisfahrten Aufsehen.

Der Schoner, speziell für arktische Verhältnisse gebaut, ist das zweite Schiff, das die Nordwest-Passage in West-Ost-Richtung durchfuhr (die dritte Durchfahrt überhaupt bis dahin); er ist das erste Schiff, das die Nordwest-Passage in beiden Richtungen durchfahren hat und schließlich das erste Schiff, das Nordamerika, unter Benützung des Panama-Kanals, vollständig umfahren hat. Die erste dieser großartigen Reisen begann am 23. Juni 1940 in Vancouver und endete 28 Monate später, am 11. Oktober 1942 in Dartmouth (Nova Scotia). 1944 fuhr St. Roch, mit einem stärkeren Motor ausgerüstet, in Ost-West-Richtung zurück nach Vancouver. Das Kommando bei diesen Arktisfahrten führte Staff-Sergeant Henry A.

Larsen, R.C.M.P. St. Roch ist eine Gemeinde im Wahlkreis von »Quebec East«.

1954 kehrte St. Roch endgültig nach Vancouver zurück. Die Stadt Vancouver bekam das Schiff von der Regierung für ihr Seefahrtsmuseum geschenkt. Das Museum hat inzwischen ein zeltförmiges Haus von 36 m Länge, 15 m Breite und 18 m Höhe für den bemerkenswerten Schoner gebaut. Die Masten und die Takelage, die im Laufe der Dienstjahre gekürzt und verändert worden waren, befinden sich jetzt wieder in ihrem ursprünglichen Zustand.

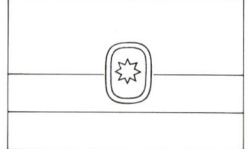

Gloria

Art: Bark, Stahl

Nation: Kolumbien

Eigner:
Kriegsflotte, Armada De Colombia

Heimathafen: Cartagena

Baujahr:
1967/68; Stapellauf 2. Dezember
1967, Werftübergabe
7. September 1968

Werft:
Astilleros y Talleres Celaya, S.A.,
Bilbao, Spanien

Vermessung: 1300 ts Deplacement

Abmessungen:
Länge über alles	76,00 m
Länge Rumpf	64,60 m
Länge zwischen den Loten	56,10 m
Breite	10,60 m
Seitenhöhe	6,60 m
Raumtiefe	4,20 m
Tiefgang	4,50 m

Segelfläche: 1250 qm

Besegelung:
23 Segel; 5 Vorsegel; Doppel-Marssegel, einfache Bramsegel, Royals;
Besanmast: Besansegel, Besan-
Toppsegel

Masten:
Höhe Großmast über Deck: 36,00 m

Antrieb:
Naval-Stork-RHO-216, 530 PS,
Geschwindigkeit mit Maschine 10 kn

Besatzung: 9 Offiziere, 5 Offiziersaus-
bilder, 30 Unteroffiziere,
80 Kadetten, 12 Mannschaften,
9 Mann Hilfspersonal

Verwendung: Schulschiff unter Segeln

Der Neubau der GLORIA beweist, daß
auch jetzt immer wieder Nationen den
hohen praktischen Wert der Ausbildung
auf Segelschulschiffen erkennen und
nützen, auch dann, wenn das betreffende Land keine große Seefahrtstradition
besitzt, oder vielleicht sogar gerade
deswegen.
Die Bark wurde in ihren Grundzügen
nach den Rissen der GORCH FOCK I
gebaut. Die Heckform weicht allerdings
wesentlich von diesem Grundtyp ab.
Unverkennbar ist außerdem der kom-
pakte Brückenaufbau, der den modernen Erfordernissen entspricht und der

bereits bei der argentinischen LIBERTAD
zu finden ist. Der Entwurf des Schiffes
wurde im Windkanal des »National
Institute of Technical Aeronautics« in
Madrid geprüft.
Die GLORIA hat einen Aktionsradius
von 60 Tagen, ist also für diese Zeit
unabhängig von jeder Versorgung von
außen. Hierfür kann sie 53 Tonnen
Frischwasser an Bord nehmen und
23 330 Gallonen Brennstoff bunkern,
der auch das Bordkraftwerk von 180
kW in Betrieb hält. Der Galionsfigur
hat man besondere Aufmerksamkeit
geschenkt. Sie personifiziert die GLORIA,

eine geflügelte Frauengestalt, die in
der einen Hand einen Lorbeerzweig
hält und in der anderen die Tafel der
Unsterblichkeit. Die erste große Reise
der Bark begann am 3. Januar 1970 in
Cartagena. Sie führte rund um die Welt,
wobei Sydney ein Hauptziel war. Dort
trafen sich damals mehrere Großsegler,
um an den Feierlichkeiten zur 200jäh-
rigen Wiederkehr der Entdeckung der
australischen Ostküste durch Capt.
Cook teilzunehmen. Seit ihrer Indienststellung hat GLORIA wiederholt auch
europäische Häfen angelaufen.

Tunas Samudera

Art: Brigantine, Stahl

Nation: Malaysia

Eigner: Royal Malaysian Navy

Heimathafen: Lumut-Perak, Malaysia

Baujahr: Kiellegung 1988
Stapellauf 4. August 1989

Werft: Brooke Yachts International Ltd.,
Lowestoft, England
Konstruktion: Colin Mudie

Vermessung: 250 ts Deplacement
173 BRT
51 NRT

Abmessungen:

Länge über alles	44,00 m
Länge Rumpf	35,00 m
Länge in der Wasserlinie	28,30 m
Breite	7,80 m
Seitenhöhe	5,60 m
Tiefgang	4,00 m

Segelfläche: 569 qm

Besegelung: 10 Segel

Masten: Höhe Großmast über Deck 32 m

Antrieb: 2 × Perkins-Diesel M200 Ti
2 × 185 PS

Besatzung: 16 Mann Stammbesatzung
36 Trainees

Verwendung: Schulschiff unter Segeln

In Anwesenheit Königin Elisabeth II. von England und H. M. The Yang Di-Pertuan Agong, Sultan Azlan Shah, Oberhaupt der malaysischen Föderation, wurde das Schiff am 16. Oktober 1989 der malaysischen Marine übergeben. Vorgesehen sind zwanzig Ausbildungsreisen im Jahr. Dreizehn davon sind der Marine vorbehalten, während die restlichen Jugendgruppen, wie Boy Scouts und Girl Guides zur Verfügung stehen. TUNAS SAMUDERA ist ein Schwesterschiff zur australischen YOUNG ENDEAVOUR, die vom gleichen Konstrukteur und bei der gleichen Werft gebaut wurde. Der Name bedeutet OFFSPRING OF THE OCEAN = SPROSS DES OZEANS.

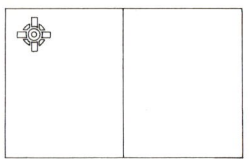
Atlantis

ex FEUERSCHIFF ELBE II
„BÜRGERMEISTER BARTELS"

Art: Barkentine, Stahl

Nation: Malta

Eigner: ATLANTIS Cruise Lines (M) Ltd.
Managing Owner: KG. Segel-
touristik Lübeck GmbH & Co.

Heimathafen: Valletta, Malta

Baujahr: 1985 (außer Rumpf)
Stapellauf 1905 als
BÜRGERMEISTER BARTELS

Werft: J. N. H. Wichhorst, Hamburg
Umbauwerft: Ship Repair Yard,
Szczecin (Stettin), Polen

Vermessung: 299,1 BRT
191,7 NRT

Abmessungen:
Länge über alles	57,00 m
Länge Rumpf	49,70 m
Länge zwischen den Loten	43,40 m
Breite	7,40 m
Tiefgang	4,70 m

Segelfläche: 742 qm

Besegelung: 15 Segel
4 Vorsegel
Fockmast: Focksegel, Doppel-Marssegel, Einfaches Bramsegel

Masten: Höhe Großmast über
der Wasserlinie 33 m

Antrieb: 2 × Mercedes-Diesel,
2 × 135 kW

Besatzung: 15 Mann/Frau
70 Gäste (ohne Übernachtung)

Verwendung: Passagiersegelschiff

Nachdem das ehemalige Feuerschiff aus
dem aktiven Dienst genommen wurde,
diente es einige Zeit der Feuerwehr für
Löschübungen. Dank seines eleganten
und stabilen Rumpfes sollte es als
Rahsegler umgebaut werden.
Der Umbau erfolgte in Stettin zwischen
1984 und 1985. Übernachtungsgästen
stehen siebzehn Zweibett-Außenkabinen
zur Verfügung. Zur besonderen
Ausrüstung gehört eine Satelliten-
Kommunikations- und Navigations-
anlage. ATLANTIS segelt mit Passagieren
in allen Revieren der Welt.
Besonders hervorzuheben ist, daß das
Schiff seit Sommer 1990 die Häfen der
DDR-Ostseeküste besucht. Die Insel
Rügen ist bei den Fahrten jeweils das
Endziel.

Black Pearl

ex AEOLUS
ex BLACK OPAL

Art: Barkentine, Holz

Nation: Malta

Eigner: Vincent Vella
Natal Azzopardi

Liegeplatz: Valletta (trocken)

Baujahr: 1909

Werft: in Pukavik, Schweden

Vermessung: 400 NRT

Abmessungen:
Länge   45,00 m

Segelfläche: 840 qm (als Barkentine)

Masten: Höhe Großmast über Deck 27 m

Besatzung:
16 Mann Stammbesatzung
40 Gäste (als Charterschiff)

Verwendung: Restaurantschiff

BLACK PEARL ist als Schoner gebaut worden. Für den Einsatz in den im Winter Eis führenden Gewässern der Ostsee wurde der Rumpf mit zwei Lagen Eichenholz beplankt. Das Schiff transportierte neunundsechzig Jahre lang in erster Linie Getreide, Kohle und Holz. 1969 erfolgte der Umbau in eine Barkentine mit luxuriöser Inneneinrichtung. Das Schiff hieß jetzt AEOLUS und fuhr mit Gästen zwischen Australien und den pazifischen Inseln. Nachdem der Schiffsbohrwurm den Rumpf erheblich beschädigt hatte, sollte AEOLUS 1976 nach England zur Reparatur gebracht werden. Im Suezkanal brach Feuer im Maschinenraum aus. Als das Schiff Malta erreicht hatte, sank es im Hafen von Marsamxett. 1979 hoben es die jetzigen Eigner, um es als Filmschiff einzusetzen. In einem schweren Sturm sank die Barkentine ein zweites Mal im Jahre 1981. Sie wurde erneut gehoben, bekam den Namen BLACK PEARL und dient seither als Restaurantschiff.

Charlotte Louise

Art: 2-Mast-Toppsegelschoner, Holz

Nation: Malta

Eigner: Mr. Paul Wilkinson

Heimathafen: Valletta

Baujahr: 1942

Werft: unbekannt

Vermessung: 150 ts Deplacement
96 BRT

Abmessungen:
Länge über alles 39,50 m
Tiefgang 2,90 m

Segelfläche: 370 qm

Besegelung: 11 Segel, Doppel-Marssegel

Masten: Höhe Großmast über Deck 23 m

Antrieb: Diesel 125 PS

Besatzung: 4 Mann Stammbesatzung
4 Gäste

Verwendung: Privatschiff, Charterschiff

Der Schoner gehörte ursprünglich der Royal Navy. In den frühen fünfziger Jahren wurde er in Singapur von Piraten gestohlen und 1952 von der Navy zurückerobert. Das Schiff ist der Typ eines kleinen Frachtschoners des neunzehnten Jahrhunderts.
Nach gründlichem Umbau und Modernisierung fährt CHARLOTTE LOUISE heute Tagestouren in den Gewässern von Malta. Die Figur eines jungen Mädchens ziert den Bug.

Cuauhtémoc

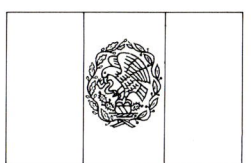

<u>MEXIKO</u>

Art: Bark, Stahl
Nation: Mexiko
Eigner: Armada de Mejico
Heimathafen: Acapulco
Baujahr: 1982
Werft: Astilleros y Talleres Celaya S.A., Bilbao, Spanien
Vermessung: 1800 ts Deplacement
Abmessungen:
    Länge über alles   90,50 m
    Breite   12,00 m

Tiefgang   4,80 m
Segelfläche: 2200 qm
Besegelung:
    23 Segel
    5 Vorsegel, Doppelmarssegel, einfache Bramsegel, Royals, Besan-Toppsegel
Antrieb:
    Dieselmotor, 1125 PS
Besatzung: 275 Mann
Verwendung: Schulschiff unter Segeln

Ihren Namen hat die Bark nach dem letzten Aztekenkaiser Cuauhtémoc bekommen, der 1525 nach seiner Gefangennahme auf Befehl Hernan Cortes' gehängt wurde.

Xarifa

<u>MONACO</u>

Art: 3-Mast-Gaffelschoner, Stahl
Nation: Monaco
Liegehafen: Monte Carlo
Baujahr: 1928
Werft: White & Cowes, England
Vermessung: 275 BRT
Abmessungen:
    Länge über alles   47,20 m
    Länge Rumpf   44,20 m
    Breite   9,00 m
    Tiefgang   5,20 m
Segelfläche: 548 qm
Antrieb: Deutz-Diesel, 230 PS
Verwendung: Privatyacht

XARIFA (ägyptisch – Schönes Geschöpf) wurde für den Industriellen Singer (Nähmaschinen) als Dampfschiff gebaut. Mehrere Weltumsegelungen bestimmten ihren Lebenslauf, bis sie im Kriegsjahr 1939 in Hamburg von Deutschland beschlagnahmt wurde. Sie wurde Kohletransporter. Nach dem Kriege kaufte der Unterwasserforscher Hans Hass das Schiff. XARIFA wurde als Forschungsschiff überall bekannt. 1960 kaufte sie ihr jetziger Eigner. In einer italienischen Werft in La Spezia wurde sie in eine private Luxusyacht umgebaut. Dabei wurden viele Teile der ausgemusterten LIBERTÉ ex EUROPA verwendet.

Breeze

Art: Brigantine, Holz

Nation: Neuseeland

Eigner: Auckland Maritime Museum (Friends of the Breeze)

Heimathafen: Auckland

Baujahr: 1981

Werft: Ralph Sewell, Coromandel, Neuseeland

Vermessung: 25 ts Deplacement

Abmessungen:
Länge Rumpf	18,30 m
Breite	5,00 m
Tiefgang	1,80 m

Segelfläche: 216 qm

Masten: Höhe Großmast 17,50 m

Antrieb: Lister-Diesel 54 PS

Besatzung: 6 Mann Stammbesatzung 12 Gästekojen

Verwendung: Schulschiff unter Segeln

Breeze ist das Flaggschiff des Auckland Maritime Museums, dem es seit 1989 gehört. Der Rumpf wurde aus dem Holz des Kauribaumes (Kopalbaum) gebaut. Die sehr kleine Brigantine ist der getreue Nachbau von Fahrzeugen, die zum Ende des neunzehnten Jahrhunderts die Küstengewässer Neuseelands befuhren.

Art:
ex-Vollschiff (später Bark), z. Z. Hulk, Holz (Teak)

Nation: Neuseeland

Eigner:
»Edwin Fox Restoration Society«, Blenheim (Neuseeland)

Liegeplatz: Picton Sound, Marlborough (Neuseeland)

Baujahr: 1853

Werft: In Sulkeali (Bengal)

Vermessung: 891 BRT; 836 NRT

Abmessungen:
Länge zwischen den Loten	43,90 m
Breite	9,00 m
Seitenhöhe	7,20 m

Antrieb: Kein Hilfsmotor

Verwendung: Museumsschiff

Während der fast einjährigen Belagerung der Festung Sewastopol im Krimkrieg verloren die Westmächte im November 1854 durch einen schweren Sturm zwanzig Transportschiffe, die vor der Festung auf Reede lagen. Edwin Fox war der einzige Segler, der unbeschädigt davonkam.
Viele Dokumente zur Geschichte dieses Schiffes sind bei Bränden in London und Neuseeland verloren gegangen. Sein Leben war aber so farbig und abwechslungsreich, daß die Spur niemals im Dunkeln bleibt.
Edwin Fox war zwar von der East India Company in Auftrag gegeben worden, wurde aber noch während des Baues an Sir George Hodgkinson aus Cornhill, London, verkauft. Für den Bau verwendete die Werft ausschließlich bestes Teakholz. Seinen Namen bekam das Schiff nach dem bekannten Quäker aus Southampton.
Edwin Fox fuhr bei ihrer ersten Reise mit einer Ladung Tee nach London und wurde dort, nach Auflösung der Firma, für den Rekordpreis von 30000 englischen Pfund von dem Reeder Duncan Dunbar ersteigert. Unmittelbar danach charterte die englische Regierung das Schiff und schickte es als Truppentransporter ins Schwarze Meer. Sewastopol wurde belagert. Achtzehn Monate lang fuhr Edwin Fox im Krimkrieg unter

Edwin Fox

britischer Kriegsflagge. Nach drei anschließenden Ostindien-Reisen charterte die Regierung den Segler erneut, diesmal, um politische Häftlinge nach Westaustralien zu bringen. Für militärische Zwecke setzte die EDWIN FOX noch einmal Segel, als sie Truppen gegen die große indische Rebellion von 1856−58 an Bord nahm. 1861 war sie wieder in den Händen ihres zivilen Eigners. Eine volle Ladung, die gerade

in Bombay übernommen worden war, mußte auf indisches Ersuchen wieder gelöscht werden. Aller verfügbarer Schiffsraum wurde für die Bekämpfung der großen Hungersnot in den Nordwest-Provinzen gebraucht. Sechzehnmal fuhr EDWIN FOX mit Reis an Bord von Bangkok in das Katastrophengebiet. Nach dem Tode Dunbars im Jahre 1862 kaufte die Reederei Gellatly & Co, London, das Schiff. EDWIN FOX wurde

nun für viele Jahre Tee-Segler. Ihre etwas gedrungene und rundliche Form brachte ihr bald den Spitznamen »Teatub« ein. Der nächste Lebensabschnitt ist eng mit der europäischen Besiedelung Neuseelands verbunden. Deshalb soll sie auch in Neuseeland späteren Generationen erhalten bleiben. Die britische Firma Shaw Savill charterte 1873 das Schiff für Auswanderer-Reisen nach Neuseeland. Schon bei der ersten Ausreise geriet der Segler im Atlantik in einen schweren Sturm, der an Bord mehrere Todesopfer forderte. Im Schlepp des amerikanischen Postdampfers COPERNICUS erreichte EDWIN FOX Brest als Nothafen. Nach vierwöchiger Reparatur konnte die Reise fortgesetzt werden. Auch die zweite Ausreise mit Auswanderern begann mit Sturm, Havarie und Grundberührung. Nur die außerordentlich starke Bauweise hat das Schiff vor dem Totalverlust bewahrt.

Bei den Reisen waren bis zu 259 Auswanderer an Bord. 1878 wurde das Vollschiff zur Bark umgetakelt. Die letzten Kolonisten verließen mit ihr 1880 ihre englische Heimat. Immer mehr machten sich Dampfschiffe bei diesem Geschäft als Konkurrenz bemerkbar. Die Bark wurde deshalb mit Kühlmaschinen ausgerüstet und nach Neuseeland gesegelt. Dort lag sie abwechselnd in Gisborne, Lyttleton, Bluff und Port Chalmers. An einem Tag konnten 500 Schafe eingefroren und insgesamt bis zu 20 000 Schafe gelagert werden, die dann mit Kühlschiffen nach England gebracht wurden. 1897 kam EDWIN FOX im Schlepp nach Picton. Sie hatte jetzt nur noch ihre Untermasten. Drei weitere Jahre diente sie in Picton als Gefrierschiff. Bis 1950 verwendete man sie dann dort als Kohle-Hulk. Durch eine Öffnung in der Seite konnte eine Bahn ins Schiffsinnere fahren. Seit 1964 bestehen Pläne, die EDWIN FOX zu restaurieren. 1965 kaufte die »Edwin Fox Preservation Society« das Schiff für einen Schilling von der Picton Meat Company. EDWIN FOX wäre das einzige Auswanderer-Segelschiff, das erhalten geblieben ist.

R. Tucker Thompson

Art: 2-Mast-Toppsegelschoner, Stahl

Nation: Neuseeland

Eigner: Tod Thompson, Russell Harris

Heimathafen: Whangarei

Baujahr: 1985

Werft: Mangawhai Heads, Neuseeland

Vermessung: 60 ts Deplacement
45 BRT
33 NRT

Abmessungen:
Länge über alles	25,80 m
Länge Rumpf	18,20 m
Länge in der Wasserlinie	16,70 m
Breite	4,60 m
Tiefgang	2,40 m

Segelfläche: 280 qm

Besegelung: 11 Segel

Masten: Höhe Großmast
über Deck 21,30 m

Antrieb: Ford Diesel
120 PS

Besatzung: 6 Mann Stammbesatzung
8 Kojen, 41 Tagesgäste

Verwendung: Charterschiff

Nach einer Weltumsegelung im Jahre 1986 und der anschließenden Teilnahme an der 200-Jahrfeier Australiens fährt R. Tucker Thompson besonders in den Gewässern der Südsee.

Spirit of New Zealand

Art: Barkentine, Stahl

Nation: Neuseeland

Eigner: Spirit of Adventure Trust

Heimathafen: Auckland

Baujahr: 1986

Werft: Thackwray Yachts Ltd.,
Auckland

Vermessung: 244,3 ts Deplacement
184,4 BRT
55,3 NRT

Abmessungen:
Länge über alles	45,20 m
Breite	9,10 m
Tiefgang	3,80 m

Segelfläche: 736 qm

Besegelung: 17 Segel

Masten: Höhe Großmast
über Deck 31,30 m

Antrieb: Gardiner 8L 3B − Diesel
250 PS

Besatzung: 12 Mann Stammbesatzung
42 Trainees

Verwendung: Schulschiff unter Segeln

Die Barkentine steht in erster Linie neuseeländischen Schülerinnen und Schülern zur Verfügung. Der meist zehntägige Aufenthalt der Jugendlichen auf dem Schiff kann mit unseren Schullandheimen verglichen werden. Ungleich intensiver ist allerdings auf dem Schiff das Zusammenarbeiten und Zusammenfinden. Gegen Ende des Kurses wählen die Schüler ihre eigene „Schiffsführung". Bei geringst notwendiger Aufsicht wird dann das Schiff selbst bearbeitet. Auch Erwachsenengruppen steht der Segler zur Verfügung. Viele neuseeländische Firmen und Organisationen ermöglichten den Bau des Schiffes durch Hilfsleistungen verschiedenster Art.

Spirit of Adventure

Tradewind

Das Schiff steht in erster Linie neuseeländischen Schülerinnen und Schülern zur Verfügung, die während zehn Tagen an Bord bleiben können. Auch Erwachsene können an bestimmten Wochenenden mitsegeln. Zahlreiche Organisationen und Firmen Neuseelands haben durch ihre Unterstützung den Bau des Schoners ermöglicht.

Das Schiff wurde ohne Maschine konstruiert und gebaut. Den ersten Motor bekam es erst 1952. Viele Jahre lang fuhr TRADEWIND als Fischereifahrzeug und Frachter in der Nord- und Ostsee. Die verhältnismäßig sehr große Segelfläche und die scharf geschnittenen Unterwasserlinien machen den Schoner zu einem außergewöhnlich schnellen Schiff, das bei Regatten schon viele Konkurrenten weit hinter sich gelassen hat. Das Schiff ist mit allen erdenklichen Annehmlichkeiten und technischen Sicherheitseinrichtungen ausgestattet.

Topaz

ex GREDA
ex DAGNY

Art: 2-Mast-Toppsegelschoner, Holz

Nation: Neuseeland

Eigner: Mr. Don Crow, Kanada

Heimathafen: Tauranga, Neuseeland

Baujahr: 1937

Werft:
J. Ring-Andersen, Svendborg (Dänemark)

Vermessung: 80 BRT; 180 tdw

Abmessungen:
Länge über alles	36,40 m
Länge Rumpf	26,00 m
Breite	6,30 m
Raumtiefe	2,60 m
Tiefgang	2,10 m

Besegelung: 5 Segel; 3 Vorsegel

Masten, Spieren:
Höhe Großmast über Deck: 19,50 m
Bugspriet mit Klüverbaum

Antrieb: Alpha-Dieselmotor, 200 PS

Verwendung:
Kopra-Handel in der Südsee

Im Jahre 1936 war bei der Werft J. Ring-Andersen in Svendborg (Dänemark) die Galeas GRETHE (die heutige Brigantine ROMANCE) vom Stapel gelaufen; 1937 folgte das Schwesterschiff, die Galeas DAGNY. Sie gehörte damals einem Reeder in Aalborg. Später war sie zusammen mit GRETHE Eigentum des Reeders Knud Olsen aus Rönne, Bornholm, der beide Schiffe dann nach Kopenhagen verlegte. Handel in der Ostsee war die Hauptbeschäftigung dieser Anderthalbmaster.

Im Mai 1967 kaufte der Amerikaner Omer Darr aus Boston die Galeas und ließ sie im gleichen Jahr bei J. Ring-

Andersen in einen Zweimastschoner umbauen. Das Schiff erhielt achtern ein Deckshaus mit Brücke.

Zunächst sollte TOPAZ, wie sie von jetzt an hieß, von Tahiti aus im Kopra-Handel beschäftigt werden. Ende 1982 wurde sie in St. Croix zum Kauf angeboten. Inzwischen wurde das Schiff zum Toppsegelschoner umgetakelt.

Es ist derzeit in Tauranga, Neuseeland registriert.

Tui

In Waitangi, in der Nähe der Stadt
Whangarei (Nordinsel), liegt auf dem
Trockenen die hölzerne Bark Tui. Sie
gehört zum dortigen Shipwreck-
Museum. Das Schiff hat einen Plattboden. Die Seiten ziert ein Pfortenband.

NIEDERLANDE

Bartele Rensink

Abel Tasman

Das Schiff ist heute eine Hulk. Als bewaffnete Barkentine wurde sie 1876 in Rotterdam für die Königlich Niederländische Marine aus Eisen gebaut. Sie dient heute der Seefahrtsschule Delfzijl als Wohnschiff.

ex Ursel Beate
ex Lotte Nagel
ex Heinz Helmut
ex Greta
ex Luchtstraal

Art: 3-Mast-Gaffelschoner, Stahl

Nation: Niederlande

Eigner: Frank und Wieke Vlaun, Amsterdam

Heimathafen: Amsterdam

Baujahr: 1910

Werft: Scheepswerf „Industrie", Alphen, Rijn

Vermessung: 264 ts Deplacement
166 BRT
148 NRT

Abmessungen:

Länge über alles	46,00 m
Länge Rumpf	35,20 m
Breite	6,70 m
Raumtiefe	2,60 m
Seitenhöhe	3,10 m
Tiefgang	2,20 m

Segelfläche: 500 qm

Besegelung: 10 Segel

Masten: Höhe Großmast über Deck 25,40 m

Antrieb: Daf-Diesel 244 PS

Besatzung: 2–3 Mann Stammbesatzung
28 Gäste

Verwendung: Charterschiff

Als Fischlogger gebaut, nahm Luchtstraal 1910 ihren Dienst auf. Der Logger war dann 1927 als Frachter Greta in Hamburg registriert. 1938 kaufte Kapitän Heinrich Behrens aus Morrege den Motorsegler und ließ ihn als Heinz Helmut weiterlaufen. 1952 wurde das Schiff um acht Meter verlängert und modernisiert. Es folgten zwei weitere Eigner- und Namenswechsel, wobei Stade jeweils der Heimathafen war. Nachdem Ursel Beate, wie sie zuletzt hieß, 1971 aus dem Register gestrichen worden war, erwarben sie 1978 ihre jetzigen Eigner. Bis 1982 erfolgte der Umbau in den Dreimastschoner Bartele Rensink für Charterzwecke. Zwei große Deckshäuser dienen als Messen und Aufenthaltsräume. Die Kammern sind in den ehemaligen Laderäumen untergebracht.

Albert Johannes

ex MARTHA
ex EILAND

Art: 3-Mast-Gaffelschoner, Stahl

Nation: Niederlande

Eigner: Willem Sligting,
Scheveningen

Heimathafen: Scheveningen

Baujahr: 1930

Werft: Diepen-Werft, Niederlande

Vermessung: 128 ts Deplacement
66 BRT

Abmessungen:
Länge über alles   48,20 m

Länge Rumpf	35,20 m
Breite	5,60 m
Raumtiefe	2,00 m
Seitenhöhe	2,20 m
Tiefgang	1,50 m

Segelfläche: 360 qm

Besegelung: 8 Segel

Masten: Höhe Großmast
über Deck 27,00 m

Antrieb: Deutz-Diesel
120 PS

Besatzung: 2–3 Mann Stammbesatzung
26 Gäste

Verwendung: Charterschiff

Im Stauraum des ehemaligen Frachtseglers befinden sich heute die Kajüten und der Aufenthaltsraum für die Gäste, die bei der Bearbeitung des Schiffes mithelfen können. Das Schiff kann für Tages- oder Urlaubsreisen gechartert werden.

Adelheit van Enkhuizen

Eenhoorn

ex ANTJE ADELHEIT
ex ADELHEIT VON IDAFEHN

Art: 2-Mast-Gaffelschoner

Nation: Niederlande

Eigner: Charterfirma in Enkhuizen, Niederlande

Heimathafen: Enkhuizen

Baujahr: 1900

Werft: J. J. Pattje & Zoon, Waterhuizen

Vermessung: 79 BRT

Abmessungen:

Länge Rumpf	24,30 m
Breite	5,60 m
Tiefgang	1,90 m

Das Schiff wurde für deutsche Rechnung in Holland gebaut. 1910 erfolgte der Verkauf an Jakob Noldt aus Hohenhorst. Seit 1943 fährt der Schoner mit Motor. 1945 übernahm die Fa. Junge in Rellingen das Schiff. Von 1953—63 war es mit Namen ANTJE ADELHEIT von Amrum auf Amrum registriert, von 1963—77 unter gleichem Namen in Husum. 1977 erfolgte schließlich der Verkauf nach Enkhuizen.

Art: 2-Mast-Toppsegelschoner, Stahl

Nation: Niederlande

Eigner: Pieter Kaptein, Hoorn, Niederlande

Heimathafen: Hoorn

Baujahr: 1947

Werft: de Vooruitgang, Gouwsluis, Niederlande

Vermessung: 97,6 BRT
42,6 NRT

Abmessungen:

Länge über alles	32,90 m
Länge Rumpf	25,40 m
Länge in der Wasserlinie	23,70 m
Breite	5,90 m
Tiefgang	2,80 m

Segelfläche: 420 qm

Antrieb: 6-Zylinder-Diesel 300 PS

Besatzung: 4 Mann Stammbesatzung 16 Gäste in 5 Kabinen

Verwendung: Charterschiff, Schulschiff unter Segeln

Als Motorfahrzeug fischte EENHORN in den Gewässern um Island. 1978 erwarb sie ihr jetziger Eigner. Nach völligem Umbau entstand der Toppsegelschoner mit entsprechenden Gästeeinrichtungen. Unnötige und störende Decksaufbauten wurden dabei entfernt. Ein typisches Merkmal ist das steil aufgerichtete Bugspriet mit Klüverbaum.

Eendracht II

Art: 3-Mast-Gaffelschoner, Stahl

Nation: Niederlande

Eigner: Stichting Het Zeilende Zeeschip

Heimathafen: Scheveningen

Baujahr: 1989
Stapellauf: Mai 1989

Werft: Damen Shipyards, Gorinchem, Niederlande

Vermessung: 470 ts Deplacement
606 BRT
181 NRT

Abmessungen:
Länge über alles   59,40 m

Länge Rumpf	55,00 m
Länge zwischen den Loten	41,90 m
Breite	12,30 m
Seitenhöhe	5,80 m
Tiefgang	5,00 m

Segelfläche: 1047 qm

Besegelung: 9 Segel
Besanmast, Bermudasegel

Masten: Höhe Großmast
über Deck 38,70 m

Antrieb: Caterpillar-Diesel
550 PS (403 kW)

Besatzung: 13 Mann Stammbesatzung
40 Trainees

EENDRACHT II löst EENDRACHT (I) ab, die seit 1989 mit neuem Namen JOHANN SMIDT dem Verein CLIPPER – Deutsches Jugendwerk zur See e. V. gehört. Durch Aufbringen einer Rah am Fockmast kann das Schiff zum Toppsegelschoner erweitert werden.

Frya

Elisabeth Louw

Art: 2-Mast-Toppsegelschoner
Nation: Niederlande
Eigner: H. Hoogendoorn
Baujahr: 1910
Werft: Holland
Vermessung: 110 BRT

Abmessungen:
Länge über alles	39,00
Breite	6,50 m
Tiefgang	2,70 m

Elisabeth Smit

Der 33 m lange, 1941 in Schottland gebaute, ehemalige Minenräumer wurde 1977–1981 von seinem jetzigen Eigner Harry Smit aus Muiden in eine Barkentine umgebaut. Das Schiff macht Tagesfahrten in holländischen Binnengewässern und dient auch für Empfänge an Bord.

---

ex Freia
ex Petsmo
ex Marij
ex Olaf Petersen

Art: 3-Mast-Gaffelschoner, Stahl
Nation: Niederlande
Eigner: Peter de Groote, Amsterdam
Heimathafen: Amsterdam
Baujahr: 1906
Werft:
Bondegard & Jespersen, Marstal Dänemark
Vermessung:
84,49 BRT; 52,25 NRT
125 t Thames Measurement

Abmessungen:
Länge über alles	27,50 m
Länge Rumpf	24,40 m
Länge zwischen den Loten	22,80 m
Breite	5,60 m
Tiefe im Raum	2,60 m
Tiefgang	2,50 m

Segelfläche: 242 qm
Besegelung:
9 Segel (Dacron); 3 Vorsegel
Alle Masten: Gaffelsegel, Gaffeltoppsegel
Masten:
Höhe Besanmast über Deck: 20 m
Bugspriet und Masten: Stahl
Stengen: Holz
Antrieb:
Modag-Krupp; 2-Takt-Dieselmotor;
100 PS
Besatzung:
3 Mann Stammbesatzung; 12 Gäste, Schüler
Verwendung:
Privatschiff für Passagierkreuzfahrten und Schulschiff unter Segeln

---

Als erstes Stahlschiff, das die Werft in Marstal verließ, wurde die damalige Olaf Petersen vor allem in nördlichen Gewässern gesegelt. Die Reederei gehörte H. M. Petersen und J. C. Albertsen. Das Schiff versah für einige Zeit auch den Postdienst zwischen Island und Spanien. 1910 kaufte es Oerum Wulff aus Kopenhagen. Unter dem Namen Marij fuhr der Segler Getreide zwischen Skandinavien und Rußland. Ein kleiner Hilfsmotor half ihm mit lediglich 18 PS. Ab 1929 segelte der Schoner unter deutscher Flagge mit Namen Petsmo und Freia. In den fünfziger Jahren wurden alle Masten weggenommen. Freia war frachtfahrendes Motorschiff geworden. Ihre letzten deutschen Eigner hießen Richard Hübner und bis 1961 Nikolaus Köln aus Burgstaken auf Fehmarn. In Burgstaken entdeckte sie ihr jetziger Eigentümer. In vieljähriger Arbeit entstand eine neue Freya, die allen Anforderungen eines heutigen Kreuzfahrtenseglers gerecht wird. Das betrifft sowohl die wohnliche Inneneinrichtung als auch die navigatorische Ausrüstung. Frya segelt nicht nur für zahlende Gäste, sondern steht auch als Segelschulschiff zur Verfügung.

Hendrika Bartelds

Johanna Lucretia

Minerva

NIEDERLANDE

ex ELISE
ex DOLFYN
ex JOHAN LAST

Art: 3-Mast-Gaffelschoner, Stahl

Nation: Niederlande

Eigner: Frank und Wieke Vlaun, Amsterdam

Heimathafen: Amsterdam

Baujahr: 1917

Werft: in Vlaardingen

Vermessung: 284 ts Deplacement
188 BRT
168 NRT

Abmessungen:
Länge über alles	49,00 m
Länge Rumpf	36,40 m
Breite	6,60 m
Raumtiefe	2,80 m
Seitenhöhe	3,30 m
Tiefgang	3,00 m

Segelfläche: 643 qm

Besegelung: 13 Segel

Masten: Höhe Großmast über Deck 30,20 m

Antrieb: Dormann-Diesel, 470 PS

Besatzung: 2−3 Mann Stammbesatzung, 36 Gäste

Verwendung: Charter

Art: 2-Mast-Gaffelschoner, Holz

Nation: Niederlande

Eigner: Ber van Meer, Niederlande

Baujahr: 1945

Werft: In Gent, Belgien

Abmessungen:
Länge Rumpf	23,00 m
Breite	5,50 m
Tiefgang	2,70 m

Besegelung: Fockmast: Toppsegel

---

ex UWE
ex URSULA

Art: 3-Mast-Gaffelschoner, Stahl

Nation: Niederlande

Eigner: Resto − Sail B.V., Scheveningen

Heimathafen: Scheveningen

Baujahr: 1935

Werft: Löring-Werft, Scheveningen

Vermessung: 250 ts Deplacement

Abmessungen:
Länge über alles	50,00 m
Länge Rumpf	40,00 m
Länge in der Wasserlinie	37,00 m
Breite	7,10 m
Raumtiefe	2,20 m
Tiefgang	2,20 m

Segelfläche: 900 qm

Besegelung: 9 Segel

Masten: Höhe Großmast über Deck 33 m

Antrieb: MAK-Diesel, 180 PS

Besatzung:
8 Mann Stammbesatzung
75 Gäste (bei Tagestouren)

Verwendung: Charterschiff

Das Schiff wurde 1917 als Fischlogger JOHAN LAST gebaut. Mehrere Eignerwechsel erfolgten im Laufe der Jahre. Nach der Außerdienststellung als Handelsfahrer wurde das Fahrzeug zum Dreimastschoner umgebaut und für den Charterdienst komfortabel eingerichtet. Im Mai 1989 bekam der Schoner seinen jetzigen Namen HENDRIKA BARTELDS und trat seine neue Verwendung an.

Minerva

Pollux

Art: Bark, Stahl

Nation: Niederlande

Eigner:
Handelsflotte, Matrozen-Institut Amsterdam, Matrozen-Opleidings- schip

Liegehafen: Amsterdam, Oosterdok

Baujahr:
1940; Stapellauf April 1940, Indienststellung Januar 1941

Werft: Verschure, Amsterdam

Vermessung: 746,89 BRT; 272,86 NRT

Abmessungen:
Länge Rumpf	61,40 m
Breite	11,03 m
Raumtiefe	3,00 m
Tiefgang	0,60 m

Besegelung:
Doppel-Marsrahen, einfache Bramrahen

Masten, Spieren:
Höhe Großmast 31,50 m, Fock- und Großmast mit Mars- und Bramstenge, Besanmast mit einer Stenge, Bugspriet mit Klüverbaum 10 m

Besatzung:
Commandeur, Bootsmann, 2 Boots- manns-Maate, Koch, Ausbilder, etwa 80 Jungen

Verwendung: Stationäres Schulschiff

Bereits 1849 wurde in Amsterdam eine Schulvereinigung gegründet mit dem Ziel, einen nationalen Matrosenstand zu schaffen. Die Regierung beteiligte sich an dem Vorhaben und stellte den ausgemusterten Truppentransporter Z. M. DORDRECHT zur Verfügung. Mehrere ausgediente Schiffe der Marine wurden nacheinander für diesen Zweck verwendet. Die letzte Einheit war H. M. POLLUX. Sie tat bis 1940 Dienst.

Der Name POLLUX war für die Handels- schiffahrt zu einem solchen Begriff geworden, daß der Name für ein neues Schiff von vornherein feststand. Als Änderungen im Unterrichtswesen einen anderen Schulnamen nötig machten, erhielt die ganze Schule die Bezeich- nung »Grund-Seefahrtsschule Pollux« (Lagere Zeevaartschool Pollux).

Die jetzige POLLUX wurde nur für die Verwendung als stationäres Schulschiff gebaut. Sie hat flachen Boden, kann also gar nicht segeln. Die Raumausnut- zung wurde dadurch allerdings sehr günstig. Das Schiff erhielt eine Meerfrau als Galionsfigur. Die Jungen kommen im Alter von 14–16 Jahren an Bord. Ihre Ausbildungszeit dauert ein Jahr. Anschließend werden sie von den ein- zelnen Schiffahrtslinien übernommen. Ein großer Teil erlangt das Steuer- manns-Patent. Die Bezeichnung Commandeur für den Kapitän stammt aus der Zeit der früheren Walfänger. 1943 wurde POLLUX von der deutschen Besatzungsmacht nach Ymuiden geschleppt. Dort tat sie, vollständig abgetakelt, Dienst für die ehemalige Kriegsmarine. 1945 wurde die Bark in einem sehr schlechten Zustand ange- troffen. Einige Zeit diente sie noch der britischen und niederländischen Marine als Unterkunft. Im Spätjahr 1945 kehrte POLLUX wieder nach Amsterdam zurück, wurde aber dort zunächst noch nicht am alten Platz festgemacht. Die Dampf- fahrt-Gesellschaft »Nederland« (Stoomvaart Maatschappij) führte die umfangreichen Restaurationsarbeiten durch.

Ran

Willem Barentsz

NIEDERLANDE

2-Mast-Toppsegelschoner, Stahl. 111 ts Thamse Measurement. Das Schiff wurde 1941 für deutsche Rechnung in Enkhuizen gebaut. Der ursprünglich als Kompositbau konstruierte Rumpf wurde 1950 mit Stahlplatten beplankt. Ohne Segel war damals das Schiff in der Fischerei beschäftigt. 1973 ließ der jetzige Eigner, Antony de Baat, das Fahrzeug zum Toppsegelschoner umbauen und einrichten. RAN fährt als Charterschiff.

ex MARIA BECKER
ex LANDSORT FA DE VRIENDSCHAP

Art: 3-Mast-Gaffelschoner, Stahl

Nation: Niederlande

Eigner: Zeilvaart Enkhuizen

Heimathafen: Enkhuizen

Baujahr: 1931

Werft: Visseryhaven

Vermessung: 230 ts Deplacement
166 BRT
110 NRT

Abmessungen:
Länge über alles	49,70 m
Länge Rumpf	39,70 m
Breite	6,10 m
Tiefgang	1,80 m

Segelfläche: 460 qm

Besegelung: 11 Segel

Masten: Höhe Großmast über Deck 27 m

Antrieb: Mitsubishi-Diesel 300 PS

Besatzung: 5 Mann Stammbesatzung
Bis zu 100 Gäste bei Tagestouren

Verwendung: Charterschiff

Das Schiff kann tageweise gemietet werden. Die Fahrten führen vorwiegend in holländische Küstengewässer. Dabei können sich die Gäste beim Segelsetzen, Steuern und Navigieren beteiligen. WILLEM BARENTSZ ist für große Gesellschaften, einschließlich Restaurant eingerichtet.

Urania

ex Tromp

Art: Ketsch, Stahl

Nation: Niederlande

Eigner:
Kriegsflotte, Koninklijk Instituut voor de Marine, Den Helder

Heimathafen: Den Helder

Baujahr: 1928

Werft:
Haarlemse Scheepsbouw Mij.

Vermessung:
38 ts Deplacement
50,96 BRT; 38,36 NRT

Abmessungen:
Länge über alles	23,75 m
Länge Rumpf	19,00 m
Länge zwischen den Loten	16,50 m
Breite	5,50 m
Tiefgang	3,20 m
Freibord	1,40 m

Segelfläche:
234,5 qm (am Wind); dazu Genua (136 qm), Spinnaker (260 qm), Aap (105 qm)

Besegelung:
4 Segel (am Wind); 2 Vorsegel, Großsegel (Bermuda), Besansegel (Bermuda)

Masten:
Höhe Vormast über Deck 23,50 m;
Höhe Besanmast über Deck 19,50 m

Antrieb: Dieselmotor, 65 PS

Besatzung:
17 Mann, 3 Offiziere, 2 Matrosen, 12 Kadetten

Verwendung: Schulschiff unter Segeln

Hr. Ms. Urania wurde 1928 als Schoneryacht Tromp für den Holländer Nierstrasz gebaut. Am 23. April 1938 übernahm das Königliche Marine-Institut (Koninklijk Instituut voor de Marine) das Schiff. Es erhielt den neuen Namen Urania. Seither dient Urania als Segelschulschiff der Ausbildung von Seekadetten. Während des Zweiten Weltkrieges war der Schoner nach Deutschland gebracht worden und wurde nach seiner Rückkehr als Ketsch (torenkits) neugetakelt. Das Schiff nimmt regelmäßig an Hochsee-Regatten teil und wird dabei in die R.O.R.C.-I-Klasse eingeteilt (Royal Ocean Racing Committee). Die Segelnummer lautet dabei HB-31.

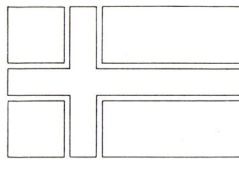

Christian Radich

Art: Vollschiff, Stahl

Nation: Norwegen

Eigner:
Handelsflotte, Østlandets Skoleskib,
Oslo

Heimathafen: Oslo

Baujahr: 1937

Werft:
Framnaes Mek. Verksted, Sandefjord

Vermessung: 696 BRT; 207 NRT

Abmessungen:

Länge über alles	72,50 m
Länge Rumpf	62,50 m
Länge zwischen den Loten	53,00 m
Breite	9,70 m
Tiefgang	4,50 m

Segelfläche: 1234 qm

Besegelung:
26 Segel; 4 Vorsegel, Doppel-Marssegel, einfache Bramsegel, Royals

Antrieb:
Dieselmotor, 450 PS;
Geschwindigkeit mit Maschine 8 kn

Besatzung:
Kapitän, 1., 2. und 3. Offizier,
6 Ausbilder, Arzt, Maschinen-
Ingenieur, Koch, Steward,
etwa 100 Jungen

Verwendung: Schulschiff unter Segeln

CHRISTIAN RADICH ist der Ersatzbau für
die Brigg STATSRAAD ERICHSEN der
damaligen »Kristiania-Schulschiff-
Gesellschaft«. Ihren Namen erhielt sie
nach einem ihrer Gönner und Förderer.
Bis zum Zweiten Weltkrieg machte der
Segler zwei größere Reisen. Die letzte
führte ihn zusammen mit der dänischen
DANMARK zur Weltausstellung nach
New York. Ende 1939 verließ CHRISTIAN
RADICH New York, DANMARK blieb
zurück. Nach ihrer Heimkehr tat sie
Dienst bei der norwegischen Marine im
Marinestützpunkt von Horten. Im April
1940 wurde sie von deutschen Truppen
beschlagnahmt.

Den deutschen Vorschlag, sie unter norwegischer Verwaltung als Schulschiff in der Ostsee einzusetzen, wies die norwegische Regierung entschieden zurück. Bis zum Ende des Krieges war das Schiff U-Boot-Depotschiff. Bei Kriegsende lag es halb gesunken und ohne Masten und Rahen in Flensburg. Nach der Hebung durch die Alliierten wurde es dem Eigner zurückgegeben. Es folgte eine umfassende Reparatur bei der Bauwerft in Sandefjord. Die Kosten hierfür betrugen 70 000 Pfund. Seit 1947 ist CHRISTIAN RADICH erneut im Dienst. 1956/57 wurde mit ihr und auf ihr der Film »Windjammer« gedreht. Die Filmreise führte von Oslo nach Madeira – Trinidad – New York – Boston und zurück nach Oslo.

Im Frühjahr 1963 wurden gründliche Erneuerungsarbeiten bei der Marinewerft (Marinens Hovedverft) in Horten durchgeführt. Das Schiff erhielt eine stärkere Maschine. Die Küche und die Waschräume wurden modernisiert, ebenso das stehende und laufende Gut erneuert.

Fram

Art: 3-Mast-Toppsegelschoner, Holz

Nation: Norwegen

Eigner, Liegeplatz:
Fram-Museum, Oslo-Bygdøy

Baujahr: 1892

Werft:
Colin Archer's Werft, Rekevik bei
Larvik; Konstruktion Colin Archer

Vermessung:
800 ts Deplacement
(voll ausgerüstet);
402 BRT; 307 t Tragfähigkeit

Abmessungen:
Länge Rumpf	39,00 m
Länge in der Wasserlinie	34,50 m
Länge Kiel	31,00 m
Breite (ohne Eishaut)	11,00 m
Raumtiefe	5,20 m
Tiefgang (voll ausgerüstet)	4,70 m

Segelfläche: 600 qm

Besegelung:
7 Segel, 2 Vorsegel
Fockmast: Breitfock, einfaches Marssegel, Schonersegel, Groß-, Besanmast: Gaffelsegel

Masten:
Fock- und Großmast mit Schnaumast:
Großmast mit einer Stenge;
Höhe Großmast über Kiel: 40 m

Antrieb:
Dreifach-Expansionsmaschine
220 indiz. PS; Geschwindigkeit mit
Maschine 6 bis 7 kn

Besatzung:
Bei Nansens Polarfahrt insgesamt
13 Mann

Verwendung: Museumsschiff

Obwohl die FRAM (= »Vorwärts«) als Spezialbau und reines Expeditionsschiff nicht zu den eigentlichen Groß-Segelschiffen gerechnet werden kann, gehört sie doch ihrer Takelart nach dazu. Das Schiff ist nur für Fahrten in polaren Gewässern gebaut worden. So erklärt sich auch die geringe Größe und die Form. Alles wurde darauf ausgerichtet, dem zu erwartenden Eisdruck wenig Widerstand zu bieten. Das Längen-Breitenverhältnis ist etwa 3:1. Die Formen sind rund und glatt. So überragt der Kiel die Außenhaut nur um 7 cm. Ganz besonders stark wurde natürlich der Rumpf selbst konstruiert. Eine Vielzahl von Balken, Stützen und diagonalen Streben sollten den zu erwartenden Eisdruck auffangen und verteilen. Die Schiffswand besteht aus mehreren Schichten und ist 70 bis 80 cm stark. Den äußeren Abschluß bildet die 15 cm dicke Eishaut. Ruder und Schrauben konnten während der Fahrt durch einen Schacht hochgehoben werden, um sie der Eiseinwirkung zu entziehen. Die Poop ist fast bis zum Großmast vorgezogen. Unter ihrem starken Deck befinden sich die Kajüten für alle Expeditionsteilnehmer. Sämtliche Wände der Wohnräume, auch die Decken und Böden, sind mit zahlreichen Isolierschichten versehen. Das Schiff hatte schon damals elektrisches Licht an Bord. Den Strom lieferte ein Dynamo, der entweder durch die Dampfmaschine oder durch eine große Windmühle auf dem Hauptdeck angetrieben wurde. Insgesamt waren acht Boote an Bord, von denen die beiden größten mit 8,8 m Länge und 2,1 m Breite gebaut worden waren. Die Eistonne im Großmast befand sich ursprünglich ca. 32 m über der Wasserfläche.

Das Schiff wurde berühmt durch die große Polarexpedition des Norwegers Fritjof Nansen von 1893 bis 1896, für die es gebaut worden war. Es folgte eine zweite Fahrt ins Nordmeer. Von 1910 bis 1912 war FRAM Expeditions-Schiff von Roald Amundsen. Bei dieser Antarktis-Expedition erreichte Amundsen 1911 den Südpol. FRAM ist das Schiff, das am weitesten nach Norden und am weitesten nach Süden vorgedrungen ist. Für FRAM wurde in Oslo-Bygdøy ein eigenes Haus gebaut – das »Fram-Museum«.

Sørlandet

Art: Vollschiff, Stahl

Nation: Norwegen

Eigner:
Stiftelsen Fullriggeren Sørlandet,
Kristiansand S.

Heimathafen: Kristiansand S.

Baujahr: 1927

Werft:
Höivolds mek. Verksted A/S,
Kristiansand S.

Vermessung: 568 BRT

Abmessungen:
Länge über alles	65,00 m
Länge Rumpf	56,80 m
Länge zwischen den Loten	52,30 m
Breite	9,60 m
Raumtiefe	4,80 m

Segelfläche: 1000 qm

Besegelung:
26 Segel; 4 Vorsegel, Doppel-Marssegel, einfache Bramsegel, Royals

Antrieb:
Deutz-Diesel 564 PS; bis Winter
1959/60 letztes fahrendes Segelschulschiff ohne Motor

Besatzung:
Kapitän, 1., 2. und 3. Offizier,
4 Unteroffiziere, Arzt, Steward,
Koch, etwa 85 Jungen

Verwendung:
»Abenteuerschulschiff«, Charterschiff

Der Bau dieses Schiffes wurde durch eine Stiftung des norwegischen Reeders A. O. T. Skjelbred ermöglicht, der allerdings zur Auflage machte, daß es als reiner Segler gebaut würde. 1933 besuchte SØRLANDET (»Südland«) die Weltausstellung in Chikago. Die Reise führte über den St. Lorenz und die großen Seen. Bis zum 2. Weltkrieg wurden regelmäßig Ausbildungsreisen gemacht. Bei Kriegsausbruch übernahm die norwegische Marine das Schiff. In Horten wurde es von der deutschen Besatzung sofort beschlagnahmt. 1942 schleppte man SØRLANDET nach Kirkenes, wo sie als Militär-Haftanstalt Verwendung fand.

Splitter einer alliierten Bombe beschädigten die Schiffshaut dicht über der Wasserlinie, was schließlich das Schiff zum Sinken brachte. Später wurde es von deutscher Seite gehoben, nach Kristiansand geschleppt und dort bis Kriegsende als U-Boot-Depotschiff verwendet. Für diesen Zweck waren alle Masten entfernt und ein zusätzliches großes Haus auf dem Deck errichtet worden.

Das Schiff wurde bei Kriegsende dem Eigner in sehr schlechtem Zustand zurückgegeben. Die umfangreichen Reparatur- und Modernisierungsarbeiten, mit denen sofort begonnen wurde, dauerten bis 1947. Seither war der Segler wieder im regelmäßigen Ausbildungsdienst.

Bis 1973 wurde das Schiff von der Sørlandets Seilende Skoleskibs Institution bereedert, deren Jungen auf dem Segler ausgebildet wurden. Nach mehreren Jahren Liegezeit wurde das Vollschiff grundüberholt (neues Rigg, neue Segel, neuer Motor, neue Wohneinrichtungen etc.). 1980 übernahm der jetzige Eigner das Schiff.

SØRLANDET steht seit dieser Zeit vielfältigen Verwendungen zur Verfügung. Da sie auch für Charterzwecke eingesetzt wird, kann ein regelmäßiger Schuldienst nicht durchgeführt werden. Die Stadt Kristiansand hat großes Interesse, das Schiff als »Wahrzeichen« des Hafens zu erhalten.

Statsraad Lehmkuhl

ex WESTWÄRTS
ex STATSRAAD LEHMKUHL
ex GROSSHERZOG FRIEDRICH AUGUST

Art: Bark, Stahl

Nation: Norwegen

Eigner: Stiftung Seilskip STATSRAAD LEHMKUHL, Bryggen, Bergen (N)

Heimathafen: Bergen

Baujahr: 1914

Werft:
J. C. Tecklenborg, Bremerhaven

Vermessung: 1701 BRT

Abmessungen:
Länge über alles	98,00 m
Länge Rumpf	87,50 m
Länge zwischen den Loten	75,50 m
Breite	12,60 m
Raumtiefe	7,10 m
Tiefgang	5,10 m

Segelfläche: 2200 qm

Besegelung:
21 Segel; 4 Vorsegel, Doppel-Marssegel, einfache Bramsegel, Royals; Besanmast nur Besansegel

Masten:
Höhe Großmast über Wasserlinie: 50 m; Fock- und Großmast mit Mars- und Bramstenge, Besanmast mit einer Stenge

Antrieb: Diesel-Motor, 450 PS

Besatzung: 24 Mann Stammbesatzung 150 Trainees und Segelbegeisterte

Verwendung: »Abenteuer-Schulschiff«

Der »Deutsche Schulschiff-Verein« ließ 1914 zu seinen beiden Schulschiffen GROSSHERZOGIN ELISABETH und PRINZESS EITEL FRIEDRICH die Bark GROSSHERZOG FRIEDRICH AUGUST (von Oldenburg) bauen. Durch den Ausbruch des Ersten Weltkrieges konnten jedoch keine größeren Fahrten mehr unternommen werden. Nach Kriegsende kam die Bark als Reparationsleistung an England. Formell war sie bei der Reederei J. Couil & Sons in Newcastle am Tyne registriert. Tatsächlich hatte man aber keine Verwendung für sie, weil sie als reines Schulschiff nicht für Frachtfahrten geeignet war. 1922 kaufte die »Bergen Dampfschiff-Gesellschaft« das Schiff und schenkte es im Jahre 1923 dem Verband »Bergens Skoleskib«. Es erhielt den neuen Namen STATSRAAD

LEHMKUHL und wurde Ersatz für die ausgemusterte Korvette ALFEN.
Bis 1939 machte die Bark regelmäßig ihre Ausbildungsreisen, die gewöhnlich von April bis September dauerten. 1940 beschlagnahmten deutsche Truppen den Segler in Bergen. Unter dem Namen WESTWÄRTS war er Depotschiff der Marine bis zur Rückgabe an den Eigner im Jahre 1945. Das Schiff erhielt sofort seinen alten Namen zurück. Die Reparatur- und Grundüberholungs-Arbeiten dauerten bis April 1946. Drei Jahre lang wurden dann wieder die normalen Ausbildungsreisen fortgesetzt. In der Saison 1949 waren die Unterhaltskosten für das Schiff so hoch geworden, daß der Verband beschloß, es nicht in Fahrt zu setzen. Für ein Jahr wurde STATSRAAD LEHMKUHL stationäres Ausbildungsschiff der »Norwegischen Fischereischule«. Danach diente sie der »Bergens Skoleskib«, ebenfalls als stationäres

Schulschiff. 1952 kam sie erneut in Fahrt und ist es bis Ende 1967 geblieben. Die norwegische Regierung zog mit Ende des Jahres 1967 ihre Unterstützung zurück, weil die Kosten für das große Schiff zu hoch geworden waren und weil genügend andere Ausbildungsstätten vorhanden sind. Der Reeder Hilmar Reksten aus Sjøsanger bei Bergen setzte sich als Gönner für das Schiff ein und kaufte es, damit es der Stadt Bergen erhalten bleibt, nachdem Pläne bekannt wurden, die Bark ins Ausland zu verkaufen. Reksten ließ 1969 das Schiff grundüberholen und modernisieren. Inzwischen ist der Schulbetrieb wieder in vollem Umfang aufgenommen.
Die Poop ist wie bei vielen Schulseglern auch hier bis zum Großmast vorgezogen. Das große Deckshaus steht hinter dem Fockmast. Die Bark fährt neun Beiboote und an beiden Seiten

Stockanker. Das Hauptruderrad steht auf der Poop vor dem Kartenhaus, das Notruderrad dahinter, dicht an der Achterkante. Beide sind Doppelräder. Als GROSSHERZOG FRIEDRICH AUGUST hatte der Segler eine volle Galionsfigur. Heute schmückt ein farblich sehr geschmackvoll gehaltenes Rankenwerk mit den Wappen Norwegens und der Stadt Bergen Bug und Heck.
Seit 1979 gehört die Bark einer Stiftung. Für zahlende Gäste, vor allem Jungen und Mädchen, steht sie heute wieder als Ausbildungsschiff zur Verfügung. Sie ist die größte segelnde Bark der Welt. Bei Windjammerparaden wird sie immer mit großer Aufmerksamkeit bedacht. Da die Gäste aus vielen Nationen kommen, dient sie in ganz besonderem Maße der Völkerverständigung.
Die Organisation für Gäste aus Deutschland hat der Verein „Tall-Ship Friends e.V." in Hamburg übernommen.

Svanen

ex SMART
ex AINA
ex JASON

Art: 3-Mast-Gaffelschoner, Holz

Nation: Norwegen

Eigner:
Norsk Sjøfartsmuseum, Oslo

Heimathafen: Kristiansand

Baujahr: 1916

Werft:
J. Ring-Andersen, Svendborg, Dänemark

Vermessung: 102 BRT

Abmessungen:
Länge über alles	33,00 m
Länge Rumpf	28,50 m
Länge zwischen den Loten	26,10 m
Breite	6,70 m
Tiefgang	2,50 m

Segelfläche: 350 qm

Besegelung: 11 Segel

Masten: Höhe Großmast über Deck: 22 m

Antrieb: General Motors-Diesel, 240 PS

Besatzung: 5 Mann Stammbesatzung 25 Schüler

Verwendung: Museumsschiff Schulschiff unter Segeln Forschungsschiff

Als JASON gebaut, erhielt der Schoner bald danach den Namen SMART. Während dieser Zeit fuhr das Schiff für verschiedene norwegische Eigner als Handelssegler. 1921 wurde SMART nach Schweden verkauft und erhielt seinen jetzigen Namen SVANEN. 1964 kehrte sie nach Norwegen zurück und gehörte bis 1972 der Selskapet Skonnerten Svanen in Kristiansand, seit 1972 dem Norsk Sjøfartsmuseum in Oslo. Während der Sommermonate können ganze Schulklassen 6-tägige Fahrten mit ihr machen. Dabei sollen die Jugendlichen erste Erfahrungen beim Leben auf See sammeln. In der übrigen Zeit steht sie dem Museum zur Verfügung, wobei von Bord aus mit Tauchern küstennahe Wracks untersucht werden.

Shabab Oman

ex CAPTAIN SCOTT

Art: 3-Mast-Bramsegelschoner
Holz (Lärche)

Nation: Sultanat Oman

Eigner: Marine

Heimathafen: Maskat

Baujahr: 1971; Stapellauf 7. 9. 1971

Werft:
Herd & Mackenzie, Buckie,
Banffshire

Vermessung:
380 ts Deplacement;
264,35 BRT
54,97 NRT

Abmessungen:
Länge über alles	52,10 m
Länge Rumpf	44,00 m
Länge zwischen den Loten	36,60 m
Breite	8,50 m
Seitenhöhe	4,70 m
Raumtiefe	4,10 m
Tiefgang (achtern)	4,50 m

Segelfläche: 1020 qm

Besegelung:
14 Segel, 4 Vorsegel
Fockmast: Schonersegel, Untermarssegel, Obermarssegel, Bramsegel;
Großmast: Großsegel, Großgaffel-
toppsegel, Großstengestagsegel;
Besanmast: Besansegel, Besangaffel-
toppsegel, Besanstengestagsegel

Masten:
Höhe Großmast über Deck: 30,20 m;
Untermasten: Aluminiumlegierung
Stengen und Spieren: Rottanne-
Schichtholz

Antrieb: Zwei Gardener Dieselmotoren
je 230 PS

Besatzung:
6 Mann Stammbesatzung
3 wechselnde Ausbilder
36 »Trainees«
(Unter britischer Flagge)

Verwendung: Schulschiff unter Segeln

Das Schiff wurde als CAPTAIN SCOTT für den Dulverton Trust im schottischen Buckie gebaut. Als noch die alten heimatlichen Gewässer befahren wurden, galt die Ausbildung nicht nur nautischen Belangen. Expeditionsartige Ausflüge in das bergige Land sollten den Geist des Antarktisforschers Robert Scott aufleben lassen, nach dem das Schiff seinen Namen bekommen hat. 1977 wurde der Schoner an den Sultan von Oman verkauft. Mit weiß gestrichenem Rumpf segelt er heute als Schulschiff im Indischen Ozean.
Die Übersetzung des Namens lautet »Jugend von Oman«.

Dar Mlodziezy

Art: Vollschiff

Nation: Polen

Eigner:
Wyzsza Szkola Morska

Heimathafen: Gdynia

Baujahr: Stapellauf 4. März 1981
Indienststellung 1982

Werft:
Stocznia Gdańska (Danziger Werft),
Gdańsk

Vermessung: Ca. 2 950 ts Deplacement

Abmessungen:
Länge über alles	105,40 m
Länge Rumpf	91,00 m
Länge zwischen den Loten	79,40 m
Breite	14,00 m
Seitenhöhe	10,00 m
Tiefgang	6,00 m

Segelfläche: 2 780 qm

Besegelung:
4 Vorsegel
Alle Masten Doppel-Marssegel,
einfaches Bramsegel, Royal

Masten: Höhe Großmast 49 m

Antrieb:
Zwei 8AL20/24-Diesel, je 750 PS
Eine Schraube mit Verstellblättern

Besatzung:
42 Mann Stammbesatzung
4 Lehrer
150 Kadetten

Verwendung: Schulschiff unter Segeln

DAR MLODZIEZY (= »Geschenk der Jugend«) löst die altgediente DAR POMORZA ab, die jetzt Museumsschiff geworden ist. Das neue Schiff wurde so ausgelegt, daß das ganze Jahr über der Schulbetrieb durchgeführt werden kann. Neben dem Oberdeck besitzt das Schiff drei durchlaufende Decks. In drei Großräumen für je 50 Mann schlafen die Kadetten in Hängematten.

Große Aufmerksamkeit wurde den Außeneinrichtungen geschenkt, wobei weitgehend witterungsbeständiges Material verwendet wurde, z. B. synthetisches Tauwerk beim laufenden Gut oder nichtrostender Stahl bei den Belegnägeln. Sehr eigenwillig ist das Heck gestaltet — im ungewohnten Plattgatt sind vier Fenster des Salons durchgebrochen. Eine steuerbords und backbords angebrachte Backnock erleichtert Manöver in Hafengewässern. Neben den beiden gefahrenen Patentankern liegt ein Reservestockanker auf der Back.

Ein großer Teil der Mittel für den Bau des neuen Schulschiffes wurde von der polnischen Jugend aufgebracht. Die STA-Regatta 1982 von England nach Portugal und zurück fuhr DAR MLODZIEZY als ihre Jungfernreise. Schon wegen ihrer Größe erregte sie überall große Aufmerksamkeit.

Dar Pomorza

ex POMORZE
ex COLBERT
ex PRINZESS EITEL FRIEDRICH

Art: Vollschiff, Stahl

Nation: Polen

Eigner:
  Stiftung DAR POMORZA

Liegehafen: Gdynia

Baujahr:
  1909; Indienststellung 6. April 1910

Werft: Blohm & Voss, Hamburg

Vermessung: 1561 BRT

Abmessungen:
  Länge über alles   91,00 m
  Länge zwischen den Loten   72,60 m
  Breite   12,60 m
  Raumtiefe   6,30 m
  Tiefgang   5,70 m

Segelfläche: 1900 qm

Besegelung:
  25 Segel; 4 Vorsegel, Doppel-Marssegel, einfache Bramsegel, Royals

Masten: Mars- und Bramstengen

Antrieb:
  MAN-Sechszylinder-Dieselmotor,
  430 PS

Besatzung:
  30 Mann Stammbesatzung,
  150 Jungen

Verwendung: Museumsschiff in Gdynia

Im Jahre 1909 stellte der Deutsche Schulschiff-Verein sein zweites Segelschulschiff, die PRINZESS EITEL FRIEDRICH in Dienst. Die Baukonzeption entsprach in weiten Teilen der GROSSHERZOGIN ELISABETH (heute DUCHESSE ANNE), die 1901 als erstes Schiff für den Schulschiff-Verein gebaut worden war. Die Ausbildung erfolgte damals für Decksjungen und Offiziersanwärter. Typisch für das Schulschiff ist die lange Poop, die bis zum Großmast vorgezogen wurde.

Nach dem ersten Weltkrieg mußte das Schiff an Frankreich abgegeben werden, obwohl keine Verwendungsmöglichkeit vorhanden war. Bis 1921 blieb der Segler in St. Nazaire aufgelegt. Die Société Anonyme de Navigation »Les Navires Ecoles Francais« besaß zu dieser Zeit für ihre Ausbildungszwecke die Viermastbark RICHELIEU. Zusätzlich sollte PRINZESS EITEL FRIEDRICH in den Schuldienst treten. Sie bekam den neuen Namen COLBERT. Aber selbst nach dem Verlust der RICHELIEU durch Brand kam es nicht dazu. Das Schiff blieb weiterhin in St. Nazaire. 1926 wurde es an Baron

de Forrest verkauft, der eine Yacht daraus machen wollte. Aber auch diesmal blieb es bei den Plänen.

Die Staatliche Polnische Seefahrtsschule benutzte damals für ihre Schulzwecke noch die Bark Lwow, die aber wegen ihres Alters bald ausgemustert werden sollte. Ein Ersatzschiff war nötig. COLBERT schien dafür geeignet zu sein.

Mit den Mitteln, die durch freiwillige Spenden der Bevölkerung von Pomorze (Pomerellen) zusammenkamen, konnte 1929 das Schiff gekauft werden. Dafür bekam es zunächst den Namen POMORZE und nach seiner Ankunft in Polen den Namen DAR POMORZA (Dar = Gabe, Pomorza = Genitiv von Pomorze). Den Namen POMORZE führte das Schiff nur auf seiner Reise von St. Nazaire nach Nakskov.

Am 26. Dez. 1929 verließ POMORZE mit dem Schlepper »Poolzee« St. Nazaire. Am 29. Dez. mußte sie in einem schweren Sturm vor Anker gehen. Die Mannschaft ging in die Boote, weil Totalverlust befürchtet wurde. Erst mit Hilfe eines zweiten Schleppers gelang

es, POMORZE wieder unter Kontrolle
zu bekommen. Am 9. Januar 1930
erreichte sie Polen. Der Segler bekam
jetzt einen Hilfsmotor und konnte bald
darauf der Seefahrtsschule übergeben
werden. Bis 1939 folgten regelmäßig
Schulreisen, die wiederholt über den

Atlantik führten. Bei Ausbruch des
zweiten Weltkrieges suchte DAR
POMORZA zum Schutz schwedische Gewässer auf. Sie lag dann während des
Krieges in Stockholm interniert.
Nach Kriegsende wurde sie an Polen
zurückgegeben und fuhr seither wieder

regelmäßig im Schuldienst. Dabei wurden immer wieder ausländische Häfen
angelaufen. Seit der Indienststellung
der DAR MLODZIEZY im Sommer 1982
liegt die DAR POMORZA als stationäres
Schiff fest.

General Zaruski

Henryk Rutkowski

POLEN

ex Mariusz Zaruski
ex Mloda Gwardia
ex General Zaruski

Art: Ketsch

Nation: Polen

Eigner:
Liga Obrony Kraju (Bund der Landesverteidigung, sowie Gesellschaft für Sport und Technik)

Heimathafen: Gdansk (Danzig)

Baujahr: 1939

Werft: B. Lund in Ekenäs bei Kalmar (Schweden)

Vermessung: 71 BRT

Abmessungen:
Länge über alles	28,00 m
Länge zwischen den Loten	25,30 m
Breite	5,80 m
Tiefgang	3,50 m

Segelfläche: 310 qm

Besegelung: 7 Segel

Antrieb:
Zwei 6-Zyl.-Albin-Dieselmotoren, zusammen 150 PS, 2 Schrauben

Besatzung:
3 Mann Stammbesatzung, 25 Jungen

Verwendung: Schulschiff unter Segeln

Art: Brigantine, Holz

Nation: Polen

Eigner:
Polnische Yachtvereinigung, Trzebiez

Heimathafen: Gdansk (Danzig)

Baujahr: 1944

Werft: Bei einer deutschen Werft gebaut

Vermessung: 70 BRT

Abmessungen:
Länge über alles	27,30 m
Länge zwischen den Loten	23,40 m
Breite	6,40 m
Tiefgang	2,70 m

Besegelung:
Am Vormast 3 Rahsegel

Masten: Masthöhe 21 m

Antrieb:
3-Zyl.-Burmeister & Wain-Dieselmotor, 135 PS

Besatzung:
3 Mann Stammbesatzung, 15 Jungen

Verwendung: Schulschiff unter Segeln

Bei der schwedischen Werft wurde die Ketsch für polnische Rechnung nach den Plänen der Yacht KAPAREN der »Svenska Segler Skolan« gebaut. Wegen des Krieges war eine Ablieferung an Polen nicht mehr möglich. Schweden benützte deshalb das Schiff unter dem Namen KRYSSAREN bis 1945, als es von Polen unter dem Namen GENERAL ZARUSKI in den Schuldienst genommen wurde. 1948 bekam die Ketsch den Namen MLODA GWARDIA (»Junge Garde«), der dann 1957 in MARIUSZ ZARUSKI geändert wurde. M. Zaruski war ein Pionier des polnischen See-Segelsports.

Der Segler wurde als Ketsch gebaut. Seinen Namen bekam er nach einem bekannten Widerstandskämpfer von 1939−1945.
Vor wenigen Jahren erfolgte ein völliger Umbau des Schiffes. Nur etwa 30 Prozent sind von der alten Schiffssubstanz übriggeblieben. Anstelle der ehemaligen Ketschtakelung wurde das Schiff als Brigantine geriggt.

ISKRA (Funke) gehört zur POGORIA-Klasse (KALIAKRA). Ein typisches Merkmal dieser Klasse ist das Plattheck. Das Schiff fährt am Besanmast ein Bermudasegel.

Iskra II

Art: Barkentine, Stahl

Nation: Polen

Eigner: Marine
Wyzsza Szkola Marynarki

Heimathafen: Gdynia

Baujahr: Stapellauf 6. März 1982
Indienststellung 11. August 1982

Werft: Stocznia Gdańska
(Danziger Werft), Gdańsk
Konstruktion: Zygmunt Choren

Vermessung: 381 ts Deplacement

Abmessungen:
Länge über alles   49,00 m
Länge in der Wasserlinie   42,50 m
Breite   8,00 m

Tiefgang   3,70 m

Segelfläche: 1035 qm

Masten: Höhe Großmast 30,20 m

Antrieb: Dieselmotor

Besatzung: 18 Mann Stammbesatzung,
45 Kadetten

Verwendung: Schulschiff unter Segeln

Oceania

Art: Dreimaster, Stahl

Nation: Polen

Eigner: Polnische Akademie der Wissenschaften

Baujahr: 1985

Werft: Stocznia Gdańska (Danziger Werft), Gdańsk

Vermessung: 396 BRT
550 ts Deplacement

Abmessungen:

Länge über alles	48,50 m
Länge Rumpf	41,00 m
Breite	9,00 m

Segelfläche: 650 qm

Besegelung: Automatisches Rigg. Alle Masten mit einem sehr hohen und verhältnismäßig schmalen Rahsegel

Masten: Alle Masten gleich hoch

Antrieb: Hilfsmaschine

Verwendung: Forschungsschiff

Das Schiff hat den Rumpf der POGORIA-Klasse mit dem typischen Plattheck. Es fährt kein Bugspriet. Die sich nach unten verjüngenden Rahsegel werden zur, im Topp der Masten starr angebrachten, Rah vorgeheißt. Das Bergen erfolgt durch Aufrollen nach unten in einen langen „Korb".

Pogoria

Art: Barkentine, Stahl

Nation: Polen

Eigner:
Polish Yachting Asscociation, Warschau (Iron Shackle Fraternity)

Heimathafen: Gdańsk

Baujahr: 1980

Werft:
Stocznia Gdańska (Danziger Werft), Gdańsk

Vermessung: 342 ts Deplacement

Abmessungen:
Länge über alles	47,00 m
Länge Rumpf	40,00 m
Länge in der Wasserlinie	35,40 m
Breite	8,00 m
Tiefgang	3,50 m

Segelfläche: 1000 qm

Masten: Höhe Großmast 33,50 m

Antrieb: Dieselmotor, 310 PS

Besatzung:
18 Mann Stammbesatzung
45 Trainees

Verwendung: Schulschiff unter Segeln, Charterschiff

Die POGORIA ist ein Segelschulschiff, das für Jugendliche vom Verein der »Eisernen Schäkel« gebaut wurde. Die vier gekreuzten Schäkel auf den Rahsegeln des Vortopps sind das Wahrzeichen dieses Vereins.
Neben den Schulreisen während der großen Ferien von Juni bis September unternimmt das Schiff Charterreisen, die bis in die Karibik führen können. Im Winter 1980/81 fuhr POGORIA im Auftrag der Akademie der Wissenschaften ins Südpolarmeer, um Wissenschaftler nach Polen zurückzubringen, die dort überwintert hatten. Bei Regattenteilnahmen hat sich die Barkentine hervorragend bewährt. Seinen Namen hat das Schiff nach einem polnischen See bekommen. Ein wesentliches Merkmal des Schiffes ist das Plattheck. Weitere Segler der POGORIA-Klasse sind inzwischen KALIAKRA und ISKRA II.

Zawisza Czarny II

Art: 3-Mast-Stagsegelschoner, Stahl

Nation: Polen

Eigner:
Zwiazek Harcerstwa Polskiego
(Verein der polnischen Pfadfinder)

Heimathafen: Kolobrzeg (Kolberg)

Baujahr: 1952

Werft:
Stocznia Pólnocna, Gdańsk (Danzig)

Vermessung: 164 BRT

Abmessungen:
Länge über alles	42,00 m
Länge Rumpf	35,50 m
Länge zwischen den Loten	33,00 m
Breite	6,80 m
Tiefgang	4,60 m

Segelfläche: 550 qm (mit Breitfock)

Besegelung:
10 Segel (mit Breitfock); 4 Vorsegel
(Vorstagsegel mit Baum); Fockmast:
Vor-Treisegel, Breitfock; Großmast:
Großstagsegel, Groß-Treisegel;
Besanmast: Besanstagsegel, Besan-
(Hoch)-Segel; Großstagsegel und
Besanstagsegel mit Baum

Masten: Pfahlmasten

Antrieb: DKW-Diesel-Motor, 300 PS

Besatzung:
5 Mann Stammbesatzung, 47 Jungen

Verwendung: Schulschiff unter Segeln

Die jetzige ZAWISZA CZARNY darf nicht verwechselt werden mit dem hölzernen 3-Mast-Gaffelschoner gleichen Namens ex PETREA, der 1902 bei Holm & Gustafsson in Raa, Schweden, gebaut worden war. Seit 1934 fuhr das Schiff unter polnischer Flagge. Nach der Besetzung Polens im August 1939 wurde der Schoner wahrscheinlich nach Lübeck gebracht, in »Schwarzer Husar« umgetauft, schwarz gemalt und wahrscheinlich von der Marine-Hitlerjugend für Schulzwecke verwendet. 1946 kam das Schiff nach Polen zurück. Der Zustand war aber so schlecht, daß es 1947 abgewrackt werden mußte. ZAWISZA CZARNY II wurde 1952 als Fischereifahrzeug gebaut. 1961 erfolgte der Umbau zu einem Schulschiff des Pfadfindervereins. Im Winter 1967 folgte ein weiterer Umbau, bei dem das

Schiff um 3 Meter auf seine jetzige Größe verlängert wurde. Stagsegeltakelung bei einem Dreimaster ist heute etwas außerordentlich Seltenes. Eine weitere Besonderheit zeichnet das Schiff aus. Die beiden Treisegel stehen zwischen jeweils zwei gebogenen Gaffeln. Damit bekommen diese Segel die günstigste Kurvenstellung. Diese Takelart wird auch als »Wishbone-Rigg« bezeichnet. Stagsegel sparen das Gewicht der Gaffeln ein und sollen außerdem das Setzen der Segel erleichtern. Zawisza ist der Familienname einer Ritterfamilie des 15. Jahrhunderts. »Czarny«, der »Schwarze«, ist der Zuname eines berühmten Mitglieds dieser Familie, das gegen den Ritterorden kämpfte. Seine geharnischte Büste steht auf einem konsolenartigen Träger am Bug des Schiffes.

Creoula

Art: 4-Mast-Gaffelschoner, Stahl	**Werft:** Estaleiros Navais de Lisboa (CUF)		**Segelfläche:** 1364 qm
Nation: Portugal			**Besegelung:** 11 Segel
Eigner: Verteidigungsministerium	**Vermessung:** 818 ts Deplacement 1055 BRT		**Masten:** Höhe der Masten über Deck 29 m
Heimathafen: Lissabon	**Abmessungen:**		**Antrieb:** 6-Zylinder-Diesel 480 PS
Baujahr: Stapellauf März 1937 Indienststellung Mai 1937 (Bauzeit 62 Tage)	Länge über alles Länge in der Wasserlinie Breite Seitenhöhe Tiefgang	67,40 m 52,70 m 9,90 m 5,90 m 4,10 m	**Besatzung:** 37 Mann Stammbesatzung 50 Trainees
			Verwendung: Schulschiff unter Segeln

CREOULA gehörte zur berühmten Flotte der Bankschoner Portugals. Damals gehörte sie der Parceria Geral de Pescarias. Bis 1973 fuhr sie insgesamt siebenunddreißig Mal zum Kabeljaufang in die Gewässer vor Neufundland. Die vierundfünfzig Fischer der zweiundsiebzigköpfigen Besatzung fuhren dabei mit ihren Dories zu den eigentlichen Fangplätzen. Oft waren sie dabei außer Sichtweite des Mutterschiffes und den ganzen Tag damit beschäftigt, die vierhundert Meter lange Fangleine mit ihren vierhundert Haken auszulegen und nach dem Fang wieder in das kleine Boot zu holen.

Die Anforderungen, die dabei an die Fischer gestellt wurden, waren außerordentlich. Bestes Orientierungsvermögen, vollkommenes Vertrautsein mit Wetter und See, Mut und Besonnenheit waren nur die wichtigsten Voraussetzungen für eine glückliche und erfolgreiche Fangzeit. Das Schulschiff CREOULA wird heute von der APORVELA (Associaçáo Portuguesa de Treino de Vela) betreut.

Leão Holandês

ex SEPHA VOLLAARS
ex IBAEK
ex PETERNA
ex MOJENHÖRN
ex RÖNNDIK
ex MARIE HILCK
ex MARTHA AHRENS
ex AMALIE

Art: 3-Mast-Gaffelschoner, Stahl

Nation: Portugal

Eigner: Dirk Willem Gesink

Heimathafen: Olhao, Portugal

Baujahr: 1910

Werft: Gebr. Bodewes, Martenshoek, Holland

Vermessung: 150 ts Deplacement
89,8 BRT
47,0 NRT

Abmessungen:
Länge über alles	44,00 m
Länge Rumpf	31,10 m
Länge in der Wasserlinie	28,10 m
Breite	6,10 m
Raumtiefe	2,30 m
Seitenhöhe	3,90 m
Tiefgang	2,80 m – 3,20 m

Segelfläche: 507,5 qm

Besegelung: 12 Segel

Masten: Höhe Großmast
über Deck 27,00 m

Antrieb: Caterpillar-Diesel 253 PS

Besatzung: 5 Mann Stammbesatzung
12 – 14 Gäste

Verwendung: Charterschiff, Touristenschiff

Es gibt sicher nicht viele Schiffe, die, wenn auch in einem langen Leben, so oft den Eigner und dabei auch den Namen gewechselt haben, wie die LEÃO HOLANDÊS (HOLLÄNDISCHER LÖWE).
Als Zweimastschoner AMALIE war sie für deutsche Rechnung gebaut worden. Als Frachter wurde sie in der Küstenschiffahrt eingesetzt. 1922 bekam das Schiff die erste Maschine, und 1923 wurde der Rumpf um fünf Meter verlängert. Aus dem Zweimaster wurde ein 3-Mast-Gaffelschoner. Als PETERNA fuhr das Schiff ab 1957 unter dänischer Flagge. Es war zum Motorschoner geworden. 1975 wurde PETERNA nach Holland verkauft. Dort erfolgte die Wiedertakelung zum Dreimaster mit Namen SEPHA VOLLAARS.
Von 1983 bis 1987 war der Segler in Schweizer Händen. Unter gleichem Namen sollte er in Tahiti im Touristengeschäft eingesetzt werden.
Das Unternehmen schlug fehl. Nach der Rückkehr des Schiffes nach Europa, kaufte der jetzige Eigner 1987 das Schiff. Die notwendige Restaurierung erfolgte in Belgien und Portugal. LEÃO HOLANDÊS befährt heute die portugiesischen Küstengewässer.

ex GUANABARA
ex ALBERT LEO SCHLAGETER

Art: Bark, Stahl

Nation: Portugal

Eigner:
Kriegsflotte, Armada Portuguesa

Heimathafen: Alfeite bei Lissabon

Baujahr:
1937; Stapellauf 30. Oktober 1937

Werft: Blohm & Voss, Hamburg

Vermessung: 1869 ts Deplacement

Abmessungen:
Länge über alles	89,48 m
Länge Rumpf	81,28 m
Länge zwischen den Loten	70,10 m
Breite	12,02 m
Raumtiefe	7,55 m
Tiefgang	5,30 m

Segelfläche: 1796 qm

Besegelung:
23 Segel; 4 Vorsegel, Doppel-Marssegel, einfache Bramsegel, Royals; Besanmast: Unter-Besan, Ober-Besan, Besan-Toppsegel

Masten:
Fock- und Großmast mit einer Stenge; Großmast-Flaggenknopf ca. 45 m über der Wasserlinie

Antrieb:
MAN-Dieselmotor, 750 PS; Geschwindigkeit mit Maschine ca. 10 kn

Besatzung:
10 Offiziere, 19 Unteroffiziere, 131 Mannschaften, ca. 90 Kadetten

Verwendung: Schulschiff unter Segeln

Sagres II

Als letztes und modernstes Segelschul-schiff der ehemaligen deutschen Reichsmarine wurde 1937 die ALBERT LEO SCHLAGETER gebaut. Wegen des bald folgenden Krieges konnte die Bark nur noch wenige Reisen machen. Da-mals zierte den Bug ein großer Adler. Die Besatzung betrug 298 Mann. Während des Krieges entstand an dem Schiff Maschinenschaden. Bei Kriegs-ende übernahm die USA die Bark in Bremerhaven. Da sie jedoch keine Verwendung für das Schiff hatten, gaben sie es 1948 an Brasilien ab. Unter

dem neuen Namen GUANABARA war es mit Unterbrechungen bis 1961 Schul-schiff der brasilianischen Marine. Im Oktober 1961 kaufte die portugiesische Marine die Bark, als Ersatz für die außer Dienst gestellte SAGRES I. Sie erhielt ebenfalls den Namen SAGRES (II). Sagres ist eine Hafenstadt im Süden Portugals, von der aus die berühmten portugiesischen Entdeckungsfahrten unternommen wurden. Der Ort ist eng mit dem Infanten Heinrich dem Seefahrer verbunden. Dieser errichtete hier die erste Seefahrtsschule der Welt.

Seine Büste ziert den Bug der SAGRES. Am 24. April 1962 begann die erste Reise unter portugiesischer Flagge vom bisherigen Heimathafen Rio de Janeiro nach Lissabon. Kapitän war Kapt. Lt. Henrique Alfonso Silva da Horta. Das Schiff trägt wie seine Vorgängerin ein großes rotes Kreuz auf allen Rahsegeln (nicht mehr auf dem Unterbesan wie SAGRES I). Normalerweise werden zwei Ausbildungsreisen im Jahr unter-nommen.

Mircea

Art: Bark, Stahl

Nation: Rumänien

Eigner:
Handelsflotte, Seefahrtschule
Constanza

Heimathafen: Constanza

Baujahr: 1938;
Stapellauf September 1938

Werft: Blohm & Voss, Hamburg

Vermessung:
1760 ts Deplacement (voll ausgerüstet), 1312 BRT

Abmessungen:
Länge über alles	82,10 m
Länge Rumpf	73,70 m
Länge zwischen den Loten	62,00 m
Breite	12,00 m
Seitenhöhe	7,30 m
Tiefgang	5,20 m

Segelfläche: 1748 qm

Besegelung:
23 Segel; 4 Vorsegel, Doppel-Marssegel, einfache Bramsegel, Royals;
Besanmast: Unterbesan, Oberbesan,
Besan-Toppsegel

Masten:
Höhe Großmast über Deck 41,38 m;
Höhe Großmast über Unterkante
Kiel 49,16 m

Antrieb: MaK-Dieselmotor, 1100 PS

Besatzung:
40 Offiziere und Unteroffiziere,
50 Stamm-Mannschaften,
120 Zöglinge

Verwendung: Schulschiff unter Segeln

MIRCEA wurde 1938 mit genau den gleichen Abmessungen wie GORCH FOCK I,
der jetzigen TOWARISCHTSCH, für Rumänien gebaut. Sie war das Ersatzschiff
für die ausgemusterte Brigg MIRCEA I.
Die anderen Segelschiffe der ehemaligen deutschen Reichsmarine, die HORST
WESSEL (1936), jetzt EAGLE, und die
ALBERT LEO SCHLAGETER (1938), jetzt
SAGRES II, sowie die GORCH FOCK II
(1958) der Bundesmarine, entsprechen
genau dem gleichen Typ, sind aber um
8 m verlängert worden. Wenig bekannt
ist, daß bei der gleichen Werft noch
ein weiteres Segelschulschiff derselben
Klasse gebaut worden ist. Das Schiff
war zwar in Hamburg vom Stapel
gelaufen, hatte aber noch keinen offiziellen Namen. Nach Kriegsende kam
es nach Kiel, wurde dort mit Gasmuni-
tion beladen und anschließend in der
Ostsee versenkt. Insgesamt sind also
sechs Segelschulschiffe nach demselben
Grundplan bei Blohm & Voss gebaut
worden.
Die MIRCEA hat ihren Namen nach dem
Herzog Mircea bekommen, der im 14.
Jahrhundert nach langen Kämpfen
gegen die Türken die Dobrudscha zu-
rückgewann und damit für die Walachei
Seehandelswege öffnete. Das Schiff
fährt eine prächtige Abbildung des
Herzogs als Galionsfigur.
Im April 1939 erfolgte die Überfahrt
nach dem Schwarzmeer-Hafen
Constanza. Die Jungfernreise führte
anschließend ins Mittelmeer. Nach dem
Krieg war der Segler vorübergehend in
russischen Händen, wurde aber bald
wieder an Rumänien zurückgegeben.
Von Januar bis September 1966 lag das
Schiff für Umbau- und Erneuerungs-
arbeiten bei seiner Bauwerft in Ham-
burg. Der Umbau umfaßte: routinemä-
ßige Klassearbeiten, Erneuerung
des stehenden und laufenden Guts und
der Segel, Einbau eines MaK-Diesel-
Motors, Lieferung neuer Rettungs- und
Dienstboote, Erneuerung der gesamten
Wohneinrichtung (einschließlich
Decksbelägen, Kammerwänden,
Möbeln und Sanitäreinrichtungen),
Erneuerung und Modernisierung der
Navigations- und elektrischen Anlagen,
Änderungen in der Tankeinteilung zur
Erhöhung der Sicherheit im Leckfalle.

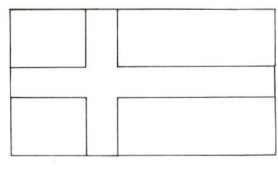

Af Chapman

ex G. D. Kennedy
ex Dunboyne

Art: Vollschiff, Eisen

Nation: Schweden

Eigner:
Stadt Stockholm (Svenska Turistforeningen)

Liegehafen: Stockholm, Skeppsholmen

Baujahr:
1888, Kiellegung 1885, Stapellauf März 1888

Werft:
Shipbuilding Company, Whitehaven, England (Cty. of Cumberland)

Vermessung:
2300 ts Deplacement; 1425 BRT; 1380 NRT

Abmessungen:

Länge über alles	85,40 m
Länge Rumpf	71,10 m
Länge zwischen den Loten	71,10 m
Breite	11,40 m
Tiefgang	5,60 m

Segelfläche: 2207 qm

Besegelung:
26 Segel, 4 Vorsegel; Alle Masten: Doppel-Marssegel, einfaches Bram-segel, Royal

Masten, Spieren:
Höhe Großmast über Deck: 41,60 m; Länge Großrah: 25,70 m

Antrieb: Kein Hilfsmotor

Besatzung:
Als Marineschulschiff 50 Mann Stammbesatzung und 200 Kadetten

Verwendung: Jugendherbergs-Schiff

Wegen der damaligen Schiffsbaukrise erstreckte sich die Bauzeit über drei Jahre. Erst dann fand das Schiff einen Käufer. Als reiner Handelsfahrer segelte es unter dem ursprünglichen Namen Dunboyne von 1888–1908 für die Dubliner Reederei Charles E. Martin & Co hauptsächlich in der Australienfahrt. 1909 kaufte der norwegische Reeder Leif Gundersen aus Porsgrund das Vollschiff, ohne daß dessen Name geändert wurde. Dun-boyne blieb weiterhin Handelsschiff. Vor dem Ersten Weltkrieg gehörte sie noch für kurze Zeit dem Reeder Emil Knutsen aus Lillesand.
Am 30. Juli 1915 wurde der Segler für 8300 Pfund an die schwedische Reederei A.-B. Transatlantik in Göteborg verkauft. Unter dem neuen Namen G. D. Kennedy wurde das Schiff mit Platz für 30 Jungen frachtfahrendes Schulschiff der Reederei. Der Segler war für diesen Zweck mit modernen technischen Hilfsmitteln ausgerüstet worden. Die schwedische Krone erwarb das Schiff im November 1923 für 128000 Kronen. Es sollte reines Schulschiff für die schwedische Marine werden. Für diesen Zweck erfolgte ein vollständiger Innenumbau. Da keine Fracht mehr gefahren wurde, entstanden im Zwischendeck Wohnräume für 200 Kadetten. Licht bekam dieses Deck durch zahlreiche Bullaugen, die in die Seiten geschnitten wurden. Der Segler erhielt den Namen Af Chapman. (Frederic Henric af Chapman, 1721–1808, war Schiffsbaumeister und Vizeadmiral in Karlskrona. Sein bedeutendstes Werk ist die erstmals 1786 erschienene »Architectura Navalis Mercatoria«.)
Bis 1937 machte das Schulschiff zahlreiche Reisen in alle Meere (1934 war die letzte große Überseereise). 1937 wurde Af Chapman als Schulschiff ausgemustert und diente bis 1947 in Stockholm als Marinekaserne. Anschließend kaufte das Stadtmuseum Stockholm den Segler und stellt ihn der Svenska Turist Foreningen als Herbergs-Schiff zur Verfügung. Diesem Zweck dient die Af Chapman seit Früh-jahr 1949. Der hierfür notwendige

Umbau veränderte das Äußere kaum. An Rahen sind noch an jedem Mast geblieben: Unterrah, Untermarsrah und Bramrah.
Das Schiff ist nicht nur Jugendherberge, sondern kann von Gästen aller Altersgruppen benützt werden.

Amorina

Art: Gaffel Ketsch, Holz

Nation: Schweden

Eigner: Stiftelsen Svenska Kryssarklubbens Seglarskola, Göteborg

Heimathafen: Göteborg

Baujahr: 1900

Werft: Camper & Nicholsons, Cowes,
England

Vermessung: 45,24 BRT; 34,86 NRT

Abmessungen:
Länge über alles	29,85 m
Länge Rumpf	25,63 m
Länge zwischen den Loten	20,48 m
Breite	5,08 m
Raumtiefe	2,77 m
Tiefgang	3,30 m

Segelfläche: 350 qm

Besegelung: 8 Segel

Masten: Höhe Großmast über
Wasserlinie 25,80 m

Antrieb: Volvo Penta-Diesel, 164 PS

Besatzung: 6–7 Mann Stammbesatzung
18 Schüler

Verwendung: Schulschiff unter Segeln

Art: Barkentine, Stahl

Nation: Schweden

Eigner: Jan Hagenfeldt & Assoc.,
Örebro, Schweden

Heimathafen: Stockholm

Baujahr: 1934
Umbau 1977–81

Werft: Götaverken, Göteborg

Vermessung: 530 ts Deplacement

Abmessungen:
Länge über alles	48,50 m
Länge Rumpf	34,30 m
Länge in der Wasserlinie	30,30 m
Breite	7,70 m
Tiefgang	4,10 m

Segelfläche: 650 qm

Besegelung: 16 Segel (Dacron)
Fockmast: Doppel-Marssegel,
einfaches Bramsegel, Royal

Antrieb: Deutz-Diesel, 420 PS

Besatzung: 11 Mann Stammbesatzung
Insgesamt 59 Kojen in 20
Kabinen für Gäste

Verwendung: Charterschiff

AMORINA wurde als Feuerschiff gebaut.
Nach jahrelangem Einsatz wurde das
Schiff zwischen 1977 und 1981 in
Lissabon umgebaut und aufgetakelt.
An seine frühere Verwendung erinnert
besonders das bauchige Achterschiff,
ebenso das großzügige Raumangebot
im Schiffsinnern. Die Sauna auf dem
Hauptdeck ist ein skandinavisches
»Muß«. Die Karibik und das Mittelmeer
sind die Hauptreisegebiete dieses eigen-
willigen Schiffes.

Art: Gaffel Ketsch, Holz

Nation: Schweden

Eigner: Stiftelsen Svenska Kryssarklubbens Seglarskola, Göteborg

Heimathafen: Göteborg

Baujahr: 1907

Werft: In Porthleven, England

Vermessung: 103 ts Deplacement
60 BRT
31 NRT

Abmessungen:
Länge über alles	29,10 m
Länge Rumpf	23,00 m
Länge zwischen den Loten	21,10 m
Breite	5,90 m
Tiefgang	2,90 m

Segelfläche: 350 qm

Besegelung: 8 Segel

Masten: Höhe Großmast über
Deck 20,50 m

Antrieb: Volvo Penta-Diesel, 184 PS

Besatzung: 6–7 Mann Stammbesatzung
20 Schüler

Verwendung: Schulschiff unter Segeln

Gratia of Gothenburg   Gratitude of Gothenburg

Links Gratia, rechts Leader

Als Schoner war GRATIA gebaut worden und als Yacht wurde sie von ihren früheren Eignern gefahren, bis sie 1964 zur Stiftelsen Svenska Kryssarklubbens Seglarskola kam.

GRATITUDE war als Brixam-Trawler gebaut worden. Sie gehört seit 1957 zur damals neugegründeten Stiftelsen Svenska Kryssarklubbens Seglarskola.

Ein Holzschiff wird geboren

Die dänische Stadt Svendborg ist nicht nur wegen ihrer Seemannshochschule bekannt. Auch bedeutende Schiffsbau-Unternehmen haben ihr eine bemerkenswerte Stellung unter den Städten Dänemarks zugewiesen. Aber nicht die Hauptwerft für große Stahlschiffe ist es, die den Bewunderer klassischer Holz-Schiffsbaukunst anzieht, sondern die traditionsreiche Werft von J. Ring-Andersen.

Nur eine Straße trennt beide Unternehmen. Im Vergleich geradezu bescheiden wirkt der Eingang zu Ring-Andersen. Aber welche Welt tut sich dahinter auf! Nur noch wenige Werften gibt es, bei denen wie hier seegehende, hölzerne Schiffe in Handarbeit gebaut werden.

Auf Stapel liegt ein Fischereifahrzeug, das nach seiner Fertigstellung unter britischer Flagge die Nordsee befahren soll. Das Baumaterial ist Eiche.

Erst seit dem 19. Jahrhundert ist es möglich, die nicht geraden Teile mit Dampf in die gewünschte Form zu bringen. Bis dahin war man für Rundungen ausschließlich auf natürliche Krümmungen des Baumes angewiesen. Trotzdem wird auch heute noch natürliches Krummholz bevorzugt, weil dieses Holz nicht so sehr „arbeitet" und damit die Schiffsverbände gefährdet.

Soll ein Schiff gebaut werden, dann wird zuerst auf einer Helling oder auf dem Stapel der Kiel gestreckt. Danach werden der ebenfalls zusammengesetzte Vor- und Achtersteven fest mit dem Kiel verbunden. Die Spanten werden entweder an ihrem endgültigen Platz aufgebaut oder, wie das heute meist geschieht, auf dem Planboden als Rahmen zusammengefügt und dann auf dem Kiel aufgerichtet. Die Decksbalken schließen nach oben wie eine Bogensehne den Spantrahmen ab. Dieses Gerippe wird mit den Decks- und Seitenplanken bekleidet. Erst jetzt entsteht ein in sich geschlossener Hohlkörper, der Rumpf.

Bei J. Ring-Andersen werden alle Holzschiffe auf diese Weise gebaut. Der abgebildete Rumpf ist als Skelett fertig und wird jetzt von innen und außen beplankt. Links neben dem Rumpf arbeitet eine der Dampfkammern. Von den größeren dort gebauten Seglern fahren heute noch eine ganze Reihe (der älteste davon ist seit über sechzig Jahren ununterbrochen im Dienst): BELLE ESPOIR, LILLA DAN, REGINA MARIS, ROMANCE, SEUTE DEERN II, TOPAZ. Hölzerne Schiffe haben bei dieser Größe gegenüber Stahl- und Eisenschiffen keine geringen Vorteile; sie sind elastischer, bruchsicherer und vor allem nicht rostanfällig.

Pamir und Passat

Mit erheblichen Schwierigkeiten und gerade noch rechtzeitig war es dem Reeder Heinz Schliewen und Kapitän Helmut Grubbe gelungen, die beiden großen Viermastbarken in Antwerpen vor dem Abwracken zu bewahren. Die Segler erreichten im Schlepp Travemünde am 20. Juni 1951. Von dort aus kamen sie wenig später nach Kiel. Schliewen ließ hier bei den Howaldt-Werken mit hohem Aufwand die Schiffe als frachtfahrende Schulschiffe einrichten und ausbauen. Ein Hilfsmotor wurde eingebaut, dazu wasserdichte Schotts, zwei Deckshäuser, Laufbrükken u. a.

Aus Sicherheitsgründen wurden die Braß- und Fallwinden auf das Hochdeck verlegt. Der Umbau war Ende 1951 beendet. Die Klassifizierung danach brachte das beste Ergebnis.

Auf diesem Bild liegen beide nebeneinander – in Kiel, im August 1951. PAMIR verließ Hamburg am 10. Januar 1952 zu ihrer ersten Nachkriegsreise unter deutscher Flagge. Sie hatte für Brasilien 4000 t Zement an Bord; das entspricht etwa 400 Güterwagen. PASSAT folgte ihr am 12. Februar 1952 von Brake/Weser aus. Auch sie hatte Zement für Brasilien geladen.

Mit Unterbrechungen fuhren die beiden Rahschiffe bis 1957 auf dieser Route. Sie waren die letzten großen Frachtsegler, welche die Weltmeere befuhren. Nach dem tragischen Verlust der PAMIR am 21. September 1957 wurde die PASSAT, die zu gleicher Zeit auf der Heimreise war, nach ihrer Rückkehr außer Dienst gestellt.

Eine Zukunft für große Frachtsegler?

Als die PASSAT im Dezember 1957 nach ihrer letzten großen Atlantikreise in Hamburg festmachte, ging die Ära der herkömmlichen großen Frachtsegler zu Ende. PASSAT und PAMIR waren nach dem Krieg als frachtfahrende Segelschulschiffe eingerichtet worden, die mit ihrer Ladung einen Teil ihres Lebensunterhaltes selbst verdienen konnten. Reine Frachtsegler dieser Größe fuhren schon damals nicht mehr. Die PADUA, heute die sowjetische KRUSENSTERN, wurde bereits 1926 als frachtfahrendes Schulschiff gebaut, mit Wohneinrichtungen, die außer der Stammbesatzung 40 Jungen Platz boten. Der Nachteil der Frachtsegler gegenüber den Motorfrachtern lag besonders in ihrer großen Besatzung, die für die Bedienung der gewaltigen Segelfläche notwendig war, der schwierigen Manövrierbarkeit, der verhältnismäßig geringen Durchschnittsgeschwindigkeit und in den kleinen Luken, die fast nur für Massengüter verwendet werden konnten. Zudem sperrte das stehende und laufende Gut den optimalen Einsatz von Lade- und Löscheinrichtungen. Nach Einstellung des Frachtbetriebes mit Segelschiffen konnte damals niemand ahnen, daß die Gesamtflotte von Großseglern heute von Jahr zu Jahr größer wird. Ihre Verwendung aber ist anders geworden. Neben den Segelschulschiffen, die mit großer Besatzungszahl den seemännischen Nachwuchs heranziehen, sind es »Abenteuerschiffe«, die das große Erlebnis einer Seereise unter Segeln vermitteln, und Charterschiffe, die eher dem schlechten Wetter aus dem Wege gehen und ihre zahlenden Gäste in die angenehmen Breiten der Ozeane bringen. Die Idee, den Wind als Antriebsmittel auch für seegehende Frachter zu nützen, hat Schiffskonstrukteure jedoch nie zur Ruhe kommen lassen. Heute ist das Thema aktueller denn je. Luft- und Wasserverschmutzung haben ein Ausmaß angenommen, wie es nachfolgenden Generationen gegenüber kaum mehr vertretbar ist. Vor allem aber sind es die schwindenden Energiereserven, die ein Umdenken im Verbrauch unserer Rohstoff-Reserven herausfordern. Konstruiert und gebastelt wird in allen Teilen der Welt. Die Japaner sind im Augenblick den anderen Ländern, die sich dafür interessieren, voraus. Der 700-Tonnen-Tanker SHINTITOKU MARU fährt zwei große Segel, die allerdings den konventionellen Antrieb nicht ersetzen, sondern nur ergänzen. Der englische Kapitän Mike Willoughby und die »Windrose Ships Ltd.« setzen sich für den traditionellen Schiffsbau ein und planen den Bau einer 150 m langen Fünfmastbark mit 12 000 Tonnen Tragfähigkeit. Auch in Leningrad sind Schiffsbauingenieure damit beschäftigt, zu prüfen, ob Segel als zusätzliches Antriebsmittel bei Frachtern eingesetzt werden können. Mit großer Wahrscheinlichkeit wird ein zukünftiger Frachtsegler zwar teilweise den Wind zur Fortbewegung nützen, aber mit der faszinierenden Anatomie des klassischen Segelschiffs hat seine Konstruktion nichts mehr gemein. Das beginnt mit dem Rumpf. Da keine Rekordreisen mehr gefahren werden müssen, wie z.B. bei den Teeklippern, sind auch nicht mehr die rassigen Linien mit Klipperbug notwendig. Die Tragfähigkeit allein ist entscheidend für einen rentablen Transportbetrieb. Die dafür notwendigen Linien zeigten bereits die Viermastbarken mit nahezu ebenem Schiffsboden. Das Hauptproblem stellt zweifellos die Takelage dar. Zum einen ist es das enorme Gewicht von Masten, Rahen, Segeln, stehendem und laufendem Gut, das zur Stabilisierung eine große Menge Ballast bei Leerfahrten erfordert, zum anderen ist es der starke Luftwiderstand der Takelage, der sich dann bemerkbar macht, wenn das Schiff nicht unter Segeln fahren kann. Der 1976 gestorbene Hamburger Ingenieur Wilhelm Pröls stellte 1967 sein »Dynaschiff« (Dynamikschiff) vor. Diese neue Schiffsart existiert in Modellen, vor allem aber wurden Schiffe verschiedener Größe mit interessanten und ermutigenden Ergebnissen rechnerisch über die Weltmeere geschickt, so daß mit dem Bau eines Prototyps gerechnet werden kann. Fünf oder sechs Masten fahren die bis zu 150 m langen Schiffe, die 15 000 Tonnen Fracht befördern können. Die bis zu 70 m hohen Leichtmetallmasten haben einen elliptischen Querschnitt und sind so dick, daß sie im Innern die Mechanik für das Setzen und Bergen der Segel aufnehmen können. Die Segel werden vorhangartig zur Rahmitte geholt. Sie ähneln, »gespannt« oder »gesetzt«, quer und senkrecht zur Schiffsachse gestellten Flugzeugflügeln. (Für bestimmte Schiffstypen werden sicher auch Metallsegel verwendet werden können.) Als notwendige Segelfläche wurden etwa 9 600 qm errechnet. Pröls verzichtet vollständig auf das stehende Gut. Die Schiffe werden dementsprechend auch kein Bugspriet mehr haben. Das laufende Gut arbeitet unsichtbar in den Masten und Rahen. Mit diesem Rigg könnten die Schiffe auch viel dichter an den Wind gehen, was bedeutet, daß die einzelnen »Schläge« viel länger werden und weniger gekreuzt werden müßte. Ein Bordcomputer ermittelt die Werte für die optimale Segelfläche und die Stellung der Rahen. Der wachhabende Offizier kontrolliert auf seinen Anzeigegeräten die Arbeit seiner »hydraulischen Matrosen«. Bei allen diesen Schiffen ist natürlich eine zusätzliche Antriebsmaschine notwendig, um Flautenzonen und Hafengewässer durchfahren zu können. Der deutsche Kapitän Schwarz plant einen 125 m langen Viermaster für 80 Passagiere und 40 Mann Besatzung. Auch er verzichtet auf das stehende Gut, konstruiert die Masten aber als Dreibeine. Die wölbungslosen Segel sollen mit Hilfe einer Hydraulik in 1 1/2 Minuten gesetzt werden können. Automatisch ausfahrbare Mittelschwerter werden ermöglichen, das Schiff bis zu 40 Grad an den Wind zu bringen. Auch an Frachtsegler dieser Art ist gedacht. Berechnungen haben ergeben, daß ein 12 000-Tonnen-Schiff, das dann nur zehn Mann Besatzung bräuchte, auf einer Reise von Hamburg nach Buenos Aires bis zu 400 000 DM an Brennstoffkosten einsparen kann. Trotz aller Windschiff-Zukunftsmusik bleibt zu erwarten, daß auch weiterhin neben den »interessanten« Neuerungen die »schönen« Großsegler die Weltmeere befahren werden.

Die Sail Training Association (STA) und die Cutty Sark Trophy

Anfang 1955 machte der Engländer Bernard Morgan den Vorschlag, die noch fahrenden Segelschulschiffe zu einer Regatta zusammenzuführen, um damit das Verständnis der internationalen Jugend zu fördern. Captain John Illingworth gründete daraufhin ein Sail Training Ships International Race Committee, das eine Regatta für 1956 vorbereiten sollte. Dieses Rennen führte dann von der Tor Bay bei Torquay nach Lissabon. Zugelassen waren aber nicht nur die großen Rahsegler, sondern auch Schoner und andere kleinere Segelfahrzeuge. Voraussetzung für die Teilnahme war, daß wenigstens die Hälfte der Besatzung junge Leute zwischen 16 und 25 Jahren waren, die keine oder nur sehr geringe Segelerfahrung besaßen – es mußten Schulschiffe sein. Bei dieser ersten Regatta nahmen zwanzig Schiffe teil, von denen sieben größer als 250 ts waren. Vorausgegangen waren Wettbewerbe in Rudern, Schwimmen und Segeln mit Kleinfahrzeugen.

Die Veranstaltung fand ein so großes Echo, daß sich das Komitee entschloß, die Regatta alle zwei Jahre zu wiederholen. Das nächste Rennen fand 1958 statt; es führte von Brest zu den Kanarischen Inseln. Die Sail Training Association, in der sich jetzt die Verantwortlichen zusammengeschlossen hatten, wurde zur bleibenden Einrichtung, und sollte fortan die Regatten organisieren. Da England damals kein eigenes größeres Segelschulschiff besaß, wurde 1965 als erstes Schiff die SIR WINSTON CHURCHILL gebaut. Ihr folgte 1968 die MALCOLM MILLER.

Die Teilnehmer der Regatten werden in drei Klassen eingeteilt. Rahsegler finden sich in der A-Klasse, Schoner in der B-Klasse und kleinere Fahrzeuge wie Ketsch oder Kutter in der C-Klasse. Zusätzlich wird für jedes Schiff eine eigene Formel errechnet, bei der neben anderen Faktoren vor allem Segelfläche, Verdrängung und Länge berücksichtigt werden. Einen »absoluten« Sieger kann es demnach nicht geben.

Da sich die Teilnehmerzahl ständig erhöhte, stiegen auch die Kosten für die Ausrichtung der Regatten. 1971 befand sich die STA in einer finanziellen Not-

lage, die das Rennen für 1972 in Frage stellte. Die britische Firma Berry Bros. & Rudd Ltd., Inhaberin der Cutty Sark Scotch Whisky, sprang als Sponsor ein. Es war und ist nicht nur die finanzielle Unterstützung, die der STA den nötigen »Wind« gab, sondern die Firma stiftete zusätzlich die Cutty Sark Trophy. Es ist dies ein in Silber gearbeitetes Modell des berühmten Klippers CUTTY SARK, der heute noch in London-Greenwich zu sehen ist.

Diesen Preis erhält nach Ende einer Regatta nicht das schnellste Schiff, sondern das Schiff, dessen Besatzung sich am meisten für die internationale Verständigung eingesetzt hat. Die Kapitäne aller teilnehmenden Schiffe wählen diesen Sieger, der den Preis dann zwei Jahre lang behalten darf.

Das erste Schiff, das die Trophäe an Bord nehmen durfte, war 1974 die russische Viermastbark KRUSENSTERN, die damals zusammen mit der TOWARISCHTSCH als erstes sowjetisches Schiff an einer internationalen Regatta teilgenommen hatte. Gastfreundschaft an Bord und Hilfsbereitschaft bei jeder Gelegenheit brachten der KRUSENSTERN den Preis.

Das größte Treffen von Großseglern fand 1976 statt, als anläßlich der 200-Jahrfeier der USA mehr als vierzig Schiffe nach New York kamen und auf dem Hudson paradierten.

Die Regatten der Großsegler

1956	Tor Bay – Lissabon
1958	Brest – Kanarische Inseln
	Brest – Corunna
1960	Oslo – Ostende
	Cannes – Neapel
1962	Tor Bay – Rotterdam
1964	Operation Sail '64
	Plymouth – Lissabon –
	Bermuda – New York
1966	Southsea – Cherbourg
	Falmouth – Skagen
	Skagen – Den Helder
1968	Göteborg – Kristiansand
	Harwich – Kristiansand
	Kristiansand – Harwich
	Southsea – Cherbourg
1970	Plymouth – Teneriffa und
	Corunna
1972	Isle of Wight – Skagen
	Helsinki – Falsterbo
	Helgoland – Dover
	(Travemünde – Kiel,
	Olympiade)
1974	Dartmouth – Corunna
	Kopenhagen – Gdynia
	Corunna – Portsmouth
	St. Malo – Portsmouth
1976	Plymouth – Teneriffa
	Teneriffa – Bermuda
	Bermuda – Newport R.I.
	Boston – Plymouth
	Operation Sail '76 New York
1978	Göteborg rund Fair Isle –
	Oslo Fjord
	Great Yarmouth – Oslo Fjord
	Oslo Fjord – Harwich
1980	Cartagena – Norfolk – Boston –
	Kiel
	Karlskrona – Frederikshavn –
	Amsterdam
1982	La Guaira (Venezuela) –
	Philadelphia – Newport R.I. –
	Lissabon
	Falmouth – Lissabon
	Lissabon – Vigo
	Vigo – Southampton
1984	St. Malo – Bermuda
	Puerto Rico – Bermuda
	Bermuda – Halifax
	Sydney – Liverpool
	Frederikshavn – Greenock
	Quebec (Juni 1984)
1986	Newcastle-upon-Tyne –
	Bremerhaven
	Larvik – Göteborg
	New York Opsail
	(100 Jahre Freiheitsstatue)
1987	Kiel – Norrköping – Stockholm
	– Rønne
	Weymouth – Cherbourg
1988	Karlskrona – Helsinki – Marie-
	hamn – Kopenhagen
1989	Terschelling – London
	London – Hamburg – Skagen –
	Malmö
	Malmö – Travemünde

Falken
und Gladan

Art: 2-Mast-Gaffelschoner, Stahl

Nation: Schweden

Eigner: Königl. Schwedische Marine

Heimathafen: Karlskrona

Baujahr:
1946 (Falken) und 1947 (Gladan)

Werft: Marine-Werft, Stockholm

Vermessung: 220 ts Deplacement

Abmessungen:
Länge über alles	39,30 m
Länge Rumpf	34,40 m
Länge zwischen den Loten	28,30 m
Breite	7,20 m
Tiefgang	4,20 m

Segelfläche:
519 qm (Arbeits-Besegelung);
dazu Fischerstagsegel 97 qm, Breitfock 87 qm

Besegelung:
Insgesamt 9 Segel; 3 Vorsegel;
Fock-, Großmast: Gaffelsegel,
Gaffel-Toppsegel; Breitfock, Groß-
Fischerstagsegel

Masten:
Beide Masten mit einer Stenge;
Höhe Großmast über der Wasserlinie
31,40 m

Antrieb:
6-Zyl.-Scania-Vabis-Marine-
diesel, 128 PS

Besatzung:
15 Mann Stammbesatzung,
davon 3 bis 4 Offiziere, 38 Jungen

Verwendung: Schulschiff unter Segeln

FALKEN (= Falke) wurde zusammen mit dem Schwesterschiff GLADAN (= Weihe, Milan) als Ersatz für die Vollschiffe JARRAMAS und NAJADEN von der schwedischen Marine gebaut. FALKEN wurde 1952 von der Rydberg-Stiftung für ein halbes Jahr als Schulschiff gechartert. Das vordere Deckshaus enthält bei beiden Schiffen die Kombüse, das achtere hauptsächlich die Offiziersmesse. Die Jungen schlafen in Kojen und Hängematten. Zum Segelbergen werden die Gaffeln gefiert. Etwa 60 t Festballast geben dem Schiff die nötige Stabilität. Außer für die Marine werden auch Offiziersanwärter für die Handelsflotte ausgebildet. Die Reisen führen meist in die Ost- und Nordsee.

Gretel

Hamlet

<u>SCHWEDEN</u>

Art: 3-Mast-Bermudaschoner, Holz

Nation: Schweden

Eigner:
Per Hagelin & Partners, Schweden

Baujahr: 1946

Werft:
Einar Gustafson, Borga,
Finnland

Vermessung: 160 ts Deplacement

Abmessungen:
Länge über alles	27,30 m
Länge Rumpf	23,50 m
Breite	6,40 m
Tiefgang	2,10 m

Segelfläche: 230 qm

Antrieb: 1 × 120 bhp Albin Diesel

Besatzung:
5 Mann Stammbesatzung
10 Gäste

Verwendung: Charterschiff

Der hölzerne 3-Mast-Bermudaschoner
wurde kurz nach dem Zweiten Weltkrieg in Finnland gebaut. Er gehört
heute schwedischen Eignern. Das Schiff
wird für Kreuzfahrten eingesetzt.
1974–75 wurde mit GRETEL eine Weltumsegelung unternommen.

Art: 2-Mast-Gaffelschoner,
Kompositbau

Nation: Schweden

Eigner: Trade Wind Cruises

Heimathafen: Skärhamn, Schweden

Baujahr: 1936

Werft: Sjötorp, Schweden

Abmessungen:
Länge über alles	34,00 m
Länge Rumpf	24,70 m
Länge in der Wasserlinie	23,30 m
Breite	6,80 m
Tiefgang	2,70 m

Segelfläche: 320 qm

Besegelung: 8 Segel

Masten: Höhe Großmast über Deck 25 m

Antrieb: Volvo Penta TMD 10A
220 PS

Besatzung: 4 Mann Stammbesatzung
14 Kojenplätze, 75 Tagesgäste

Verwendung: Charterschiff

Art: 3-Mast-Toppsegelschoner, Stahl

Nation: Schweden

Eigner: Tradewind Cruises AB,
Skärhamn

Heimathafen: Skärhamn

Baujahr: 1980
Stapellauf 10. August 1980
Indienststellung 3. Oktober 1982

Werft: Kockums-Werft, Malmö,
Schweden

Vermessung: 410 ts Deplacement
229 BRT
130 NRT

Abmessungen:
Länge über alles	49,00 m
Länge Rumpf	38,90 m
Länge in der Wasserlinie	36,00 m
Breite	7,80 m
Tiefgang	3,90 m

Segelfläche: 685 qm

Besegelung: 13 Segel
Doppel-Marssegel,
einfaches Bramsegel

Masten: Höhe Großmast über Deck 30 m

Antrieb: Iveco-Diesel
550 PS

Besatzung: 9 Mann Stammbesatzung
12 Gäste

Verwendung: Charterschiff

Ingo

Zum Schiffahrtsmuseum Göteborg
gehört der hölzerne 3-Mast-Gaffel-
schoner INGO. Das Schiff liegt in
Göteborg in einem Hafenbecken neben
der VIKING.

Unter den neugebauten großen
Charterseglern nimmt LADY ELLEN
sicher eine Sonderstellung ein.
Der technische Aufbau des Schiffes,
seine Einrichtungen, sowie die luxuriöse
Ausstattung sind von außergewöhn-
licher Qualität. Reisen mit diesem
eleganten Segler können in alle Meere
durchgeführt werden, eingeschlossen
auch eine Weltumsegelung.

Lady Ellen

Lady Ellen IV

Art: 3-Mast-Toppsegelschoner, Stahl

Nation: Schweden

Eigner: Lars Johansson Shipping, Skärhamn

Heimathafen: Skagen, Dänemark

Baujahr: Stapellauf September 1989
Indienststellung Juni 1990

Werft: FEAB Marstrandsverken, Marstrand, Schweden

Vermessung: 580 ts Deplacement
380 BRT
220 NRT

Abmessungen:

Länge über alles	62,00 m
Länge Rumpf	51,30 m
Länge in der Wasserlinie	42,40 m
Breite	8,50 m
Tiefgang	4,00 m

Segelfläche: 820 qm

Besegelung: 13 Segel
Fockmast: Schonersegel, Doppel-Marssegel, einfaches Bramsegel

Masten: Höhe Großmast über Deck 36 m

Antrieb: Caterpillar V16
2000 PS

Besatzung: 12 Mann Stammbesatzung
14 Gäste in 7 Doppelkabinen

Verwendung: Charterschiff

Jarramas

Jarramas

Art: Vollschiff, Eisen

Nation: Schweden

Eigner: Stadt Karlskrona

Liegeplatz: Karlskrona, Borgmästarekajen

Baujahr: 1899; Kiellegung 18. März 1899; Stapellauf 1. Februar 1900

Werft: Polhamsdocken, Karlskrona

Vermessung: 350 ts Deplacement (voll ausgerüstet)

Abmessungen:

Länge über alles	49,00 m
Länge Rumpf	39,15 m
Länge zwischen den Loten	33,30 m
Breite	8,38 m
Raumtiefe	3,98 m
Tiefgang (nicht ausgerüstet)	3,20 m

Segelfläche: Ursprünglich ca. 800 qm (ohne Leesegel) 1002 qm mit Leesegel

Besegelung: Ursprünglich 17 Segel (ohne Leesegel), 4 Vorsegel; einfache Marssegel, einfache Bramsegel, Royals Großmast: Gaffelsegel ohne Baum (Spencer); Leesegel an Vor- und Großmast

Masten, Spieren: Mars- und Bramstenge, Bugspriet mit Klüverbaum, gewinkelte Blinderah, Stampfstock, Höhe Großmast über Deck: 25,25 m

Antrieb: Kein Hilfsmotor

Besatzung: 4 Offiziere, 1 Arzt, 7 Unteroffiziere, 15 Korporale, 92 Jungen im Alter von 13$^{1}/_{2}$–15 Jahren

Verwendung: Museumsschiff

Im Jahre 1716 ließ Karl XII. von Schweden in Karlskrona zwei Fregatten bauen, die auf seinen Befehl die Namen ILLERIM und JARRAMAS bekamen. Die Worte sind türkischen Ursprungs (Blitz und Donner). Nachdem Karl XII. im Juli 1709 gegen die Russen die Schlacht bei Poltawa verloren hatte, flüchtete er mit nurmehr 500 Mann nach Bender in der Türkei. Es gelang Karl die Hohe Pforte in Konstantinopel zu einer Kriegserklärung an Zar Peter zu bewegen. Durch Intrigen entging der Zar der Vernichtung seiner Armee und der Gefangennahme. Im Frieden von Husch wurde Karl freies Geleit durch Rußland zugesichert. Karl jedoch widersetzte sich der Aufforderung, türkisches Gebiet zu verlassen, weil er immer wieder einen türkisch-russischen Krieg auslösen wollte. Der Sultan nötigte ihn schließlich mit Gewalt. Mit 300 Soldaten verschanzte sich Karl in Bender und trotzte einen Tag lang den pausenlosen Angriffen von mehreren tausend Janitscharen. Mit Mühe gelang endlich seine Gefangennahme. Dieses tollkühne Verhalten brachte Karl XII. die türkische Benennung »Illerim und Jarramas« ein, die er dann stolz auf seine Schiffe übertrug. Die Fregatte JARRAMAS war noch lange nach Karls Tod im Dienst. Ihr späteres Schicksal ist nicht bekannt. Von 1825 bis 1859 diente eine Korvette bei der schwedischen Marine, die ebenfalls JARRAMAS hieß. Als zweites Schulschiff für die schwedische Marine der Jahrhundertwende wurde nach der hölzernen NAJADEN die eiserne JARRAMAS gebaut. Es sind Schwesterschiffe mit weitgehender Übereinstimmung in den Details. Auch JARRAMAS hatte ursprünglich einen schwarzen Rumpf mit weißem Pfortenband. Bei Änderungen der Takelage in den dreißiger Jahren wurden die Royals weggenommen und die Bramstengen entsprechend gekürzt. Vor- und Großmarssegel hatten drei, das Kreuzmarssegel zwei Reihen Reffbändsel. Das stehende Gut ist mit Taljereeps an Rüsten außenbords festgesetzt. Wegen der Kleinheit des Schiffes wurden die Beiboote außenbords gefahren; je eines auf jeder Seite querab vom Kreuzmast und eines in Davits quer am Heck. Auch die beiden Stockanker blieben wegen des Platzmangels an Deck außen. Wie allgemein bei den Segel-Kriegsschiffen des 19. Jahrhunderts üblich, wurden die Hängematten zwischen dem äußeren und inneren Schanzkleid verstaut. Im Gegensatz zur NAJADEN hat JARRAMAS ein völlig glattes Hauptdeck. Beide Schiffe fuhren hauptsächlich in der Nord- und Ostsee. Die letzte Reise machte JARRAMAS 1946 rund um Schweden. 1950 kaufte die Stadt Karlskrona den Segler. Er ist heute Museumsschiff mit einem Café an Bord. Beide Vollschiffe wurden 1947 durch die beiden Schoner GLADAN und FALKEN ersetzt.

Marité

Art: 3-Mast-Gaffelschoner, Holz

Nation: Schweden

Eigner: H. B. Ambrått

Heimathafen: Stockholm

Baujahr: 1921

Werft: in Fécamp, Frankreich

Vermessung:
450 ts Deplacement
170 BRT
51 NRT

Abmessungen:

Länge über alles	47,00 m
Länge Rumpf	35,00 m
Länge zwischen den Loten	32,50 m
Breite	8,00 m
Raumtiefe	3,60 m
Tiefgang,	4,20 m

Segelfläche: 600 qm

Besegelung: 13 Segel

Masten:
Höhe Großmast über
der Wasserlinie 30 m

Antrieb: Isuzu-Diesel, 460 PS

Besatzung:
12 Mann Stammbesatzung
24 Gäste

Verwendung:
Konferenzschiff, Charterschiff,
Schulschiff unter Segeln

Als 3-Mast-Toppsegelschoner wurde MARITÉ für die Neufundlandfischerei entworfen und gebaut. Ihr starker, aus Eiche gebauter Rumpf war der oft rauhen See des Nordatlantiks gewachsen. Sie war Mutterschiff für zehn Dories, deren Fischer in klassischer Weise mit der Langleine Kabeljaus fingen. Bis zur vollen Ladung Fisch konnten bis zu sechs Monate vergehen. 1929 wurde aus Rentabilitätsgründen der Fang unter Segeln eingestellt. MARITÉ wurde nach Dänemark verkauft und abgetakelt. Als Motorschiff war sie dann bis zu ihrer Außerdienststellung im Jahre 1974 wiederum im Fischfang beschäftigt. Tvöroyri auf den Faeroer-Inseln war damals ihr Stützpunkt und Heimathafen. 1979 erwarb sie ihr jetziger Eigner. Das Schiff war in einen recht desolaten Zustand geraten. Nur der nackte Rumpf blieb Ausgangspunkt für den Wiederaufbau und die Neutakelung zu einem der letzten noch lebenden Bankschoner.

Najaden

Art: Vollschiff, Kompositbau

Nation: Schweden

Eigner:
Stadt Halmstad

Heimathafen:
Halmstad, in der Nissan am Schloßkai

Baujahr:
1897; Stapellauf 12. Februar 1897

Werft:
Königliche Marinewerft Karlskrona

Vermessung:
350 ts Deplacement (voll ausgerüstet)

Abmessungen:
Länge über alles   48,80 m
Länge Rumpf   40,06 m
Länge zwischen den Loten 33,95 m
Breite   8,38 m
Tiefgang (ausgerüstet)   3,70 m

Segelfläche:
Ursprünglich 740 qm (ohne Leesegel)

Besegelung:
Ursprünglich 17 Segel (ohne
Leesegel), 4 Vorsegel; einfache
Marssegel, einfache Bramsegel,
Royals
Großmast: Gaffelsegel ohne Baum
(Spencer); Leesegel an Vor- und
Großmast

Masten, Spieren:
Mars- und Bramstenge; Bugspriet mit
Klüverbaum; gewinkelte Blinderah;
Stampfstock;
Höhe Großmast über Deck: 25 m
(Heute sind Bramstengen gekürzt)

Antrieb: Kein Hilfsmotor

Besatzung:
3 Offiziere, 1 Arzt, 2 Unteroffiziere,
6 Unteroffizierskorporale,
10 Matrosen, 100 Jungen

Verwendung: Museumsschiff

NAJADEN wurde als Schulschiff für die schwedische Marine gebaut. Das Schiff entspricht dem Typ einer Segel-Fregatte des 19. Jahrhunderts. Es gehört zu den kleinsten Vollschiffen, die je gebaut wurden. Ursprünglich war der Rumpf schwarz mit weißem Pfortenband. Bei Änderungen der Takelage in den dreißiger Jahren wurden die Royals weggenommen und die Bramstengen

Leader

entsprechend gekürzt. Vor- und Groß-marssegel hatten drei, das Kreuzmars-segel zwei Reihen Reffbändsel. Das stehende Gut war mit Taljereeps an Rüsten außenbords festgesetzt. Wegen der Kleinheit des Schiffes wurden die Beiboote außenbords gefahren; je eines auf jeder Seite querab vom Kreuzmast und eines in Davits quer am Heck. Auch die beiden Stockanker blieben wegen des Platzmangels an Deck außen. Wie allgemein üblich bei den Kriegsschiffen des 19. Jahrhunderts wurden die Hänge-matten zwischen dem äußeren und dem inneren Schanzkleid verstaut.
Im Jahre 1900 wurde ein Schwester-schiff, die JARRAMAS gebaut – im Gegensatz zur NAJADEN aber aus Eisen.

NAJADEN machte als Schulschiff aktiven Dienst bis zum Sommer 1938 und wurde im Herbst des gleichen Jahres abge-takelt. Während des Krieges war sie wahrscheinlich Wohnschiff. 1945 lag sie in sehr schlechtem Zustand als Hulk in Torekov und sollte dort abge-wrackt werden. Eine Aktion der Stadt Halmstad rettete das Schiff. Bei der Marinewerft in Karlskrona wurde es in großzügiger Weise vollständig restau-riert und neu getakelt. Unter großer Anteilnahme der Bevölkerung wurde NAJADEN am 29. Juli 1946 nach Halm-stad geschleppt und dort an ihrem Liegeplatz in der Nissan festgemacht. Im Winter befindet sich eine Kunst-schule an Bord, im Sommer ein Café.

Art: Gaffel Ketsch, Holz

Nation: Schweden

Eigner:
Stiftelsen Svenska Kryssar-klubbens Seglarskola, Göteborg

Heimathafen: Göteborg

Baujahr: 1892

Werft: In Galmpton, England

Vermessung: 100 ts Deplacement

Abmessungen:
Länge Rumpf 23,40 m
Breite 5,80 m
Tiefgang 3,10 m

Segelfläche: 369 qm

Besegelung: 8 Segel

Antrieb: Penta-Diesel, 120 PS

Besatzung:
6-7 Mann Stammbesatzung
18 Schüler

Verwendung: Schulschiff unter Segeln

Als Trawler gebaut, kam LEADER 1907 nach Schweden. 1969 wurde sie von der Stiftelsen Svenska Kryssarklubbens Seglarskola gekauft.

Najaden

Wasa

Art:
Kriegsschiff des 17. Jahrhunderts,
64 Kanonen, 2 Batteriedecks

Nation: Schweden

Eigner:
Statens Sjöhistoriska Museum,
Stockholm

Liegeplatz:
Stockholm, Wasa-Museum

Baujahr:
1628; Königl. Bauauftrag im Jahre
1625; Stapellauf vermutlich 1627

Werft:
Königliche Marinewerft Stockholm
(am heutigen Blasieholmen)

Vermessung:
ca. 1300 ts Deplacement

Abmessungen:
Länge über alles   ca. 65,00 m
Länge Rumpf   ca. 57,00 m
Länge zwischen den Loten 46,00 m
Breite   11,70 m
Seitenhöhe   ca. 8,50 m
Tiefgang   Vorschiff 4,30 m
                Achterschiff 4,90 m

Besegelung:
Wahrscheinlicher Segelplan:
10 Segel; Blinde, Oberblinde;
Vor- und Großmast: einfaches Marssegel, einfaches Bramsegel; Besanmast: Lateinersegel, darüber einfaches Marssegel

Masten, Spieren:
Höhe Großmast über Kiel: ca. 49 m
Bugspriet mit Blinderah
Bugsprietstenge mit Oberblinderah

Besatzung:
Vorgesehen für 133 Mann Besatzung
und 300 Seesoldaten

Bewaffnung:
64 Kanonen;
48 24-Pfd., 8 3-Pfd., 3 35-Pfd.,
2 62-Pfd., 2 1-Pfd., 1 16-Pfd.;
alle Rohre aus Bronze;
Gesamtgewicht ca. 80 t

Verwendung: Museumsschiff

Während des Dreißigjährigen Krieges erreichten die kaiserlichen Truppen im Sommer 1628 die Ostsee. Kaiser Ferdinand II. hatte ihren Oberbefehlshaber Wallenstein bereits zum »Großadmiral der Ostsee« ernannt. Die vergebliche Belagerung Stralsunds hemmte dann den Vormarsch nach Norden empfindlich. Stralsund hatte Schweden als Bundesgenossen gewonnen. König Gustav II. Adolf folgte dem Hilferuf mit Interesse, weil er damit einen sicheren Stützpunkt auf deutschem Boden bekam. Für seine weiteren Unternehmungen brauchte er eine starke Flotte. Auf der anderen Seite versuchte aber auch Wallenstein, eine Flotte zu rüsten, die vom spanischen Geschwader noch unterstützt werden sollte.
Eine Reihe großer Kriegsschiffe wurde vom schwedischen König in Auftrag gegeben. Unter diesen Schiffen befand sich auch die WASA, die bereits im Bau war und zunächst NY WASSAN heißen sollte. Mit ihrem Bau wurde der holländische Meister Henrik Hybertsson de Groot beauftragt. Er starb 1627. Sein Nachfolger und Vollender der WASA war Hein Jacobsson. Die Gesamtkosten betrugen etwa 100 000 Reichstaler.
Am 31. Juli 1628 waren alle Kanonen an Bord, und am 10. August 1628, zwischen 15 Uhr und 16 Uhr, legte die WASA unter dem Kommando von Kapitän Söfring Hansson zu ihrer Jungfernfahrt ab. Anfangs wurde das Schiff gewarpt. Nachdem es etwas vom Land freigekommen war, bekam es auch Wind in die Segel, von denen Vor- und Großmarssegel, die Fock sowie das Lateinersegel bereits standen.
Schon jetzt zeigte die WASA starke Krängung nach Lee. Wenige Minuten später zwang eine einfallende Bö das Schiff

auf die Seite. Sofort eingeleitete Trimmversuche blieben ohne Erfolg. Durch die offenen Geschützpforten, von denen die untere Reihe nur etwa 1,20 bis 1,50 m über der Wasserfläche lag, drangen große Wassermassen ein. Bei der Insel Beckholmen ging WASA in 32 m Wassertiefe auf Grund. Von der Besatzung, die ohnehin noch nicht vollzählig an Bord war, sind wahrscheinlich nur 30 Personen ertrunken. Bei der Bergung wurden 15 Skelette im Rumpf gefunden. Am 5. September 1628 begann die Seegerichtsverhandlung. Es gelang aber nicht, einen Schuldigen für den Verlust des Schiffes zu finden. Als Hauptursache nimmt man an, daß der Rumpf im Schiffsboden zu schmal und scharf war, um Ballast aufnehmen zu können, und daß die unteren Geschützpforten zu nahe am Wasserspiegel lagen. Das Schiff war topplastig. Die ersten Bergungsversuche begannen am 13. August 1628. Sie brachten die WASA auf ebenen Kiel. 1664 und 1683 wurden mit Hilfe von Taucherglocken vermutlich 54 Kanonen gehoben. Im August 1956 entdeckte Anders Franzén nach zweijähriger Suche das Wrack erneut. Im Lauf der Jahrhunderte hatten sich 29 große Anker in dem Schiff verfangen. Von den Tauchern der 60 Mann starken Bergungsmannschaft wurden sechs 24 m lange Tunnels unter dem Rumpf gegraben, durch welche die Bergungstrossen durchgeführt werden mußten. Mit Hilfe von zwei Pontons gelang am 20. August 1959 die erste Hebung. In 28 Tagen zog ein Schlepper die WASA 550 m weit in flaches Wasser. Dabei mußte das Schiff 18mal abgesetzt werden, um neu angehoben werden zu

können. Unzählige Einzelteile, davon prächtige Skulpturen der Heckornamente, wurden neben dem Schiff gefunden und geborgen. Der Vor-Untermast stand bei der Wiederentdeckung noch.

Am 24. April 1961 waren alle Vorbereitungsarbeiten soweit abgeschlossen, daß die WASA aus dem Wasser genommen werden konnte. Auf eigenem Kiel schwamm sie am 4. Mai 1961 ins Trockendock. Inzwischen war ein riesiges Beton-Ponton gebaut worden, auf dem das Schiff wenig später seinen endgültigen Liegeplatz fand.

Große Schwierigkeiten bereitete die Konservierung des Holzes. In langwierigen Prozessen wurde das Wasser durch einen hochmolekularen Alkohol ersetzt. Sprühanlagen, die das ganze Schiff benetzten, verhinderten ein zu schnelles Austrocknen. Kleinere Holzteile konnten in Bädern behandelt werden. Bei der Restauration sollen möglichst nur Originalteile verwendet werden. Wann das alles abgeschlossen sein wird, kann heute noch nicht abgesehen werden. In den 1000 cbm Schlamm, die aus dem Rumpf geholt wurden, fanden die Archäologen 16 000 Einzelteile. Nur dem Umstand, daß wegen des kalten Wassers der Ostsee dort keine Bohrmuscheln (Teredo) leben können, ist es zu verdanken, daß die WASA heute noch existiert. Sie ist das älteste erhaltene und völlig identifizierte Schiff, das wir bis jetzt kennen. Heute liegt sie im Wasa-Museum. Über ihr wurde ein Haus errichtet. Es ist eine völlig dichte Betonkonstruktion, die exakte Temperatur und Feuchtigkeit garantiert.

Ein Geschütz der Wasa

Viking

Art: Viermastbark, Stahl

Nation: Schweden

Eigner:
Handelsflotte, Stadt Göteborg,
»Forening Viking«

Liegehafen: Göteborg

Baujahr:
1906; Stapellauf 1. Dezember 1906,
ausgerüstet März 1907

Werft:
Burmeister & Wain, Kopenhagen

Vermessung: 2959 BRT; 2665 NRT

Abmessungen:
Länge über alles   ca. 105,00 m
Länge Rumpf   97,30 m
Länge zwischen den Loten   89,20 m
Breite   13,90 m
Tiefgang (beladen)   7,06 m

Segelfläche: 2850 qm

Besegelung:
31 Segel; 4 Vorsegel, Doppel-Marssegel, Doppel-Bramsegel, Royals
Besanmast: Besansegel, Besan-
Toppsegel

Masten:
Fock-, Groß- und Kreuzmast mit
einer Stenge; Besanmast einteilig;
Höhe Großmast über Wasserlinie:
47 m

Antrieb: Kein Hilfsmotor

Besatzung:
Als Schulschiff bis zu 150 Mann,
davon etwa 80 Jungen;
bei der letzten Reise 32 Mann

Verwendung: Stationäres Schulschiff

Die Viermastbark wurde als frachtfahrendes Schulschiff für die dänische
Handelsmarine gebaut. Der damalige
Eigner war die A/S »Den Danske
Handelsflades for Befalingsmaend«.
Am 18. März 1907 brachte eine starke
Bö das Schiff kurz vor der Ablieferung
am Ausrüstungskai zum Kentern. Zu
diesem Zeitpunkt war noch nicht
genügend Wasser in die Ballasttanks
gepumpt worden. (Wasserballast insgesamt 1390 t, davon 456 im Doppelboden, 864 im Mittschiff-Tieftank, 44 t
im Vorpiektank und 26 t im Achter-
piektank). Glücklicherweise legte sich
das Schiff auf die dem Kai zugewandte
Seite, so daß es nicht auf Grund gehen
konnte. Trotzdem verzögerte sich die
Indienststellung um Monate. Die Baukosten betrugen 591 000 Dänische Kronen. VIKING wurde für eine große Zahl
von Jungen gebaut. Die Verbindung
der Poop mit dem Hochdeck ergab eine
Gesamtlänge dieses Decks von 61 m.
Alle Unterkunftsräume konnten daher
über dem Hauptdeck liegen. Dieses
Deck besteht aus Stahlplatten, die mit
Teakplanken belegt sind. Ein durchgehendes Zwischendeck unterteilte
ursprünglich den Laderaum.
Am 16. Juni 1907 wurde eine kurze
Probefahrt unternommen. Mit Ballast
fuhr VIKING am 19. Juli 1907 im Schlepp
nach Hamburg, um dort Koks für Peru
zu laden. Die erste Ausreise begann am
29. August 1907. Bis zum Ersten Weltkrieg folgten mehrere Reisen in der
Salpeterfahrt. Bei Kriegsbeginn wurde
VIKING in Kopenhagen aufgelegt. 1916
kaufte »De forenede Dampskibsssel-
kab« das Schiff für 320 000 Kronen,
um es weiterhin als Schulschiff zu verwenden. Frachten waren aber nach dem
Kriege nur sehr schwer zu bekommen.
Ein Schiff dieser Größe mußte als Schulschiff auch damals schon sein Geld selbst
verdienen. Dies gelang nur mit großer
Mühe, so daß VIKING 1925 erneut aufgelegt werden mußte. Zwischendurch
machte sie kleinere Fahrten.
1929 kaufte der finnische Reeder
Gustaf Erikson das Schiff. Der neue
Heimathafen wurde Mariehamn. Bei
ihren Getreidefahrten nach Australien
hatte VIKING immer zahlreiche Jungen

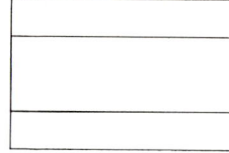

Galatea

an Bord. Als 1939 der Krieg ausbrach, mußten die Fahrten eingestellt werden. Mit anderen Seglern kam das Schiff als Getreidespeicher nach Stockholm. Nach Kriegsende erhielt Erikson das Schiff zurück. 1946 folgte eine vielbeachtete Ausreise nach Australien mit 32 Mann Besatzung. Der Segler hatte Holz für Südafrika an Bord und brachte 4000 t gesackten Weizen für Europa zurück. Nach der Heimkehr wurde das Schiff für weitere Reisen in Antwerpen überholt. Der Tod von G. Erikson machte diese Pläne jedoch zunichte. 1949 beschloß die Stadt Göteborg, VIKING zu kaufen. Sie sollte als stationäres Schulschiff Teil der Seemanns-Schule Göteborg werden. Daneben wurde VIKING aber auch zum vielbewunderten »Stadt-Schiff«, wie man es in Skandinavien ja häufig findet. Am 28. Mai 1951 wurde der Segler mit 2000 t Koks an Bord nach Göteborg geschleppt. Die Einfahrt in den Hafen glich einem Triumphzug. Anschließend folgte der großzügige Ausbau des gesamten Rumpfes in Unterrichtsräume, Werkstätten etc., in denen die Jungen heute in allen Gebieten der Seefahrt und auch der Schiffsmaschinen-Kunde unterrichtet werden. Im Zwischendeck liegen Schlaf- und Wohnräume für 120 Schüler.

ex CLARASTELLA
ex ISLAMOUNT
ex GLENLEE

Art: Bark, Stahl

Nation: Spanien

Eigner:
Kriegsflotte, spanische Kriegsmarine, Escuela de Maniobra »Galatea«

Liegehafen: El Ferrol del Caudillo

Baujahr:
1896; Stapellauf Dezember 1896

Werft: A. Rodgers, Glasgow

Vermessung:
2700 ts Deplacement; 2800 BRT

Abmessungen:

Länge über alles	94,57 m
Länge Rumpf	83,07 m
Länge zwischen den Loten	74,87 m
Breite	11,41 m
Raumtiefe	7,45 m
Tiefgang Vorschiff	5,20 m
Achterschiff	6,20 m

Segelfläche: 2800 qm

Besegelung:
21 Segel, 5 Vorsegel; Doppel-Marssegel, Doppel-Bramsegel, keine Royals (Baldheader) Besanmast: Besansegel, Besan-Toppsegel

Masten, Spieren:
Höhe Großmast über Deck: 42,70 m; langes Bugspriet mit Klüverbaum; 3 Sprietnetze hintereinander

Antrieb:
2 Zweitakt-Vierzylinder »Diesel Polar«-Motoren, zusammen 1360 PS

Besatzung:
Unter Segeln 75 Mann Stammbesatzung, 150 Jungen

Verwendung:
Stationäres Schul- und Wohnschiff

Im Jahre 1896 wurde das Schiff als Frachtsegler GLENLEE für R. Ferguson & Co. aus Port Glasgow gebaut. 1899 erfolgte der erste Eignerwechsel; als ISLAMOUNT wurde die Bark auf R. Ferguson & Co aus Dundee übertragen. Der Reeder verkaufte 1905 den Segler an die Flint Castle Shipping Company in Liverpool. Bis 1918 fuhr das Schiff unter dieser Flagge. Wie viele andere Segler kam auch ISLAMOUNT wegen des Krieges unter staatliche Kontrolle. Nach dem Krieg wurde der Segler an die Societa Italiana Di Navigazione »Stella d'Italia« verkauft. Nachdem das Schiff vollkommen modernisiert worden war, mit Einbau von zwei Hilfsmotoren, elektrischem Licht und neuzeitlichen Navigationsinstrumenten, wurde es 1920 als CLARASTELLA mit Heimathafen Genua registriert. Am 29. März 1922 folgte der Verkauf an Spanien. Vorher war CLARASTELLA bei der Werft Cautieu Navale Triestino in Monfalcon (Triest) als Schulschiff eingerichtet worden. Mit dem neuen Namen GALATEA wurde sie Schulschiff für Matrosen (Escuela de Maniobra) der spanischen Marine. An Deck ist seit ihrer Zeit als Frachtsegler viel verändert worden. Zwischen Vor- und Großmast wurde ein großes Deckshaus errichtet. Achter dem Großmast steht das Schachthaus des Maschinenraumes, auf dessen Dach Boote gelascht sind. Vor dem Besanmast wurde eine kleine Brücke gebaut, von der aus das Schiff gesteuert wird. Das ehemalige Hauptsteuerrad auf der Poop diente nur noch zur Notsteuerung. Im Zwischendeck befinden sich die Wohn- und Unterrichtsräume für die Jungen und die Werkstätten. Seit etwa 1966 liegt die GALATEA als stationäres Schiff an der Pier.

Juan Sebastian De Elcano

Art: 4-Mast-Toppsegelschoner, Stahl

Nation: Spanien

Eigner:
Kriegsflotte, »Buque Escuela De Guardias Marinas«

Heimathafen: San Fernando, Cádiz

Baujahr: 1927; Stapellauf März 1927

Werft:
Messrs. Echevarrieta y Larringa, Cadiz; Konstruktion: Camper & Nicholson Ltd., Naval Architects and Yachtbuilders, Southampton

Vermessung: 3750 ts Deplacement
Länge über alles	106,80 m
Länge Rumpf	88,10 m
Länge zwischen den Loten	79,10 m
Breite	13,10 m
Seitenhöhe	9,00 m
Tiefgang	6,90 m

Segelfläche: 2467 qm

Besegelung:
20 Segel; 5 Vorsegel; Fockmast: Fock, Doppel-Marssegel, einfaches Bramsegel, Schonersegel, Vor-Gaffeltoppsegel; die anderen Masten: Gaffelsegel, Gaffel-Toppsegel, Bramstagsegel

Masten, Spieren:
Alle Masten gleich hoch; Höhe über Deck 45,60 m; Höhe über Wasserlinie 48,70 m; Untermasten, Bugspriet, Fockrah: Stahl, Stengen und alle übrigen Spieren: Oregon-Kiefer; Besan-Untermast dient zur Ableitung der Auspuffgase; Länge Bugspriet 19,20 m

Antrieb:
Sulzer-Bazán-(Cartagena)-Dieselmotor, 1500 PS; Geschwindigkeit mit Maschine ca. 9 kn

Bewaffnung:
Vier 5,7-cm-Schnellfeuerkanonen

Besatzung:
243 Offiziere, Unteroffiziere und Mannschaften, 89 Seekadetten

Verwendung: Schulschiff unter Segeln

Der Schoner wurde 1927 für die damalige Königlich Spanische Marine gebaut. Seinen Namen trägt das Schiff nach dem spanischen Seefahrer Juan Sebastian de Elcano, der 1526, nach dem Tode Magalhaes, die erste Weltumsegelung vollendete.
Das Schiff fährt die alte, »originale« Schonertakelung: Alle Gaffeln werden vorgeheißt und niedergeholt. Die Segel laufen mit Legeln am Mast. Als Schulschiff besitzt es eine sehr lange Poop. Das große, mittschiffs gelegene Deckshaus trägt auf seinem Dach eine kleine Navigationsbrücke. An den Bootsbalken wurde dieses Haus später bis zum Schanzkleid verbreitert. Dadurch, durch die kurze Back und indem die Rahsegel zur Rahmitte aufgeit werden, unterscheidet sich JUAN SEBASTIAN DE ELCANO in einigen wesentlichen Merkmalen vom Schwesterschiff ESMERALDA. Der Schoner verfügt über modernste Navigationsinstrumente. Insgesamt werden zwölf Beiboote gefahren (2 Motor-Rettungsboote, 4 Riemen-Rettungsboote, 1 Kapitänsbarkasse, 1 Offiziersbarkasse, 1 Kutter, 1 Kadetten-Gig, 2 Dingis). Dazu kommen zehn fertig ausgerüstete Schlauchboote, von denen acht über dem Schanzkleid gelascht sind, und mehrere automatische Rettungsinseln. Eine gekrönte Frauengestalt ziert als Galionsfigur den Bug. Die Ausbildungsreisen führen in viele Meere.

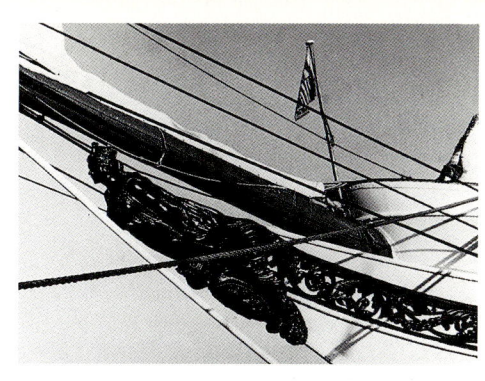

Gefion

Art: 2-Mast-Toppsegelschoner, Holz

Nation: Spanien

Eigner: Joop Hooghienstra, Holland

Heimathafen: Registriert in Las Palmas

Baujahr: 1894

Werft: Sölvesborg, Schweden

Vermessung:
92 BRT; 189 ts Deplacement

Abmessungen:
Länge über alles	40,00 m
Breite	7,50 m
Tiefgang	2,90 m

Segelfläche: 500 qm

Besegelung: 10 Segel
4 Vorsegel, Fockmast: Mars- und Bramsegel

Masten: Höhe Großmast: 33 m

Antrieb: Dieselmotor, 120 PS

Besatzung:
6 Mann Stammbesatzung, 12 Gäste

Verwendung:
Privatschiff für Passagierkreuzfahrten

GEFION wurde als robuster Frachtensegler aus Eiche gebaut. Stabilität und großer Laderaum waren die Hauptforderungen an das Schiff, das selbst in der Neufundlandfahrt eingesetzt worden war. 1928 wurde die erste Maschine eingebaut. Das Schiff mußte, um konkurrenzfähig zu bleiben, Fahrpläne einhalten können. Während des Krieges fuhr der Schoner mit verkleinerter Segelfläche als Frachter in der Ostsee. 1948 erfolgte eine Grundüberholung. GEFION wurde zum reinen Fracht-Motorschiff mit starker Maschine. Massengüter wie Korn, Zement, Salz waren ihre Ladung. 1970 erwarb die Baltic Schooner Association den Segler. Das Schiff wurde nach Originalzeichnungen neu geriggt. Innerhalb von zwei Jahren entstand wieder ein seetüchtiges Segelfahrzeug. Der Schoner machte für Passagiere Reisen durch die dänische Inselwelt. Heute fährt das Schiff hauptsächlich in der Karibik. Gefion war in der nordischen Göttersage eine jungfräuliche Göttin, die unvermählt verstorbene Mädchen aufnahm.

Santa Maria

Art:
  Rekonstruktion einer Nao (Handelsfahrer des späten 15. Jahrhunderts), Holz

Nation: Spanien

Eigner:
  Marinemuseum Barcelona

Liegeplatz: Barcelona

Baujahr: 1963

Werft: Cardona-Werft, Barcelona

Vermessung:
  105 Fässer (toneles) Ladekapazität;
  148 ts Deplacement; 87 BRT

Abmessungen:

Länge über alles	31,00 m
Länge Rumpf	27,80 m
Länge an Deck	23,60 m
Länge zwischen den Loten	22,00 m
Länge Kiel	15,80 m
Breite	7,90 m
Tiefe im Raum	3,80 m
Tiefgang	2,10 m

Segelfläche: Ca. 330 qm

Besegelung:
  5 Segel; Bugspriet mit Blinde;
  Fockmast: Focksegel (Rah);
  Großmast: Großsegel (Rah), Marssegel (Rah); Besanmast: Lateinersegel

Masten, Spieren:
  Höhe Großmast von Kiel bis Topp 26 m; Länge Großrah 16,40 m; Großmast mit sehr leichter Stenge; Fock-, Groß- und Lateinerrah sind aus zwei Teilen gelascht

Besatzung: 40 Mann bei der Reise 1492

Verwendung: Museumsschiff

Kolumbus hatte bei seiner ersten Reise 1492 versucht, Indien auf dem Seeweg zu erreichen. Im Glauben, diesen Weg gefunden zu haben, ist er gestorben. Auch seine Zeitgenossen haben nicht erkannt, daß in Wirklichkeit Amerika entdeckt worden war.

Mit den drei Schiffen STA. MARIA, PINTA und NINA verließ Kolumbus am 3. August 1492 den Hafen von Palos und erreichte am 12. Oktober 1492 die Insel Guanahani, die er San Salvador nannte. Es ist sehr wahrscheinlich die Watlings-Insel der Bahamas. Von keinem dieser Schiffe sind Abbildungen, genauere Größenangaben oder aber Pläne überliefert. Erst im 17. Jahrhundert begann man, Schiffe nach Plänen zu bauen. Kolumbus fuhr als Admiral auf dem Flaggschiff STA. MARIA, das dadurch zu einem der bekanntesten Schiffe der Seefahrtsgeschichte wurde. Zahlreiche Rekonstruktions-Versuche für dieses Schiff wurden bisher unternommen, von denen der jüngste und sicher beste aus dem Jahre 1963 stammt: von Capitan de Corbeta José Maria Martinez-Hidalgo, dem Direktor des Museo Maritimo in Barcelona. Im Hafen von Barcelona liegt ein älterer Rekonstruktionsversuch des Kolumbusschiffes (s. Abb.).

STA. MARIA wurde 1963 für die Weltausstellung in New York gebaut und auf dem deutschen Frachter NEIDENFELS nach Amerika gebracht. Nach Ende der Weltausstellung kam das Schiff nach Washington, wo es einige Jahre als Kernstück des Museums für Amerikanische Entdeckungsgeschichte im Potomac lag. Auf dem Weg zu einer Ausstellung in St. Louis kenterte und sank dieses Schiff im Jahre 1969 auf dem Mississippi.

Die STA. MARIA war ein normales Handelsschiff, das Kolumbus für seine Reise ausgesucht hatte. Er wollte absichtlich kleine Schiffe, weil sie leichter zu handhaben waren und weil mit ihnen bei stetigen Westwinden leichter gekreuzt werden konnte.

Eigenartigerweise wurde bei vielen Rekonstruktionsversuchen und Beschreibungen außer acht gelassen, daß die STA. MARIA eine Nao war und keine Karavelle. Die daraus entstandenen

Irrtümer und Fehldeutungen liegen auf der Hand. Kolumbus nennt diese Schiffsbezeichnung 81mal und bezeichnet die PINTA und die NINA ausdrücklich als Karavellen.

Eine Nao fuhr zur Zeit Kolumbus' die vollständigste Besegelung eines Großschiffes, nämlich fünf Segel. Es standen an Rahsegeln: Blinde, Focksegel, Großsegel, Groß-Marssegel und am Besanmast ein Lateinersegel. Eine Nao hatte ein Rundgatt und ein hohes Vorderkastell. Eine Hütte auf dem Halbdeck ist sehr wahrscheinlich. Das klassische Verhältnis von größter Breite zur Länge im Kiel und zur Länge an Deck hieß zur Zeit der STA. MARIA 1:2:3 (asdos-tres). Für heutige Begriffe waren das recht schwerfällige Schiffe, wie Kolumbus das auch selbst vermerkt hatte. Karavellen waren rassiger gebaut, hatten ein Plattgatt und kein Vorderkastell und führten wahrscheinlich zu Anfang nur Lateinersegel an zwei oder drei Masten. Martinez-Hidalgo ging bei der Festlegung der Vermessung und der Abmessungen davon aus, daß die STA. MARIA in der überlieferten Literatur mehrfach als ein Schiff von etwas über 100 Tonnen (Fässer, toneles) beschrieben wird. Diese Angabe ist ein Raummaß und bezieht sich auf die Anzahl von Weinfässern einer bestimmten Größe, die das Schiff hätte laden können. Eine Tonne entspricht etwa $5/6$ Registertonnen. Umfangreiche Modellversuche und die sorgfältige Auswertung überlieferter Abbildungen und Modelle ergaben ein Schiff von 105 Tonnen (toneles) Ladekapazität mit den entsprechenden Abmessungen. Nach diesen Ergebnissen ließ Martinez-Hidalgo seine Version bauen.

Die STA. MARIA hatte zwei Beiboote an Bord, ein Großboot und eine kleine Jolle. Vier Bombarden für Steinkugeln standen auf dem Halbdeck. Die Geschützpforten hatten keine Pfortendeckel. Die übrige Bewaffnung bestand aus Relingsgeschützen (Falkonetten) und den zeitüblichen Handwaffen für die Besatzung.

Das Marssegel war rechteckig und nicht trapezförmig, wie es oft dargestellt wird. Es wurde zum Krähennest geschotet und nicht zu den Nocken der Großrah. Das Sprietsegel wurde beim Bergen an die Rah geholt und diese dann parallel zum Bugspriet gelascht. Man darf annehmen daß auch bei der STA. MARIA große, rote Kreuze auf die Rahsegel gemalt waren, wie es damals bei portugiesischen und spanischen Schiffen üblich gewesen ist. Ein Schiff mit dieser Besegelung konnte etwa bis 7 Strich an den Wind gehen. Im Logbuch sind Geschwindigkeiten bis zu 9,5 kn vermerkt, und das sogar über lange Strecken. Bei der Großseglerparade 1976 im Hafen von New York nahm ein weiterer Nachbau der STA. MARIA teil, der im selben Jahr in St. Petersburg, Florida, gebaut worden war. Auch dieses Schiff wurde im Mississippi zum Wrack.

Horisont

Alpha

Art: Barkentine

Nation: Rußland

Eigner:
Ministerium der Meeresflotte,
Moskau

Heimathafen: Leningrad

Baujahr: 1948

Werft: Finnische Werft

Vermessung: 322 BRT; 41 NRT; 55 tdw

Abmessungen:
Länge über alles	44,00 m
Breite	8,90 m
Seitenhöhe	4,00 m
Tiefgang	3,30 m

Antrieb:
4-Takt-Dieselmotor, Baujahr
1958 (DDR); Geschwindigkeit mit
Maschine 7 kn

Verwendung: Schulschiff unter Segeln

Art: Barkentine

Nation: Rußland

Eigner: Handelsflotte

Baujahr: 1948

Werft: Laivateollisuus, Abo-Finnland

Vermessung: 322 BRT; 41 NRT; 55 tdw

Abmessungen:
Länge über alles	39,40 m
Breite	8,90 m
Seitenhöhe	4,00 m
Tiefgang	3,40 m

Besegelung:
14 Segel; 3 Vorsegel; Fockmast:
Focksegel, Doppel-Marssegel,
einfaches Bramsegel, Royal; Groß-
mast: Gaffelsegel, Gaffel-Toppsegel,
Großstagsegel, Großstengestagsegel;
Besanmast: Gaffelsegel, Gaffel-
Toppsegel

Antrieb: Dieselmotor

Verwendung: Schulschiff unter Segeln

Wie mehrere andere sowjetische Schulsegler wurde auch ALPHA nach dem
Zweiten Weltkrieg als Reparationsleistung von Finnland für die Sowjetunion
gebaut. Ihre Unterscheidungsmerkmale
sind UOJV (deutsch). Im Leningrader
Hauptschiffsregister ist sie unter der
Nummer M-16566 eingetragen.

Druzhba

Art: Vollschiff, Stahl

Nation: Ukraine

Eigner: V/O Sudoimport, Moskau

Heimathafen: Odessa

Baujahr: Indienststellung August 1987

Werft: Stocznia Gdańska
(Danziger Werft), Gdańsk

Vermessung: 2987 ts Deplacement
2264 BRT
677 NRT

Abmessungen:
Länge über alles	109,40 m
Länge Rumpf	94,20 m
Länge in der Wasserlinie	79,40 m
Breite	14,00 m
Seitenhöhe bis Oberdeck	10,60 m
Seitenhöhe bis Hauptdeck	8,40 m

Tiefgang: 6,60 m

Segelfläche: 2936 qm

Besegelung: 26 Segel

Masten: Höhe Großmast über
Wasserlinie 49,50 m

Antrieb: 2 Cegielski/Sulzer
Dieselmotoren auf einer Welle
Typ 6AL 20, 420 kW, 2 × 570 PS

Besatzung: 50 Mann Stammbesatzung
144 Kadetten

Verwendung: Schulschiff unter Segeln

DRUZHBA (Freundschaft) gehört mit
ihren Schwesterschiffen MIR, PALLADA,
KHERSONES und der polnischen DAR
MLODZIEZY einer neuen Generation von
Großseglern an. Typisch am Rumpf ist
vor allem das Plattheck. Viele
technische Einrichtungen, wie zum
Beispiel die Ruderanlage, entsprechen
denen moderner Motorschiffe. Für den
Schulbetrieb sind alle Navigationssysteme mehrfach vorhanden.

Khersones   Kodor   Kapella

UKRAINE   RUSSLAND   RUSSLAND

---

ex ALEKSANDR GRIN

Art: Vollschiff, Stahl

Nation: Ukraine

Eigner:
Fischerei-Genossenschaft
ATLANTIKA, Sewastopol

Heimathafen: Sewastopol

Baujahr:
Stapellauf   10. Juni 1988
Indienststellung   21. März 1989

Werft:
Stocznia Gdańska (Danziger Werft),
Gdańsk

Vermessung:
2987 ts Deplacement
2264 BRT
  667 NRT

Abmessungen:
Länge über alles   109,40 m
Länge Rumpf   94,20 m
Länge in der Wasserlinie   79,40 m
Breite   14,00 m
Seitenhöhe bis Oberdeck   10,60 m
Seitenhöhe bis Hauptdeck   8,40 m
Tiefgang   6,60 m

Segelfläche: 2771 qm

Besegelung: 26 Segel

Masten:
Höhe über der Wasserlinie 49,50 m
(alle drei Masten)

Antrieb:
2 Cegielski-Sulzer Dieselmotoren auf
einer Welle, Ty 6AL20/24, 2 × 570 PS

Besatzung:
56 Mann Stammbesatzung
143 Kadetten

Verwendung: Schulschiff unter Segeln

Art: 3-Mast-Schoner

Nation: Rußland

Heimathafen: Leningrad

Liegeplatz: Baku, Kaspisches Meer

Baujahr: 1951

Werft: Finnische Werft

Vermessung: 339 BRT; 93 tdw

Abmessungen:
Länge über alles   39,40 m
Breite   8,90 m
Seitenhöhe   4,00 m
Tiefgang   3,40 m

Antrieb:
2-Takt-Dieselmotor, Baujahr
1950 (Finnland); Geschwindigkeit
mit Maschine 7 kn

Verwendung: Restaurantschiff

Art: Barkentine

Nation: Rußland

Eigner:
Ministerium der Meeresflotte,
Moskau; Seefahrtsschule Riga

Heimathafen: Riga

Baujahr: 1948

Werft:
Werft in Abo (Turku), Finnland

Vermessung:
322 BRT; 41 NRT; 57 tdw;
300 ts Deplacement

Abmessungen:
Länge über alles   39,40 m
Breite   8,90 m
Seitenhöhe   4,00 m
Tiefgang   2,80 m

Besegelung:
9 Segel; 3 Vorsegel; Fockmast:
Focksegel, Doppel-Marssegel,
Einfaches Bramsegel, Royal; Groß-,
Besanmast: Gaffelsegel (Gaffel wird
gefiert)

Masten:
Fockmast: Mars- und Bramstenge;
Groß- und Besanmast: Bramstenge

Antrieb:
2-Takt-Dieselmotor, Baujahr 1958
(Finnland); Geschwindigkeit mit
Maschine 7,5 kn

Verwendung: Schulschiff unter Segeln

KHERSONES ist Schwesterschiff zu den
neuen sowjetischen Großseglern MIR,
DRUZHBA und PALLADA. Ihren Namen
hat sie nach der antiken Stadt Chersones
bekommen, die auf dem Gelände des
heutigen Sewastopol lag. Ursprünglich
sollte das Schiff den Namen ALEKSANDR
GRIN erhalten.

Wie mehrere andere sowjetische Schul-
segler wurde auch KODOR nach dem
Zweiten Weltkrieg von Finnland als
Reparationsleistung für die Sowjetunion
gebaut. Ihre Unterscheidungsmerkmale
sind VQFW (deutsch). Sie war im
Leningrader Hauptschiffsregister unter
der Nummer M-16732 eingetragen.
Nach ihrer Außerdienststellung im
Jahre 1982 wurde sie nach Baku trans-
portiert. KODOR dient dort als
Restaurantschiff.

KAPELLA fährt als Schulschiff der Seefahrtsschule Riga. Ihre Unterscheidungsmerkmale sind (deutsch) URFE.
Im Leningrader Hauptschiffsregister ist
sie unter der Nummer M-16560 eingetragen. Die Ausbildungsfahrten führen
hauptsächlich in die Ostsee.
Wie mehrere andere sowjetische Schulsegler wurde auch sie nach dem Zweiten
Weltkrieg als Reparationsleistung von
Finnland für die Sowjetunion gebaut.

Frachtschoner Kapella

Kruzenshtern

ex PADUA

Art: Viermastbark, Stahl

Nation: Rußland

Eigner:
Reederei Estrybprom,
Tallinn

Heimathafen: Kaliningrad

Baujahr: 1926; Stapellauf 24. Juni 1926

Werft: J. C. Tecklenborg, Wesermünde

Vermessung:
3545 BRT; 1162 NRT; 1976 tdw

Abmessungen:
Länge über alles	114,50 m
Länge zwischen den Loten	95,00 m
Breite	14,00 m
Seitenhöhe	8,50 m
Raumtiefe	7,80 m

Segelfläche: 3400 qm

Besegelung:
34 Segel; 4 Vorsegel, Doppel-Marssegel, Doppel-Bramsegel, Royals;
Besanmast: Unterbesan, Oberbesan,
Besan-Toppsegel

Masten, Spieren:
Höhe Großmast über Deck 55,30 m;
Großrah 29,10 m; Groß-Royalrah:
14,50 m; Fock-, Groß- und Kreuz-
mast mit Bramstenge; Besanmast mit
Besanstenge

Antrieb:
Zwei 2-Takt-4-Zyl.-Dieselmotoren
sowjetischer Bauart

Besatzung:
Unter deutscher Flagge 74 Mann,
davon 40 Jungen

Verwendung: Schulschiff unter Segeln

Als letzte frachtfahrende Viermastbark
überhaupt wurde 1926 die PADUA für
die Hamburger Reederei F. Laeisz gebaut. Obwohl die Reederei den größten
Teil ihrer eigenen Schiffe nach dem
Weltkrieg wieder zurückgekauft hatte,
entschloß sie sich zu diesem bemerkenswerten Neubau. Viermastbarken
von rund 3000 BRT waren damals die
rentabelsten Frachtsegler. Wie die meisten der Laeisz-Segler fuhr auch PADUA
in der Salpeter-Fahrt und holte später

auch Weizen aus Australien. Sie hatte
damals noch keinen Motor. Das Schiff
gehörte zum »3-Insel-Typ« der Laeisz-
Flotte, wobei die oberen drei Decks wie
üblich durch Laufbrücken miteinander
verbunden wurden. Besondere Ballast-
Tanks waren nicht eingebaut worden.
Im zellenartig unterteilten Zwischen-
boden ist Raum für 437 t Ballastwasser.
Dazu kommen 16 t Wasser im Achter-
piek-Tank. Laeisz hatte die große Bark
von Anfang an als kombiniertes Fracht-
Schulschiff einrichten lassen. Unter
seiner Flagge waren die vierzig Plätze
für die Jungen immer voll belegt. Bei
der Jungfernreise brauchte PADUA für
die Strecke Hamburg–Talcahuano
(Chile) 87 Tage; bei der Heimreise von
Taltal nach Delfzijl 94 Tage. Die
Rekordreise führte 1933/34 von Hamburg nach Port Lincoln, Süd-Australien,
in 67 Tagen. Obwohl das Schiff damals
noch keinen Hilfsmotor besaß, fuhr es
mit auffallend gleichmäßiger Fahrzeit
zwischen Europa und Südamerika. 1930
verlor PADUA in einem schweren Sturm
am Kap Hoorn vier Mann über Bord.
1932 wurde sie in Hamburg aufgelegt,
konnte aber mit Unterstützung der
deutschen Regierung wieder in Fahrt
gesetzt werden. Die letzte Langreise
unter deutscher Flagge machte PADUA
1938/39. Das Kommando hatte Kapitän
Richard Wendt. PADUA verließ Bremen
am 15. Oktober 1938 und erreichte über
Valparaiso am 8. März 1939 Port Lincoln (Australien). Mit einer vollen
Ladung Weizen versegelte sie am
3. April 1939. Nach einer Reise von 93
Tagen lief sie am 8. Juli 1939 in den
Clyde ein.
Bei Kriegsende lag das Schiff in Flensburg. Im Januar 1946 kam PADUA nach
Swinemünde und wurde dort an Rußland ausgeliefert. Nach dem berühmten
russischen Seemann und Forscher
Adam Johann Ritter v. Krusenstern (19.
November 1770 bis 24. August 1846) hat
sie ihren neuen Namen bekommen.
KRUZENSHTERN ist seit Jahren oft gese-
ner Gast in vielen Häfen der Welt. Sie
wird mit ihren gewaltigen Dimensionen
immer ein Hauptanziehungspunkt sein,
wenn sich Großsegler irgendwo ein
Stelldichein geben.

Kronwerk

ex-Sirius

RUSSLAND

Wie mehrere andere sowjetische
Schulsegler wurde auch Kronwerk
nach dem Zweiten Weltkrieg als
Reparationsleistung von Finnland
für die Sowjetunion gebaut.
Sie liegt heute als Gaststättenschiff in Leningrad.

Mir

Art: Vollschiff, Stahl

Nation: Rußland

Eigner:
Hochschule für Marineingenieure,
Leningrad

Heimathafen: Leningrad

Baujahr:
Stapellauf 31. März 1987
Indienststellung 30. November 1987

Werft:
Stocznia Gdańska (Danziger Werft),
Gdańsk

Vermessung:
2824 ts Deplacement
2256 BRT
677 NRT

Abmessungen:
Länge über alles 109,40 m

Länge Rumpf	94,20 m
Länge in der Wasserlinie	79,40 m
Breite	14,00 m
Seitenhöhe bis Oberdeck	10,60 m
Seitenhöhe bis Hauptdeck	8,40 m
Tiefgang	6,60 m

Segelfläche: 2771 qm

Besegelung: 26 Segel (Dracon)

Masten:
Höhe über der Wasserlinie 49,50 m
(alle drei Masten)

Antrieb:
2 Cegielski-Sulzer Dieselmotoren auf
einer Welle, Ty 6AL20/24, 2 × 570 PS

Besatzung:
55 Mann Stammbesatzung
144 Kadetten

Verwendung: Schulschiff unter Segeln

MIR (Frieden, Welt) gehört mit ihren Schwesterschiffen DRUZHBA, PALLADA, KHERSONES und der polnischen DAR MLODZIEZY einer neuen Generation von Großseglern an. Typisch am Rumpf ist vor allem das Plattheck. Viele technische Einrichtungen, wie zum Beispiel die Ruderanlage, entsprechen denen moderner Motorschiffe. Für den Schulbetrieb sind alle Navigationssysteme mehrfach vorhanden. Bei einigen Ausbildungsreisen steht das Schiff auch einer bestimmten Anzahl zahlender Gäste zur Verfügung. Auch im Winter soll MIR für Charterzwecke verwendet werden.

Meridian, Sekstant und Tropik

Art: Barkentine

Nation: Rußland

Eigner:
Ministerium der Fischwirtschaft, Moskau; (Meridian auch Seefahrtsschule Kaliningrad)

Heimathafen:
MERIDIAN Kaliningrad (Königsberg), TROPIK Riga, SEKSTANT Nachodka (bei Wladiwostok)

Werft: Finnische Werft

Vermessung: 322 BRT; 41 NRT; 55 tdw

Abmessungen:
		TROPIK
Länge über alles	39,40 m	44,00 m
Breite	8,90 m	
Seitenhöhe	4,00 m	
Tiefgang	3,40 m	3,30 m

Antrieb:
2-Takt- und 4-Takt-Dieselmotoren, Geschwindigkeit mit Motor 6,5 kn (TROPIK 7 kn)

Verwendung: Schulschiffe unter Segeln

Wie mehrere andere sowjetische Schulsegler wurden auch MERIDIAN, SEKSTANT und TROPIK nach dem Zweiten Weltkrieg als Reparationsleistung von Finnland für die Sowjetunion gebaut. Ihre Unterscheidungsmerkmale sind (deutsch) UTCW, UZUU und UWLZ. Im Leningrader Hauptschiffsregister sind sie unter den Nummern M-16574, M-16551 und M-16577 eingetragen.

Rechts die Tropik, ganz rechts die Meridian

Pallada

Art: Vollschiff, Stahl

Nation: Rußland

Eigner:
Fischereihochschule Wladiwostok

Heimathafen: Wladiwostok

Baujahr:
Stapellauf 20. Juli 1988
Indienststellung 30. Juni 1989

Werft:
Stocznia Gdańska (Danziger Werft)
Gdańsk

Vermessung:
2987 ts Deplacement
2264 BRT
 667 NRT

Abmessungen:
Länge über alles 109,40 m
Länge Rumpf 94,20 m
Länge in der Wasserlinie 79,40 m
Breite 14,00 m
Seitenhöhe bis Oberdeck 10,60 m
Seitenhöhe bis Hauptdeck 8,40 m
Tiefgang 6,60 m

Segelfläche: 2771 qm

Besegelung: 26 Segel

Masten:
Höhe über der Wasserlinie 49,50 m
(alle drei Masten)

Antrieb:
2 Cegielski-Sulzer Dieselmotoren auf
einer Welle, Ty 6AL20/24, 2 × 570 PS

Besatzung:
56 Mann Stammbesatzung
143 Kadetten

Verwendung: Schulschiff unter Segeln

PALLADA ist Schwesterschiff zu den
neuen sowjetischen Großseglern MIR,
DRUZHBA und CHERSONES. Durch ihren
schwarzen Rumpf mit gemaltem weißem
Pfortenband unterscheidet sie sich
äußerlich ganz erheblich von ihren
Schwestern. Ihr Name bedeutet in russi-
scher Sprache Pallas (Athena). Bei der
langen Reise zu ihrem Heimathafen
Wladiwostok besuchte PALLADA im Sommer 1989 Falmouth.

Sedov

RUSSLAND

ex KOMMODORE JOHNSEN
ex MAGDALENE VINNEN

Art: Viermastbark, Stahl

Nation: Rußland

Eigner: Handelsmarine

Heimathafen: Riga

Baujahr: 1921

Werft:
Germania-Werft (Friedr. Krupp), Kiel

Vermessung:
5300 ts Deplacement; 3476 BRT;
3017 NRT (unter deutscher Flagge)

Abmessungen:
Länge über alles	117,50 m
Länge Rumpf	109,00 m
Länge zwischen den Loten	100,20 m
Breite	14,60 m
Raumtiefe	8,10 m

Besegelung:
34 Segel; 4 Vorsegel, Doppel-Marssegel, Doppel-Bramsegel, Royals;
Besanmast: Unterbesan, Oberbesan,
Besan-Toppsegel

Masten, Spieren:
Höhe Großmast über Deck	54,50 m
Großrah	30,40 m
Großroyalrah	14,50 m

Fock-, Groß- und Kreuzmast mit
Bramstenge; Besanmast mit Besanstenge; Rahen untereinander
austauschbar

Antrieb: Dieselmotor

Besatzung:
Unter deutscher Flagge 33 Mann
Stammbesatzung, dazu Jungen

Verwendung: Schulschiff unter Segeln

Die Bremer Reederei F. A. Vinnen besaß vor dem Ersten Weltkrieg eine Flotte von zwölf großen Frachtseglern, darunter die Viermastbark MAGDALENE
VINNEN I, ex DUNSTAFFNAGE, die nach
dem Krieg als Reparationsleistung an
Italien abgegeben werden mußte. Die
zweite MAGDALENE VINNEN wurde bald
nach Kriegsende in Kiel in Auftrag gegeben und als frachtfahrendes Schulschiff mit Hilfsmotor gebaut. Wie die
meisten der damaligen Viermastbarken
fuhr auch sie in den zwanziger Jahren
hauptsächlich in der Salpeterfahrt nach
Südamerika. Die synthetischen Verfah-
ren nach Haber-Bosch, Stickstoff zu
binden, machten Europa allmählich
vom Salpeter-Lieferanten Chile unabhängig. Die großen Salpeter-Segler fuhren daher immer häufiger nach Australien, um Weizen zu holen.
MAGDALENE VINNEN war nach dem
»Drei-Insel-Prinzip« (Back-Hochdeck-
Poop) gebaut worden. Das Hauptruder
steht mittschiffs auf dem Hochdeck vor
dem Kartenhaus, das Notruder befindet

sich unter der Poop mit einem Skylight
zur Beobachtung der Segel. Das Hauptdeck ist mit Stahlplatten belegt. Luke
drei öffnet sich auf dem Hochdeck vor
dem Hauptruder. (Das ist eine Besonderheit, die beim Drei-Insel-Typ selten
auftritt. Normalerweise liegen alle
Luken auf dem Hauptdeck.) Das Schiff
besitzt keine besonderen Ballast-Tanks.
Der Doppelboden kann in drei getrennten Sektionen insgesamt 345 t
Ballastwasser aufnehmen. (Wahrscheinlich ist die Stabilitätsfrage heute
anders gelöst, weil das Schiff keine
Fracht mehr fährt.)
1936 wurde MAGDALENE VINNEN an den
Norddeutschen Lloyd, Bremen, verkauft und bekam den neuen Namen
KOMMODORE JOHNSEN. Sie fuhr von jetzt
an bis zum Ausbruch des Zweiten
Weltkrieges nur noch in der Weizenfahrt nach Australien. Bei einem Sturm
im Jahre 1937 drohte das Schiff zu kentern, weil die Weizenladung überge-
gangen war. Bevor die durch SOS geru-
fenen Schiffe Hilfe bringen konnten,

gelang es der Besatzung, durch Trimmen der Ladung die Stabilität wieder herzustellen. Die letzte große Reise machte der Segler 1939. Er verließ Port Lincoln, Australien, am 26. März und erreichte nach 107 Tagen, am 11. Juli, Queenstown. Während des ganzen Krieges fuhr KOMMODORE JOHNSEN in den warmen Monaten in der Ostsee und wurde im Winter in der Flensburger Förde aufgelegt. Dort erlebte sie auch

im Mai 1945 das Kriegsende. Auf alliierten Befehl mußte sie nach Hamburg gebracht werden und wurde im Winter 1949 den britischen Behörden übergeben. Später brachte eine deutsch-englische Besatzung sie nach Kiel, wo sie von den Russen übernommen wurde. Eine Zeitlang lag sie dann noch in Swinemünde, ehe sie 1950 wahrscheinlich nach Odessa geschleppt wurde. Den Namen SEDOV hat sie nach dem

russischen Polarforscher Georgij J. Sedov (20. Februar 1877 bis 5. März 1914) bekommen, der 1911 versuchte, zum Nordpol vorzustoßen. Er starb im Eis nach zweimaliger Überwinterung. Lange Zeit war nicht bekannt, ob SEDOV wieder unter Segeln fährt. Groß war deshalb die Überraschung, als die Viermastbark im Frühjahr 1982 wieder zu Auslandsreisen auslief und im Mai 1982 auch Hamburg besuchte.

Towarischtsch

ex GORCH FOCK I

Art: Bark, Stahl

Nation: Ukraine

Eigner:
Ministerium der Meeresflotte,
Moskau

Heimathafen:
Cherson (Schwarzes Meer)

Baujahr: 1933; Stapellauf 3. Mai 1933

Werft: Blohm & Voss, Hamburg

Vermessung:
1392 BRT; 230 NRT;
292 tdw; $\frac{1760}{1350}$ ts Deplacement

Abmessungen:
Länge über alles	82,10 m
Länge Rumpf	73,70 m
Länge zwischen den Loten	62,00 m
Breite	12,00 m
Seitenhöhe	7,30 m
Tiefgang	5,20 m

Segelfläche: 1750 qm

Besegelung:
23 Segel; 4 Vorsegel, Doppel-Marssegel, einfache Bramsegel, Royals;
Besanmast: Unterbesan, Oberbesan

Masten:
Höhe Großmast über Deck: 41,30 m

Antrieb:
4-Takt-Dieselmotor, Baujahr 1942

Besatzung:
Als Schulschiff der Reichsmarine:
46 Offiziere und Unteroffiziere,
20 Mannschaften, 180 Kadetten

Verwendung: Schulschiff unter Segeln

Für die deutsche Reichsmarine war der Neubau eines Segelschulschiffes nötig geworden, weil das Schulschiff NIOBE am 26. Juli 1932 in einer Gewitterbö im Fehmarn-Belt total verloren gegangen war. GORCH FOCK war der erste Schulsegler dieses Typs der Reichsmarine. Er wurde mit den gleichen Abmessungen nur noch einmal als MIRCEA (1939) für Rumänien nachgebaut. Die nachfolgenden Schiffe dieser Art, die jetzige EAGLE ex HORST WESSEL (1936), die SAGRES II ex ALBERT LEO SCHLAGETER (1938) und die GORCH FOCK II der Bundesmarine entsprechen in der Konstruktion bis in Einzelheiten dem Prototyp, sind aber 8 m länger. Das Schiff wurde für die höchste Klassifizierung von Lloyd gebaut. Alle Decks bestehen aus Stahlplatten, die mit 6 cm starken Teakholz-Planken belegt sind. Die Back ist mit dem vorderen Deckshaus verbunden. Als GORCH FOCK fuhr der Segler steuerbords einen Patentanker und backbords einen Stockanker. Die Bugzier bestand damals aus einer Bugschnecke und Bugschild mit

Hoheitsabzeichen. (Bis auf das Hoheitsabzeichen heute unverändert.) Der große Adler erschien erst bei den beiden nachfolgenden Schulseglern der Reichsmarine. Ursprünglich wurden am Besanmast nur Besan- und Besantoppsegel gefahren.
Bis 1939 machte das Schiff ausgedehnte Reisen; kleinere Fahrten oftmals in Gemeinschaft mit den Schwesterschiffen. Im Mai 1945 wurde GORCH FOCK vor Stralsund versenkt. 1948 hob und barg die Sowjetunion das Schiff. Die Wiederherstellungs-Arbeiten dauerten bis 1951. Als TOWARISCHTSCH II wurde es anschließend Schulschiff der sowjetischen Marine. (TOWARISCHTSCH I war die Viermastbark ex LAURISTON.) Am Äußeren des Seglers hat sich fast nichts verändert. Statt des Backbord-Stockankers wird jetzt auch hier ein Patentanker gefahren. Der Heimathafen ist Odessa geworden. Im Leningrader Hauptschiffsregister ist TOWARISCHTSCH unter der Nummer M-19053 eingetragen.

Zarja

Art: 3-Mast-Gaffelschoner, Holz

Nation: Rußland

Eigner:
Vermutlich Ozeanographisches
Institut Leningrad

Heimathafen: Vermutlich Leningrad

Baujahr: 1952

Werft: Finnische Werft

Vermessung:
333 BRT; 580 ts Deplacement

Besegelung:
9 Segel (mit Toppsegel, s. u.); 3 Vorsegel (Vorstagsegel mit Baum);
Fockmast: Schonersegel, Breitfock
(dieses wird an einer Schiene vorhangartig zur Rahmitte geholt und
am Untermast festgemacht);
Groß-, Besanmast: Gaffelsegel
(Toppsegel werden nicht gefahren,
sind aber vorgesehen)

Masten, Spieren:
Alle Masten mit einer Stenge;
Gaffeln werden gefiert

Antrieb:
Dieselmotor, 300 PS; Geschwindigkeit mit Maschine 9 kn

Verwendung: Schulschiff unter Segeln

ZARJA wurde als Reparationsleistung
bei einer finnischen Werft gebaut. Sie
fährt mit Zivilbesatzung und dient als
nichtmagnetisches Schiff ozeanographi-
schen Untersuchungen. Am 28. Oktober 1964 kreuzte sie bei der Rückkehr
von einer Forschungsfahrt in der
Themsemündung und lag dann sechs
Tage lang in Tower Stairs Pier.
Am 3. November setzte sie ihre Reise
über Bergen nach Leningrad fort.
1965 besuchte das Schiff für kurze Zeit
Kopenhagen.

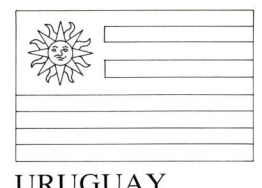

Capitan Miranda

Art: 3-Mastschoner, Stahl

Nation: Uruguay

Eigner: Armada de Uruguay

Heimathafen: Montevideo

Baujahr: 1930

Werft: Cadiz, Spanien

Vermessung: 550 ts Deplacement

Abmessungen:

Länge über alles	61,00 m
Länge Rumpf	54,60 m
Breite	8,40 m
Tiefgang	3,20 m

Segelfläche: 722 qm

Besegelung: 8 Segel
Alle Masten Bermudatakelung
Vortreisegel

Antrieb: 1 × MAN-Diesel, 368 kW

Besatzung: 49 Mann

Verwendung: Schulschiff unter Segeln

Das Schiff wurde als Motorschiff für
Vermessungsfahrten gebaut. 1978
erfolgte der Umbau zum Segelschulschiff. Seit dieser Zeit führt der Schoner
seinen jetzigen Namen.

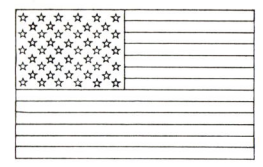

Art: 2-Mast-Gaffelschoner, Holz

Nation: U.S.A.

Eigner:
Capt. Jim W. Sharp, Camden
(Maine)

Heimathafen: Camden (Maine)

Baujahr:
1926; Kiellegung April 1926,
Stapellauf 16. September 1926

Werft:
James Yard, Essex (Massachusetts);
Entwurf: Thomas F. McManus

Vermessung: 134 BRT; 62 NRT

Abmessungen:
Länge über alles	36,90 m
Länge an Deck	36,20 m
Länge zwischen den Loten	32,50 m
Breite	7,60 m
Raumtiefe	3,40 m
Tiefgang	4,00 m

Segelfläche: 480 qm

Besegelung:
4 Segel; 2 Vorsegel, je 1 Gaffelsegel

Masten:
Höhe Großmast über Deck 25,00 m;
heute keine Stengen mehr,
kein Bugspriet

Antrieb: Kein Hilfsmotor

Besatzung:
5 Mann Stammbesatzung

Verwendung:
Privatschiff für Passagier-
Kreuzfahrten

Die ADVENTURE war einer der erfolgreichen Bank-Schoner, der je vor Neufundland fischte. Sie ist der letzte Dory-Schoner, der auf einer amerikanischen Werft gebaut wurde. Für ihre Konstruktion verwendete ihr Architekt, Thomas F. McManus, alle Erfahrungen, die man in den langen Jahren jenes speziellen Schiffbaues gesammelt hatte. Der beispiellose Erfolg dieses »Gloucesterman« bestätigte die Richtigkeit der Berechnungen. Die Bank-Schoner mußten wegen der schweren Stürme im Nord-Atlantik nicht nur sehr stark gebaut sein, sondern sie hatten auch ihre verderbliche Fracht mit größter Schnelligkeit zu den Märkten zu bringen. Daneben durfte aber der Laderaum nicht zu klein sein, sonst hätten sich die gefahrvollen Reisen nicht gelohnt. Es gibt nur wenige Zweige der Schiffahrt, bei denen die Werften beim Neubau eines Schiffes diesen extrem kombinierten Anforderungen entsprechen mußten. ADVENTURE fuhr anfangs Stengen an beiden Masten. Die Anzahl der Segel erhöhte sich so durch je ein Gaffel-Toppsegel an Fock- und Großmast auf sechs. Der erste Diesel-Hilfsmotor von 120 PS wurde später durch einen 230-PS-Motor ersetzt, dieser aber 1953 ganz herausgenommen, so daß das Schiff heute ein reines Segelfahrzeug ist. Kapitän Jeff Thomas führte ADVENTURE am 16. Oktober 1926 auf ihre erste Fangreise. Thomas fischte im Sommer Heilbutt und im Winter Schellfisch. Die Reisen gingen entweder von Boston aus oder von Gloucester. Schon von den ersten Fahrten brachte der Schoner Rekordfänge mit. Am 3. Oktober 1927 waren es 100 000 Pfund Heilbutt, die einen Erlös von 11 770 Dollar einbrachten. An Bord befanden sich 14 Dories, die von 28 Dorymännern bemannt wurden. In einem schweren Sturm, im Dezember 1933, erlitt ADVENTURE sehr starke Beschädigungen. Nur unter Aufbietung der letzten Kräfte konnte sie über Wasser gehalten werden. Dabei mußten 40 000 Pfund Fisch über die Seiten.

Am 24. März 1934 erlag Kapitän Thomas an Bord einem Herzschlag, während sämtliche Dories auf See waren. Sein Nachfolger wurde Kapitän Leo Hynes. Im Hafen von Boston rammte ADVENTURE am 20. März 1943 den Auxiliar-Schoner ADVENTURE II ex MARY P. GOULART, der sofort sank. Die Besatzung konnte sich mit Mühe in die Dories retten. Beide Schiffe gehörten demselben Eigner.

Kapitän Hynes hatte meist zwölf Dories und 27 Mann an Bord. Er ließ die Segelfläche verkleinern und einen 230-PS-Dieselmotor einbauen. Unter seiner Führung verzeichnete der Schoner Fangerfolge, die alle bisherigen Rekorde umstießen. Das Rekordjahr war 1943, als ADVENTURE für 364 000 Dollar Fisch anlandete. Hynes führte das Schiff 19 Jahre. In dieser Zeit verdiente es etwa 3$\frac{1}{2}$ Millionen Dollar. Dieser Betrag ist von keinem Fischerei-Fahrzeug der gesamten amerikanischen Atlantikküste jemals erreicht worden. Nicht umsonst bekam ADVENTURE das begehrte Prädikat »High Liner«. 1953 war ihre Fischzeit beendet. Keines der Besatzungsmitglieder war damals unter siebzig Jahren. Jüngere Männer waren nicht mehr bereit, diese anstrengenden Fangreisen mitzumachen. Mit ihrem Ausscheiden ist eine der ruhmreichsten Epochen der Hochseefischerei zu Ende gegangen.

Wie durch ein Wunder blieb der Schoner nach seiner Ausmusterung erhalten. Donald P. Hurd kaufte das Schiff und baute es in einen Passagier-Segler um, wobei man äußerlich gar nichts veränderte. In der ehemaligen Last wurden Salon und Luxuskabinen eingerichtet, die Küche vergrößert. Der Motor mußte herausgenommen werden, dafür wurde aber die Segelfläche wieder vergrößert. Die alte Ausrüstung des Schoners befindet sich noch heute an Bord. Jetzt gehört ADVENTURE Kapitän Jim W. Sharp. Den ganzen Sommer hindurch segelt er von jeweils Montag bis Samstag für zahlende Passagiere in die Gewässer vor Maine. Nachts liegt der Schoner an einem geschützten Platz vor Anker. Die Gäste können sich nach Wunsch an der Bearbeitung des Schiffes beteiligen.

Alexandria

ex LINDÖ
ex INGVE

Art: 3-Mast-Toppsegelschoner, Holz

Nation: USA

Eigner: Alexandria Seaport Foundation

Heimathafen: Alexandria, Virginia

Baujahr: 1929

Werft:
Albert Svensson,
Pukavik, Schweden

Vermessung: 176 ts
Thames Measurement

Abmessungen:
Länge über alles	38,00 m
Länge in der Wasserlinie	28,00 m
Breite	6,70 m
Tiefgang	2,50 m

Segelfläche: 650 qm

Besegelung: 12 Segel

Masten: Höhe Großmast über Wasserlinie 26 m

Antrieb: Mercedes Benz-Diesel, 185 PS

Besatzung: ca. 15 Mann

Verwendung: Jugendsozialwerk,
Charter, Regatten

Große Sorgfalt bei der Auswahl der Bauhölzer und gediegene Konstruktion des Rumpfes machen die als Dreimastschoner INGVE gebaute ALEXANDRIA auch heute noch zu einem seetüchtigen und schnellen Schiff. INGVES erster Heimathafen war Gravarna an der Westküste Schwedens. Von dort aus fuhr sie für ihren Erbauer und Eigner, Kapitän Karl Ögard, als Handelsfahrer vorwiegend in der Ost- und Nordsee und als Fischereifahrzeug in den Gewässern nördlich von Island. 1939 verkaufte Ögard sein Schiff an die Reederei A/B Sparö aus Västervik. Es erhielt den neuen Namen LINDÖ. Schwierig und gefährlich war es, während des Krieges in der Ostsee Handel zu treiben. Der groß auf den Rumpf geschriebene Schiffsname, zusammen mit der Landesbezeichnung und einer großen, ebenfalls gemalten schwedischen Flagge, wiesen sie als neutrales Schiff aus. Zwischen 1940 und 1955 wechselte das Schiff mehrfach den Eig-

ner. Ab 1955 gehörte es Tage und Hugo Gustafsson aus Edsultshall. Abgetakelt zum Motorschiff mit Stützsegeln verdiente LINDÖ ihr Geld als Handels- und Fischereifahrzeug. Weitere Eignerwechsel folgten, bis schließlich 1969 die Handelsfahrt eingestellt wurde. Seit 1970 waren dann Bemühungen in Gang gekommen, LINDÖ als Charterschiff zu verwenden. Das gelang 1973, als der Kanadier Brian Watson das Schiff bei der berühmten Werft J. Ring Andersen in Svendborg zu einem 3-Mast-Toppsegelschoner für Charterzwecke umbauen und einrichten ließ. LINDÖ wurde damals auch als Schulschiff verwendet und nahm an Regatten der STA teil, so auch bei der Operation Sail 1976 in New York. Zweimal noch wechselten die Eigner. Seit 1982 gehört sie der Alexandria Seaport Foundation in Alexandria, Virginia. Seit 1984 führt sie ihren jetzigen Namen ALEXANDRIA.

Ariel

Art:
2-Mast-Gaffelschoner (Schoner-yacht), Stahl

Nation: U.S.A.

Eigner: Walter J. Nacey, Elyria, Ohio

Heimathafen: Bermudas

Baujahr:
1969; Stapellauf: 28. August 1969

Werft:
Schlichting-Werft, Lübeck-Travemünde

Vermessung:
150 BRT; 154 ts Deplacement

Abmessungen:

Länge über alles	41,40 m
Länge Rumpf	33,60 m
Länge zwischen den Loten	27,25 m
Breite	7,00 m
Raumtiefe	2,70 m
Tiefgang	2,67 m

Segelfläche:
544 qm, dazu Breitfock mit 90 qm

Besegelung:
11 Segel; typische Schonertakelung mit Breitfock

Masten:
Höhe Großmast über Deck 29,50 m; Masten und Stengen Holz

Antrieb:
Mercedes-Benz MB 846 A, 240 PS; Geschwindigkeit mit Maschine 10 kn

Besatzung:
5 Mann Stammbesatzung, 10 Gäste

Das Zwei-Millionen-Schiff ist der größte Yacht-Neubau, der nach dem Kriege in Deutschland auf Kiel gelegt wurde. Die Schiffsräume sind modern ausgestattet und luxuriös eingerichtet. Die Segel werden nur von Hand bedient. ARIEL gesellt sich zur Flotte der großen Privatyachten, die in Amerika meist als Charterschiffe für zahlende Gäste Verwendung finden.

America II

Art: 2-Mast-Schoner-Yacht, Holz (Replica)

Nation: U.S.A.

Eigner: Carlos Perdomo

Heimathafen: Wilmington, U.S.A.

Baujahr: 1967; Stapellauf 3. Mai 1967

Werft:
Messrs. Goudy & Stevens, East Boothbay (Maine)

Vermessung:
149 ts Deplacement;
92,24 BRT; 66,0 NRT

Abmessungen:
Länge über alles	39,50 m
Länge Rumpf	31,90 m
Länge in der Wasserlinie	27,60 m
Länge Kiel	24,60 m
Breite	6,90 m
Tiefgang (max.)	3,50 m

Segelfläche: 500 qm

Besegelung:
4 Segel; 1 Vorsegel (mit Baum);
Fockmast: Gaffelsegel; Großmast:
Gaffelsegel, Gaffel-Toppsegel

Masten:
Höhe Großmast über Deck 22,70 m,
Großmast mit Stenge

Antrieb:
General Motors 8 V-71-Dieselmotor,
350 PS

Besatzung: 7 Mann

Verwendung: Privatyacht

Die Geschichte des Schoners AMERICA gehört mit zum Erregendsten des ganzen Segelsports. Zur Eröffnung der ersten Weltausstellung im Jahre 1851 sollte vor der Küste Englands eine Regatta ausgetragen werden, zu der auch der neugegründete New Yorker Yachtklub eingeladen worden war. England, die Hochburg des Segelsports, galt von Anfang an als unumstrittener Favorit. Die Amerikaner konnten bestenfalls mit einem Segler teilnehmen, der aber erst gebaut werden mußte. Im Winter 1850 begannen die Arbeiten bei der Werft William Brown in New York City. Alle Erfahrungen im Bau schneller Schiffe wurden ausgewertet und für diesen Neubau genützt. Am 3. Mai 1851 lief das Schiff vom Stapel. Es hatte die Nation zu vertreten und führte deren Namen: AMERICA.

Die Royal Yacht Squadron stiftete eine Silberkanne als Preis, die inzwischen als »America's Cup« Weltruhm erlangt hat.

Das historische Rennen begann am 22. August 1851 vormittags zehn Uhr. Die Royal Yacht Squadron stellte 14 Schoner und Kutter. Die Vereinigten Staaten waren nur durch die AMERICA vertreten. Aber dieses Schiff schaffte das Unglaubliche. Es segelte den Kurs von 58 Meilen, der rund um die Insel Wight führte, in $10^1/_2$ Stunden ab und ging acht Minuten vor seinem nächsten Verfolger über die Ziellinie. Die Königin verfolgte die Regatta von der Staatsyacht VICTORIA UND ALBERT aus. Als sie während des Rennens fragte, wer Zweiter sei, wurde ihr gesagt: »Madame, es gibt keinen Zweiten«.

Der »Cup« ging nach Amerika und ist dort 132 Jahre geblieben. Erst 1983 gewannen ihn die Australier im 25. Pokal-Wettbewerb. Immer wieder hatten die Engländer versucht, den begehrten Pokal heimzuholen. Bis heute ist ihnen das nicht gelungen. Viele Millionen sind für den Bau der Schiffe und die Ausbildung der Mannschaften ausgegeben worden. Dabei hat mancher Mäzen sein Vermögen verloren. Solche enormen Summen können heute nur noch von Millionärs-Syndikaten aufgebracht werden.

Der Schoner AMERICA I hatte damals 80 000 Mark gekostet. Er konnte als Nationalheiligtum bis 1944 erhalten werden. Am 3. Mai 1967, genau 116 Jahre nach dem Original, lief der exakte Nachbau, die AMERICA II, in Maine vom Stapel. Mr. R. J. Schaefer, Präsident der T. & M. Schaefer Brauerei in New York, hatte den Schoner für nunmehr zwei Millionen nachbauen lassen. Beim Rennen um den America's Cup vor Newport, Rhode Island, im September 1967 war AMERICA bei der Zuschauerflotte.

Heute gehört die Yacht dem Frachtschiffmakler Carlos Perdomo, der auf dem Schiff auch sein Büro eingerichtet hat.

Balclutha

ex PACIFIC QUEEN
ex STAR OF ALASKA
ex BALCLUTHA

Art: Vollschiff, Stahl

Nation: U.S.A.

Eigner: US-Department of the Interior National Park Service Golden Gate National Recreation Area

Liegehafen: San Francisco, Pier 43 – Fisherman's Wharf

Baujahr:
1886; Stapellauf 9. Dezember 1886

Werft: Charles Connell & Co., Glasgow

Vermessung:
1689 BRT; 2660 t Tragfähigkeit

Abmessungen:
Länge über alles	91,50 m
Länge Rumpf	78,00 m
Länge zwischen den Loten	74,00 m
Breite	11,70 m
Raumtiefe	6,90 m

Segelfläche: ca. 1900 qm

Besegelung:
25 Segel; Doppel-Marssegel, einfache Bramsegel, Royals

Masten:
Alle Masten mit einer Stenge
Höhe Fockmast über Deck	42,80 m
Höhe Großmast über Deck	43,70 m
Höhe Kreuzmast über Deck	39,20 m
Großrah	26,30 m
Großroyalrah	12,20 m

Antrieb: Kein Hilfsmotor

Besatzung: Als Handelsfahrer 26 Mann

Verwendung: Museumsschiff

BALCLUTHA wurde in Glasgow für Robert McMillan aus Dumbarton am Clyde gebaut. Das gälische Wort bedeutet »Bal-Stadt am Clutha-Clyde« und ist der alte Name für Dumbarton. Das Schiff wurde im allgemeinen Handel beschäftigt, ein echter »Deepwaterman«, wie die ozeangehenden Segler bezeichnet wurden. Die Jungfernreise führte rund Kap Hoorn nach San Francisco. Im ganzen waren es 17 Kap-Umsegelungen. Das Schiff brachte Getreide von Kalifornien, Guano von Chile, Wolle von Neuseeland und Reis aus Rangun nach Europa. Unter britischer Flagge fuhr BALCLUTHA bis 1899. Von 1899 bis 1902 führte sie die Flagge von Hawaii. Für eine Firma in San Francisco brachte sie Holz nach Australien und von Newcastle für die Southern Pacific Railroad Kohle nach den USA. 1902 kaufte Pope & Talbot aus San Francisco das Schiff. Seit dieser Zeit fuhr BALCLUTHA unter amerikanischer Flagge. Sie fand nun Verwendung in der Lachsfahrt. Die Besatzung bestand aus Matrosen, Fischern und Konservenarbeitern, oft bis zu 300 Mann. Die Reisen dauerten von Frühjahr bis Herbst und führten in die Gewässer von Alaska. 1904 hatte sie bei der Kodiak-Insel Grundberührung mit nachfolgendem schweren Wassereinbruch. Die »Alaska Packers Association« erwarb das Schiff für 500 Dollar, organisierte die schwierige Bergung und nahm sie als STAR OF ALASKA in ihre »Star«-Flotte auf. Die Reparaturen erfolgten in San Francisco. Die Poop wurde weit nach vorne verlängert, um Unterkünfte für die große Besatzung zu schaffen.
Sie war eines der schnellsten Schiffe dieser Flotte. Im September 1930 kehrte sie als letztes Schiff zurück. Damit war auch die Zeit der ALASKA PACKERS vorüber. Drei Jahre lang lag das Schiff nun in der flachen Bucht von Alameda auf. 1933 übernahm das Schaugeschäft das Schiff. Als PACIFIC QUEEN wurden Filmaufnahmen mit ihr gemacht. In vielen Häfen wurde sie als Piratenschiff vorgeführt. 1952 endete sie auf den Schlickbänken von Sausalito bei San Francisco. Durch die Initiative von K. Kortum, dem Direktor des See-fahrtsmuseums von San Francisco, kaufte das Museum 1954 das Schiff für 25 000 Dollar. Zahlreiche Firmen beteiligten sich kostenlos mit Material und Arbeitskräften an den Restaurationsarbeiten. (Die Kosten hätten sich auf 250 000 Dollar belaufen.) Nach einjähriger Arbeit konnte BALCLUTHA (diesen Namen hatte sie wieder bekommen) an ihren Liegeplatz geschleppt werden. Ihr jetziger Zustand entspricht dem der Erbauungszeit. Typisch ist das weiße Pfortenband. Eine Frauengestalt schmückt als Galionsfigur den schönen Bug.

Barba Negra

Art: Barkentine, Holz

Nation: U.S.A.

Eigner:
    J. Seidl, Savannah, Georgia

Heimathafen: Savannah

Baujahr: 1896

Werft: In Hemme, Norwegen

Vermessung:
    55,64 BRT
    120 ts displ. (Thames Measurement)

Abmessungen:
Länge über alles	33,40 m
Länge zwischen den Loten	21,20 m
Breite	6,40 m
Tiefgang	3,60 m

Segelfläche: 400 qm

Besegelung: 16 Segel
    Doppel-Marssegel, einfaches
    Bramsegel

Masten:
    Höhe Großmast über Deck 22,80 m

Antrieb:
    Scania-Diesel, 230 PS

Besatzung: 8 Mann Stammbesatzung

Verwendung: Forschungsschiff für
    »Save Our SEAS, Inc.«

BARBA NEGRA war als Galeas gebaut worden. Vier Jahre lang fuhr sie als Walfänger in arktischen Gewässern. Sie war eines der ersten Fangschiffe, das mit einer Harpunenkanone ausgerüstet wurde. Ab 1900 fuhr das Schiff als Fischtransporter. 1956 wurde der erste Motor eingebaut. Bis 1971 verdiente BARBA NEGRA im Küstenhandel. Dann erfolgte eine Grundüberholung. Das Schiff sollte von jetzt an nicht mehr Wale fangen, sondern sie vor der Ausrottung schützen. An Bord befindet sich ein komplettes Laboratorium für diesen Zweck, das sich besonders mit der Meeresbiologie beschäftigt.
In vielen Filmen und Fernsehsendungen wirkte BARBA NEGRA bereits mit, wobei sie bei einigen Sendungen auch als Kameraschiff tätig war.

Beaver II

Bill of Rights

Art: Brigg, Holz (Eiche)

Nation: U.S.A.

Eigner: Boston Tea Party Ship, Inc.

Liegeplatz: Boston, Congress Street Bridge

Baujahr:
1973; Stapellauf Mai 1973

Werft: G. Clausen, Marstal, Dänemark
Konstruktion W. A. Baker,
Naval architect

Vermessung: 130 ts Deplacement

Abmessungen:
Länge über alles	34,00 m
Länge Deck	23,10 m
Breite	6,60 m
Raumtiefe	1,90 m
Tiefgang	2,40 m

Besegelung: 11 Segel

Masten:
Höhe Großmast über Deck 21,80 m

Antrieb:
Volvo Penta Diesel, 120 PS
(nach Überfahrt 1974 wieder
ausgebaut)

Besatzung: 10 Mann

Verwendung: Museumsschiff

Der Nachbau der BEAVER wurde anläßlich der 200-Jahr-Feier der Boston Tea Party auf eigenem Kiel von Dänemark nach Boston gesegelt. Das Originalschiff, das Hezikiah Coffin aus Nantukket gehörte und von ihm auch geführt wurde, segelte am 2. Oktober 1773 mit 112 Kisten Tee an Bord von London nach Boston. Am 7. Dezember erreichte sie den Hafeneingang von Boston, mußte aber wegen einer Pockeninfektion an Bord an der Quarantänestation von Rainsford Island bleiben. Nach der damals möglichen Form der Desinfektion durch Ausräuchern, verholte das Schiff am 15. Dezember zur Griffin's Wharf. Am darauffolgenden Abend enterte eine Gruppe von Männern, die sich »Sons of Freedom« nannten und als Indianer verkleidet waren, das Schiff, brachen die Teekisten auf und warfen die Ladung ins Wasser. Es war dies der Protest gegen die hohen Zölle, die England den jungen Kolonien in Amerika auferlegte. Damit begann der Revolutionskrieg, der 1776 zur Unabhängigkeitserklärung der Vereinigten Staaten von Amerika führte.

Art: 3-Mast-Toppsegelschoner

Nation: U.S.A.

Eigner: Joseph M. Davis jr., Pawtucket, R. I.

Heimathafen: Pawtucket

Baujahr: 1971

Werft: In Bristol, Maine

Vermessung: 160 BRT

Abmessungen:
Länge über alles	42,90 m
Länge Rumpf	35,00 m
Breite	7,40 m
Tiefgang	3,00 m

Segelfläche: 585 qm

Antrieb: Kein Hilfsmotor

Verwendung: Charter-Handel

Der Schoner wurde als Handelsschiff gebaut. 1982 war er zum Verkauf ausgeschrieben.

Black Pearl

Art: Brigantine, Holz

Nation: USA

Eigner:
South Street Seaport Museum,
New York (seit 1984)

Heimathafen: New York

Baujahr: 1951; Stapellauf 18. April 1951

Werft:
C. Lincoln Vaughn-Werft, Wickford
(Rhode Island)

Vermessung:
36 ts Deplacement;
27 BRT; 23 NRT

Abmessungen:

Länge über alles	22,03 m
Länge Rumpf	17,93 m
Länge zwischen den Loten	11,55 m
Breite	4,71 m
Seitenhöhe	4,86 m
Raumtiefe	2,22 m
Tiefgang	2,50 m

Segelfläche: 185 qm

Besegelung:
10 Segel; 2 Vorsegel; Fockmast:
Doppel-Marssegel, einfaches
Bramsegel; Großmast: Gaffelsegel,
Gaffel-Toppsegel, Großstagsegel,
Groß-Stengestagsegel

Masten:
Fockmast mit Mars- und Bramstenge;
Großmast mit einer Stenge;
Höhe Großmast über Deck 17 m

Antrieb: Hercules-Dieselmotor, 150 PS

Besatzung: 6 Mann, davon 4 Jungen

Verwendung: Schulschiff unter Segeln

Die yachtähnliche Brigantine wurde von C. Lincoln Vaughn als Privatyacht gebaut. Ihre Sommerreisen führten meist entlang der mittleren Ostküste der USA. Im August 1959 kaufte der damalige Eigner, Barcley H. Warburton aus Boston, den Segler. Unter seiner Führung segelte die Brigantine von den Westindischen Inseln bis Neuschottland. Obwohl weiterhin Privatyacht, wurden zeitweise auch Jungen auf dem Schiff ausgebildet.

Während des Sommers 1962 war BLACK PEARL einen Monat lang in Boy's Harbour, einem Sommerlager für Jungen in East Hampton (Long Island). Als einziger privater Segler nahm die Brigantine offiziell an der Parade der Großsegler bei der »Operation Sail 1964« in New York teil. Damals waren drei Offiziere und fünf Kadetten an Bord. Bei einer Reise von 1160 Seemeilen im Sommer 1965 wurden im Durchschnitt 8,1 kn geloggt. Im Notfall könnte das Schiff unter Segeln von nur zwei Mann bearbeitet werden. Insgesamt bestehen Wohnmöglichkeiten für neun Personen. Zur modernen Ausrüstung gehören: 3-kW-Generator, Tiefkühlanlage, Radio-Telefon, Funkpeiler und Echolot. Die Tanks fassen 1200 l Treiböl und 1800 l Frischwasser.

BLACK PEARL hat sich als Schiff mit sehr guten Segeleigenschaften bewährt.

Bounty II

Art:
Vollschiff, Holz (Nachbau eines Handelsfahrers des 18. Jahrhunderts)

Nation: U.S.A.

Eigner:
Metro-Goldwyn-Mayer Inc.,
New York

Liegehafen:
St. Petersburg (Florida),
Vinoy Basin

Baujahr:
1960; Kiellegung Februar 1960,
Stapellauf 27. August 1960

Werft:
Smith & Rhuland Ltd., Lunenburg
(Nova Scotia)

Vermessung:
415 BRT; 111 NRT

Abmessungen:
Länge über alles	51,40 m
Länge Rumpf	40,50 m
Länge zwischen den Loten	33,60 m
Breite	9,20 m
Seitenhöhe	6,30 m
Raumtiefe	5,40 m
Tiefgang	4,20 m

Segelfläche: Ca. 950 qm

Besegelung:
18 Segel; 2 Vorsegel; einfache
Marssegel, einfache Bramsegel,
Royals

Masten, Spieren:
Höhe Großmast über Deck 31,60 m;
alle Masten mit Mars- und Bramstenge; Bugspriet mit Klüverbaum

Antrieb:
Zwei Caterpillar-Marine-Diesel-
motoren, je 220 PS (zwei Schrauben)

Besatzung:
Für den Film »Meuterei auf der
Bounty« insgesamt 26 Mann;
Originalbesatzung 1789 insgesamt
45 Mann

Bewaffnung:
Originalbewaffnung der Bounty von
1789: vier 4-Pfünder auf Lafetten,
zehn $^1/_2$-Pfünder = Relingsgeschütze

Verwendung: Museumsschiff

Die Geschichte der Seefahrt kennt zahlreiche Meutereien aus allen Epochen. Keine hat jedoch Gemüter und Phantasie der Menschen so bewegt, keine gab so oft Stoff und Vorwurf für Bücher und Filme, wie die Meuterei auf HMS BOUNTY im Jahre 1789. Das mag besonders daran liegen, daß sich die Ereignisse in der Südsee abspielten, daß es den Meuterern möglich war, sich jahrelang der Entdeckung zu entziehen, nicht zuletzt aber daran, daß es Kapitän Bligh gelang, durch ein unerhörtes seemännisches Geschick im offenen Boot mehr als 3600 Seemeilen zu fahren, nach England zurückzukehren und die Bestrafung eines Teiles der Meuterer zu erwirken. Kapitän James Cook beschrieb auf einer seiner Reisen die Früchte des Brotfruchtbaumes (Artocarpus) der polynesischen Inselwelt als ein sehr schmackhaftes und kräftiges Nahrungsmittel. Dies veranlaßte die Siedler der britisch-westindischen Besitzungen, König Georg III eine Petition vorzulegen, die Pflanze als Nahrung für die Negersklaven in Westindien einzuführen. Die britische Admiralität kaufte 1787 für 1950 Pfund den Handelsfahrer BETHIA, der 1785 gebaut worden war und Duncan Campbell gehörte. Für 4456 Pfund wurde das Schiff in Deptford/Themse umgebaut und bewaffnet. Leutnant William Bligh bekam das Kommando und erhielt den Auftrag, nach Tahiti (Otaheite) zu segeln und Jungpflanzen des Brotfruchtbaumes nach Westindien zu bringen. Da dieser Versuch, die Ernährung der Sklaven zu verbessern, als eine besonders menschliche Tat angesehen wurde, bekam das Schiff den Namen BOUNTY (= Güte). Bligh verließ England am 23. Dezember 1787 von Spithead aus. Der Plan, Kap Hoorn zu umsegeln, mußte wegen anhaltend schlechten Wetters aufgegeben werden. Erst am 26. Oktober 1788 erreichte die Bounty Tahiti. Mit 1105 Pflanzen an Bord verließ Bligh am 4. April 1789 die Insel mit Kurs Jamaica. Auf der Höhe der Insel Tofua bei den Tonga Inseln kam es am 28. April 1789 zur Meuterei. Fletcher Christian, der 24jährige erste Offizier, übernahm das Kommando und setzte Bligh mit 18 Mann in dem sieben Meter langen Langboot aus. Nach 41 Tagen, bei einer Fahrtstrecke von 3618 Seemeilen, erreichte das Boot Timor.

Bligh kehrte nach England zurück und erreichte, daß die Fregatte PANDORA nach Tahiti segelte, um die Meuterer aufzuspüren. Er selbst kam vor ein Kriegsgericht, das ihn zwar freisprach, seines harten und unmenschlichen Kommandos wegen aber tadelte. Bligh war dann von 1805 bis 1808 Gouverneur von Neu-Süd-Wales und wurde später Vizeadmiral. Der ganze Vorfall trug mit dazu bei, daß die Lebensbedingungen der Matrosen auf britischen Kriegsschiffen erheblich verbessert wurden. Fletcher Christian kehrte zunächst nach Tahiti zurück. Mit einigen Eingeborenen und Frauen erreichte er mit der BOUNTY im Januar 1790 die unbewohnte Insel Pitcairn. Erst nach 18 Jahren, im Jahre 1808, entdeckte der amerikanische Robbenfänger TOPAZ aus Boston zufällig die wenigen Überlebenden. Die BOUNTY hatten sie kurz nach ihrer Ankunft auf Pitcairn verbrannt. Direkte Nachkommen der Meuterer leben noch heute auf der Insel. Etwa ein Drittel der ungefähr 150 Bewohner heißt Christian.

Im Jahre 1957 entdeckte Louis Marden von der National Geographic Society die Überreste der BOUNTY und barg einen Anker, Beschlagnägel, Ballasteisen usw. Zur Ironie wurde, daß später die Sklaven Westindiens die Brotfrucht als Nahrungsmittel ablehnten, weil sie ihnen nicht schmeckte.

Für ihren großen Film »Meuterei auf der Bounty« ließ die Metro-Goldwyn-Mayer Inc. das Schiff nach den Londoner Originalplänen nachbauen. Planung und Bau kosteten 700 000 Dollar. Das Schiff mußte lediglich um etwas mehr als 9 m länger gebaut werden, um den großen Filmkameras genügend Bewegungsmöglichkeit zu geben. Auch der Einbau eines Hilfsmotors war für die Arbeit nötig. Die Galionsfigur wurde den alten Beschreibungen entsprechend nachgeschnitzt. Sie stellt eine Dame im Reitkostüm dar.

Nach den Filmarbeiten besuchte die BOUNTY eine Reihe amerikanischer

Häfen, reiste im Oktober 1962 nach London und segelte im April 1964 zur Weltausstellung nach New York. Überall erregte sie großes Aufsehen und wurde von Hunderttausenden besichtigt. Heute liegt der Segler als Ausstellungsschiff im Hafen von St. Petersburg in Florida.

Ein weiterer Nachbau der BOUNTY für Filmzwecke entstand 1978 in Whangarei, Neuseeland. Das mit großem Aufwand gebaute Schiff besitzt einen holzverkleideten Stahlrumpf. Der beabsichtigte Film kam nicht zustande, so daß das Schiff einen anderen Verwendungszweck finden muß.

Bowdoin

Art: 2-Mast-Gaffelschoner, Holz

Nation: U.S.A.

Eigner:
Seefahrtsmuseum Camden, Maine

Liegehafen: Camden, Maine

Baujahr:
1921; Stapellauf 9. September 1921

Werft:
Hodgdon Brothers, East Boothbay (Maine);
Entwurf: Admiral MacMillan

Vermessung: 66 BRT; 15 NRT

Abmessungen:
Länge über alles	27,63 m
Länge Rumpf	26,44 m
Länge zwischen den Loten	22,97 m
Breite	6,15 m
Seitenhöhe	2,83 m
Raumtiefe	1,90 m
Tiefgang	2,88 m

Segelfläche: 230 qm

Besegelung:
4 Segel; 2 Vorsegel (Vorstagsegel mit Baum); Fock-, Großmast: Gaffelsegel

Masten, Spieren:
Höhe Großmast über Deck 19,80 m; Pfahlmasten; kein Bugspriet

Antrieb:
Cummins-Dieselmotor, 100 PS (jetzt herausgenommen)

Besatzung:
13 Mann (einschließlich Wissenschaftlern)

Verwendung: Museumsschiff

Admiral MacMillan hat den Schoner entworfen, als er mit einem Schiff 700 Meilen vom Nordpol entfernt im Eis eingeschlossen war. Der Schoner sollte so stark gebaut werden, daß er auch größtem Eisdruck widerstehen konnte. Und tatsächlich hat sich MacMillans Konstruktion in vielen gefährlichen Situationen hervorragend bewährt.

Den Namen hat BOWDOIN nach dem Bowdoin-College in Brunswick, Maine, erhalten, an dem McMillan einen akademischen Grad erworben hatte. BOWDOIN fuhr bis zum Zweiten Weltkrieg zuverlässig jedes Jahr unter dem Kommando MacMillans in die Nordpolar-Gewässer.

Bei diesen Reisen waren immer Wissenschaftler an Bord, die auf verschiedenen geographischen, geologischen und mineralogischen Gebieten arbeiteten. In den Jahren 1923–24 lag das Schiff 320 Tage lang von Eis eingeschlossen in Refuge Harbor (Nord-Grönland). Auch bei anderen Reisen geriet BOWDOIN mehrmals in Schwierig-

keiten, konnte aber dank ihrer Festigkeit immer wieder klarkommen. Gewöhnlich überwinterte sie in Boothbay Harbor.

Während des Zweiten Weltkrieges fuhr der Schoner mit der U.S.-Navy Patrouillenfahrten in grönländischen Gewässern. Der Stützpunkt war damals South Strom Fjord auf Grönland. Nach dem Krieg konnte MacMillan seine Expeditionen fortsetzen. 1947 machte er im Namen der Chikago Geographic Society eine Reise nordwärts, bei der er mit dem Schiff den 79. Breitengrad erreichte. Eine Eisbarriere hielt die Weiterfahrt auf. Noch 1948 führte MacMillan, jetzt 72jährig, das Kommando einer sehr erfolgreichen Expedition, an der Wissenschaftler des Bowdoin-Colleges und des Cleveland Museum of Natural History teilnahmen. Bis Ende 1968 gehörte BOWDOIN als Museumsschiff dem berühmten Seefahrtsmuseum in Mystic Seaport, Connecticut. Heute liegt sie, ebenfalls als Museumsschiff, in Camden, Maine.

Caribee

Art: 2-Mast-Toppsegelschoner, Holz

Nation: U.S.A.

Eigner:
Windjammer Cruises Inc., Miami Beach (Florida), Capt. Mike Burke

Heimathafen:
Miami Beach (Florida); registriert in Ipswich (Mass.)

Baujahr: 1942

Werft:
Werft in Ipswich (Massachusetts); Konstruktion: Chapelle

Vermessung:
250 ts Deplacement; 180 BRT; 102 NRT

Abmessungen:
Länge über alles	36,50 m
Länge zwischen den Loten	29,80 m
Breite	7,40 m
Wohnräume (Höhe)	2,40 m
Tiefgang	3,60 m

Segelfläche: 450 qm

Besegelung:
9 Segel; 3 Vorsegel; Fockmast: Breitfock, einfaches Marssegel, Vor-Treisegel; Großmast: Groß-Stagsegel, Großsegel, Groß-Gaffel-Toppsegel

Masten:
Höhe Großmast über Deck 30,00 m; beide Masten mit einer Stenge

Antrieb: 6–71 Benzinmotor, 180 PS

Besatzung:
8 Mann Stammbesatzung, Wohnräume und Unterkünfte für 20 Personen

Verwendung:
Privatschiff für Passagier-Kreuzfahrten

Im 18. und frühen 19. Jahrhundert wurden bei küstennahen Kaperfahrten und im Sklavenhandel sehr häufig scharf geschnittene und deshalb besonders schnelle Segelfahrzeuge verwendet. Diese Schiffe waren trotz oftmals geringer Größe verhältnismäßig schwer bewaffnet. Auf der anderen Seite wurde diese Art Segler aber auch vom Küstenschutz und von den Zollkontrollen benutzt (siehe CENTURION).
CARIBEE ist in ihrem Äußeren und in ihrer Besegelung eine genaue Nachbildung eines solchen Seglers. Die gemalten Geschützpforten geben ihr ein reizvolles Aussehen. Das Schiff gehört wie YANKEE CLIPPER und POLYNESIA zur »Windjammer Cruises« in Miami Beach. Der Initiator dieses Unternehmens, Capt. Mike Burke, hatte den Segler nach dem Zweiten Weltkrieg gekauft. Er fährt heute das ganze Jahr hindurch für zahlende Feriengäste zehn Tage dauernde Reisen zu den Bahamas.

Carthaginian II

ex KOMET
ex MARY

Art: Brigg, Stahl-genietet

Nation: U.S.A.

Eigner:
Lahaina Restoration Foundation,
Lahaina, Maui, Hawaii

Liegeplatz: San Francisco, Hyde Street Pier

Baujahr: 1920

Werft: Krupp, Kiel

Vermessung: 140 BRT

Abmessungen:
Länge Rumpf	29,00 m
Breite	6,70 m
Tiefgang	2,10 m

Masten:
Beide Masten dreiteilig.
Höhe Großmast 26,40 m
Beide Masten Doppel-Marssegel,
einfaches Bramsegel, Royal

Antrieb:
Skania Vabis Diesel, 275 PS

Verwendung: Museumsschiff

Das Schiff wurde bei Krupp als Zweimastschoner MARY gebaut. Nach den Bestimmungen der Alliierten durfte die Werft damals keine Schiffe bauen, die länger als 30 m waren. MARY wurde bald darauf an Schweden verkauft und fuhr als Zementfrachter in der Ostsee. 1972 kaufte die Lahaina Restoration Foundation das Schiff. Nach 105-tägiger Fahrt erreichte CARTHAGINIAN, wie das Schiff von jetzt an hieß, Lahaina. Dort sollte sie die erste CARTHAGINIAN ersetzen, die zum Wrack wurde. In vieljähriger Arbeit wurde das Schiff als Brigg getakelt. Dieser Schiffstyp wurde viel von Walfängern benutzt, die Lahaina zu ihrem Stützpunkt machten. Die Walfänger aus New Bedford und Mystic Seaport mußten damals Kap Hoorn umrunden, wollten sie zu den Fanggründen im Nördlichen Eismeer. Lahaina auf Maui war die erste Hauptstation, bei der Frischwasser und Proviant ergänzt werden konnten. Von hier aus ging dann die Reise weiter nach Nor-

den. Im Winter, wenn die Witterungsverhältnisse zur Fangruhe zwangen, kehrten viele Schiffe nach Lahaina zurück, um im nächsten Jahr wieder nordwärts zu segeln.
Da die Walfänger auf See nur ihre eigenen Gesetze gelten ließen, kam es oft zu Schwierigkeiten zwischen ihnen und den Missionaren auf den Hawaii-Inseln. Davon erzählt auch die Novelle

»Hawaii« von James Micheners. Einmal ließ ein Walfänger-Kapitän das Haus eines Missionars mit Bordgeschützen beschießen, weil dieser den hawaiianischen Mädchen das Betreten des Schiffes verboten hatte.
CARTHAGINIAN beherbergt ein Walfangmuseum, in dem den Besuchern neben Ausstellungsstücken auch Filme über Wale gezeigt werden.

C.A. Thayer

Art: 3-Mast-Gaffelschoner, Holz

Nation: U.S.A.

Eigner:
US-National Park System
Golden Gate National Recreation
Area.
National Maritime Museum,
Hyde Street Pier

Liegeplatz: San Francisco,
Hyde Street Pier

Baujahr: 1895; Stapellauf 9. Juli 1895

Werft:
Hans Bendixen, Eureka, Kalifornien

Vermessung:
452 BRT; 390 NRT

Abmessungen:
Länge über alles	66,60 m
Länge zwischen den Loten	47,40 m
Breite	11,10 m
Raumtiefe	3,50 m
Tiefgang	2,40 m

Besegelung:
9 Segel; Fock-, Großmast: Gaffelsegel, Gaffel-Toppsegel; Besanmast:
Hochsegel

Masten:
Höhe Großmast über Deck: 28,90 m

Antrieb: Kein Hilfsmotor

Besatzung:
8 bis 9 Mann in der Holzfahrt, 30 bis
40 Mann als Fischerei-Fahrzeug

Verwendung: Museumsschiff

Die außerordentlich rasche Besiedlung Kaliforniens zu Ende des vergangenen Jahrhunderts und die Vergrößerung der bereits bestehenden Städte und Siedlungen führten dazu, daß große Mengen Bauholz gebraucht wurden, die das Land selbst nicht stellen konnte. Fast alle Häuser dieser aufblühenden Gemeinden waren damals noch vollständig aus Holz gebaut. Das meiste Holz kam auf dem Wasserweg nach Kalifornien. Die Bäume wurden im Nordwesten der Staaten gefällt und in küstennahen Sägemühlen zu Bauholz geschnitten. Eine Flotte von mehr als hundert Schonern wie die C. A. THAYER besorgte dann den Transport in den Süden.

Das Schiff war ursprünglich für die E.K. Wood Lumber Company gebaut worden und bekam seinen Namen nach deren Sekretär, Clarence A. Thayer. Siebzehn Jahre lang fuhr der Schoner ausschließlich im Holzhandel. 1912 verkaufte ihn die Firma an Mr. Peter Nelson. C. A. THAYER fuhr von nun an im Sommer in der Lachsfahrt nach Alaska. Aus dieser Zeit stammt auch das große, vorn gelegene Deckshaus, das für die vergrößerte Mannschaft gebaut werden mußte.

1925 wechselte der Schoner erneut den Besitzer. Als Kabeljau-Fänger mit Ein-Mann-Dories und Handleinen verbrachte C. A. THAYER einige Jahre lang die Saison im Beringmeer. Als die Preise für gesalzenen Kabeljau zu fallen begannen, mußte sie aufgelegt werden. Von 1942 bis Kriegsende verwendete die Marine sie als Leichter. Noch einmal wurde sie als Fangschiff ausgerüstet. 1950 machte sie ihre letzte Reise in die Beringsee. Nach siebenjähriger Liegezeit konnte die Regierung von der geschichtlichen Bedeutung des Schiffes überzeugt werden. C. A. THAYER wurde vollkommen restauriert und liegt heute als Museumsschiff in San Francisco.

Centurion

ex AEGEAN
ex BEEGIE
ex CENTURION

Art: Brigantine, Holz

Nation: U.S.A.

Eigner: Derzeit nicht bekannt

Heimathafen: In Florida

Baujahr:
Baubeginn 1937, Stapellauf 1939/40,
fertiggestellt 1945/46

Werft:
Langdon Bros, New Smyrna (Florida)

Vermessung:
43 ts Deplacement; 26,72 BRT;
21,82 NRT

Abmessungen:
Länge über alles	22,80 m
Länge Rumpf	18,20 m
Länge zwischen den Loten	15,70 m
Breite	4,10 m
Tiefgang	2,60 m

Segelfläche: 240 qm

Besegelung:
8 Segel; 4 Vorsegel; Fockmast: Fock,
Marssegel; Großmast: Großsegel,
Gaffel-Toppsegel

Masten:
Höhe Großmast über Deck: 23,00 m

Antrieb:
6-Zyl.-Penta-Dieselmotor, 60 PS

Besatzung:
16 Mann als Schulsegler bei S.T.A.-
Rennen Falmouth–Kap Skagen 1966

Verwendung: Privatyacht

Im Krieg zwischen England und den amerikanischen Kolonien nahmen die Engländer den Amerikanern den schnellen Zollkutter CENTURION weg. Dieses Schiff ist natürlich längst von den Meeren verschwunden. Nach den erhalten gebliebenen Plänen bei der britischen Admiralität konnte die jetzige CENTURION aber genau nachgebaut werden. Vor dem Fockmast stand bei dem Original ein Geschütz. Deshalb steht auch auf dem Zweitbau dieser Mast weiter zurück, als dies normalerweise der Fall wäre.

Für den Amerikaner Major Cyrus Strong wurde 1937 mit dem Bau der CENTURION begonnen. Major Strong starb im Jahre 1940. Danach erwarb eine nicht mehr zu ermittelnde Person das Schiff und ließ es nach Annapolis, Maryland, bringen. 1945 kaufte Mr. Winfield die CENTURION. Sie bekam den neuen Namen BEEGIE und segelte von Neuschottland zu den Bermudas. Dort kaufte sie 1947 Mr. Guiness. Das Schiff war unter diesem Eigner auf den Bermudas registriert und kreuzte vornehmlich in diesen Gewässern.

Mr. Guiness verkaufte den Segler 1949 an Mr. Richard de Graaf Hunter. Bei einer Reise nach Aden wurden im Atlantik in 48 Stunden 480 Seemeilen gesegelt. Im Jahre 1956 kaufte der Amerikaner »Hod« Fuller die Brigantine. Unter dem neuen Namen AEGEAN war sie in Amerika registriert, blieb aber in Griechenland. Ihr Eigner kreuzte mit ihr in der Ägäis und im Mittelmeer. Der Engländer John Millar kaufte 1960 das Schiff und gab ihm den alten Namen CENTURION zurück.

Für die Großsegler-Regatta im Juli 1966 von Falmouth zum Kap Skagen hatte Mr. Millar sein Schiff dem britischen Sea Cadet Corps geliehen. Mit einem beachtlichen ersten Platz in der Gruppe 2 der Klasse B demonstrierte die junge Mannschaft die guten Segeleigenschaften der CENTURION.

Die beiden Rahsegel werden vorhangartig zur Rahmitte gerafft, also nicht an die Rah geholt. Mit dieser Einrichtung könnten theoretisch alle Segel von Deck aus gesetzt oder geborgen werden. Alle Segel sind aus Terylene hergestellt. Den Bug ziert ein vergoldeter Delphin, das Spiegelheck geschnitztes Rankenwerk. Das Schiff wurde inzwischen für private Zwecke nach Florida verkauft.

Charles W. Morgan

Art: Vollschiff, Holz

Nation: U.S.A.

Eigner:
Marine Historical Association Inc.,
Mystic (Connecticut)

Liegehafen: Mystic Seaport

Baujahr:
1841; Stapellauf 21. Juli 1841;
1. Fangreise 4. September 1841

Werft:
Gebr. Tethro & Zachariah Hill-
mann, Fairhaven bei New Bedford
(Mass.)

Vermessung: 313 BRT; 298 NRT

Abmessungen:
Länge über alles	51,30 m
Länge zwischen den Loten	32,00 m
Breite	8,40 m
Seitenhöhe	5,30 m

Besegelung:
20 Segel; einfache Marssegel,
einfache Bramsegel, Royals

Masten:
Alle Masten mit Mars- und
Bramstenge

Antrieb: Auch später kein Hilfsmotor

Besatzung: Im Durchschnitt 28 Mann

Verwendung: Museumsschiff

CHARLES W. MORGAN ist der einzige der berühmten hölzernen Walfänger, der uns erhalten geblieben ist. Ihr erster Eigner war der Quäker-Kaufmann Ch. W. Morgan. Die nachfolgenden Eigner waren Edward Mott Robinson; I. Howland & Co.; J. & W. R. Cleveland; John A. Cook and »Whaling Enshrined«. Das Schiff hat ein gemaltes Pforten- band, das zur Erbauungszeit und auch noch später die Aufgabe hatte, Piraten von einem Überfall abzuhalten. Wäh- rend ihrer 80jährigen Fangtätigkeit be-

fuhr CH. W. MORGAN auf 37 Fangreisen alle Meere. Diese Reisen dauerten oft mehrere Jahre. Erst bei voller Ladung segelte man in den Heimathafen zurück. Über eintausend Walfänger fanden auf der CHARLES W. MORGAN eine Heimat. Im ganzen wurden mehr als 2500 Wale von ihren Booten harpuniert und ge- fangen.
An Bord befanden sich bis zu sieben Boote, die gewöhnlich mit sechs Mann besetzt waren – vier Mann an den Rie- men, Harpunier und Steuermann. Von

1841 bis 1866 war ihr Heimathafen New Bedford, von 1867 bis 1906 San Fran- zisco. Anschließend kehrte sie nach New Bedford zurück. Von hier aus machte das Schiff bis 1921 seine letzten sieben Fangreisen. 1921 wurde es für den Film »Down to the Sea in Ships« noch einmal in Fahrt gesetzt.
Im November 1941 wurde CH. W. MORGAN von Round Hills, Dartmouth (Mass.) nach Mystic geschleppt. In Mystic Seaport ist sie heute eine der Hauptsehenswürdigkeiten.

Constellation

Clipper City

Art: 2-Mast-Toppsegelschoner, Stahl
Nation: U.S.A
Heimathafen: Baltimore
Baujahr: 1985–1988
Abmessungen:
    Länge Rumpf   30,00 m
Verwendung: Privatschiff, Charterschiff

Columbia Redidiva

Art: Vollschiff, Holz
Nation: U.S.A
Eigner: Stadt Aberdeen, Washington
Baujahr: 1989
Werft: Grays Harbor, Washington
Abmessungen:
    Länge Rumpf   28,50 m
Verwendung: Schulschiff unter Segeln, Museumsschiff, Tourismuswerbung

---

Das Schiff ist eine Nachbildung von Fahrzeugen, mit denen Captain Robert Gray in den achtziger Jahren des 18. Jahrhunderts die Pazifikküste Nordamerikas erkundete. Dabei wurde unter anderem auch der Columbia River entdeckt.

Art: Fregatte, Holz (Vollschiff)
Nation: U.S.A.
Eigner:
    U.S. Navy (Dauer-Leihgabe an die »Star Spangled Banner Flag House Association of Baltimore«)
Liegeplatz: Baltimore, Pier 4
Baujahr:
    1797; Stapellauf: 7. September 1797
Werft:
    David Stodders Shipyard, Baltimore
Vermessung:
    1960 Long Tons Deplacement
Abmessungen:
    Länge über alles   ca. 79,20 m
    Länge Rumpf   61,90 m
    Länge zwischen den Loten   53,50 m
    Breite   12,70 m
    Seitenhöhe (bis Schandeck)   9,40 m
    Raumtiefe (bis Geschützdeck) 6,50 m
Segelfläche:
    1870 qm (ohne Groß- und Kreuzstagsegel und ohne Leesegel)
    Großsegel: 295 qm
Besegelung:
    15 Segel (ohne Groß- und Kreuzstagsegel und ohne Leesegel)
    2 Vorsegel, einfache Marssegel, einfache Bramsegel, Royals
Masten, Spieren:
    Höhe Großmast über Deck   47,50 m
    Alle Masten mit Mars- und Bramstenge
    Länge Großrah   28,10 m
    Länge Großroyalrah   8,40 m
    Bugspriet mit Klüverbaum und Außenklüverbaum
    zusammen   ca. 27,00 m
    Sprietsegelrah
Besatzung:
    313 Mann (1797) mit Seesoldaten
Bewaffnung:
    38 Geschütze (1797); Geschützdeck 24 18-Pfd., Spardeck 12 24-Pfd. (Carronaden), Vor-Spardeck 2 18-Pfd.; Breitseitengewicht: 378 Pfd.
Verwendung: Museumsschiff

Nach dem Ende des Unabhängigkeitskrieges, 1783, gelang es den jungen Vereinigten Staaten von Amerika, sich allmählich die Seewege für eine eigene Handelsflotte zu öffnen. Im Mittelmeer wurden die Schiffe aber immer wieder von den Seeräubern der Barbaresken-Staaten angegriffen und die Besatzungen gefangen genommen. Zum Schutz dieser Segler und zum Schutz der neuen Nation beschloß 1794 der Kongreß, sechs Fregatten bauen zu lassen. Drei davon wurden sofort in Auftrag gegeben. Von diesen Schiffen leben heute noch zwei, die CONSTITUTION in Boston und die CONSTELLATION in Baltimore. CONSTELLATION war als erste seefertig ausgerüstet und ging am 26. Juni 1798 erstmals unter Segel. Sie war das zweite Schiff der U.S. Navy und ist somit das älteste noch lebende Schiff dieser Flotte. Als erstes amerikanisches Schiff besiegte sie einen Gegner auf offener See und als erstes amerikanisches Kriegsschiff befuhr sie die engeren chinesischen Gewässer. Ihr Kapitän Thomas Truxtun benützte an Bord das erste Signalbuch der amerikanischen Marine, das er selbst vorbereitet hatte.

Kein amerikanisches Kriegsschiff hat eine längere Dienstzeit hinter sich als die CONSTELLATION. Sie ist das einzige noch lebende größere Schiff, das aktiv am Bürgerkrieg teilgenommen hat. Endlich sei noch erwähnt, daß sie das älteste Schiff der Welt ist, das ununterbrochen schwimmt – bis heute 187 Jahre. Ihren Namen hat CONSTELLATION nach dem »Sternbild« der amerikanischen Flagge bekommen.

Nach einem Friedensvertrag mit den Barbaresken griffen französische Kriegsschiffe die amerikanischen Schiffe an. Am 9. Februar 1799 bezwang Truxtun mit der CONSTELLATION in der Karibischen See die französische Fregatte L'INSURGENTE. Diese Leistung stärkte das Selbstbewußtsein des amerikanischen Volkes außerordentlich. Die weibliche Galionsfigur, die allegorisch die Zeichen der Revolution darstellte, ging bei diesem Gefecht verloren. Sie wurde nie wieder ersetzt.

Im Februar 1800 besiegte CONSTELLATION nach fünfstündigem Kampf das

französische 52-Kanonen-Schiff LA VENGEANCE. Kapitän Truxtun hatte an diesen Erfolgen einen hohen persönlichen Anteil, weil er auf die Ausbildung von Offizieren und Mannschaften den größten Wert legte.

CONSTELLATION erwies sich bei ihren Einsätzen als überragend schnell, was ihr den Namen »Yankee Race Horse« einbrachte. Ihre scharfen Unterwasser-Linien waren letztlich wegweisend für den Bau der berühmten Baltimore-Klipper.

Im Frühling 1802 stieß die Fregatte zum amerikanischen Mittelmeer-Geschwader und nahm im erneut entflammten Krieg mit den Barbaresken an der Blockade von Tripolis teil. Von 1805 bis zum Ausbruch des Krieges von 1812 lag sie als Stationsschiff in Washington. Während des Krieges mit England vereitelte das Schiff erfolgreich britische Invasionsversuche an der Küste Virginias. Die Barbaresken nützten diesen Konflikt. CONSTELLATION wurde wieder ins Mittelmeer befohlen, wo sie bis 1817 blieb. Im Juni 1815 war sie an der Wegnahme der algerischen 48-Kanonen-Fregatte MASHUDA beteiligt. Von 1819 bis 1821 sicherte die Fregatte die Handelswege nach Südamerika und später amerikanische Handelsfahrer an der Küste Perus. Nachdem sie von 1825 bis 1826 das Piraten-Unwesen in der Karibischen See bekämpft hatte, fuhr sie 1831 in politischer Mission nach

England und Frankreich. Anschließend gehörte CONSTELLATION vier Jahre lang wieder zum Mittelmeer-Geschwader. 1835 kehrte sie in den Golf von Mexiko zurück und unterstützte die Niederwerfung des Seminolen-Aufstandes in Florida.

Am 9. Dezember 1840 begann eine Weltumsegelung, bei der die Fregatte im Opium-Krieg besonders amerikanische Schiffe im Pazifik kontrollierte. Als Flaggschiff des Ost-Indien-Geschwaders befuhr CONSTELLATION als erstes amerikanisches Kriegsschiff chinesische Inland-Gewässer. Geschwader-Kommodore Lawrence Kearny schloß bei dieser Reise den ersten amerikanischen Handelsvertrag mit China ab. Auf der Heimreise verhinderte Kearny die britische Annexion der Sandwich-Inseln (Hawaii). Die Weltreise dauerte bis zum 30. April 1844. Von 1845 bis 1852 lag der Segler als Stationsschiff in Norfolk. 1853 wurde die CONSTELLATION umgebaut und dabei um 3,5 m verlängert. Die Bewaffnung bestand danach aus 22 Geschützen. Nachdem sie noch einmal drei Jahre lang im Mittelmeer gekreuzt hatte, wurde sie im August 1858 außer Dienst gestellt.

Während des Bürgerkrieges war CONSTELLATION Flaggschiff des Afrika-Geschwaders. Drei Sklaven-Schiffe hat sie aufgebracht. Dabei wurden fast tausend Sklaven befreit und nach Afrika zu-

rückgebracht. 1871 übernahm die Marine-Akademie Annapolis die Fregatte als Schulschiff. Dort blieb sie zwanzig Jahre lang. Als 1880 die Hungersnot in Irland besonders groß war, brachte CONSTELLATION Nahrungsmittel dorthin. 1894 kam sie als Schulschiff nach Newport (Rhode Island) und kehrte 1914 nach Baltimore zurück.

Bei Ausbruch des Zweiten Weltkrieges lag das Schiff fast vergessen und in einem sehr schlechten Zustand in Newport. Präsident Franklin Delano Roosevelt war es, der 1940 CONSTELLATION zum Flaggschiff der Atlantik-Flotte bestimmte. Das war ihr letztes großes Kommando.

Das Traditionsbewußtsein der Marine hat die Fregatte zu einem Nationalheiligtum gemacht (»National Historic Shrine«). 1955 wurde CONSTELLATION offiziell außer Dienst gestellt und im Schwimmdock von Boston nach Baltimore gebracht. Sie gehört weiterhin der U.S.-Flotte. Die Restauration hat die patriotische Organisation »Star Spangled Banner Flag House Association of Baltimore« übernommen. Die Kosten dafür werden mit 250000 Dollar veranschlagt. Ein Teil davon wird durch den Verkauf von Medaillen gedeckt, die aus dem Kupfer der ausgetauschten Schiffsnägel geschlagen worden sind. CONSTELLATION soll wieder so erstehen, wie sie zu ihrer Erbauungszeit ausgesehen hat. Dabei wird die Länge des Rumpfes natürlich nicht mehr verändert; auch wird das jetzige Rundheck nicht gegen das 1829 umgebaute Plattheck ausgetauscht.

Die Restauration ging in Einzeletappen vor sich. Von März bis September 1964 lag das Schiff im Trockendock. Bei den Arbeiten am Rumpf konnte einwandfrei bewiesen werden, daß das Schiff tatsächlich die Fregatte von 1797 ist und nicht, wie mehrfach behauptet, ein Korvetten-Neubau aus dem Jahre 1853. Mehrere Schiffsnägel tragen die Jahreszahlen 1797, 1808 und 1812.

Nach ihrer Fertigstellung soll CONSTELLATION in mehreren amerikanischen Häfen gezeigt werden und dann endgültig in Baltimore bleiben.

Constitution

Art: Fregatte, Holz (Vollschiff)

Nation: U.S.A.

Eigner: Kriegsflotte (U.S. Navy)

Liegehafen: Boston

Baujahr:
1797; Stapellauf 21. Oktober 1797

Werft:
Hartt's Shipyard, Boston (Mass.);
Konstruktion: Joshua Humphreys

Vermessung: 2200 ts Deplacement

Abmessungen:
Länge über alles	93,00 m
Länge Rumpf	62,00 m
Länge zwischen den Loten	53,50 m
Breite	14,00 m
Breite Hauptdeck	11,70 m
Seitenhöhe	11,00 m
Tiefgang	6,00 m

Segelfläche:
3970 qm (mit Leesegeln);
Groß-Marssegel 315 qm

Besegelung:
36 Segel (mit Leesegeln, ursprüngliche Besegelung); einfache
Marssegel, einfache Bramsegel,
Royals, Skysegel, Leesegel

Masten, Spieren:
Höhe Großmast über Deck	52,00 m
Länge Großrah	28,00 m
Länge Großroyalrah	9,00 m
Bugspriet mit Klüverbaum	29,00 m

Besatzung:
Etwa 475 Mann (mit Seesoldaten)

Bewaffnung:
Bau-Bestückung: 44 Geschütze;
im Krieg 1812: Geschützdeck
30 24-Pfd., Spardeck 16 32-Pfd.,
Vor-Spardeck 2 24-Pfd., 1 16-Pfd.,
6 32-Pfd.; insgesamt 55 Geschütze

Verwendung:
Stationäres Flaggschiff,
Museumsschiff

Über die Gründe, die zum Bau von CONSTITUTION und CONSTELLATION führten, haben wir bei der CONSTELLATION berichtet. Im Krieg mit England (1812 bis 1814) führte CONSTITUTION ein siegreiches Gefecht mit der 38-Kanonen-Fregatte GUERRIERE, ebenso mit der Fregatte JAVA. Weil das Geschützdeck hoch über der Wasserlinie liegt (ca. 2,5 m), konnte CONSTITUTION auch bei grober See hart gesegelt werden. Das brachte ihr in vielen Situationen Feind-Überlegenheit. Es wurden Geschwindigkeiten bis zu $13^1/_2$ kn geloggt.
Im Februar 1815 machte sie ihre letzte Kriegsfahrt. Am 20. Februar 1815 bestritt das Schiff ein siegreiches Gefecht mit der britischen Fregatte CYANE und der Kanonen-Schaluppe LEVANT. Von 1815 bis 1821 lag das Schiff in Boston auf. Es folgten großangelegte Reparaturen. Am 13. Mai 1821 wurde CONSTITUTION Flaggschiff des Mittelmeer-Geschwaders. Im Juli 1828 sollte ihre Dienstzeit vorläufig zu Ende sein. Eine Kommission erklärte das Schiff für seeuntüchtig. Daraufhin bestimmte die Regierung den Abbruch. Ein Gedicht, »Old Ironsides« von Oliver W. Holmes, das in vielen Zeitungen erschien, bewirkte dann aber doch die Erhaltung der Fregatte. (Eine Erzählung berichtet, ein Matrose habe gesehen, wie die feindlichen Kugeln von den harten Seiten der CONSTITUTION wieder abprallten. Daraus entstand der Name »Ironsides«.)
Die Grundüberholungsarbeiten bei einer Werft in Boston dauerten von 1833 bis 1834. Im Jahre 1835 wurde das Schiff erneut beim Mittelmeer-Geschwader eingesetzt. 1839 machte die Fregatte eine Reise rund Kap Hoorn in den Südpazifik, 1844 nach China. 1848 folgte eine Fahrt ins Mittelmeer. Dabei besuchte Papst Pius IX. das Schiff. (Er war damit der erste Papst, der amerikanisches Territorium betrat.) 1852 kreuzte die Fregatte vor der Westküste Afrikas, um den Sklavenhandel zu überwachen und zu bekämpfen. Von 1855 bis 1860 wurde das Schiff in Portsmouth (New Hampshire) weitgehend erneuert. Am 1. Juli 1860 übernahm die Marine-Akademie in Anna-

polis CONSTITUTION. Diese Akademie mußte 1861 wegen des Bürgerkrieges aus Sicherheitsgründen nach Newport (Rhode Island) verlegt werden. Die Fregatte wurde Schulschiff und kehrte 1865 nach Annapolis zurück. 1871 lag der Segler in Philadelphia im Dock. Im Jahre 1878 brachte das Schiff Handelsware für die Pariser Weltausstellung nach Frankreich. In den achtziger Jahren war CONSTITUTION Empfangsschiff in Portsmouth. Durch den Einfluß von John F. Fitzgerald, dem Großvater Präsident Kennedys, wurde die schwer beschädigte Fregatte zu ihrem hundertsten Geburtstag im Jahre 1897 restauriert. Ein Teil der früheren Reparaturen war unsachgemäß ausgeführt worden. 1905 war der Zustand des Schiffes erneut bedenklich schlecht. CONSTITUTION sollte deshalb Zielschiff der Flotte werden. Wieder war es die Öffentlichkeit, die gegen eine Zerstörung protestierte und die Erhaltung durchsetzte. Die Kosten für die Wiederherstellung beliefen sich 1906 auf 100 000 Dollar. Zwanzig Jahre lang war die Fregatte dann Museums-Schiff. Der weitere Ver-

fall konnte aber nicht aufgehalten werden. 1925 beschloß der Kongreß die vollkommene Wiederherstellung, stellte aber zunächst keine Mittel zur Verfügung. Die Kosten wurden zu einem großen Teil durch Bürgerinitiative aufgebracht. Später kamen auch Staatsmittel dazu. Am 16. Juni 1927 begannen die Arbeiten im »Constitution Trokkendock« in Boston. Douglastannen für die Masten kamen bis von der Westküste. Die Gesamtkosten betrugen diesmal 92 100 Dollar.
Bis zum 16. März 1931 lag die Fregatte im Dock. Dann, am 2. Juli 1931, begann eine dreijährige Reise im Schlepp, die sie in 90 amerikanische Häfen brachte. Während dieser Zeit kamen 4 614 792 Besucher an Bord. Insgesamt wurden dabei rund 22 000 Seemeilen zurückgelegt. Seit 1934 liegt CONSTITUTION im Hafen von Boston festgemacht. Sie ist Flaggschiff des Kommandanten vom »First Naval District« und damit das älteste aktive Kriegsschiff der Welt. Einmal im Jahr wird die Fregatte im Bostoner Hafen feierlich gewendet, um die Wetterseite zu wechseln.

Deliverance

Eagle

ex CECILIA
ex DOROTHY G.

Art: 2-Mast-Gaffelschoner

Nation: U.S.A.

Eigner: David Higgins,
Wellesley Hills, Ma, USA

Heimathafen: Unbekannt

Baujahr: 1956

Werft: Eldredge-McInnis, Boston

Abmessungen:
Länge über alles	29,00 m
Länge an Deck	25,00 m
Breite	6,00 m
Tiefgang	3,00 m

Segelfläche: 390 qm

Antrieb: Hilfsmotor

Besatzung: 6 Mann

Verwendung: Charterschiff

---

ex HORST WESSEL

Art: Bark, Stahl

Nation: U.S.A.

Eigner:
Department of Transportation
U.S. Coast Guard, Washington, D.C.

Heimathafen:
New London (Connecticut)

Baujahr: 1936; Stapellauf 30. Juni 1936

Werft:
Blohm & Voss, Hamburg

Vermessung: 1634/1816 ts
Deplacement

Abmessungen:
Länge über alles	89,70 m
Länge Rumpf	80,70 m
Länge zwischen den Loten	70,20 m
Breite	11,90 m
Tiefgang (ausgerüstet)	5,20 m
Freibord	2,70 m

Segelfläche: 1983 qm

Besegelung:
22 Segel; 4 Vorsegel, Doppel-Marssegel, einfache Bramsegel, Royals;
Besanmast: Besansegel,
Besan-Topp-Segel

Masten, Spieren:
Fock- und Großmast-Flaggenknopf
45,70 m, Besanmast-Flaggenknopf
40,10 m über der Wasserlinie;
Länge Fock- und Großrah 23,90 m

Antrieb:
M.A.N.-8-Zyl.-Viertakt-Dieselmotor, 750 PS; Geschwindigkeit mit Maschine 10 kn

Besatzung:
19 Offiziere, 46 Mannschaften,
etwa 180 Kadetten

Verwendung: Schulschiff unter Segeln

DELIVERANCE wurde nach Plänen der Gloucester Bank Schoner gebaut. Während der siebziger Jahre gehörte sie dem Fürstenhaus von Monaco. Im Mai 1984 lief der Segler bei Okinawa auf Grund. Wahrscheinlich kann er nur noch als Hafenbarkasse verwendet werden.

Im Jahre 1790 gründete der damalige erste Sekretär des U.S.-Schatzamtes, Alexander Hamilton, die Coast Guard. Er forderte mehrere Boote, die hauptsächlich die Küstenschmuggelei überwachen sollten. Bis 1798 war die Flotte der Coast Guard die einzige Marine der Vereinigten Staaten. Heute überwacht die Coast Guard den gesamten Küstenschutz einschließlich der Navigationshilfen (Leuchttürme, Feuerschiffe, Bojen etc.). Im Frieden ist sie dem Schatzamt unterstellt, während eines Krieges gehört sie zur Marine. Im Zweiten Weltkrieg verwendete die

Coast Guard das dänische Vollschiff DANMARK als Schulschiff für ihre Kadetten. Die DANMARK wurde bei einem Amerika-Besuch vom Krieg überrascht und konnte nicht mehr zurückkehren. Bei Kriegsende übernahm die »Küstenwache« als Reparationsleistung von Deutschland die jetzige EAGLE. Diese Bark wurde mit dem Namen HORST WESSEL als zweites Schulschiff für die ehemalige deutsche Reichsmarine gebaut. Bis zum Ausbruch des Krieges konnten nur noch wenige Ausbildungsreisen unternommen werden. Dafür wurde das Schiff um so mehr während der ersten

Kriegsjahre für den Transport von Menschen und Versorgungsgütern im Ostseegebiet verwendet. Die USA übernahmen die Bark 1946 in Bremerhaven. Das ursprünglich unterteilte obere Besansegel in Ober-Besan und Besan-Toppsegel wurde durch ein einfaches Besan-Toppsegel ersetzt. Beide Anker sind heute Patentanker. HORST WESSEL fuhr als Backbord-Anker einen Stockanker.

Der ursprünglich große Adler als Bugzier wurde durch einen kleineren Adler ersetzt, der sich besser in die Bug-Linienführung einfügt. Das Original befindet sich heute im Marine Museum von Mystic Seaport (Conn.).

Die jährliche Hauptreise der EAGLE führt von Juni bis August mit der 1. und 3. Klasse der Akademie in europäische oder mittelamerikanische Gewässer. Daran schließt sich eine kleinere Reise mit der 2. und 4. Klasse in den Westatlantik an. Alle Kadetten schlafen in Hängematten. 344 ts Eisenbarren als Ballast geben dem Schiff die nötige Stabilität. Drei 75-kW-Dieselaggregate liefern den Strom.

Young America

ex ENCHANTRESS

Art: Brigantine, Eisenzement

Nation: USA

Eigner:
Young America Marine
Education Society

Heimathafen: Atlantic City, New Jersey

Baujahr: Stapellauf 20. Mai 1975

Werft:
David M. Kent, Port Jefferson
Konstruktion: Charles Wittholz

Vermessung: 196 BRT; 76 NRT

Abmessungen:
Länge über alles	39,50 m
Länge Rumpf	29,80 m
Länge zwischen den Loten	26,60 m
Breite	7,40 m
Tiefe im Raum	2,40 m
Tiefgang	2,80 m

Besegelung: 10 Segel

Segelfläche: 489 qm

Masten:
Höhe Großmast über Deck: 28,50 m

Antrieb: Dieselmotor, 200 PS

Besatzung:
5 Mann Stammbesatzung
30–40 Jungen

Verwendung:
Schulschiff unter Segeln

Wir haben es hier mit dem größten
in Eisenzement gebauten Segler zu tun.
Die Bauweise bedeutet schichtartige
Verarbeitung von Drahtgeflecht
(chicken-wire) und Zementlagen und
bietet vor allem Schutz gegen Korrosion
und Bohrwurmfraß. Ursprünglich
wurde ex ENCHANTRESS (»Zauberin«)
für private Passagierkreuzfahrten
benutzt. Wie bei allen amerikanischen
Schiffen schreibt auch hier die United
States Coast Guard die Sicherheits-
bestimmungen vor.

Elissa

Art: Bark, Eisen

Nation: U.S.A.

Eigner:
Galveston Historical Foundation, Inc.
Galveston, Texas

Heimathafen: Galveston, Texas

Baujahr: 1877

Werft:
Alexander Hall & Co.,
Aberdeen, Schottland

Vermessung: 430 BRT

Abmessungen:
Länge über alles	61,40 m
Länge über Deck	45,40 m
Breite	8,50 m
Seitenhöhe	4,80 m

Segelfläche: 1115 qm

Besegelung:
19 Segel; Doppel-Marssegel,
einfache Bramsegel, Royals

Masten:
Höhe Großmast über Deck: 31 m

Antrieb: Kein Hilfsmotor

Besatzung: Nicht festgelegt

Verwendung:
Museums-, Schul- und Charterschiff

Für Henry F. Watt, den ersten Eigner, befuhr ELISSA alle Handelswege der damaligen Frachtsegler mit den verschiedensten Ladungen, teilweise auch als Trampschiff. 1897 wurde sie an die norwegische Fa. Bugge & Olsen verkauft und erhielt den Namen FJELD. 1919 bekam der Segler eine Hilfsmaschine und aus Ersparnisgründen das Rigg einer Barkentine. Die Flagge war jetzt schwedisch geworden und der neue Name GUSTAF (Reeder: Carl Johansson). In den 1920er Jahren wurde das Rigg weiter verkleinert. Als GUSTAF schließlich 1930 in finnische Hände überging, war aus der Bark ein Gaffelschoner geworden, dem auch noch der Seglerbug weggenommen worden war.

Mit neuer Maschine, Deckshaus und Brücke, nach einem weiteren Umbau, war dann das reine Motorschiff komplett. Als CHRISTOPHOROS gehörte das Schiff jetzt einem griechischen Reeder und war in Piräus beheimatet. Der Amerikaner George Throckmorton entdeckte 1961 die ELISSA bei der Suche nach einem alten Segler und kaufte sie schließlich 1970 – sie sollte wieder ihr altes Aussehen bekommen.

Zuvor aber wechselte sie noch zweimal ihren Namen. Als ACHAIOS fuhr sie in der legalen Handelsfahrt, während sie mit Namen PIONEER als Schmuggelschiff tätig war.

ELISSA kam 1979 im Schlepp über Gibraltar, wo sie den Winter verbrachte, nach Galveston. Mit großem Aufwand und viel Sachkenntnis wurde das Schiff grundüberholt und als Bark wiedergetakelt. Rund 1 Million Dollar hat die Wiedergeburt dieses schönen Schiffes gekostet. Seit 1982 werden wieder Segel gesetzt.

Explorer

Falls of Clyde

USA

Art: Brigantine, Holz
Nation: U.S.A.
Eigner:
  Cheryl Janecky, Bainbridge Island,
  Washington
Baujahr: 1904
Werft:
  In Wilmington, Delaware
Abmessungen:
Länge über alles	56,00 m
Länge in der Wasserlinie	41,00 m
Breite	7,90 m
Tiefgang	3,00 m

Masten:
  Höhe Großmast über
  Wasserlinie: 31 m
Antrieb: Marine-Diesel, 6 Zyl., 150 PS

Art: 4-Mast-Vollschiff, Eisen
Nation: U.S.A.
Eigner:
  Bernice P. Bishop Museum,
  Honolulu, Hawaii
Liegeplatz: Honolulu, Pier 4
Baujahr: 1878
Werft:
  Russel & Co., Port Glasgow,
  Schottland
Vermessung:
  1195 ts Deplacement
  1809 BRT; 1748 NRT
Abmessungen:
Länge über alles	ca. 98,00 m
Länge Rumpf	ca. 85,00 m
Länge zwischen den Loten	80,10 m
Breite	12,20 m
Seitenhöhe	7,10 m
Raumtiefe	7,00 m
Tiefgang (voll beladen)	6,40 m

Besegelung:
  32 Segel (als Vollschiff);
  Doppel-Marssegel, einfache Bram-
  segel, Royals
Masten:
  Höhe Großmast über Deck: 41 m
Antrieb: Kein Hilfsmotor
Verwendung: Museumsschiff

Flying Cloud

Vollschiff. 1966 entstand in Nova Scotia
dieser Nachbau des berühmten Clippers
von 1851. Er hat nur dreiviertel der
Originalgröße. Als Restaurantschiff
liegt die Replika heute in Boston.

Die Firma Wright & Breakenridge
(später Wright, Graham & Co.) beree-
derte 1878 eine Flotte von neun großen
Rahschiffen: die weithin bekannte
GLASGOW FALLS LINE. Sechs dieser Segler waren Viermast-Vollschiffe. Heute
lebt davon nur noch die FALLS OF CLYDE.
Noch vor der Jahrhundertwende fuhr
das Schiff zeitweise unter hawaiianischer Flagge. Im Jahre 1900 kaufte
Capt. William Matson den Segler und
ließ ihn in eine Viermastbark umtakeln.
Sieben Jahre lang fuhr FALLS OF CLYDE
dann mit Ladung und Passagieren zwischen Kalifornien und Hilo (Hawaii).
1907 ging sie in den Besitz der Associa-
ted Oil (jetzt Tidewater Oil Company)
über und wurde in einen windgetriebe-

nen Tanker umgebaut. Die nächsten
fünfzehn Jahre fuhr das Schiff zwischen
der amerikanischen Westküste und Honolulu mit jeweils 19 000 Barrels Öl
an Bord.
Von 1926 bis 1959 lag FALLS OF CLYDE
ohne Masten als Brennstoff-Depotschiff
der General Petroleum Company im
Hafen von Ketchikan, Alaska. Ein privater Käufer ließ sie anschließend nach
Seattle schleppen, in der Hoffnung, daß
irgendeine Organisation sich für die
Erhaltung des Schiffes einsetzen würde.
Mehrere große Städte der Westküste
versuchten vergeblich die nötigen Mittel
aufzubringen. Schließlich bestimmte
eine Bank in Alaska, die das Geld für
den letzten Kauf geliehen hatte, daß
der Rumpf am 31. Mai 1963 für 18 950
Dollar verkauft werden solle, um als
Wellenbrecher vor Vancouver versenkt
zu werden. Kurz vor diesem Termin
nahm Karl Kortum, der Direktor des
San Francisco Maritime Museum, Verbindung mit Honolulu auf. Unmittelbar
danach begann auf ganz Hawaii eine
Sammlung, an der sich Industrielle,
Zeitungsleute, verschiedene Handels-
delegationen, vor allem aber die Bevölkerung beteiligten, um das Schiff zu retten, das in der jüngeren Geschichte
dieser Inseln keine unbedeutende Rolle
gespielt hatte. Der Matson Navigation
Company gelang inzwischen bei der
Bank ein dreißigtägiger Aufschub des
Termins. Die Sammlung erbrachte nicht
nur die geforderte Summe von 18 950
Dollar, sondern weitere 5000 Dollar
für die Überführung der FALLS OF CLYDE
nach Hawaii. Sie gehört im Augenblick
in Treuhänderschaft dem B.P. Bishop
Museum in Honolulu, soll aber in dessen
Eigentum übergehen.
Die Restaurierungsarbeiten sind inzwischen weitgehend abgeschlossen.
Trotz hoher Kosten wurde das Vollschiff
neu getakelt. Bodenuntersuchungen im
Trockendock, in das die FALLS OF CLYDE
im Juli 1981 geschleppt worden war,
zeigten, daß die Außenhaut in einem
relativ guten Zustand war. Allerdings
mußte das Ruderblatt wegen Rost-
schäden erneuert werden.
FALLS OF CLYDE ist das einzige noch
existierende Viermast-Vollschiff.

Gazela of Philadelphia

Golden Cachalot

(Cachalot = Pottwal), 3-Mast-Gaffel-schoner. Eigner: Mr. Roger McCrak-ken, USA. Der Schoner war früher schwedischer Frachtsegler. 1969 erfolgte ein großzügiger Umbau in ein Charter-schiff. Einige Jahre fuhr das Schiff unter der Flagge Ecuadors für Touristen zu den Galapagos-Inseln. Der jetzige Hei-mathafen ist Marineland, Florida.

ex GAZELA PRIMEIRO

Art: Barkentine, Holz

Nation: USA

Eigner:
Philadelphia Marine Museum

Hafen: Philadelphia (Penn's Landing, Delaware River)

Baujahr: 1883

Werft: In Cacilhas, Portugal

Vermessung: 323,89 BRT; 220,96 NRT als Banker: 5193 Quintals (311580 kg) Fischladekapazität (1 Quintel = 60 kg)

Abmessungen:
Länge über alles	54,00 m
Länge Rumpf	47,40 m
Länge zwischen den Loten	41,10 m
Breite	8,20 m
Tiefe im Raum	5,00 m
Tiefgang	5,20 m

Segelfläche: 828 qm

Besegelung: 13 Segel; 3 Vorsegel Fockmast: Fock, Doppelmarssegel, Bramsegel

Masten, Spieren:
Höhe Fockmast über Deck: 28,30 m Fockmast mit Mars- und Bram-stenge, Groß- und Besanmast mit einer Stenge

Antrieb: 4-Zylinder-Mannheim-Diesel, 180 PS

Besatzung:
Als Banker 42 Mann, 31 Dories

Verwendung:
Schulschiff unter Segeln und Museumsschiff

GAZELA PRIMEIRO gehörte seit ihrer Er-bauung zur Flotte der Bank-Schoner Portugals. Sie ist damit das älteste Schiff, das von Europa aus vor Neufundland Kabeljau gefischt hat. Im Mai 1971 ver-ließ sie unter Segeln Europa, um in die USA überzusiedeln. Sie gehört heu-te dem Philadelphia Marine Museum.

Jamestown-Schiffe (Repliken)

Susan Constant II		Godspeed II		Discovery II	
Länge über alles	33,40 m	Länge über alles	20,60 m	Länge über alles	15,00 m
Länge zwischen den Loten	24,00 m	Länge zwischen den Loten	15,10 m	Länge zwischen den Loten	11,50 m
Breite	7,20 m	Breite	4,70 m	Breite	3,40 m
Tiefgang (achtern)	3,00 m	Tiefgang (achtern)	2,10 m	Tiefgang (achtern)	1,60 m
Segelfläche	240 qm	Segelfläche	71 qm	Segelfläche	36 qm
Höhe Großmast über Wasserlinie	26,00 m	Höhe Großmast über Wasserlinie	17,00 m	Höhe Großmast über Wasserlinie	10,90 m
Besatzung	17 (wahrscheinlich)	Besatzung	13 (wahrscheinlich)	Besatzung	9 (wahrscheinlich)
Passagiere	54 (wahrscheinlich)	Passagiere	39 (wahrscheinlich)	Passagiere	12 (wahrscheinlich)

In Jamestown liegt eine Gruppe hervorragender Repliken, die 1956/57 gebaut wurden. Mit den Originalen fuhren 1606/07 englische Siedler nach Amerika und gründeten die erste, ständig englisch sprechende Kolonie.

1984 wurden GODSPEED und DISCOVERY durch Neubauten ersetzt, weil die ersten Repliken weitgehend verrottet waren.

Joseph Conrad

ex GEORG STAGE I

Art: Vollschiff, Eisen

Nation: U.S.A.

Eigner:
Marine Historical Association Inc., Mystic, Connecticut

Liegehafen: Mystic Seaport

Baujahr: 1882

Werft: Burmeister & Wain, Kopenhagen

Vermessung:
203 BRT; 187 NRT; 400 tdw

Abmessungen:

Länge über alles	46,80 m
Länge Rumpf	36,00 m
Länge zwischen den Loten	30,60 m
Breite	7,60 m
Seitenhöhe	4,50 m
Tiefgang	3,60 m

Besegelung:
20 Segel; 4 Vorsegel; tiefe, einfache Marssegel, einfache Bramsegel, Royals, Leesegel an Fock- und Großmast

Masten, Spieren:
Höhe Großmast vom Kiel bis zum Flaggenknopf: 30 m; Masten, Rahen und Spieren: Holz; Bugspriet mit Klüverbaum

Antrieb: Dieselmotor, 265 PS

Besatzung:
Als Schulsegler in Fahrt: Kapitän, 1. und 2. Offizier, 1 Lehrer, 5 Unteroffiziere, Koch, etwa 80 Jungen

Verwendung:
Museumsschiff, stationäres Übungsschiff

Der dänische Reeder Frederik Stage ließ 1882, in Erinnerung an seinen verstorbenen Sohn Georg, den Vollrigger GEORG STAGE bauen. Mit Unterstützung dieses Reeders entstand die »Stiftelsen Georg Stages Minde« in Kopenhagen, die noch heute das Vollschiff GEORG STAGE II bereedert. GEORG STAGE hatte als damalige Besonderheit eine Hilfs-Dampfmaschine mit stehendem Kessel sowie eine abnehmbare Schraube. Dies erklärt sich daraus, daß zu ihrer Zeit ein großer Teil der Segel-Kriegsschiffe eine Hilfsmaschine besaß. Die Jungen mußten mit diesen Schiffseinrichtungen schon während der Ausbildungszeit vertraut gemacht werden.

Das Schiff wurde und wird häufig als ex-Dampfer bezeichnet. Diese Benennung ist falsch. Der Segler war als Vollschiff getakelt und machte von der Maschine nur in besonderen Fällen Gebrauch.

GEORG STAGE wurde mit einer kleinen, hohen Back gebaut. Das Anker-Bratspill stand auf dem Hauptdeck und wurde durch »Pumphandle«-Bewegung bedient (Auf- und Abbewegungen der Schwengel). Das Schanzkleid wurde über der Schanzkleid-Nagelbank gedoppelt. So entstand der klassische Stauraum für die gerollten Hängematten der Jungen. Die Wohnräume für die Jungen lagen im Zwischendeck, daher Oberlichter und Niedergänge im Hauptdeck. Die ursprünglich hölzerne Galions-Büste Georg Stages mußte im Laufe der Zeit durch eine Bronze-Büste ersetzt werden, weil die Jungen sich daran im Schnitzen übten. Auf der Poop stehen noch heute zwei kleine Messing-Kanonen, die zu jener Zeit für Salute verwendet wurden.

Das Schiff war nur für Reisen in der Nord- und Ostsee gedacht. Am Ende der Saison wurde es von den Jungen selbst abgetakelt. Während des Winters lag es in Kopenhagen aufgelegt. Am 25. Juni 1905 wurde GEORG STAGE nachts im Öresund von dem britischen Dampfer ANCONA OF LEITH gerammt. Das Schiff hatte keine Querschotte und sank in weniger als drei Minuten. 22 Jungen fanden dabei den Tod.

Nach der Hebung erfolgte Reparatur und Umbau. Die alte Dampfmaschine mit der abnehmbaren Schraube wurde ausgebaut, vier wasserdichte Querschotte eingezogen. Nach Abschluß der Arbeiten setzte sie als reiner Segler die Ausbildung fort. Erst 1916 erhielt sie für Hafenfahrten wieder einen Motor von 52 PS. 1922 wurde ein neues Deck gelegt und das Anker-Bratspill durch ein Gangspill auf der Back ersetzt. Mit der Zeit war der Segler aber für das Ausbildungsprogramm zu klein geworden. Der Neubau GEORG STAGE II war in Vorbereitung. Am 29. August 1934 wurde GEORG STAGE an Alan Villiers verkauft.

Villiers ließ sie anschließend für eine Weltumsegelung ausrüsten und einrichten. Da sie keine Ladung fuhr, war sie kein Handelsschiff, und obwohl auf ihr zahlende Kadetten fuhren, war sie kein offizielles Schulschiff. Deshalb wurde sie beim Royal Harwich Yacht Club registriert. Der Segler bekam den neuen Namen JOSEPH CONRAD.

Am 22. Oktober 1934 begann die große Reise. In New York wäre das Schiff durch Havarie fast verloren gegangen. (Dort erhielt es auch seine neue Galionsfigur, eine Büste Joseph Conrads. Die alte Figur bekam der Neubau GEORG STAGE II.) Der Segler kehrte am 16. Oktober 1936 wieder nach New York zurück. Villiers segelte insgesamt 57 000 Seemeilen. Am 10. November 1936 wurde JOSEPH CONRAD an Mr. Huntington Hartford verkauft. Er ließ sie als eine Yacht mit allem Komfort einrichten. Neben vielen Veränderungen der Inneneinrichtung bekam das Schiff einen 265-PS-Diesel-Motor. 1939 schenkte Hartford das Schiff der U.S. Maritime Commission. JOSEPH CONRAD war bis 1945 seegehendes Schulschiff der Handelsmarine, mit Heimathafen St. Petersburg in Florida. Von 1945 bis 1947 lag sie dort als Geschenk an die Marine Historical Association. Seit Sommer 1948 liegt sie als Museumsschiff in Mystic Seaport. Außerdem finden auf dem Vollrigger Ausbildungskurse für Jungen und Mädchen der Sea-Scouts statt.

Lady Washington

USA

Art: Brigg, Holz
Nation: U.S.A
Eigner: Stadt Aberdeen, Washington
Baujahr: Kiellegung September 1987
Indienststellung Mai 1989
Werft: Grays Harbor, Washington
Abmessungen:
Länge Rumpf	21,80 m
Länge in der Wasserlinie	19,70 m
Breite	6,70 m

Segelfläche: 412 qm
Verwendung: Schulschiff unter Segeln,
Museumsschiff, Tourismuswerbung

Art: 2-Mast-Gaffelschoner, Holz
Nation: U.S.A.
Eigner:
Marine Historical Association Inc.,
Mystic (Connecticut)
Liegehafen: Mystic Seaport
Baujahr:
1921; Stapellauf 23. März 1921
Werft:
Arthur Story, Essex (Massachusetts);
Konstruktion: Thomas F. McManus
Vermessung: Ca. 175 BRT (ungenau)
Abmessungen:
Länge über alles	48,20 m
Länge Rumpf	37,70 m
Länge in der Wasserlinie	31,60 m
Breite	7,60 m
Raumtiefe	3,50 m
Tiefgang	4,20 m

Segelfläche: 800 qm
Besegelung:
8 Segel; 3 Vorsegel; Fockmast: Fock-
segel, Vor-Gaffeltoppsegel; Groß-
mast: Großsegel, Groß-Gaffeltopp-
segel, Fisherman's Stagsegel
Masten:
Höhe Großmast über Deck 34,30 m;
Durchmesser Großmast an Deck:
0,45 m; beide Masten mit einer Stenge
Antrieb:
Fairbanks-Morse-Dieselmotor,
160 PS
Besatzung:
Als Fischerei-Schoner 22 Mann
Verwendung: Museumsschiff

Zu den berühmtesten Seglern der amerikanischen Küste gehörten die Fischerei-Schoner aus Neu-England. Ihre Fahrten zu den Großen Bänken und die ungemein hart geführten Rennen gehörten mit zum Packendsten des Hochsee-Fischfangs unter Segeln. Einer der wenigen Überlebenden dieser Epoche ist der Schoner L. A. Dunton der

Fischer von Gloucester. Die Kühnheit, mit der diese Schiffe gesegelt wurden, brachte den Schiffen und Fischern den gemeinsamen Namen »Gloucestermen« ein – ein Wertbegriff, der stets höchste Anerkennung und Beachtung fand. Trotz ihres rein kommerziellen Verwendungszweckes waren diese Schoner immer mehr verbessert worden. Die Schnelligkeit, mit der der Fang heimgesegelt werden konnte, war das Hauptanliegen der Konstrukteure, die teilweise reine Yachtbauer waren. Immer mehr bekamen schließlich diese Rennen sportlichen Charakter.
L. A. Dunton erhielt ihren Namen nach einem bekannten Segelmacher aus Boothbay (Maine), Louis A. Dunton. Anfangs fuhr der Schoner wie üblich ohne Motor. Der Heimathafen war Gloucester (Mass.). Gefischt wurde von zehn 4 m langen Dories aus, die während der Fangpausen in »Nestern« an Deck gestapelt wurden. An über 500 m langen Fangleinen waren 300 Kabeljauhaken mit Ködern befestigt. Während der täglichen Fangzeit blieben nur der Kapitän und der Koch an Bord des Schoners. Jedes Dory war mit zwei Mann besetzt. Der gefangene Fisch wurde gesalzen oder – seltener – auch gefroren gestaut.
Am Ende der zwanziger Jahre wurden der L. A. Dunton die Stengen abgenommen und ein Benzin-Hilfsmotor eingebaut. Bis 1935 fuhr sie unter amerikanischer Flagge zu den Bänken, danach verkaufte man sie an Kanada. Die Zahl der »Banker« nahm immer mehr ab. Nach weiterem Besitzerwechsel kauften 1960 J. B. Foote & Sons das Schiff. Es wurde zum Frachtschiff für Massengüter in amerikanisch-kanadischen Küstengewässern. Das Bugspriet verschwand, der Großmast wurde erheblich verkürzt. Der Benzinmotor wich einem 160-PS-Dieselmotor. Aus dem Schoner war ein Motorschiff mit Hilfssegeln geworden. Am 8. Oktober 1963 übernahm die »Marine Historical Association« den Schoner. Inzwischen wurde der Originalzustand wieder hergestellt. Das Schiff gehört heute dem berühmten Marinemuseum in Mystic Seaport.

L. A. Dunton   Lord Jim

ex MERIDIAN

Art: 2-Mast-Gaffelschoner

Nation: U.S.A

Eigner: Simon Cooper, USA

Baujahr: 1936

Werft: Lawley & Sons, Neponset,
Mass., USA
Konstruktion: John Alden

Abmessungen:
Länge über alles	22,00 m
Länge in der Wasserlinie	16,40 m
Breite	4,90 m
Tiefgang	3,00 m

Segelfläche: 260 qm

Antrieb: 1 × 164 General Motors,
V6 Diesel

Verwendung: Luxus-Charteryacht

Mary Day

Art: 2-Mast-Gaffelschoner, Holz
Nation: U.S.A.
Eigner:
   Capt. Havilah S. Hawkins,
   Sedgwick (Maine)
Heimathafen: Sedgwick (Maine)
Baujahr:
   1962; Stapellauf 20. Januar 1962
Werft: South Bristol (Maine)

Vermessung:
   Ca. 100 ts Deplacement; 86 BRT
Abmessungen:
Länge zwischen den Loten	25,20 m
Breite	7,10 m
Raumtiefe	1,80 m
Tiefgang	1,90 m

Segelfläche: 335 qm
Besegelung:
   4 Segel; 2 Vorsegel, je 1 Gaffelsegel

Masten:
   Höhe Großmast über Deck:
   19,50 m;
   Stengen sind vorgesehen, werden
   aber nicht gefahren
Antrieb: Kein Hilfsmotor
Besatzung:
   4 Mann Stammbesatzung: Kapitän,
   Steuermann, Koch, Kochsgehilfe;
   28 Passagiere
Verwendung:
   Privatschiff für Passagier-
   Kreuzfahrten

Seit etwa dreißig Jahren war es das erste Mal, daß in Maine wieder ein Segler dieser Art und Größe gebaut wurde. Die Pläne stammten vom Eigner, Capt. H. S. Hawkins, selbst, dem vorher die ALICE S. WENTWORTH gehörte. Äußerlich gleicht die MARY DAY den früher üblichen Küstenschonern. Ihre Innenausstattung war aber von Anfang an für den Passagierverkehr eingerichtet worden. An Bord befinden sich zwei Einbett-, sechs Doppelbett-, zwei Dreibett- und vier Vierbett-Kabinen. Als Gemeinschaftsraum dient der achtern gelegene große »Salon«. Den Namen hat der Schoner nach Frau Hawkins bekommen.

Ein größeres Motor-Beiboot, das auch zum Schleppen des motorlosen Seglers dient, hängt in Davits quer über dem Plattheck. Während des Sommers macht MARY DAY einwöchige Reisen, die jeweils montags in Camden (Maine) beginnen.

Mayflower II

Art: Bark (Galeone), Holz

Nation: U.S.A.

Eigner:
Plimoth Plantation Inc., Plymouth (Massachusetts)

Liegehafen: Plymouth (Mass.)

Baujahr:
1955/56; Kiellegung Juli 1955, Stapellauf September 1956

Werft:
Stuart Uphams Werft, Brixham (Devonshire); Konstruktion: William Avery Baker, Naval Architect

Vermessung:
260,12 BRT; 223,29 NRT;
365 ts Deplacement (Reise 1957);
181 ts burden (von 1620)

Abmessungen:

Länge über alles	ca. 40,10 m
Länge Rumpf	32,40 m
Länge in der Wasserlinie	24,25 m
Breite (Berghölzer)	7,85 m
Raumtiefe	3,31 m
Seitenhöhe	5,57 m
Tiefgang (Reise 1957)	3,87 m
Freibord (Reise 1957)	ca. 2,00 m

Segelfläche: 470 qm

Besegelung:
6 Segel; Bugspriet mit Blinde (Sprietsegel); Fock-, Großmast: Untersegel, tiefes einfaches Marssegel; Besanmast: Lateinersegel

Masten:
Fock- und Großmast mit einer Stenge

Besatzung: 33 Mann (Reise 1957)

Verwendung: Museumsschiff

Im Jahre 1620 verließen 105 Puritaner, die »Pilgerväter«, England, um sich in den Neuengland-Staaten anzusiedeln. Zusammen mit der Schiffsbesatzung waren es etwa 125 bis 130 Personen. Die MAYFLOWER, das Schiff, das ihnen zur Verfügung stand, war eine normale Frachtgaleone der elisabethanischen Zeit, die nicht erst für diesen Zweck gebaut worden war.
Die Plimoth Plantation, ein Verein in Plymouth (Mass.), hatte seit 1947 großes Interesse an einem Nachbau der MAYFLOWER, um sie als Museumsschiff und Denkmal im Hafen von Plymouth festzumachen. Zwei Engländer, Mr. Charlton und Mr. Lowe, beschlossen und ermöglichten den Nachbau. Dabei

wurde das Schiff nach erfolgreicher Überfahrt der Plimoth Plantation versprochen. Originalpläne waren nicht vorhanden. Bekannt war nur der Schiffstyp und die ungefähre Vermessung. Der Neubau mußte höher werden, weil der originale Schiffbau nicht einmal Stehhöhe zugelassen hätte. Dies waren Umstände, die für die Verwendung als Museumsschiff mit Publikumsbesuch natürlich berücksichtigt werden mußten. Mayflower II wurde nur bis zum Zwischendeck auf der Helling gebaut. Die Vollendung erfolgte im Trockendock der Werft. Bauholz für den gesamten Rumpf war englische Eiche. Für die Masten und Rahen wurde kanadische Kiefer verwendet. Taue und Segel-

leinwand stammten aus schottischen Werkstätten. 135 ts Eisenballast machten das Schiff stabil, bei der Überfahrt aber auch etwas steif. Der größeren Sicherheit wegen wurde mit dem Rad und nicht mit der Pinne gesteuert. Große Belastungen für das stehende Gut und für die Masten entstanden dadurch, daß das Bugspriet wegen der Blinde nicht verstagt werden konnte und daß die Brassen zu den Stagen geführt wurden. Anders kannte man es aber zur Zeit der Pilgerväter nicht. Erst später wurden Stag- und Klüversegel bekannt. Die Rahen der Untersegel konnten an Deck gefiert werden; eine Reffmöglichkeit der Segel bestand nicht.

1620 fuhr Mayflower unter Führung von Kapitän Christopher Jones in 67 Tagen über den Atlantik. 1957 schaffte es Kapitän Alan Villiers in 53 Tagen. Die Reise dauerte vom 20. April 1957 bis 12. Juni 1957. Dabei wurden bei einer mittleren Geschwindigkeit von 7,7 Knoten und bei einem Durchschnittsetmal von 106 Seemeilen 5420 Seemeilen zurückgelegt. Nach der triumphalen Ankunft in Plymouth am Pilgerfelsen fuhr Mayflower II nach New York und machte anschließend noch eine Rundreise in einige amerikanische Häfen der Ostküste. Ende Juni 1958 kehrte sie zu ihrem endgültigen Liegeplatz im Hafen von Plymouth (Mass.) zurück.

Moshulu

ex OPLAG
ex MOSHULU
ex DREADNAUGHT
ex KURT

Art: Viermastbark, Stahl

Nation: U.S.A.

Eigner:
Speciality Restaurants, Inc.,
Philadelphia

Liegeplatz:
Penn's Landing, Philadelphia

Baujahr: 1904; Stapellauf 20. April 1904

Werft:
William Hamilton & Co Ltd.,
Port Glasgow (Schottland)

Vermessung: 3116 BRT; 2911 NRT

Abmessungen:
Länge über alles	122,00 m
Länge Rumpf	111,00 m
Länge zwischen den Loten	101,90 m
Breite	14,20 m
Seitenhöhe	8,50 m
Raumtiefe	8,00 m

Segelfläche: 4180 qm

Besegelung:
Ehemaliges Rigg 34 Segel;
4 Vorsegel, Doppel-Marssegel,
Doppel-Bramsegel, Royals;

Besanmast: Unterbesan,
Oberbesan, Besan-Toppsegel

Masten, Spieren:
Höhe Großmast über Deck	50,10 m
Länge Großrah	29,40 m
Länge Groß-Royalrah	14,80 m

Antrieb: Dieselmotor

Besatzung:
Bei einer Reise im Jahre 1937
19 Mann Stammbesatzung, 6 Jungmänner, 8 Decksjungen

Verwendung:
Restaurant- und Museumsschiff

Ein erheblicher Teil der großen Viermastbarken wurde um die Jahrhundertwende als 3-Insel-Typ gebaut, mit Backdeck, Poopdeck und etwa mittschiffs dazwischen liegendem Hochdeck. Dieses Deck und die Laufbrücken zwischen Back und Poop dienten der Sicherheit der Besatzung, besonders bei grober See. Die Räume darunter waren Wohn- und Betriebsräume. Der gesamte Mittelaufbau teilte die sonst außerordentlich große Fläche des Hauptdecks. Der Vorteil lag darin, daß bei Schräglagen des Schiffes keine lebensbedrohenden Wassermengen übergenommen werden konnten. Als solcher Schiffstyp war auch MOSHULU, ex KURT, für die deutsche Reederei G. J. H. Siemers aus Hamburg gebaut worden. Den Namen bekam sie nach Dr. Kurt Siemers, der die Firma bis zum Zweiten Weltkrieg leitete. Das Schiff wurde unter deutscher Flagge nur in der Salpeterfahrt verwendet. Bei ihren neun Reisen brachte KURT Kohlen nach Südamerika oder Mexiko und kam mit Salpeter an Bord nach Deutschland zurück. Die zehnte Reise führte nach Santa Rosalia, Mexiko. Nachdem die Kohle gelöscht war, fuhr das Schiff Ballast nach Portland (Oregon, USA), um dort Weizen zu laden. Während dieser Fahrt brach der Erste Weltkrieg aus, und KURT lief Astoria (Oregon) als Schutzhafen an. Sie wurde interniert und der US-Shipping Board Emergency Fleet Corporation übergeben.
Alle auf diese Weise erbeuteten Schiffe sollten weiterhin in Fahrt bleiben und bekamen neue Namen nach berühmten amerikanischen Klippern. KURT wurde in DREADNAUGHT umgetauft und fuhr einige Zeit im Pazifik zwischen den Philippinen, Australien und den USA. Bald stellte sich aber heraus, daß ein großer Teil dieser Klipper-Namen schon für andere Schiffe vergeben worden war. Ein neuer Namenswechsel stand bevor. Die Präsidentengattin, Mrs. Woodrow Wilson, die selbst indianischer Abstammung war, wählte für die einzelnen Schiffe Namen aus den Indianersprachen. DREADNAUGHT hieß dann seit dem 18. September 1917 MOSHULU, was etwa dasselbe bedeutet, nämlich »Fürchtenichts«.

1922 kaufte die Reederei Charles Nelson Co. aus San Francisco für 40 000 Dollar das Schiff und beschäftigte es in der Holzfahrt nach Australien und Afrika. Die letzte Reise unter amerikanischer Flagge machte MOSHULU 1927-28 mit einer Ladung Bauholz nach Melbourne und Geelong, Australien. Anschließend lag der Segler sieben Jahre lang ohne Arbeit zuerst in Union Lake (Seattle, Washington) und später in Winslow (Washington). Im Februar 1935 kaufte der finnische Reeder Gustaf Erikson aus Mariehamn, Aland, die MOSHULU für 20 000 Dollar. Kapitän Gunnar Boman, der Leiter des Seefahrt-Museums in Mariehamn, reiste nach Winslow, übernahm die MOSHULU, führte sie nach Port Victoria (Australien) und kehrte im Juli 1936 mit einer Ladung Weizen nach Europa zurück. Erikson besaß damals die größte Handelssegler-Flotte der Welt. Es waren mit der neuerworbenen MOSHULU insgesamt 25 Schiffe (3 Schoner – davon 2 Vier-Mast-Schoner –, 3 Barkentinen – davon 2 Vier-Mast-Barkentinen –, 8 Barken und 11 Vier-Mast-Barken) mit zusammen 44 728 BRT. Ein großer Teil dieser Schiffe, so auch die MOSHULU, fuhr in der Getreidefahrt nach Australien. Am 22. Mai 1940 kehrte sie von ihrer fünften und letzten Weizenfahrt unter der Erikson-Flagge zurück. In Kristiansand (Norwegen) wurde die Ladung gelöscht.
Von März bis Juli 1942 war das Schiff von deutschen Truppen beschlagnahmt. Im November des gleichen Jahres wurde MOSHULU nach Horten, Oslo-Fjord, geschleppt und dort abgetakelt. Danach kam sie nach Kirkenes. Nachdem sie im September 1947 gestrandet, gekentert und wieder gehoben worden war, wurde sie von Frl. Gisken Jacobsen aus Narvik für rund 20 000 Dollar gekauft. Ihre Pläne, aus dem ehemaligen Segler ein reines Motorschiff zu machen, konnten nicht verwirklicht werden. Sie verkaufte MOSHULU 1948 an Trygve Sommerfeldt aus Oslo, der sie nach Bergen bringen ließ. In Stockholm diente das Schiff dann die nächsten vier Jahre als Getreidespeicher. Der Verdienst lag bei 12 Kronen pro Tonne und Jahr.

Im Sommer 1952 verkaufte T. Sommerfeldt sein Schiff an den deutschen Reeder Heinz Schliewen aus Lübeck. MOSHULU kam nach Deutschland. Sie sollte unter dem Namen OPLAG neben PAMIR und PASSAT das dritte windgetriebene Frachtschiff der Schliewen-Flotte werden. Schliewen mußte bald darauf seine Zahlungen einstellen. Damit

scheiterten auch alle Vorbereitungen
für eine Neutakelung der MOSHULU. Sie
wurde nach Stockholm zurückgebracht.
1961 kaufte die finnische Regierung
das Schiff, um es in Naantali als Getreidespeicher zu verwenden. 1970 ging
MOSHULU in amerikanischen Besitz
über. Im Schlepp erreichte sie Amsterdam.

1972 wurde sie nach New York geschleppt. Dort erfolgte die Weiterführung der Neutakelung. Seit 1974 liegt
MOSHULU in Philadelphia als Restaurantschiff für 450 Gäste. Als gleichzeitiges
Museumsschiff nimmt sie neben
anderen Schiffen einen hervorragenden
Platz ein.

Natalie Todd

ex LADY IN BLUE
ex ST. CATHERINE
ex ALAHO
ex VIRGINIA

Art: 3-Mast-Gaffelschoner, Holz

Nation: U.S.A

Eigner: Capt. Steven F. Pagels,
Cherryfield, Maine

Heimathafen: Addison, Maine

Baujahr: 1941

Werft: Muller Boat Works,
Brooklyn, New York

Vermessung: 200 ts Deplacement
98,9 BRT

Abmessungen:

Länge über alles	39,20 m
Länge Rumpf	30,70 m
Breite	6,40 m
Tiefgang	2,90 m

Segelfläche: 362 qm

Besegelung: 6 Segel

Masten: Höhe Großmast über Deck 25 m

Antrieb: General-Motors-Diesel-671
150 PS

Besatzung: 4 Mann Stammbesatzung
38 Kojenplätze, 100 Tagesgäste

Verwendung: Charterschiff,
Passagierdienst

Kaum jemand wird vermuten, daß dieser Dreimaster einst ein zweimastiges Fischereifahrzeug gewesen ist. Als ursprüngliche VIRGINIA fischte sie mit Schleppnetzen vor der Ostküste der Vereinigten Staaten. Nach vierzigjähriger aktiver Dienstzeit kaufte sie 1986 ihr jetziger Eigner in Gloucester. In traditioneller Bauweise wurde das Schiff von erfahrenen Schiffszimmerleuten in Thomaston, Maine, umgebaut. Diese Arbeiten dauerten ein Jahr. Nur der völlig leere Rumpf war vor dem eigentlichen Umbau zum elegant geformten Schoner mit viel Atmosphäre übriggeblieben.

Niagara

Art: Brigg, Holz

Nation: U.S.A.

Eigner:
The Pennsylvania Historical and
Museum Commission, Harrisburg

Liegeplatz: Erie, Niagara Park

Baujahr: 1812; Stapellauf Juni 1813

Werft: Presque Isle-Werft, Erie

Vermessung: 500 BRT

Abmessungen:
Länge über alles	47,90 m
Länge zwischen den Loten	33,50 m
Breite	8,80 m
Raumtiefe	
(Kiel bis unters Deck)	1,70 m
Tiefgang	3,60 m

Besegelung:
9 Segel; 2 Vorsegel;
einfache Marssegel, einfache
Bramsegel

Masten, Spieren:
Mars- und Bramstenge, Bugspriet
mit Klüverbaum, Höhe Großmast
über Deck: 30 m

Besatzung: Etwa 100 Mann

Bewaffnung:
17 Geschütze:
2 12-Pfünder, 15 32-Pfünder

Verwendung: Museumsschiff

Im Krieg von 1812–1814 zwischen den USA und England trachteten beide Mächte danach, die Kontrolle über die großen Seen zu gewinnen. Für die USA ging es in erster Linie darum, ein weiteres Vordringen der Engländer nach Süden zu verhindern, auf der anderen Seite aber zu versuchen, selbst in Kanada einzudringen. Der Friede von Gent am 24. Dezember 1814 beendete den Krieg. Gleich zu Anfang des Krieges begannen die USA eine kleine Flotte für den Erie-See zu bauen, deren größte Schiffe die NIAGARA und ihr Schwesterschiff LAWRENCE waren. Die Flotte stand unter dem Kommando von Captain Oliver Hazard Perry.

Am 10. September 1813 kam es zum Gefecht in der Put-in-Bay (Ohio), in dem die Engländer besiegt wurden. Auf amerikanischer Seite kämpften zwei Briggs, vier Kanonenboote und vier weitere kleine, bewaffnete Einheiten. Die Engländer führten zwei Vollschiffe, zwei Briggs, einen Schoner und eine Slup ins Gefecht. NIAGARA war das

Flaggschiff von Captain Perry. Während des Kampfes hatte er das Signal »Don't Give Up the Ship« setzen lassen. Bis heute wurde das Schiff zweimal gründlich restauriert. Bis auf ein 24 m langes Stück des Original-Kiels mußte dabei der größte Teil der alten Bauelemente ersetzt werden. Einst waren jene schnellen Kriegsfahrzeuge gefürchtete Gegner. NIAGARA liegt heute als Denkmal in einer festen Bettung im Niagara Park in Erie (Pennsylvanien).

Peking

ex ARETHUSA
ex PEKING

Art: Viermastbark, Stahl

Nation: U.S.A.

Eigner:
South Street Seaport Museum,
New York

Liegeplatz:
South Street Seaport Museum,
New York

Baujahr: 1911

Werft: Blohm & Voss, Hamburg

Vermessung: 3100 BRT; 2883 NRT

Abmessungen:
Länge über alles	115,00 m
Länge Rumpf	106,00 m
Länge zwischen den Loten	97,80 m
Breite	14,30 m
Raumtiefe	8,00 m

Segelfläche: 4100 qm

Besegelung:
32 Segel; 4 Vorsegel, Doppel-Marssegel, Doppel-Bramsegel, Royals;
Besanmast: Unterbesan, Oberbesan,
Besan-Toppsegel

Masten:
Fock-, Groß- und Kreuzmast mit
einer Stenge

Verwendung: Museumsschiff

PEKING wurde als Schwesterschiff der PASSAT für die Reederei F. Laeisz, Hamburg, gebaut. Sie war ursprünglich 85 BRT kleiner als ihre Schwester. Obwohl auch sie den »3-Insel-Typ« (Back-Hochdeck-Poop) repräsentiert, wurde sie vom Hauptdeck aus gesteuert. Der Rudergänger stand am Rad vor der Poop. Charakteristisch für die Laeisz-Schiffe, wie auch für viele andere deutsche Segler, waren die unterteilten Besansegel.

Von 1911 bis 1921 war PEKING unter der Laeisz-Flagge in der Salpeterfahrt beschäftigt. Nach dem Ersten Weltkrieg mußte sie am 10. Mai 1921 als Reparationsleistung an Italien abgeliefert werden. Dort hatte man jedoch keine Verwendung für das Schiff. Laeisz kaufte 1923 sein Schiff für 8500 Pfund zurück. Bis 1932 fuhr es dann wieder in der Salpeterfahrt. 1926 erfolgte der Umbau in ein frachtfahrendes Schulschiff der Reederei.

Ab 1932 war die Salpeterfahrt nicht mehr rentabel. Laeisz verkaufte sein Schiff an »The Shaftesbury Homes and Training Ship«. PEKING wurde als ARETHUSA Ersatz für das 1849 gebaute hölzerne Kriegsschiff ARETHUSA. Eine Werft in Rochester baute das Schiff für etwa 40 000 Pfund um. Es diente seither als stationäres Schulschiff in Lower Upnor am Medway bei Rochester. Der alte Liegeplatz der ARETHUSA bei Greenhithe, Themse, war wegen des zunehmenden Schiffsverkehrs auf dem Fluß nicht mehr geeignet.

Die offizielle Eröffnung fand am 25. Juli 1933 durch den späteren König Georg VI. statt. Das Schiff bot Platz für 200 bis 300 Jungen im Alter von 13 bis 15 Jahren. Die Schüler wurden halbmilitärisch erzogen und ausgebildet. Wegen der starken Schiffsbewegung beim Tidenwechsel waren fast alle Rahen abgenommen worden. Am Ort waren nur noch: Fock-, Untermars- und Unterbramrah am Fockmast. Ein Teil der abgenommenen Rahen befand sich am Schulschiff WORCESTER, das bei Greenhithe in der Themse verankert war. Trotz des Umbaues wurden keine wesentlichen, zusätzlichen Decksaufbauten errichtet. Das ehemalige Decks-

haus zwischen Luke I und Luke II wurde über Luke II hinweg zum Hochdeck verlängert. Das Deckshaus zwischen Luke III und Luke IV sowie Luke IV selbst wurden entfernt und geschlossen. Dadurch entstand ein großflächiger Appell- und Ausbildungsplatz. Der Tradition entsprechend trug ARETHUSA ein weißes Pfortenband.

»Arethusa« hießen im Altertum mehrere Quellen. Die bekannteste von ihnen floß auf der vor Syrakus gelegenen Insel Ortigia. In der Mythologie ist die Nymphe Arethusa eine Tochter des Nereus und der Doris. Sie wurde vom Flußgott Alpheus verfolgt und floh durch das Meer. Auf Sizilien kam sie als Quelle wieder hervor.

1974 wurde die Unterhaltung der ARETHUSA zu teuer. Für etwa 400 000 DM fand sie im South Street Seaport Museum in New York einen Käufer und neuen Eigentümer. Im Juli 1975 wurde sie in die USA geschleppt.

Gerade rechtzeitig zur großen Operation Sail 76 waren die Takelarbeiten weitgehend abgeschlossen. Ihr alter Name PEKING steht jetzt wieder an Bug und Heck.

Perseus

Art: 3-Mast-Toppsegelschoner, Holz

Nation: U.S.A.

Eigner:
Marc A. Schützer, Olympia,
Washington

Heimathafen: Olympia,
Washington

Baujahr: 1907

Werft:
J. Ring-Andersen, Svendborg

Vermessung: 180 BRT

Abmessungen:
Länge über alles	38,00 m
Länge Rumpf	32,00 m
Länge zwischen den Loten	29,80 m
Breite	6,80 m
Raumtiefe	2,70 m
Tiefgang	2,70 m

Besegelung: 12 Segel (evtl. Breitfock)

Masten:
Höhe Großmast über Deck: 24 m

Antrieb:
Caterpillar-Diesel, 6 Zyl., 290 PS

Besatzung:
12 Mann Stammbesatzung,
15 Kadetten oder Gäste

Verwendung:
Privatschiff
(Schulschiff unter Segeln)

PERSEUS verkörpert den klassischen Typ
eines Ostsee-Schoners. Um 1970 wurde
das Rigg überholt. Bis dahin war sie in
der Handelsfahrt eingesetzt. Nach
einem Aufenthalt in Los Angeles kaufte
sie Mitte der siebziger Jahre ihr jetziger
Eigner. Perseus, das Schwert in der
Rechten, schmückt als Galionsfigur den
Bug.

Pioneer

Art: 2-Mast-Gaffelschoner, Stahl

Nation: U.S.A.

Eigner:
South Street Seaport Museum,
New York, N.Y.

Heimathafen: New York

Baujahr: 1885

Werft:
Pioneer Iron Works, Marcus Hook,
Pennsylvania

Vermessung: 43 BRT

Abmessungen:
Länge über alles	31,00 m
Länge Rumpf	19,40 m
Länge in der Wasserlinie	17,30 m
Breite	6,40 m
Tiefgang	1,40 m

Segelfläche: 254 qm

Masten:
Höhe Großmast über Wasserlinie: 24 m

Antrieb: Diesel, 85 PS

Verwendung:
Schulschiff unter Segeln,
Charterschiff

Der ehemalige Handelsschoner wurde
1966–68 vollständig umgebaut und
modernisiert. Dabei wurde die alte
Außenhaut durch Stahlplatten ersetzt.
PIONEER segelt von April bis Oktober
mit Schülern der Pioneer Marine
School. Daneben wird sie auch für zahlende Gäste in Gewässern um New York
eingesetzt.

Polynesia

ex ELK

Art: 2-Mast-Stagsegel-Schoner, Stahl

Nation: U.S.A.

Eigner:
Windjammer Cruises Inc., Miami
Beach (Florida), Capt. Mike Burke

Heimathafen: Miami Beach (Florida)

Baujahr: 1928

Werft: Scott Shipbuilding

Vermessung:
350 ts Deplacement;
180 BRT; 108 NRT

Abmessungen:
Länge über alles	46,00 m
Länge Rumpf	39,80 m
Breite	7,60 m
Wohnraumhöhe	3,10 m
Tiefgang	4,90 m

Segelfläche: 890 qm

Besegelung:
6 Segel; 3 Vorsegel; Fockmast:
Vor-Treisegel; Großmast: Groß-
Stagsegel, Großsegel (hochgetakelt)

Masten:
Höhe Großmast über Deck: 33,50 m

Antrieb: Zwei Benzinmotoren, je 180 PS

Besatzung:
12 Mann Stammbesatzung,
Wohnräume und Unterkünfte für
46 Personen

Verwendung:
Privatschiff für Passagier-
Kreuzfahrten

POLYNESIA wurde als ELK für Sir Oliver
Simmonds gebaut. Sie ist einer der größten Stagsegelschoner der Welt. Wie
YANKEE CLIPPER und CARIBEE gehört
auch sie dem Unternehmen „Windjammer Cruises", das Capt. Mike Burke
nach dem Zweiten Weltkrieg aufgebaut
hat. Das ganze Jahr über fährt das Schiff
mit zahlenden Feriengästen zehntägige
Reisen von Miami Beach zu den
Bahamas.

Pride of Baltimore II

Art: 2-Mast-Toppsegelschoner, Holz
Nation: U.S.A.
Eigner: Bundesstaat Maryland
Heimathafen: Baltimore
Baujahr: 1988
Stapellauf   30. April 1988
Indienststellung   23. Oktober 1988
Werft:
Bauplatz: Inner Harbour, Baltimore
Vermessung:
185,5 Long Tons
97 BRT
67 NRT
Abmessungen:
Länge über alles   47,70 m
Länge Rumpf   32,80 m
Breite   7,90 m
Tiefgang   3,70 m
Segelfläche: 970 qm
Besegelung: 10 Segel
Masten:
Höhe Großmast über Deck 31,30 m
Antrieb: 2-Schrauben-Diesel, 2 × 140 PS
Besatzung:
12 Mann Stammbesatzung
6 Gäste
Verwendung: Botschafterschiff

Schiffe wie die PRIDE OF BALTIMORE waren das Rückgrat der jungen amerikanischen Handels- und Kriegsflotte des angehenden 19. Jahrhunderts. Im Krieg gegen England lag ihre einzige Chance, sich mit der überlegenen britischen Flotte messen zu können, in der Schnelligkeit, die bewundert und gefürchtet war. Nach der siegreichen Heimkehr Kapitän Thomas Boyles im Jahre 1814 nach Baltimore, der mit seinem Klipper CHASSEUR eine Seeblockade gegen England errichtet hatte, gab die Bevölkerung Baltimores diesem Schiff den Namen PRIDE OF BALTIMORE. Die Baltimore-Klipper waren außergewöhnlich scharf geschnitten und führten ein Höchstmaß an Segelfläche. Ein typisches Merkmal ist zudem der starke Fall der Masten. Da aus der damaligen Zeit kein Schiff dieser Art überkommen ist, wurde in Baltimore, dem Zentrum des damaligen Klipperbaus, eine Replika gebaut. Das Schiff entstand in der klassischen Manier des Holzschiffbaus. Von einer Tribüne aus konnte die Bevölkerung den Fortgang der Arbeiten beobachten. Neun Jahre lang reiste der Klipper zu vielen amerikanischen und auch europäischen Häfen, um auf das Erbe der Seefahrtsgeschichte Amerikas aufmerksam zu machen. Im Mai 1986 kam es während eines Sturmes nördlich von Puerto Rico zum tragischen Verlust des Schiffes. Wieder in Baltimore entstand danach unter gleichen Voraussetzungen die PRIDE OF BALTIMORE II, die allerdings etwa ein Drittel größer ist als ihre Vorgängerin. Ganz besonderen Wert wurde dabei auf die Sicherheit des Schiffes gelegt. Der Klipper bekam wasserdichte Schotten und einen schwereren Ballast. Die Aufgabe, als Goodwillschiff Flagge zu zeigen, ist die gleiche geblieben.

Providence

Prince Louis

Der 3-Mast-Gaffelschoner PRINCE LOUIS, ex LILA BELT, wurde 1921 in Svendborg, Dänemark, als Frachtsegler gebaut. Seine Länge beträgt 36 m. 1969 kauften ihn die Amerikaner G. Klackovigh und C. Arreola. Nach der Neutakelung segelte das Schiff durch den Panama-Kanal nach Los Angeles. Von dort aus werden Charterreisen unternommen. Seit 1983 gehört das Schiff dem Amerikaner Chris Scott.

Art: Slup (Rumpf Glasfiber), Replika

Nation: U.S.A.

Eigner:
Seaport '76 Foundation Ltd., Newport, Rhode Island

Heimathafen: Newport, R.I.

Baujahr:
1975; Indienststellung 24. Oktober 1976

Werft: In Newport, R.I.

Vermessung: 67,5 ts Deplacement

Abmessungen:
Länge Rumpf 18,00 m
Breite 6,00 m
Tiefgang 1,80 m

Segelfläche: 320 qm

Antrieb: General-Motors-Diesel, 170 PS

Besatzung: 35 Mann (Original)

Verwendung:
Museumsschiff, Ausstellungsschiff, Charterschiff, Schulschiff unter Segeln

Das Original der PROVIDENCE, eine 12-Kanonen-Slup (4-Pfünder), wurde am 13. Oktober 1775 das erste Schiff der US-Marine und deren erstes Flaggschiff. John Paul Jones bekam auf ihr sein erstes Kommando. Auf ihr schiffte sich die erste Marineinfanterie ein, die schließlich 1776 Nassau eroberte. Der Nachbau lehnt sich genau an zeitgenössische Darstellungen an, selbst die Geschütze an Bord sind für Salutschüsse feuerbereit.

Rendezvous

Brigantine. 1934 in Seattle gebaut. Sie ist in Kalifornien beheimatet und wurde lange Zeit als Yacht verwendet, ebenso als Charterschiff durch Windjammer-Cruises of Hawaii. Heute gehört sie Fred Coupman aus San Francisco. Sie segelt Tagestouren in der Bucht von San Francisco.

Providence

Regina Maris

ex REGINA

Art: Barkentine, Holz
Nation: U.S.A.
Eigner:
The Ocean Research and
Education Society, Inc.
Heimathafen: Boston
Baujahr: 1908
Werft:
J. Ring-Andersen, Svendborg
Vermessung: 186 BRT
Abmessungen:
Länge über alles	42,50 m
Länge Rumpf	35,00 m
Länge zwischen den Loten	30,50 m
Breite	7,60 m
Tiefgang	3,30 m

Segelfläche: 550 qm
Besegelung:
16 Segel (dazu 6 Leesegel);
4 Vorsegel;
Fockmast: Doppel-Marssegel,
einfaches Bramsegel, Royal; Groß-
Besanmast: Gaffelsegel, Gaffel-
Toppsegel
Masten, Spieren:
Fockmast mit Mars- und Bramstenge,
Groß- und Besanmast mit einer
Stenge, alle Masten Pitchpine-Holz;
Bugspriet mit Klüverbaum; Höhe
Großmast über Deck: 33 m
Antrieb: Dieselmotor, 242 PS
Besatzung: 16 Mann
Verwendung: Forschungsschiff

Im Jahre 1908 war die REGINA als Drei-mastschoner mit Breitfock für P. Rein-hold aus Raa in Schweden gebaut wor-den. Da sie besonders für die Eismeer-fahrt vorgesehen war, wurde sie ent-sprechend stark gebaut. Später be-schäftigte man das Schiff auch in der Salpeterfahrt. 1931 gehörte es dem Reeder O. B. Bengtson aus Raa. Etwa seit 1932/33 fährt der Segler mit Hilfsmotor.

Ein Brand im Maschinenraum beschä-digte 1962 das Schiff erheblich. Die beiden norwegischen Reeder und Brü-der Siegfried und John Aage Wilson (Ocean Transport Lines) aus Arendal kauften 1963 die in Ystadt aufgelegte REGINA und ließen sie bei Hoivolds Mek. Verksted A/S in Kristiansand für 299 000 Dollar umbauen. Aus dem Schoner entstand eine sehr gut ge-lungene Barkentine. Wegen des hohen Alters wollte kein nordeuropäisches Land das Schiff ins Schiffsregister ein-tragen lassen. In Malta war dies möglich. Dadurch erklärt sich, daß das norwegi-sche Schiff in Valletta registriert war. Wohl einmalig ist, daß bei einem Segler dieser Größe das gesamte laufende Gut aus Perlon besteht. Das stehende Gut ist mit Spannschrauben auf Rüsten au-ßenbords festgesetzt. Eine gekrönte Frauengestalt schmückt als Galionsfigur den Bug. Das Schiff fährt zwei Stock-anker. Der Auspuff wird durch den Be-san-Untermast abgeleitet, der als einzi-ger Mast aus Stahl ist.

Die Umbauarbeiten waren bis Sommer 1966 abgeschlossen.

Im August des gleichen Jahres begann eine Reise, die in einem Jahr rund um die Erde führte.

Heute gehört das Schiff der Ocean Re-search and Education Society. Auf den Fahrten werden vor allem meeresbiolo-gische Beobachtungen gesammelt.

Romance

ex THETIS
ex GRETHE

Art: Brigantine, Holz

Nation: U.S.A.

Eigner:
Captain Arthur M. Kimberly,
»Kimberly Cruises«, Miami (Florida)

Heimathafen:
St. Thomas, U.S. Virgin Islands

Baujahr: 1936

Werft:
J. Ring-Andersen, Svendborg
(Dänemark)

Vermessung:
Ca. 150 ts Deplacement;
82 BRT; 64,63 NRT

Abmessungen:
Länge über alles	33,50 m
Länge Rumpf	26,10 m
Länge zwischen den Loten	22,90 m
Breite	6,50 m
Raumtiefe	1,80 m
Tiefgang	2,90 m

Segelfläche: 420 qm

Besegelung:
12 Segel; 3 Vorsegel; Fockmast:
einfaches Marssegel, einfaches Bramsegel, Royal; Großmast: Gaffelsegel,
Toppsegel, 3 Stagsegel

Masten, Spieren:
Höhe Großmast über Deck: 23 m;
Fockmast mit Mars- und Bramstenge;
Großmast mit einer Stenge; Bugspriet
mit Klüverbaum, Sprietsegelrah

Antrieb:
Burmeister & Wain-Dieselmotor,
119 PS

Besatzung:
6 Mann Stammbesatzung,
18 Passagiere

Verwendung:
Privatschiff für Passagier-
Kreuzfahrten und Schulschiff

Im Ostseehandel fuhren bis vor wenigen Jahren noch Schoner und Galeasen, die zu den letzten Frachtseglern überhaupt gezählt werden müssen. Ein nicht geringer Teil dieser Ostsee-Segler war bei der weithin bekannten Werft J. Ring-Andersen in Svendborg auf der Insel Fünen gebaut worden. Auch heute noch baut diese Werft kleinere Fischerei-Fahrzeuge in klassischer Weise, Eichenspant neben Eichenspant. 1936 lief bei J. Ring-Andersen die Galeas GRETHE vom Stapel. Sie wurde für Hans Pilegaard aus Hasle auf der dänischen Ostsee-Insel Bornholm gebaut. Hasle war damals auch der Heimathafen des Schiffes GRETHE handelte vorwiegend mit dänischen Gütern wie Getreide, Lebensmittel usw. Ohne Namensänderung ging das Schiff später in den Besitz des Reeders Knud Olsen aus Rönne, Bornholm, über. Rönne wurde zunächst auch der neue Heimathafen. GRETHE fuhr jetzt fast ausschließlich im Salzhandel zwischen Deutschland und Dänemark. Als K. Olsen nach Kopenhagen wechselte, wurde auch GRETHE dorthin verlegt. 1964 kaufte die amerikanische Filmgesellschaft United Artists die Galeas und ließ sie für ihre Zwecke bei der Werft Nielsen in Holbaek, Dänemark, umbauen. Die Gesellschaft drehte den Film »Hawaii« nach dem gleichnamigen Roman von James A. Michener (Produktion Mirish Corporation). In diesem Roman spielt eine Brigantine eine wichtige Rolle. Sie führt den Namen THETIS. Mit ihr fuhren 1820 von Boston aus der Geistliche Abner Hale mit seiner Frau auf ihrer Missionsreise nach Hawaii. In Holbaek entstand eine Brigantine, genau nach den Vorlagen des 19. Jahrhunderts. Die Bauqualität entsprach alter Schiffsbau-Tradition. Wanten und Pardunen wurden mit Jungfern und Taljereeps an Rüsten außenbords festgesetzt. Beide Ladeluken blieben beim Umbau erhalten. Am 18. Januar 1965 lief THETIS II vom Stapel. Die Taufe erfolgte mit dänischem Aquavit und hawaiianischem Okolehao. In zweieinhalb Monaten segelte Capt. Alan Villiers die Brigantine von Holbaek nach Honolulu.

Dabei wurde der Panama-Kanal unter vollen Segeln durchfahren.
Nach Ablauf der Dreharbeiten kaufte Capt. Arthur M. Kimberly im März 1966 die THETIS. Sie bekam den neuen Namen ROMANCE. St. Thomas auf den Virgin Islands ist ihr Heimathafen. Das ganze Jahr hindurch segelt ROMANCE jetzt mit Passagieren. Von November bis Mai macht sie im Monat drei 8-Tage-Kreuzfahrten, während sie von Juni bis September jeweils eine große Reise unternimmt. Bei den kleinen Fahrten können die Passagiere nach Wunsch bei der Bearbeitung des Schiffes mithelfen, bei der großen Reise dagegen besteht die »Besatzung«, außer der Schiffsleitung, nur aus Passagieren, so daß diese Wache gehen müssen. Motorkraft wird so wenig wie möglich eingesetzt. Automatische Rettungs-Inseln sind ebenso selbstverständlich an Bord wie Radio-Telefon und andere moderne Navigationsinstrumente.
Im August 1989 ist ROMANCE nach Japan verkauft worden. Dreiundzwanzig Jahre lang hatte sie Captain Kimberly gehört.

Rose

Art: Fregatte, Holz, Rekonstruktion
Nation: U.S.A.
Eigner: Mr. Kaye Williams, Groton, Conn.
Liegehafen: Bridgeport, Conn.
Baujahr: 1970
    Kiellegung: 1. August 1969
    Stapellauf: 28. März 1970
Werft:
    Smith & Rhuland, Lunenburg,
    Nova Scotia
Vermessung:
    500 ts Deplacement, 380 BRT
Abmessungen:

Länge über alles	51,80 m
Länge Rumpf	38,10 m
Länge zwischen den Loten	33,20 m
Breite	9,30 m
Tiefgang	3,90 m

Segelfläche: Ca. 1200 qm
Besegelung:
    Ursprünglich 17 Segel; 2 Spritsegel,
    2 Vorsegel; Fockmast: Focksegel,
    Marssegel, Bramsegel; Großmast:
    3 Stagsegel, Großsegel, Marssegel,
    Bramsegel; Kreuzmast: 2 Stagsegel,
    Marssegel, Besansegel
Masten:
    Höhe Großmast über Deck: 36,50 m
Antrieb: Kein Hilfsmotor
Bewaffnung:
    Ursprünglich 26 9-Pfünder,
    6 3-Pfünder
Besatzung:
    Kriegsbesatzung 18. Jahrhundert:
    160 Mann, Friedensbesatzung
    18. Jahrhundert: 80 Mann,
    heute unter Segeln: 30 Mann
Verwendung: Museums- und Filmschiff

1976 feierten die USA den 200. Jahrestag ihrer Unabhängigkeitserklärung. Aus diesem Anlaß wurde nach Originalplänen des National Maritime Museum in Greenwich die zweite Fregatte ROSE gebaut. Das Originalschiff hatte entscheidenden Anteil bei den damaligen Ereignissen.

Am 5. Juni 1756 bei Hugh Blaydes Shipyard in Hull auf Kiel gelegt, verließ es am 8. März 1757 den Stapel. Geführt von einem gekrönten Löwen, der auch heute wieder den Bug ziert, kämpfte ROSE im siebenjährigen Krieg Englands gegen Frankreich und Spanien.

1768 sollte sie James Cooks's Expeditionsschiff für seine Weltumsegelung werden. Kurzfristig entschied sich Cook aber für die ENDEAVOUR. ROSE wurde nach Boston befohlen und von 1774–1776 nach Newport, R.I. Sie wurde Flaggschiff eines kleinen Geschwaders, das die großangelegte Schmuggelei bekämpfen sollte. Die Schmuggler, die die englischen Zölle zu umgehen versuchten, verhinderten mit Waffengewalt die Lebensmittelversorgung der englischen Schiffe. Daraufhin verhängte der Geschwaderkommodore Sir James Wallace die vollständige

Blockade der gesamten Bucht von Newport. Das gab den Amerikanern den Anstoß, im Oktober 1775 ihre eigene Flotte, die US-Navy, zu gründen. Als ROSE die Bucht verlassen mußte, um sich Nahrungsmittel zu beschaffen, erklärte die Generalversammlung von Rhode Island am 4. Mai 1776 als erste die Unabhängigkeit von der englischen Krone. Zwei Jahre lang deckte ROSE anschließend britische Handelsschiffe entlang der amerikanischen Küste. 1779 brachte sie nach Savannah die Nachricht von der Ankunft einer französischen Invasionsflotte. Es wurde Befehl gegeben, ROSE mit anderen Schiffen vor der Hafeneinfahrt von Savannah zu versenken. Damit war eine Landung der Franzosen an dieser Stelle nicht mehr möglich. ROSE war demnach nie amerikanisches Schiff gewesen. Aber ihre Anwesenheit bestärkte das junge Amerika derart in seinen Freiheitsbestrebungen, daß sie zu einem Symbol für diesen Teil der amerikanischen Geschichte wurde.

Bei Baggerarbeiten wurden viele Teile der Fregatte gefunden, die heute im Bordmuseum gezeigt werden.

Shenandoah

Art: 2-Mast-Toppsegelschoner, Holz

Nation: U.S.A.

Eigner:
Capt. Robert S. Douglas,
Coastwise Packet Co., Vineyard
Haven (Massachusetts)

Heimathafen:
Vineyard Haven/Martha's
Vineyard (Mass.)

Baujahr:
1964; Stapellauf 15. Februar 1964

Werft:
Harvey F. Gamage,
South Bristol (Maine)

Vermessung:
172 ts Deplacement; 85 BRT

Abmessungen:
Länge über alles	46,20 m
Länge Rumpf	34,60 m
Länge zwischen den Loten	30,40 m
Breite	7,00 m
Raumtiefe	2,10 m
Tiefgang	3,30 m

Segelfläche: 630 qm

Besegelung:
8 Segel; 3 Vorsegel; Fockmast:
Doppel-Marssegel, Schonersegel;
Großmast: Gaffelsegel, Gaffel-
Toppsegel

Masten, Spieren:
Höhe Großmast über Deck: 27,50 m;
beide Masten mit Marsstenge;
Bugspriet mit Klüverbaum

Antrieb: Kein Hilfsmotor

Besatzung:
8 Mann, dazu Wohnräume für Gäste

Verwendung:
Privatschiff für
Passagierkreuzfahrten

In den Vereinigten Staaten ist es in den letzten Jahren sehr beliebt geworden, die Ferien auf einem größeren Segelschiff zu verbringen. Daher steigt auch die Nachfrage nach geeigneten Schiffen. Das gab den Anlaß für den Bau des rassigen Schoners SHENANDOAH, der neben den 8 Besatzungsmitgliedern noch 37 Feriengäste aufnehmen kann. Die monatlichen Kreuzfahrten führen in die Gewässer von Cape Cod.
Als Bauvorlage für das Schiff dienten Pläne des schnellen amerikanischen Zollkutters JOE LANE, der 1849 gebaut worden war.
Die Schiffe der Küstenschmuggler waren keine einheitlichen Fahrzeuge. Allen gemeinsam aber waren große Wendigkeit, Schnelligkeit und beste Schiffsführung. Da die »heiße« Ware meist keinen großen Schiffsraum verlangte, wurden kleinere Schiffe bevorzugt. Mit ihnen konnte auch in engen Fahrwassern gesegelt werden. Wollte man sie fangen, mußte man ihnen Schiffe entgegenstellen, die alle diese Eigenschaften auch besaßen, die aber zudem groß und stark genug waren, eine entsprechende Bewaffnung zu führen. In der SHENANDOAH haben wir einen klassischen Vertreter dieses hervorragenden Schiffstyps.

Roseway

Star of India

USA

Art: 3-Mast-Schoner, Holz

Nation: U.S.A.

Eigner:
James W. Sharp, Camden, Maine

Baujahr: 1925

Werft: In Essex, Mass.

Vermessung: 97,4 BRT

Abmessungen:
Länge über alles	41,00 m
Länge in der Wasserlinie	29,00 m
Breite	7,60 m

Segelfläche: 460 qm

Masten:
Höhe Großmast über Wasserlinie:
30 m

Antrieb: Dieselmotor, 325 PS

Besatzung: 7 Mann

Verwendung: Privatschiff

---

ex EUTERPE

Art: Bark, Eisen

Nation: U.S.A.

Eigner:
Maritime Museum Association
of San Diego (California)

Liegehafen: San Diego, Embarcadero

Baujahr:
1863, Stapellauf: 14. November 1863

Werft:
Gibson, McDonald & Arnold,
Ramsey (Isle of Man)

Vermessung:
2200 ts Deplacement, 1197 BRT

Abmessungen:
Länge über alles	84,50 m
Länge Rumpf	65,70 m
Länge zwischen den Loten	62,40 m
Breite	11,80 m
Raumtiefe	6,70 m
Tiefgang (beladen)	6,60 m

Segelfläche: 2050 qm

Besegelung:
19 Segel; 3 (4) Vorsegel, Doppel-
Marssegel, einfache Bramsegel,
Royals; Besanmast: Besansegel,
Besan-Toppsegel

Masten, Spieren:
Fock- und Großmast mit Mars- und
Bramstenge; Besanmast mit
einer Stenge
Höhe Großmast über Deck	38,00 m
Länge Großrah	22,00 m
Länge Großroyalrah	12,00 m

Antrieb: Kein Hilfsmotor

Besatzung: Ursprünglich 38 Mann

Verwendung:
Museumsschiff unter Segeln

Die britische Reederei Wakefield, Nash & Co. aus Liverpool ließ 1863 die EUTERPE als Vollschiff bauen. Unter dieser Flagge fuhr das Schiff zwei Reisen nach Kalkutta, bei denen es jedoch jedesmal schwere Schäden durch Kollision und Sturm hinnehmen mußte. Bei der letzten Heimreise starb der Kapitän an Bord. Wegen der unrentablen Reisen entschloß sich deshalb die Firma, den Segler 1867 an den Ostindien-Kaufmann David Brown aus London zu verkaufen. Auch jetzt war EUTERPE wieder im Indien-Handel beschäftigt, bis sie 1871 an die Reederei Shaw, Savill & Albion verkauft wurde. 27 Jahre fuhr sie von jetzt an unter der gleichen Flagge. Die meisten Reisen führten um das Kap der Guten Hoffnung nach Süd-Australien und Neuseeland, oft noch an die pazifische Küste der USA und rund Kap Hoorn nach Europa zurück. Einer der Kapitäne der Reederei, Mr. Th. E. Phillips, hat diese Weltumsegelung zehnmal hintereinander gefahren. Neben den Frachtgütern waren sehr oft Auswanderer nach Australien und Neuseeland an Bord. Das Schiff erwies sich bei keiner Reise als besonders schnell. 1899 kaufte J. J. Moore (Pacific Colonial Ship Co.) aus San Francisco den Segler. Zwei Jahre lang fuhr EUTERPE anschließend unter hawaiianischer Flagge im Holzhandel zwischen den USA (Puget Sound) und Australien; für die langen Stämme und Balken mußten im Heck zwei Ladeporten eingeschnitten werden. Meist brachte sie Kohle aus Australien zurück.

Im Winter 1901 kam das Schiff zu einer Werft. Umfangreiche Umbauarbeiten mußten vorgenommen werden, weil die Alaska Packers Association EUTERPE als STAR OF INDIA in ihre »Star«-Flotte aufgenommen hatte. Aus dem Vollschiff wurde eine Bark. Für die oft bis zu 200 Mann starke Besatzung mußten Wohnräume geschaffen werden. Dazu wurde die Poop bis fast zum Großmast verlängert und das vordere Deckshaus erweitert. Die Bruttotonnage vergrößerte sich dadurch auf 1318 Tonnen.

Mit der »Star«-Flotte segelte die Bark jedes Jahr zu den großen Fischkonserven-Fabriken an der Bristol Bay in

Alaska. An Bord befanden sich jeweils Seeleute, Fischer und Konserven-Arbeiter. 1923 fuhr sie zum letzten Mal unter der Flagge der Alaska Packers. Mr. J. Wood Coffroth erwarb das Schiff 1926 für die Zoological Society von San Diego. Er wollte es zum Kernstück eines meereskundlichen Museums und Aquariums in San Diego machen. Die Weltwirtschaftskrise der zwanziger Jahre machte diese Pläne aber zunichte. Bis zum Ende des Zweiten Weltkrieges war das Schiff in einen sehr schlechten Zustand geraten. Die oberen Stengen und Rahen mußten wegen des starken Flugverkehrs über San Diego abgenommen werden. Diese Arbeit wurde leider völlig unsachgemäß durchgeführt, so daß bei der späteren Restauration fast nichts mehr vom stehenden Gut verwendet werden konnte. 1959 beschloß eine Gruppe von Bürgern, das Schiff endgültig als Zeugnis einer entscheidenden Epoche der Segelschiffahrt wiederherstellen zu lassen. So entstand die »Star of India Auxiliary«. Die Restaurationsarbeiten waren bis zum 100. Geburtstag des Schiffes weitgehend abgeschlossen. Euterpe als Galionsfigur ist seit der Erbauung erhalten geblieben. Heute liegt das Schiff am Embarcadero in San Diego. Im Zwischendeck wird ein meereskundliches Museum eingerichtet. Seit 1976 fährt die Bark von Zeit zu Zeit wieder unter Segeln.

Swift
of Ipswich

Art: 2-Mast-Toppsegelschoner, Holz

Nation: U.S.A.

Eigner:
Swift Associates Ltd.,
Santa Barbara (California)

Heimathafen: Santa Barbara, California

Baujahr: 1937, Stapellauf Frühjahr 1937

Werft:
William A. Robinson Inc., Ipswich
(Massachusetts); Konstruktion:
Howard I. Chapelle, Naval Architect

Vermessung:
64 ts Deplacement (Long tons)

Abmessungen:
Länge über alles	31,40 m
Länge Rumpf	21,00 m
Länge zwischen den Loten	19,20 m
Breite	5,50 m
Seitenhöhe	5,30 m
Raumtiefe	4,10 m
Tiefgang	2,70 m

Segelfläche: 530 qm

Besegelung:
7 Segel; 3 Vorsegel; Fockmast:
Focksegel, Toppsegel, Schonersegel;
Großmast: Gaffelsegel

Masten, Spieren:
Höhe Großmast über Deck: 21,30 m;
Bugspriet mit Klüverbaum

Antrieb:
671 General Motors-Dieselmotor,
165 PS

Besatzung:
4 Mann Stammbesatzung,
42 Passagiere, 12 Schlafplätze

Verwendung:
Privatschiff für
Passagierkreuzfahrten

Die Konstruktion des Schiffes gründet sich auf den amerikanischen Kaperer SWIFT, eine Brigantine, die 1778 in Baltimore gebaut worden war. Der ganze Aufbau und die Ornamente entsprechen dem Zeitgeschmack des Vorbildes. Das Schiff hat Heckfenster, seine Wanten werden mit Jungfern und Taljereeps an Rüsten außenbords festgesetzt. Typisch ist auch die achtern gelegene große Kabine. Die Galionsfigur stellt heute die Frau des Erbauers, Mrs. Robinson, dar. Selbstverständlich befinden sich moderne Navigationsinstrumente, wie Radio-Telephon und Echolot, an Bord.

Von 1940 bis 1958 gehörte die SWIFT OF IPSWICH dem Filmschauspieler James Cagney. Damals lag sie gegenüber dem Haus des Schauspielers in Newport Beach. Cagney verkaufte das Schiff an die Newport Dunes Inc. Von dort kaufte im Jahre 1963 die Swift Associates Ltd. das Schiff und ließ es für Passagier-Reisen einrichten. Seither segelt der Schoner auf kleineren Reisen in den Gewässern vor Kalifornien.

Tabor Boy

ex BESTEVAER
ex LOTSENSCHONER II

Art: 2-Mast-Toppsegelschoner

Nation: U.S.A.

Eigner:
Tabor Academy, Marion (Mass.)

Heimathafen: Marion (Mass.)

Baujahr: 1914

Werft: Amsterdam

Vermessung:
265 ts Deplacement;
99 BRT, 82 NRT

Abmessungen:
Länge über alles	35,90 m
Länge Rumpf	28,30 m
Länge zwischen den Loten	26,50 m
Breite	6,60 m
Raumtiefe	3,30 m
Seitenhöhe	4,80 m
Tiefgang	3,20 m

Segelfläche: 620 qm

Besegelung:
7 Segel; 3 Vorsegel (Vorstagsegel mit
Baum); Fockmast: Focksegel, Topp-
(Mars-)Segel, Schonersegel;
Großmast: Bermudasegel

Masten, Spieren:
Höhe Großmast über Deck: 26,80 m;
Pfahlmasten; Bugspriet mit
Klüverbaum

Antrieb:
General Motors-Dieselmotor, 175 PS

Besatzung: 28 Mann

Verwendung: Schulschiff unter Segeln

Als LOTSENSCHONER II wurde der Segler
für holländische Dienste in Amsterdam
gebaut. 1923 übernahm ihn die holländische Handelsmarine für die Ausbildung ihres Offiziers-Nachwuchses. Der
Name änderte sich in BESTEVAER. Im
Jahre 1939 erbeutete die deutsche
Kriegsmarine das Schiff und setzte es
bis Kriegsende für ihre Zwecke ein.
Dann kam der Schoner für kurze Zeit
in russische Hände und wurde schließlich von Holland zurückgefordert. Nach
seiner Rückkehr ging er in Privatbesitz
über. 1950 richteten die Eigner die

BESTEVAER als Yacht ein, obwohl sie
dann nie richtig als Yacht gesegelt wurde.
Wenig später kaufte R. C. Allen von
den »R. C. Allen Business Machines«
in Holland (Michigan/USA) das Schiff
und schenkte es 1954 der »Tabor
Academy« in Marion (Massachusetts).
Als TABOR BOY ist der Schoner das
vierte Schiff der Akademie, das diesen
Namen führt.
Die »Tabor Academy« ist eine »College
preparatory boarding school« für Jungen. Sie wurde 1876 gegründet und hat
ihren Namen nach dem Mount Tabor
in Palästina, der einst eine berühmte

christliche Kultstätte war. Nach der
Überlieferung soll er der Berg der Ver-
klärung Christi sein.
Ruder- und Segelsport nehmen an der
Akademie eine Sonderstellung ein.
Während der Schulzeit unternimmt die
TABOR BOY Wochenendfahrten entlang
der Küste Neu-Englands. An diesen
Fahrten kann jeder Student teilnehmen.
In den Frühlings- und Sommerferien
macht der Schoner Kreuzfahrten nach
Süd-Karolina, Florida, zu den Bermu-
das oder nach Nassau auf den
Bahamas.

Te Vega

ex VEGA
ex ETAK

Art: 2-Mast-Gaffelschoner, Stahl

Nation: USA

Eigner:
Landmark School of
Pride's Crossing, Mass.

Heimathafen: unbekannt

Baujahr: 1930

Werft: Germaniawerft, Kiel

Vermessung:
400 ts Deplacement,
243 BRT, 113 NRT

Abmessungen:
Länge über alles	47,40 m
Länge Rumpf	41,30 m
Länge zwischen den Loten	30,40 m
Breite	8,50 m
Tiefgang	5,20 m

Segelfläche: 966 qm

Besegelung:
7 Segel; 3 Vorsegel
Gaffelsegel, Gaffeltoppsegel

Masten:
Höhe Großmast über Deck: 39,20 m
Beide Masten mit einer Stenge

Antrieb: Mirrless Dieselmotor, 225 PS

Besatzung: 17 Mädchen, 28 Jungen

Verwendung:
Schule und Schulschiff unter Segeln

Der Entwurf für diese einstige Privatyacht stammt von Cox und Evens. Ihr Auftraggeber und erster Eigner war Walter G. Ladd. Nach dessen Frau bekam sie den Namen ETAK. Bis zum Kriege wechselte sie einige Male den Besitzer und war dann Eigentum der Marine. Bei Aufnahmen für den Film »South Seas Adventures« zeigte sie oftmals ihre hervorragenden Segeleigenschaften. Etmale von 270 Seemeilen waren keine Seltenheit. Das brachte ihr im Pazifik den bewunderungsvollen Zusatznamen TE ein, was soviel heißt wie »groß« oder »wunderbar«. Diese Rekordfahrten wurden im übrigen auch in neuester Zeit wiederholt. 1958 wurde der Schoner gründlich überholt und segelte einige Jahre als Yacht, bis er 1962 von der Stanford Universität als ozeanografisches Forschungsschiff übernommen wurde. Seit dem Verkauf an ihren jetzigen Eigner fährt der Schoner meist im Mittelmeer.

Timberwind

ex PORTLAND PILOT

Art: 2-Mast-Gaffelschoner, Holz

Nation: U.S.A

Eigner: Bill, Julie & Dan Alexander, Albion, Maine

Heimathafen: Rockport, Maine

Baujahr: 1932
Stapellauf 10. März 1931

Werft: Brown's Wharf, Portland, Maine

Vermessung: 85 ts Deplacement
85 BRT
49 NRT

Abmessungen:
Länge über alles	30,40 m
Länge Rumpf	21,30 m
Breite	5,70 m
Raumtiefe	2,70 m
Tiefgang	3,00 m

Segelfläche: 223 qm

Besegelung: 5 Segel

Masten: Höhe Großmast über Deck 25 m

Antrieb: Kein Hilfsmotor

Besatzung: 5 Mann Stammbesatzung
20 Gäste

Verwendung: Ferienreisen an der Küste von Maine

PORTLAND PILOT war Lotsenschiff in den Gewässern vor Portland von 1931 bis 1969. Während der Kriegsjahre war sie zusätzlich dazu eingesetzt, die U-Boot-Netze vor der Hafeneinfahrt von Portland in Ordnung zu halten. Damals besaß das Schiff einen Hilfsmotor. Für zahlende Gäste fährt TIMBERWIND, wie sie heute heißt, während der warmen Jahreszeit in den Gewässern vor Maine.

Tole Mour

Art: 3-Mast-Toppsegelschoner, Stahl

Nation: U.S.A.

Eigner:
Marimed Foundation, Honolulu
und Majuro, Marshall Islands

Heimathafen: Honolulu

Baujahr:
Stapellauf 14. Juli 1987
Indienststellung 4. Oktober 1988

Werft:
Nichols Bros. Boatbuilders,
Freeland, Washington

Vermessung:
340 ts Deplacement (einsatzfähig)
229 BRT
151 NRT

Abmessungen:
Länge über alles	47,40 m
Länge Rumpf	37,20 m
Breite	8,80 m
Raumtiefe	3,60 m
Tiefgang	4,10 m

Segelfläche: 790 qm

Besegelung: 15 Segel

Masten:
Höhe Großmast über Deck 33,40 m

Antrieb: Deutz SBA 8M816, 564 PS

Besatzung:
11 Mann Stammbesatzung
dazu 15 Personen ärztliches Personal

Verwendung:
Medizinische Unterstützung

In der Landessprache der Marshall-inseln bedeutet der Name TOLE MOUR „Lebens- und Gesundheitsgeschenk". Das Schiff ist wohl einmalig in der Flotte der Großsegler. Es dient ausschließlich der medizinischen Versorgung der Bevölkerung der Marshallinseln. Aus Gründen der Treibstoffersparnis wurde der Windantrieb gewählt. In flachen und riffreichen Küstengewässern kann natürlich auf Motorhilfe nicht verzichtet werden. TOLE MOUR hat sämtliche medizinischen Einrichtungen an Bord, die für diesen Dienst notwendig sind. Das Versorgungsprogramm umfaßt: Mutter-und-Kind-Gesundheitsvorsorge, Zahngesundheitsdienst, Vorbeuge und Behandlung von Krankheiten Erwachsener. Eine weitere wichtige Aufgabe ist zudem die kulturelle Betreuung der Menschen auf den meist weit auseinanderliegenden Inseln und Atollen.

Unicorn

ex LYRA

Art: Brigg, Holz

Nation: U.S.A.

Eigner:
Unicorn Inc., Fort Lauderdale,
Florida

Heimathafen: Fort Lauderdale, Florida

Baujahr: 1948

Werft:
Helge Johansson, Sibbo, Finnland

Vermessung:
190 tons Thames Measurement

Abmessungen:
Länge über alles	39,20 m
Breite	7,40 m
Tiefgang	2,80 m

Besegelung: 13 Segel

Masten:
Höhe Großmast über Deck: 22,90 m

Antrieb: GM-Dieselmotor, 153 PS

Besatzung: 22 Mann

Verwendung: Schulschiff unter Segeln

Als Brigg getakelt ist UNICORN einer der ganz wenigen Segler dieser Art. Sie wurde von Finnland als Frachtschoner LYRA gebaut und transportierte nach dem Krieg vor allem Sand und Bauholz für die zerstörten Städte des Landes. Später wurde sie abgetakelt und fuhr als Sandfrachter. 1971 kaufte der Amerikaner Jaques Thiry das Schiff. Nach Plänen des 1867 in Frankreich gebauten Seglers ADOLPH et LAURA takelte er den Rumpf als traditionelle Brigg. Eine Kupferhaut schützt den Schiffskörper vor Bohrwurmfraß.

Heute fahren auf der UNICORN Studenten des Florida Ocean Sciences Institute.

Victory Chimes

ex EDWIN AND MAUD

Art: 3-Mast-Gaffelschoner, Holz

Nation: U.S.A.

Eigner:
Captain Frederick B. Guild,
»Maine Coast Cruises«,
Castine (Maine)

Heimathafen: Castine (Maine)

Baujahr: 1900; Stapellauf April 1900

Werft:
J. M. C. Moore, Bethel Shipyard,
Bethel (Delaware)

Vermessung: 208,48 BRT; 178 NRT

Abmessungen:

Länge über alles	51,70 m
Länge an Deck	40,10 m
Länge zwischen den Loten	38,30 m
Breite	7,30 m
Raumtiefe	2,60 m
Tiefgang	2,30 m

Segelfläche: 695 qm

Besegelung:
6 Segel; 3 Vorsegel;
alle Masten nur mit Gaffelsegel

Masten:
Höhe Großmast über Deck: 25,20 m
(alle Masten gleich hoch);
Pfahlmasten, d. h. ohne Stengen

Antrieb: Kein Hilfsmotor

Besatzung: 9 Mann, 43 Passagiere

Verwendung:
Privatschiff für
Passagierkreuzfahrten

Das Schiff wurde als EDWIN AND MAUD im Jahre 1900 gebaut. Es war anfangs ein reiner Frachtsegler, der besonders als Holztransporter verwendet wurde. Schiffe dieses Typs waren als Pfahlmast-Schoner getakelt, d. h. sie fuhren keine Stengen und deshalb auch nur Gaffelsegel. Ihre Breite durfte 7,5 m nicht überschreiten, und sie hatten einen Plattboden – beides, damit sie den Chesapeake- und Delaware-Kanal passieren konnten. Diese Schiffe waren aber durchaus hochseetüchtig und konnten ohne weiteres den Atlantik überqueren.

1954 wurde EDWIN AND MAUD zum Passagier-Segler umgebaut. Sie kam nach Rockland (Maine) und erhielt den Namen VICTORY CHIMES. Anfangs wurde sie bei den Kreuzfahrten von Frank Elliott geführt. Heute gehört sie Captain F. B. Guild aus Castine (Maine). VICTORY CHIMES ist einer der größten amerikanischen Passagier-Segler und der einzige Dreimastschoner, der heute noch ohne Motor fährt. Das Schiff ist mit elektrischem Licht ausgerüstet. Eine Kühlanlage fehlt ebensowenig wie fließendes Wasser in allen Kabinen. Den Passagieren stehen dreizehn Zweibett-, eine Dreibett- und drei Vierbett-Kabinen zur Verfügung. Von Mitte Juni bis Mitte September unternimmt der Schoner an jedem Montag von Rockland aus eine einwöchige Kreuzfahrt in die Gewässer vor Maine.

Wie verlautet, soll das Schiff inzwischen an die Firma Domino's Pizza Inc. verkauft worden sein.

Wavertree

ex SOUTHGATE

Art: Vollschiff, Eisen

Nation: U.S.A.

Eigner:
South Street Seaport Museum,
New York, N.Y.

Liegeplatz:
South Street Seaport Museum,
New York

Baujahr: 1885

Werft:
Oswald Mordaunt & Co.,
Southampton, England

Vermessung: 2170 BRT, 2118 NRT

Abmessungen:
Länge über alles	99,10 m
Länge Rumpf	89,40 m
Länge zwischen den Loten	81,80 m
Breite	12,20 m
Seitenhöhe	8,10 m
Raumtiefe	7,40 m
Tiefgang (beladen)	6,20 m

Segelfläche: 2926 qm

Besegelung:
28 Segel; Doppel-Marssegel,
einfache Bramsegel, Royals

Masten:
Höhe Großmast über Deck: 42,80 m
Mars- und Bramstengen

Antrieb: Kein Hilfsmotor

Besatzung: 29 Mann

Verwendung: Museumsschiff

Der Frachtsegler wurde ursprünglich als SOUTHGATE von der Liverpooler Reederei R. W. Leyland & Co. in Auftrag gegeben. Schon während des Baues wechselte das Schiff den Besitzer. Nach der Fertigstellung fuhr SOUTHGATE von 1886 bis 1888 für die Reederei Chadwick, Pritchard im Indienhandel. Danach kaufte R. W. Leyland sie zurück. Unter Leylands »hungry goose«-Flagge reiste das Schiff meist über weite Entfernungen. Sie brachte hauptsächlich Salpeter, Schnittholz, Kistenöl und Jute in alle Teile der Welt. Im September 1910 wurde SOUTHGATE während eines Sturmes am Kap Hoorn schwer beschädigt. Zur Reparatur kehrte sie nach Montevideo zurück.

Bereits im November des gleichen Jahres verlor sie beim Kap Hoorn ihren Großmast; er war über Deck gebrochen. Zum Schutz lief sie die Falkland-Inseln an. Eine erneute Reparatur lohnte offenbar nicht mehr, denn man brachte sie im April 1911 nach Punta Arenas, wo sie als Woll-Lagerschiff Verwendung fand. Im Januar 1948 wurde sie nach Buenos Aires geschleppt. Dort sollte sie abgewrackt werden. Inzwischen hatte aber Senor Alfredo Numeriani das Schiff gekauft und ließ es als Sand-Lastkahn umbauen.

Das 1966 gegründete South Street Seaport Museum erwarb 1968 das mastenlose Schiff. Im August 1970 kam WAVERTREE im Schlepp nach New York. Seither wird an der Restaurierung gearbeitet, die bis auf den Rumpf einem Neubau gleichkommt.

Wawona

Art: 3-Mast-Gaffelschoner, Holz

Nation: USA

Eigner:
Northwest Seaport,
Seattle, Washington

Liegehafen:
Seattle, Washington

Baujahr: 1897

Werft:
Hans Bendixsen, Fairhaven,
California

Vermessung:
630 ts Deplacement; 468 BRT;
413 NRT

Abmessungen:
Länge zwischen den Loten   47,50 m
Breite   10,90 m
Seitenhöhe   3,70 m

Besegelung:
7 Segel, 4 Vorsegel (Vorstagsegel
mit Baum), je ein Gaffelsegel

Masten, Spieren:
Alle Masten sind gleich hoch;
Höhe über Deck: 34,50 m; keine
Stengen; Gaffeln werden gefiert

Antrieb: Kein Hilfsmotor

Besatzung:
8 Mann als Holztransporter, über
30 Mann als Kabeljau-Schoner

Verwendung: Museumsschiff

Seit einigen Jahren bemühen sich interessierte Kreise in Seattle um die Erhaltung und Wiederherstellung der WAWONA. Da eine Grundüberholung mit Erneuerung der Masten notwendig ist, sind erhebliche Mittel erforderlich. Der Schoner wurde 1897 für Dolbeer & Carson, Eureka und San Francisco, gebaut und war speziell für den Transport von Schnittholz eingerichtet worden. Noch heute erinnert die große »Holzpforte« unterhalb der Steuerbord-Ankerklüse an die damalige Verwendung. Das Schiff konnte 630 000 board feet (etwa 1500 cbm) Holz laden. Lange Balken wurden durch die erwähnte Pforte an Bord genommen.

Im Jahre 1913 wurde WAWONA für den Kabeljaufang umgebaut. Es mußten vor allem Stauräume für den Fisch und zusätzliche Wohnräume für die jetzt größere Besatzung eingebaut werden. Sehr wahrscheinlich ist, daß der Schoner den Weltrekord an Fangergebnissen für diese Art Schiffe hält. 1947 fuhr WAWONA das letzte Mal auf Fangreise. Während des Krieges war sie von der Regierung für Holztransporte gechartert worden.

Das Wort WAWONA stammt aus dem Indianischen und bezeichnet einen Baum, der in Kalifornien beheimatet ist.

Western Union

Westward

ex La Amistad
Art: Gaffelschoner, Holz
Nation: U.S.A.
Eigner: Vision Quest, Tucson, Arizona
Baujahr: 1939
Werft: In Key West, Florida
Vermessung: 91,91 BRT
Abmessungen:
Länge über alles	39,50 m
Länge in der Wasserlinie	26,10 m
Breite	7,20 m
Tiefgang	2,40 m

Segelfläche: 460 qm
Masten:
Höhe Großmast über
Wasserlinie: 36 m
Antrieb:
2 General Motors Diesel, je 110 PS
Besatzung: Ca. 20 Mann

Das Schiff wird zur Resozialisierung straffällig gewordener Jugendlicher verwendet.

Art: 2-Mast-Stagsegelschoner, Stahl
Nation: U.S.A.
Eigner:
Sea Education Association,
Woods Hole, Massachusetts
Heimathafen: Woods Hole, Mass.
Baujahr: 1959
Werft: Abeking & Rasmussen, BRD
Vermessung: 138 BRT, 98 NRT
Abmessungen:
Länge über alles	38,00 m
Länge Rumpf	31,00 m
Länge zwischen den Loten	25,20 m
Breite	6,70 m
Seitenhöhe	5,10 m
Tiefgang	3,90 m

Segelfläche: 650 qm
Besegelung: 8 Segel
Masten:
Höhe Großmast über Deck: 30 m
Antrieb: MWM-Diesel, 350 PS
Besatzung:
10 Mann Stammbesatzung
24 Studenten
Verwendung:
Ozeanographisches Forschungs- und
Ausbildungsschiff

Ihr erster Eigner, Mr. Drayton Cochran aus Oyster Bay, New York, segelte WESTWARD als Privatyacht rund um die Welt. Ende der sechziger Jahre kaufte das »Oceanic Institute of Makapuu« auf Hawaii den Schoner. Das Schiff wurde Forschungsschiff des Institutes und war besonders bei der Beobachtung von Fischpopulationen im Pazifik eingesetzt worden. 1971 kaufte die »Sea Education Assoc.« das Schiff. Während sechs Reisen im Jahr unterrichten Wissenschaftler aus Universitäten und Forschungsinstituten die Studenten in Meeresbiologie und Ozeanographie.

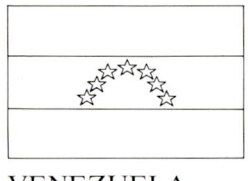

Simon Bolivar

Art: Bark, Stahl

Nation: Venezuela

Eigner:
Kriegsflotte,
Marina de Guerra de Venezuela

Heimathafen: La Guaira

Baujahr:
Stapellauf: 21. November 1979
Indienststellung: 12. August 1980

Werft:
Astilleros y Talleres Celaya S. A.,
Bilbao, Spanien

Vermessung: 1260 ts Deplacement

Abmessungen:
Länge über alles   82,40 m
Breite   10,60 m
Tiefgang   4,35 m

Segelfläche: 1650 qm

Besegelung:
23 Segel; Doppel-Marssegel,
einfache Bramsegel, Royals

Antrieb: Diesel, 750 PS

Besatzung:
92 Mann Stammbesatzung
102 Kadetten (männlich)
18 Kadetten (weiblich)

Verwendung: Schulschiff unter Segeln

Das Schiff hat seinen Namen nach Simon Bolivar (1783—1830) bekommen, dem bedeutendsten Führer im Unabhängigkeitskampf der südamerikanischen Kreolen gegen die spanische Herrschaft. Die Galionsfigur symbolisiert die Freiheit. Sie trägt die phrygische Mütze der französischen Revolution. In der rechten Hand trägt sie ein Schwert, in der linken Hand die Flagge, die Bolivar während des Krieges führte.

Schiffe der ehemaligen UdSSR

Mehrere Barkentinen wurden bei der Werft Laivateollisuus in Abo (Finnland) für die Sowjetunion gebaut (Vermessung und Abmessungen wie ALPHA, MERIDIAN etc. – Seite 234, 240):

SIRIUS (1948)
ZENIT (1948)

Auch eine Reihe von 3-Mast-Gaffelschonern (Frachter) wurden bei der Werft Laivateollisuus in Abo (Finnland) für die Sowjetunion gebaut. Sie haben alle die gleichen Abmessungen und entsprechen dem Typ der KAPELLA (Schoner! – Seite 236):

PERLMUTR (1949)
CHAIKA (1949)
SPRUT (1949)
UTRITSA (1949)
KRAB (1949)
JANTAR (1949)
KOMETA (1949)
SAIRA (1949)
AMBRA (1949)
SARDINA (1949)
KAIRA (1949)
VOSTOK (1949)
KETA (1949)
AKULA (1950)
KUPY (1950)
MYNTU (1950)
TAHKUNA (1951)
RISTNA (1951)

Eine Anzahl von Schiffen gleichen Typs hatte bei der Übergabe an die Sowjetunion noch keine Namen, sondern nur Baunummern: 22, 23, 24, 25, 26, 30, 31, 33, 35, 37, 38, 39 und 40 (Baujahre dieser Segler 1950–51).
Es gibt ferner mehrere 3-Mast-Gaffelschoner (Schulschiffe), die bei der Werft Laivateollisuus in Abo (Finnland) für die Sowjetunion gebaut wurden.

Sie haben alle die gleichen Abmessungen und entsprechen dem Typ der KAPELLA (Schoner! – Seite 236):

IVAN MESJATSEV (1950)
GEORGIJ RATMANOV (1950)

Einige Schiffe gleichen Typs hatten bei der Übergabe an die Sowjetunion noch keine Namen: Baunummer 42, 43, 44 und 45 (Baujahre dieser Segler 1951–52). Mehrere Segelschiffe wurden bei der Werft Hammars (Finnland) für die Sowjetunion gebaut. Ihre jetzige Verwendung ist nicht sicher bekannt.

Das sind die Abmessungen:

Länge Rumpf	44,91 m
Länge zw. d. Loten	37,50 m
Größte Breite	8,75 m
Tiefgang	3,45 m
Deplacement	626 ts
dtw	300 ts
Segelfläche	822 qm
Antrieb: 3-Zylinder- June-Munktell-Diesel- motor	225 PS

LAMA (Gaffelrigg):

Kiellegung	1. Juni 1945
Stapellauf	20. Juni 1946
Ablieferung	25. September 1946

POLARNAJA (Gaffelrigg):

Kiellegung	28. August 1945
Stapellauf	20. Juli 1946
Ablieferung	25. September 1946

VENERA (Bermudarigg):

Kiellegung	29. Juni 1946
Stapellauf	30. April 1947
Ablieferung	14. Juli 1947

CHEMTJUG (Bermudarigg):

Kiellegung	20. August 1946
Stapellauf	10. Juli 1947
Ablieferung	13. Oktober 1947

GLOBUS (Gaffelrigg):

Kiellegung	20. Mai 1947
Stapellauf	20. Dezember 1947
Ablieferung	7. Juli 1948

SVESDA (Bermudarigg):

Kiellegung	24. Juli 1947
Stapellauf	23. Juli 1947
Ablieferung	21. Oktober 1948

OSJMINOG (Bermudarigg):

Kiellegung	13. Dezember 1947
Stapellauf	17. November 1948
Ablieferung	20. Juli 1949

Zwei Barkentinen wurden bei der Werft F.W. Hollming in Raumo (Finnland) gebaut. Ihre Vermessung und Abmessungen gleichen vermutlich denen von ALPHA, MERIDIAN (Seite 234, 240) usw. Sie werden als Schulschiffe verwendet.

JUNGA:

Kiellegung	15. April 1946
Stapellauf	9. Mai 1947
Ablieferung	13. August 1947

STURMAN:

Kiellegung	17. April 1946
Stapellauf	22. Dezember 1946
Ablieferung	13. August 1947

Die Hulks
der Falklandinseln
und der Magellanstraße

In Stanley liegt seit 1866 die CHARLES COOPER, ein hölzernes, ehemaliges Paketschiff von 850 Tonnen, das 1856 in New York gebaut worden ist. Sie erreichte, leckgeschlagen, mit einer Ladung Kohle den sicheren Hafen und ist dort auch geblieben. 1968 erreichte Karl Kortum, der Kurator des National Maritime Museum in San Francisco, daß die Hulk vom Journal of Commerce für das South Street Seaport Museum in New York erworben werden konnte. Es bestehen Pläne, das Schiff zur Restaurierung und Ausstellung nach New York zurückzubringen.

Eine weitere Hulk in Stanley ist die 1849 in Liverpool gebaute JHELUM. Sie ist eine 428-Tonnen-Bark mit einer Länge von 37,5 m und einer Breite von 8,23 m. Seit 1870 liegt sie in Stanley. Heute gehört sie dem Merseyside County Museum. Möglicherweise wird auch sie eines Tages restauriert werden und nach England zurückkehren.

In der Goose Bay liegt die 1841 in England gebaute VICAR OF BRAY, eine kleine hölzerne Bark von 36,6 x 7,6 m. Sie hat eine besondere historische Bedeutung, weil sie das letzte Schiff der »Forty-Niner«-Flotte ist, die während des »Goldrauschs« nach San Francisco segelte. Sie gehört heute der US National Maritime Society. Um sie nach San Francisco zu bringen, müßte sie entweder eine Plastikhaut bekommen, um sie leerpumpen zu können, oder man müßte sie für den Transport in Segmente zerlegen, um sie dann wieder zusammenzubauen. An diesen Plänen wird gearbeitet.

Als Wellenbrecher liegt in Punta Arenas in der Magellanstraße das 1875 in Glasgow gebaute Viermastvollschiff COUNTY OF PEEBLES. Der Rumpf des eisernen Schiffes befindet sich in gutem Zustand. Noch stehen die vier Untermasten. Die Achterwohnräume sind für Versammlungszwecke ausgebaut. Das ehemalige Vollschiff gehört zu den letzten drei Schiffen dieser Art, die heute noch existieren. In Honolulu liegt die bestens restaurierte und voll getakelte FALLS OF CLYDE, und auf dem Takaroa-Atoll, Tuamotus, »hoch und trocken« die COUNTY OF ROXBURGH.

Im Hamburger Stadtteil Oevelgönne an der Elbe befindet sich der genannte Museumshafen. Dort unterhält die gemeinnützige Vereinigung »Museumshafen Oevelgönne e.V.« einen kleinen Hafen, in dem segelnde und dampfende ehemalige Berufsfahrzeuge beheimatet sind. Die Schiffe, überwiegend in privatem Eigentum von Mitgliedern der Vereinigung, sind alle unter Segel (oder Dampf/Motor) in Fahrt und unternehmen gelegentlich Reisen auf der Elbe, der Nord- oder Ostsee. Oft waren umfangreiche und kostspielige Restaurierungsarbeiten notwendig, um die Schiffe so originalgetreu wie nur möglich wieder herzurichten. Im Museumshafen liegen u. a.:

PRÄSIDENT FREIHERR VON MALTZAN (HF 294) von Oevelgönne, ein 1929 in Cranz bei Hamburg auf der Werft J. Sietas aus Holz gebauter Finkenwerder Hochseekutter, getakelt als Anderthalbmaster mit 210 qm Segelfläche. Der Kutter gehört der Vereinigung und wird z. Z. noch auf der Werft Joachim Behrens in Finkenwerder restauriert. Länge 22,55 m (30 m ü. a.), Breite 6,60 m, Tiefgang 1,90 m, 50,96 BRT.

CATARINA von Hamburg (ALT 287), hölzerner Kutterewer gebaut 1889 auf der Werft Johann Brandt in Neuhof bei Hamburg für den Fischer H. Rübke aus Altenwerder. Das Schiff wurde 1976—1978 auf der Werft von Joachim Behrens in Finkenwerder vollständig originalgetreu restauriert. Getakelt als Besanewer mit 120 qm Segelfläche, Länge: 16,10 m, Breite: 5,25 m, Tiefgang: 1,20 m, 13,3 BRT.

JOHANNA von Neumühlen, stählerner Besanewer mit Holzboden. 1903 bei J. Thormählen in Elmshorn gebaut. Als typisches Elbfrachtschiff war sie bis 1960 im Dienst. 1974—1978 auf der Werft Günter Muche in Allermöhe/ Hamburg originalgetreu restauriert. Länge: 18,62 m (24 m ü. a.), Breite: 4,86 m, Tiefgang 1,20 m, 36,75 BRT.

GRETA VON FINKENWERDER, Hamburg. Als kleiner Elbfischkutter 1904 auf der

Museumshafen Oevelgönne

Werft von Joachim Behrens in Finkenwerder bei Hamburg aus Holz gebaut. Bis 1975 von einer Familie als Fischereifahrzeug auf der Elbe genutzt. Von 1975 bis 1980 wurde die GRETA in Eigenarbeit von Grund auf neu verzimmert und originalgetreu wieder aufgebaut. Länge: 10,50 m, Breite: 3,55 m, Tiefgang: 0,80 m, Gaffelkutter mit 75 qm Segelfläche.

MOEWE von Hamburg, stählerner Frachtewer, 1907 auf der Werft von Heinrich Fack in Itzehoe gebaut für einen Elbschiffer aus Wilster. Das Schiff ist in den Abmessungen ein sogenannter »Lägerdorfer Ewer«, weil es genau durch die Schleusen und Brücken des Lägerdorfer Kanals paßte, um von der dortigen Fabrik Zement nach Hamburg zu segeln. 1977–1980 restauriert.

Länge: 17,86 m (24 m ü. a.), Breite: 4,10 m, Tiefgang: 1 m, 31,84 BRT, getakelt als Besanewer mit 150 qm Segelfläche.

FORTUNA von Oevelgönne, ein holländisches »Skutsje« (kleine Tjalk), gebaut 1914 als Frachtensegler aus Stahl, 1974 in Holland umfangreich restauriert, Länge: 15,79 m, Breite: 3,35 m, Tiefgang: 0,60 m, getakelt als Gaffelslup mit 100 qm Segelfläche, 17,79 BRT.

AURORA von Altona, pommerscher Ostsee-Fischkutter, 1934 auf der Werft Franz Götz in Rügenwalde aus Holz für einen Fischer aus Kolberg gebaut. 1974–1976 in Eigenarbeit vom Eigner in Friedrichskoog vollständig neu verzimmert und neu aufgeriggt. Länge: 13 m (17,50 m ü. a.), Breite: 4,50 m, Tiefgang: 1,70 m, 15,95 BRT;

getakelt als Gaffelkutter mit 120 qm Segelfläche.

DELPHIN von Hamburg, friesische Torfmutte, gebaut 1930 als hölzerner Lastensegler auf der Werft Wiese in Rhaudersfehn/Ostfriesland, diente zum Torftransport. Länge: 14,30 m (16,30 m ü. a.), Breite: 3,66 m, Tiefgang: 1 m, 100 qm Segelfläche.

FAHREWOHL von Hamburg, hölzerner Krabbenkutter, 1912 auf der Werft von Gustav Junge in Wewelsfleth für einen Fischer aus Büsum gebaut. Das Schiff war – zuletzt als Motorkutter – bis 1976 in der Krabbenfischerei der Nordseeküste beschäftigt. 1981 nach den Originalplänen auf der Werft von Jürgen Hatecke in Freiburg/Elbe restauriert und wieder aufgeriggt. Länge: 9,30 m, Breite: 3,50 m, Tiefgang: 1,20 m, 8,18 BRT, getakelt als Gaffelkutter mit 75 qm Segelfläche.

ROSINANTE von Hamburg, stählerne IJsselaak, 1909 in Holland gebaut, diente ursprünglich als Sandtransporter, 1974–1978 in Eigenarbeit restauriert und originalgetreu wieder aufgeriggt, Länge: 14,65 m, Breite: 4 m, Tiefgang: 0,60 m, Segelfläche: 100 qm.

ELBE 3 von Hamburg, ehemaliges Feuerschiff.

TIGER von Hamburg, Dampfschlepper.

CLAUS D von Hamburg, Dampfschlepper.

OTTO LAUFFER von Hamburg, Dampfbarkasse.

WALTER HÄVERNICK von Hamburg, ehemaliges Feuerlöschboot für den Hamburger Hafen.

VALDIVIA von Altona, 2-Mast-Gaffelschoner, siehe dort.

Besanewer „Johanna von Neumühlen"

Literatur

Albatros, Der − Alle Jahrgänge (Bremen).
Antoniadis, X., und Paissios, G. C.: National Merchant Marine Academies (Piräus, 1965).
Arethusa-Magazine (London, 1961).

Baker, W. A.: The New Mayflower, Her Design And Construction (Barre, Massachusetts, 1958).
Beeck, W.: Segelschulschiff GORCH FOCK, 1933−1945, Frankfurt/Main, 1987
Beken of Cowes; A Century of Tall Ships, London, 1985
Blöss, H.: Glanz und Schicksal der POTOSI und PREUSSEN (Kiel, 1960).
Bock, B.: Seacloud, Herford, 1979
Bowness, E.: Modelling the Cutty Sark (London, 1959).
Bowness, E.: The Four-Masted Barque (London, 1955).
Breyer, S., Nerlich, R.: Segelschulschiff Weltweit, Friedberg, 1989.
Burmeister, H: Großsegler RICKMER RICKMERS, Hamburg, 1986
Busch, F. O.: NIOBE, Ein deutsches Schicksal (Leipzig, 1932).

Captain's Handbook OP SAIL 76, New York.
Carr, F. G. G.: CUTTY SARK (London, 1954).
Carr, F. G. G.: Maritime Greenwich, (London, 1965).
Carr, F. G. G.: The CUTTY SARK And The Days Of Sail (London).
Claviez, Seemännisches Wörterbuch (Bielefeld 1973)
Colledge, J. J.: British Sailing Warships (London).
Colton, J. F.: Last of the Square-rigged Ships (New York, 1937).
Colton, J. F.: Windjammers Significant (Flagstaff, 1954).

DISCOVERY, H.M.S. (London, 1959).
Dluhy, R.: Schiffstechnisches Wörterbuch (Bremen-Hannover, 1956).
Domizlaff, H.: Die Viermastbark PASSAT (Bielefeld-Berlin, 1960*).
Drummond, M., Willoughby, M.: Groß-Segler, Oldenburg, 1976.

Eichler, O.: Vom Bug zum Heck (Bielefeld-Berlin, 1954*).

Franzen, A.: The Warship VASA (Stockholm, 1960).

Gotved, Arne: TS, Traeskibs Sammenslutningen, Fredensborg, 1989
Gramoll, Ed.: JADRAN, Segelschulschiff mit Hilfsmotorantrieb (in der Zeitschrift »Schiffbau, Schiffahrt und Hafenbau«, Berlin, 34. Jahrgang, Heft 22).

Hansen, C.B., Hansen, H.J.: ALEXANDER VON HUMBOLDT, Gräfelfing, 1988.
Hauser, H.: Die letzten Segelschiffe, Berlin, 1940.
Horgan, Th. P.: Old Ironsides (Boston, Mass., 1963).

Hurst, A. A.: The Sailing Schoolships (London, 1962).
Hycke, H. D.: The Great Star Fleet (»Yachting«, New York, 1960).

Jebens, H.: PASSAT im Novembersturm (Kassel).

Kaiser, J.: Deutsche Segelschiffe, Glückstadt, 1986.
100 Jahre Kieler Woche − Schwimmende Museen, Kiel, 1982.
Klemme, H.: Segelschulschiff GORCH FOCK (Oldenburg, 1961).
Koop, G.: Die deutschen Segelschulschiffe, Koblenz, 1989.

Lacroix, L.: Les Derniers Grands Voiliers (Paris, 1950).
Lächler, P., und Wirz, H.: Die Schiffe der Völker (Olten und Freiburg, 1962).
Landström, B.: Das Schiff (Gütersloh, 1961).
Longridge, C. N.: The Anatomy of Nelson's Ships (London, 1955).
Lund, K.: Søens Verden, Nr. 3 (Odense, 1960/61).
Lund, K. und Holm-Pedersen, F.: Svane Sang (Odense, 1956).
Lubbock, B.: The Last of the Windjammers, I und II (Glasgow, 1960).
Lubbock, B.: The Log of the CUTTY SARK (Glasgow, 1960).
Lubbock, B.: The Nitrate Clippers (Glasgow, 1953).

MacMullen, J.: STAR OF INDIA, The Log of an Iron Ship (Berkeley, Calif., 1961).
Martinez-Hidalgo, J. M.: Columbus' Ships (Barre, Mass., 1966).
»Meuterei auf der BOUNTY« (MGM-Film Inc., London, 1962).
Mitteilungen von MARINERS INTERNATIONAL, New Barnet, laufende Ausgaben.

Naish, G. P. B.: Nelson and H.M.S. VICTORY (London, 1965).
Nun segeln sie wieder, Gräfelfing, 1986.

Ohrelius, B.: VASA, Das königliche Schiff (Bielefeld-Berlin, 1964*).

Polland, L. D.: The Frigate CONSTELLATION, An Outline of the present Restoration (Baltimore, 1966).

Rogge, B., und Busch, O.: Weiße Segel − Weite Meere (Berlin, 1942).
Rohrbach, P., Piening, H., und Schmidt, F.: Die Geschichte einer Reederei (Hamburg, 1960).

Sail '86, Bremerhaven, 1986.
Sail '89, Hamburg, 1989.
Sea Breezes (Liverpool, verschiedene Jahrgänge).
Segelschiffe Kurs Hamburg, Gräfelfing, 1989.
Stackelberg, Frh. v.: Rahsegler im Rennen (Flensburg, 1965).

Steen Steensen, R.: Fregatten Jylland (Kopenhagen, 1961).

The Tall Ships − A Sailing Celebration, New York, 1976.
The Spectator's Guide to Tall Ships, Southampton, 1982.
The Cutty Sark Tall Ship's Races, Southampton, 1982.
Titzck, R., Hinrichsen, N.P.: Segelschulschiff GORCH FOCK, Herford, 1985.
Tod, G. M. S.: The Last Sail Down East (Barre, Mass., 1965).
Trykare, T.: Seefahrt, Nautisches Lexikon in Bildern (Bielefeld*).

Underhill, H. A.: Deep Water Sail (Glasgow, 1955).
Underhill, H. A.: Sail Training and Cadet Ships (Glasgow, 1956).
Underhill, H. A.: Masting and Rigging the Clipper Ship and Ocean Carrier (Glasgow, 1958).
Underhill, H. A.: Sailing Ship Rigs & Rigging (Glasgow, 1955).

Villiers, A., u. a.: Men Ships and the Sea (Washington, 1962).
Villiers, A.: Sailing Eagle (New York, 1955).
Villiers, A.: The CUTTY SARK, Last of a Glorious Era (London, 1957).

Weyers Flotten-Taschenbuch (München, verschiedene Jahrgänge).
»Windjammer«, modern adventure in Cinemiracle (New York, 1958).
Windjammer Kiel 1980, Kiel, 1980.
Winter, H.: Die Kolumbus-Schiffe (Magdeburg, 1944).
WORCESTER, H. M. S. (Thames Nautical Training College, Greenhithe, 1965).

Zetsche, S., Barthel, F., und Hauschildt, A. W.: Segelschulschiff DEWARUTJI (Hanse, Zentralorgan für Schiffahrt−Schiffbau−Häfen, Hamburg, Nr. 51/52, 1953).

───────────

*) Erschienen − wie das vorliegende Buch − im Verlag Klasing & Co., Bielefeld

Die Fotografen

Anthony's Pier 4 Restaurant, Boston (1), E. M. DA Armanda, Servicio De Fotografia, Lissabon (2), I. Aaserud Billedsentralen, Oslo (1), Armada del Ecuador (1), Graeme K. Andrews, Sydney (1), Albany Travel Centre, Albany (1), Erik Abranson (1), Armada de Argentinia (1), Armada de Chile (1), Alandia, Mariehamn (1), Armada Portuguesa, Lissabon (1), P. Anhorn (1), Association Maritime Belge, Ostende (1), Armada de Colombia (1), Frédéric Allain (1)

Werkfoto Blohm & Voss AG, Hamburg (1), John Blue (1), Brigantine Incorporated, Kingston (1), G. Barkowsky, Berlin (1), Beken of Cowes (3), William Bartz (1), Buque-Museo Fragata A. R. A. (1), Robert Boehme, Seattle (1), Palle Blinkenberg (1), Boston Tea Party Ship, Inc. (1), Brigantine Incorporated, Kingston (1), Norman Brouwer, New York (1)

Comissao Consultiva National Das Pescarias Do Noreste Do Atlantico, Lissabon (3), Maurice Crosby Photography Ltd., Halifax (1), The City of Baltimore (1), Christliches Jugenddorfwerk e.V., Göppingen (1), Coastwise Packet Company, Vineyard Haven (1), CLIPPER – Deutsches Jugendwerk zur See e.V. (1), Crowley Maritime Corporation of San Francisco (1)

A. Duncan, Gravesend, Kent (1), Deutscher Schulschiff-Verein, Bremen (1), Paul Dziuban, Toronto (1), Alma Doepel Supporter's Club, Lower Plenty (1), Jos Le Doaré, Chateaulin (1), Dispen Al (1)

Escuela De Maniobra, El Ferrol de Caudillo (1), Buque Escuela Esmeralda (1), Escuela de Maniobra »Galatea« (1), Gerhard Eckardt, Bremen (1), Erwin Ehlers (1), Basil G. Emmerson (1)

Fotoboat Company, Santa Barbara (Calif.) (1), Fototeca Uff. Propaganda, Stato Maggiore Marina, Rome (1), Fram-Museum, Oslo-Bygdøy (1), Kapitän Harry Freidank, Berlin (1), Fram-Museum, Oslo (1), Fullriggeren SØRLANDET, Kristiansand (1), The Foudroyant Trust, Portsmouth (1), The Flint School, Sarasota (1)

Lars Grönstrand, Abo (3), Capt. J. S. Gibb (1), Gremio Dos Armadores De Navios Da Pesca Do Bacalhau, Lissabon (1), Segelschulschiff Gorch Fock (1), Marina de Guerra de Venezuela (1), H.-J. Gersdorf, Hamburg (1), Germania Schiffahrt GmbH, Hamburg (1), Peter Grage, Hamburg (1), Dr. L. Gosse (1), Gesellschaft für Sport und Technik, Berlin (1), P. de Groote (1), S. S. GREAT BRITAIN Project, Bristol (1), Georg-Stage-Stiftung, Kopenhagen (1), Capt. Frederick B. Guild (1), Kai Greiser, Hamburg (1), Galveston Historical Foundation, Inc., Galveston, Texas (1)

Howell's Photo Studio, Vineyard Haven (Mass.) (1), Hawrylow, Melbourne (1), Kieler Howaldtwerke (1), Per Henriksen, Kopenhagen (1), Hygrapha GmbH, Hamburg (1), Jan Hagenfeldt, Örebro (1), Harmstorf-Werften – Flensburger Schiffsbaugesellschaft (1)

Industrie-Photo Schilling, Lübeck (1), Institut for Seatraining, Tokio (5)

Gordon Jones, Seattle (1), Chr. Jensen (1), Jamestown Foundation, Williamsburg, Virginia (1)

Koninklijke Marine, Den Haag (1), Kapt. A. Kimberly (2), A. F. Kersting, London (1), Karl Kortum, San Francisco (1), Henry Kabot, Gydnia (5), Kenter (1), Koninklijk Instituut voor de Marine, Den Helder (1), Capt. Arthur Kimberly (1), Kauer (1)

A. C. Littlejohns Bideford, Devon (1), A. Lusi Ltd., London (1), H. M. Lawrence, Vineburgh, Washington D. C. (1), Segelschulschiff Libertad (1), F. A. Mac Lachlan, Kingston (1), Kaj Lund, Kopenhagen (3), Lynn-Photo-Service, Ship Bottom (1), Foto-Lusarte, Lissabon (1), Lloyd's Register of Shipping, London (1), Lamont Geological Observatory, New York (1), Lahaina Restoration Foundation, Lahaina, Maui, Hawaii (1), Løtvedt (1), Loch Eil Trust (1)

Metro Goldwyn Mayer Inc., New York (1), Maritime Museum, Vancouver B. C. (1), MCS Film KG, München (1), Ministerio Da Marinha, Rio de Janeiro (1), Ministero Difesa Marina, Centro Fotografico dell'Ufficio Documentazione, Rom (1), L. S. Martel, Mystic Seaport (Conn.) (5), Jerry Mac Mullen, San Diego (Calif.) (1), Ministerio de Defensa Nacional, Santiago (Chile) (1), Maine Coast Cruises, Castine (1), Ministère Des Armées, Paris (3), Jan Mark Marinfoto (1), Volkwin Marg, Hamburg (1), The MARQUES Sailing Society (1), The Maritime Trust, London (1), Marine Nationale, Ecole Navale (1), Museo Maritimo, Barcelona (1), Marineministerium Athen (1), Maritime Museum Assoc. of San Diego (1), Mystic Seaport Museum (1), Marine-Foto, Schweden (1), Manitoba-Museum, Winnipeg (1), MGM'S Bounty Exhibit, St. Petersburg (1), Chris McLuckie, Kailua, Hawaii (1)

Niarchos (London) Ltd. (1), Navigationsuddannelsesradet Statens Skoleskib »Danmark« (1), Kapt. J. P. Nørgaard (1), National Maritime Museum, Greenwich (1), New Zealand Information Service, Wellington (1), National Maritime Historical Society, Washington (1), Reinhard Nerlich, Hamburg (14), Norsk Sjøfartsmuseum, Oslo (1), National Maritime Museum, San Francisco (1)

Official Plimoth Plantation Photo (1), L. B. Owen (1), Østlandets Skoleskib (1), Outward Bound Moray Sea School (1), G. A. Osbon (1), Ocean Wide Film and TV Productions, Berlin (1), Operation Drake, Round the World, London (1), Øslandets Skoleskib, Oslo (1), Oland & Son, Halifax (1), The Ocean Research and Education Society, Inc., Boston (1), L. B. Owen, Georgetown, Maine (1)

Pressebureau APN, Kopenhagen (1), Andrew Pine, Savannah (Georgia) (1), Parceria Geral de Pescarias, Lissabon (1), Pascal u. Filhos, Aveiro (1), Pennsylvania Historical And Museum Commission, Harrisburg (Penn.) (1), Ports and Lights Administration, Alexandria (1), The Pennsylvania Historical Museum Commission (1), Plimoth Plantation Inc., Plymouth, Mass. (1)

W. A. Robinson, Papete (1), Eilen Ramsay (1), Hans-Edwin Reith, Hamburg (1)

Stülcken-Werft, Hamburg (2), Sail Training Association (1), Skyfotos, Lympne Airport, Kent (3), Stato Maggiore della Marina, Ufficio Propaganda (1), Capt. J. Sharp (1), Sørlandets Seilende Skoleskibs Institution (1), Les Scott, Virgin Islands Tourist Bureau (1), Statens Sjøhistoriska Museum, Stockholm (1), Star Spangled Banner Flag House Association of Baltimore (1), South Street Seaport Museum (1), San Francisco Maritime Museum (3), Bergens Skoleskib (1), Dr. Schäuffelen, Verfasser, Ulm (60), Königl. Schwedische Marine (1), F. u. M. Schaefer Brewing Co., New York (1), Albert J. Seidl, Vancouver (1), Sea Cadet Council, Bombay (1), South Street Seaport Museum, New York (1), Marc Schützer, Olympia, Washington (1), Sea Education Assoc., Woodshole, Mass. (1), Stiftung Deutsches Schiffahrtsmuseum, Bremerhaven (1), Wolfhard Scheer (1), Sozialwerk für Seeleute e.V., Hamburg (1), Stichting Het Zeilende Zeeschip (1), Salztrust Ltd., Guernsey (1), Sjöhistoriska museet vid Abo (1), Sea Cadet Corps (1), Svenska Turistforeningen, Stockholm (1), Statens Sjøhistoriska Museum, Stockholm (1), Stato Maggiore della Marina, Rom (1), Tony Stone Assoc., London (1), Seaport '76 Foundation (1), Swift Associates Ltd., Santa Barbara (1)

Tabor Academy, Marion (Mass.) (1), Tall Ship Cruising, Hamburg (1), Tabor Academy (1)

U. S. Navy Photo (1), U. S. Coast Guard Official Photo (1), Universität für Fischerei-Wissenschaften, Tokio (2), Ulster Folk and Transport Museum (1), U. S.-Navy (1), U. S.-Coast Guard (1)

Alan Villiers (1), Victory-Museum, Portsmouth (1)

Barclay H. Warburton, Boston (1), Windjammer Cruises Inc., Miami Beach (Florida) (3), Hagen Weihe, Alt-Duvenstedt (1)

Die freundlichen Helfer

Ohne die außerordentlich großzügige Hilfe aus allen Teilen der Welt wäre es nicht annähernd möglich gewesen, diese Arbeit fertigzustellen. Nur so konnte wirklich authentisches Material verwendet werden. Ich möchte mich an dieser Stelle sehr herzlich für die großartige Unterstützung bedanken.   O. Sch.

Argentinien

Botschaft der Bundesrepublik Deutschland, Buenos Aires
Botschaft der Republik Argentinien, Bonn
Generalkonsulat der Republik Argentinien, Hamburg

Australien

The Adelaide Steamship Company, Ltd., Adelaide
Graeme K. Andrews, Sydney
Albany Travel Centre, Albany
I. Hawrylow, Melbourne
National Trust of Australia (Victoria), Melbourne
Sail & Adventure Ltd., Victoria
Sydney Maritime Museum

Brasilien

Ministerio Da Marinha, Rio de Janeiro

Bundesrepublik Deutschland

»Alferra«, Allgemeine Verwaltungsgesellschaft MBH & Co, Hamburg
»Amphitrite« Schiffahrts-KG
»Ariadne« Windjammer S. A., Hamburg
Baltic Schooner Association, Lübeck
Blohm & Voss AG, Schiffswerft, Hamburg
Christliches Jugenddorfwerk e. V., Göppingen
CLIPPER – Deutsches Jugendwerk zur See e. V.
Deutscher Schulschiff-Verein, Bremen
Deutsche Werft, Hamburg
Der Hafenkapitän im Wasser- und Schiffahrtsamt, Emden
Der Kommandant des Segelschulschiffs GORCH FOCK
Kapitän Harry Freidank, Berlin
Germania Schiffahrt GmbH, Hamburg
Howaldtwerke, Kiel
Hygrapha GmbH., Hamburg
Verein Jugendschiff Corsar e. V., Beverstedt
Horst Krumke Verwaltungs-GmbH & Co., Berlin
Harald Koppisch, Neu-Ulm
Museumshafen Oevelgönne
Morgenstern-Museum, Bremerhaven
Nordelbische Gesellschaft für Diakonie
Reederei Zerssen & Co., Rendsburg
Hans Edwin Reith, Hamburg
Der Senat der Hansestadt Lübeck
Schleswig-Holsteinische Seemannsschule, Lübeck-Travemünde
Schlichting-Werft, Lübeck-Travemünde
H. C. Stülcken Sohn, Schiffswerft, Hamburg
Stiftung Deutsches Schiffahrtsmuseum, Bremerhaven
Schiffergilde Bremerhaven
Gesellschaft für Sport und Technik (ehemalige DDR)

Chile

Armada De Chile, Buque Escuela ESMERALDA, Commandante, Talcahuano
Ministerio De Defensa Nacional, Santiago

Columbien

Embajada de Columbia, Bonn

Dänemark

Holbaek Skibs- & Baadebyggeri, Holbaek
Kogtved Søfartsskole, Kogtved
Reederei J. Lauritzen, Copenhagen
Kaj Lund, Copenhagen
Mercandia Redernierne, Kopenhagen
National Miseet, Kopenhagen
Navigations-Uddannelsesradet Statensskoleskib DANMARK
Orlogsmuseet, Copenhagen
J. Ring-Andersen, Skibsvaerft, Svendborg
Sømandshøjskolen, Svendborg
Stiftelsen GEORG STAGE MINDE, Copenhagen
O. Stoltenberg, Kalundborg
Sejlskibskommanditselskabet ALTA, Kopenhagen

Dominikanische Republik

Botschaft der Dominikanischen Republik, Bonn
Secretaria De Estado de Las Fuerzas Armadas, Santo Domingo

Ecuador

Armada del Ecuador
Charles Darwin Foundation For The Galapagos Isles, Isla Santa Cruz

Finnland

Alands Sjöfarts Museum, Mariehamn
Lars Grönstrand, Abo
Valtion Merimie-Sammattikoulu, Abo

Frankreich

Association Pour Un Grand Volier-Ecole Francais, Paris
Marine National, Ecole Navale, Lanveoc-Poulmic (Brest)
Ministere Des Armees (Marine), Paris

Griechenland

Messrs. A. Lusi, Ltd., London
Ministry of Merchant Marine, Seamen's Training Division, Piräus
Niarchos (London), Ltd., London

Großbritannien

Baltic Schooner Company Ltd., Guernsey
Camper & Nicholsons Ltd., Dockyard, Southampton
The Dulverton Trust, London
Training Ship FOUDROYANT, Gosport
General Register and Record Office of Shipping and Seamen, Cardiff
J. Hinks & Son, Yacht and Boat Builders, Appledore
Capt. Stephen Gibb, N. Ferriby, E. Yorks
F.P.V. Latham, Arcadian Restaurant, Morecambe
Lawrie D. Johns, Emsworth, Hampshire
Lloyd's Register of Shipping, London
The MARQUES Sailing Society
Ministry of Defence (Naval), Royal Naval Reserve, Dundee
Ministry of Tourism, Nassau, Bahamas
National Maritime Museum, Greenwich
Outward Bound Moray Sea School, Burghead
Outward Bound Trust, London
The Sail Training Association, Petersfield, Hampshire
S. S. »Great Britain« Project, Bristol
The Schooner Office, Achdalieu, Fort William PH33 7NN, Scotland
Commander H.F.M. Scott, Tunbridge Wells
R. Simper, Ramsholt
Salztrust Ltd., Guernsey
Thames Nautical Training College, Greenhithe
Ulster Folk and Transport Museum

Indien

Sea Cadet Council, Bombay

Italien

Adriatic Mercantile & Trading, Trieste
Italienisches Konsulat, Stuttgart
Marina Militare, Accademia Navale, Livorno
Ministero Della Difesa-Marina,
Ufficio Storico M. M., Rom
Stato Maggiore Della Marina,
Ufficio Propaganda, Rom

Japan

Institut For Sea-Training, Capt. K. Sano, Tokyo

Kanada

Brigantine Incorporated, Kingston, Ontario
Oland & Son Ltd., Halifax
Toronto Brigantine Incorporated, Adelaide, Toronto
Albert J. Seidl, Vancouver

Neuseeland

New Zealand Information Service, Wellington

Niederlande

Koninklijk Institut voor de Marine, Den Helder
Maritiem Museum »Prins Hendrik«, Rotterdam
Matrozen-Opleidingsschip POLLUX, Amsterdam
Peter de Groote, Amsterdam
Zuiderzee-Museum, Enkhuizen
Stichting Het Zeilende Zeeschip, s'-Gravenhage

Norwegen

Bergens Skoleskib, Bergen
Fram Museum, Bygdøy
Norsk Sjøfartsmuseum, Oslo
Østlandets Skoleskib, Oslo
Sørlandets Seilende Skoleskibs Institution,
Kristiansand
Wilson Shipping Company, Arendal

Panama

Botschaft der Bundesrepublik Deutschland,
Panama
Olympic Maritime S.A., Succursale De
Monte-Carlo

Polen

Maritime Branch of Polish Chamber of
Foreign Trade, Gdynia
Polnische Militärmission, Berlin
Wydawnictwo Morskie, Gdynia

Portugal

Brites, Vaz & Irmaos, Lda., Gafanha-Aveiro
Comissao Consultiva Das Pescarias
Do Noroeste Do Atlantico, Lissabon
Gremio Dos Armadores De Navios Da Pesca
Do Bacelhau, Lissabon
Ministerio Da Marinha, Lissabon
Pascoal & Filhos, Lda., Aveiro

Schweden

Broströms Tekniska AB, Göteborg
K. Carlsson, Karlskrona
Halmstads Stad, Fastighetskontoret, Halmstad
Jan Hagenfeld & Assoc., Örebro
Königlich Schwedische Botschaft,
Copenhagen
Rederiaktiebolaget CLIPPER, Malmö
Sjömansskolan VIKING, Göteborg
Statens Sjöhistoriska Museum, Wasavarvet,
Stockholm
Svensk Sjöfarts Tidning, Göteborg
Vandrarhemmet »af Chapman«, Stockholm
Stiftelsen Svenska Kryssarklubbens
Seglarskola, Göteborg

Spanien

Astilleros Talleres Celaya, S. A., Bilbao
Empresa Nacional ELCANO De La Marina
Mercante, Madrid
Escuela Maniobra GALATEA, Comandancia,
El Ferrol del Caudillo
Museo Maritimo, Barcelona
JUAN SEBASTIAN DE ELCANO, Buque Escuela
De Guardias Marinas, Comandante

Tahiti

W. A. Robinson, Papeete

UdSSR (ehemalige)

Ministerium der Fischwirtschaft der UdSSR,
Moskau
Sowjetischer Transportverlag, Moskau
Verwaltung der Schiffs-Hauptregistratur der
UdSSR, Leningrad

Uruguay

Botschaft der Bundesrepublik Deutschland,
Montevideo

USA

W. A. Baker, Naval Architect, Hingham, Mass.
Bounty Exhibit, St. Petersburg, Florida
Boston Tea Party Ship, Inc.
Capt. M. Burke, Windjammer Cruises Inc.,
Miami Beach, Florida
The City of Baltimore
U.S. Frigate CONSTELLATION, Mr. Leon
D. Polland, Baltimore, MD
Commanding Officer U.S.S. CONSTITUTION,
Boston, Mass.
U.S. Coast Academy, New London, Conn.
Thomas J. Coughlin, Boston, Mass.
Department of Commerce, Harrisburg,
Penn.
Department of Conservation and Economic
Developement, Trenton, N. J.
R. S. Douglas, Coastwise Packet Co.,
Vineyard Haven, Mass.
Mr. Hary Dring, San Francisco Maritime
State Historic Park
Goudy & Stevens, Dockyard, East Boothbay,
Maine
Capt. F. B. Guild, Maine Coast Cruises,
Castine, Maine
Capt. Richard Headley, Santa Barbara, Calif.
Capt. H. S. Hawkins, Coastal Cruises,
Edgwick, Maine
Jamestown Foundation, Williamsburg,
Virginia
Mr. Gordon Jones, Seattle, Washington
Capt. A. M. Kimberly, Kimberly Cruises,
St. Thomas, U. S. Virgin Islands
Lahaina Restoration Foundation,
Lahaina, Maui, Hawaii
Mills B. Lane, jr. Bank-President, Atlanta,
Georgia
Larmont Geological Observatory,
Pallisades, N.Y.
Long Beach Island Board of Trade, Ship
Bottom, N.J.
Marine Historical Association, Inc. Mystic
Seaport, Mystic, Conn.
The Maritime Museum Association,
San Diego, Calif.
Metro-Goldwyn-Mayer International Inc.,
New York, N.Y.
J. F. Millar, Newport, R. I.
The Mirish Corporation, Hollywood, Calif.
Jerry Mac Mullen, San Diego, Calif.
National Geographic Society, Washington,
D.C.
National Maritime Historical Society,
Washington D.C.
Pennsylvania Historical and Museum
Commission, Harrisburg, Penn.
The Golden Hinde Corporation of San
Francisco
Plimoth Plantation, Plymouth, Mass.
The Flint School, Sarasota, Florida
San Francisco Maritime Museum,
San Francisco, Calif.

F. & M. Schaefer Brewing Company,
New York, N.Y.
Capt. Jim Sharp, Camden, Maine
Sea Foundation Assoc., Woodshole, Mass.
Seaport '76 Foundation Ltd., Newport,
Rhode Island
Smithsonian Institution, Washington, D.C.
South Street Seaport Museum, New York
New York, N.Y.
STAR OF INDIA, San Diego, Calif.
Tabor Academy, Marion, Mass.
Port Jefferson Packet Co.
Unicorn Inc., Fort Lauderdale, Florida
Philadelphia Maritime Museum
The Penn's Landing Corporation,
Philadelphia
United States Merchant Marine Academy,
Kings Point, N.Y.
Lawrence H. M. Vineburgh, Washington,
D.C.
B. H. Warburton, Nassau, Bahamas
Yachting-Magazine, New York, N.Y.

Venezuela

Marina de Guerra de Venezuela

Schiffsnamen alphabetisch